千葉黎明高等学校

〈収録内容〉

便利な DL コンテンツは右の QR コードから

解答用紙

※データのダウンロードは 2025 年 3 月末日まで。
※データへのアクセスには、右記のパスワードの入力が必要となります。 ⇒ 235198

〈合格最低点〉

	特進前期		進学前期		生産ビジネス前期	
	専願	併願	専願	併願	専願	併願
2024年度	—/210点	232点/200点/190点	178点/150点	174点/172点/180点	120点/146点	144点/—/—
2023年度	150点/—	168点/168点/170点	122点/129点	146点/142点/140点	128点/—	—/144点/140点
2022年度	160点/—	176点/185点/172点	130点/115点	143点/139点/139点	110点/—	130点/139点/130点
2021年度	158点	164点	134点	124点	136点	—
2020年度	166点	186点	125点	136点	130点	135点

※2024 ～ 2022 年度の点数は，前期Ⅰ①/②/ 前期Ⅱ

本書の特長

実戦力がつく入試過去問題集

- ▶ 問題 …………… 実際の入試問題を見やすく再編集。
- ▶ 解答用紙 …… 実戦対応仕様で収録。
- ▶ 解答解説 …… 詳しくわかりやすい解説には、難易度の目安がわかる「基本・重要・やや難」の分類マークつき（下記参照）。各科末尾には合格へと導く「ワンポイントアドバイス」を配置。採点に便利な配点つき。

入試に役立つ分類マーク

基本 確実な得点源！
受験生の 90％以上が正解できるような基礎的、かつ平易な問題。
何度もくり返して学習し、ケアレスミスも防げるようにしておこう。

重要 受験生なら何としても正解したい！
入試では典型的な問題で、長年にわたり、多くの学校でよく出題される問題。
各単元の内容理解を深めるのにも役立てよう。

やや難 これが解ければ合格に近づく！
受験生にとっては、かなり手ごたえのある問題。
合格者の正解率が低い場合もあるので、あきらめずにじっくりと取り組んでみよう。

合格への対策、実力錬成のための内容が充実

- ▶ 各科目の出題傾向の分析、合否を分けた問題の確認で、入試対策を強化！
- ▶ その他、学校紹介、過去問の効果的な使い方など、学習意欲を高める要素が満載！

解答用紙ダウンロード 解答用紙はプリントアウトしてご利用いただけます。弊社ＨＰの商品詳細ページよりダウンロードしてください。トビラのＱＲコードからアクセス可。

UD FONT 見やすく読みまちがえにくいユニバーサルデザインフォントを採用しています。

千葉黎明高等学校

〒289-1115　千葉県八街市八街ほ625番地　　Tel　043-443-3221(代)　Fax　043-443-3443

交通JR総武本線八街駅下車　徒歩約10分　　ホームページ　http://www.reimei.ac.jp/

沿　革

大正12年	八街農林学園創立
平成 7年	校名を千葉黎明高等学校に改称
同 10年	園芸科を生産ビジネス科に改編 普通科に特進コースを設置
同 24年	創立90周年記念式典開催 「生徒館」国登録有形文化財認定
同 25年	ユネスコスクール加盟承認
同 26年	千葉教育大賞特別賞受賞
同 29年	創立95周年記念式典開催
令和元年	新校舎（RLM棟）竣工 サッカーグラウンド総天然芝化
同 3年	2学期制を導入 体育館冷暖房設備を設置 校内全棟Wi-Fi化
同 4年	ライフル射撃部国民体育大会優勝
同 5年	学校創立100周年

教育ビジョン

【ビジョン】－目指す学校像－

全教職員が高い目標を掲げ、達成に向けて更なる変革を遂行。

1.「進学率と共に進学先の向上」及び「確実な就職」を目指し、第1学年から進路指導に注力

2. 高校・大学接続改革への迅速な対応

黎明ラーニングメソッドを柱に『知識・技能』に加え『思考力・判断力・表現力等の能力』や『主体性・多様性・協働性』など真の学力の育成・評価に取り組む教育メソッドの確立・実践

3. 地域密着・貢献、北総から全国へ、全国から世界に羽ばたくグローバルな私立高校

【教育方針】－目指す生徒像－

建学の精神である『文武両道』・『師弟同行』の実践を通じ高い精神性を確立させ、自分で考え、責任を持って行動ができ、人生を切り拓いていく“生きる力”を備えた生徒を育成する。

建学の精神

文武両道

学習活動と特別活動（部活動や生徒会活動）の両立を図り、心身の耐性や徳性を養います。合わせて、「文芸」から来る深遠なる教養、「武芸」から来る颯爽たる躾の良さを学ぶことも目指します。

師弟同行

教師と生徒が学習活動や特別活動（部活動や生徒会活動）などで「共に汗を流し、共に感動し、共に育む」ことによって、互いの信頼関係を確立することを目指します。

可能性を伸ばす3つのカテゴリー

生徒のニーズにきめ細かく対応するため、可能性を伸ばす3つのコースを設けています。

①普通科（特別進学コース）

国公立、難関私立大学の一般入試に合格する学力を身に付けるよう、7時間授業プラス特別授業（受験対策講座・講習会、勉強合宿など）で徹底した学習指導を行います。2・3年次においては理系と文系に分けて、より専門的な指導を行います。

②普通科（進学コース）

1年次では全教科バランスのとれた学習と基礎学力の充実を図り、2年次は進路希望と学習習熟度に応じ、選抜進学・総合進学クラスに分けて、きめ細かな指導を行います。

③生産ビジネス科

伝統の農業教育に加え、商業や情報処理など幅広い専門教育を行います。更に、多様な資格取得を奨励し、就職にも有利な実務能力の習得と進学に力を注いでいます。

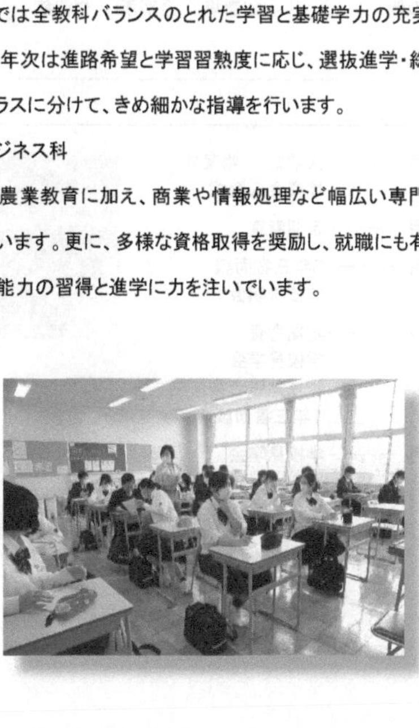

施　設

ZOZOマリンスタジアム3つ分という広大で緑豊かなキャンパスには、エアコン完備の教室をはじめ充実した施設・設備が整っています。
また、新校舎（RLM棟）の設置とグラウンドの総天然芝化が完了しています。

教室棟	普通教室　音楽室 保健室　生徒会室　ICT教室　購買 オリエントルーム　オーロラデッキ
特別教室棟	美術室　書道室　調理室 化学実験室　物理実験室　生物実験室
園芸実習棟	園芸実験室　バイオ実験室　作物実習室 農業機械管理室　温室　管理室
管理棟	職員室　講師室 理事長室　校長室 事務室　図書室 作法室　入試部室 進路指導室　応接室 会議室　ミーティング室 パストラルホール ドリームステージ 放送室
RLM棟	教務・特進室　PC室・進路閲覧室　カウンセリング室 西村繁記念ホール
体育屋外設備 （全て照明付）	野球場　アーチェリー場　全天候型陸上走路　砲丸投げ場 ソフトボール場　ソフトボール室内練習場　テニスコート 人工芝多目的グランド「Turf Court」　ゴルフ練習場 総合打撃練習場　総天然芝グラウンド（サッカー場）
体育屋内設備	体育館　柔道場
その他	剣道場　合宿所　生徒館

【創立者西村繁先生の銅像と管理棟】

創立100周年記念式典

令和5年9月30日（土）学園創立当初からある本校・生徒館において、創立100周年記念式典が多くのご来賓をお招きして厳かに執り行われました。

【創立100周年記念式典】

式典の後、100周年事業で高性能エアコンが設置された体育館に会場を移して祝宴＆大同窓会が華やかに開催されました。本校卒業生のプロミュージシャンにも演奏していただきました。

【祝宴＆大同窓会の様子】

また、令和5年9月13日（水）には創立100周年記念校内式を行い、国立大学法人東京海洋大学名誉博士・客員准教授の「さかなクン」をお招きし、「さかなクンの海と水をめぐる環境のお話し」をテーマとして記念講演を行いました。

【記念講演後に生徒と記念撮影】

主な年間行事（令和6年度）

4月 --------入学式　始業式
　　　　　　体育会入会式

5月 --------定期考査

6月 --------3年三者面談
　　　　　　学校説明会

7月 --------定期考査
　　　　　　学校見学会
　　　　　　特進勉強合宿
　　　　　　1年三者面談

8月 --------学校見学会

9月 --------学園祭　終業式

10月 --------始業式　生徒会選挙　修学旅行　宿泊研修
　　　　　　定期考査　入試説明会　芸術鑑賞会

【入学式】

11月 --------進路ガイダンス
　　　　　　書道・美術合同作品展
　　　　　　体育祭
　　　　　　入試説明会

12月 --------定期考査　黎明の日

1月

2月 --------マラソン大会
　　　　　　平和と安全を祈る日

3月 --------学年末考査
　　　　　　黎明音楽祭
　　　　　　卒業式
　　　　　　体育会修了式

【体育祭】

【黎明音楽祭】

部活動

文武両道の実践として部活動を奨励しており、多くの生徒が積極的に部活動に参加しています。また、平成15年からは、運動部を大学並みの体育会組織にしました。

体育会には18の部活動があり、アーチェリー部は平成15年・26年の高校総体で全国優勝を達成し、ライフル射撃部が令和3年の全国高校選抜大会で全国優勝しました。また陸上競技部やゴルフ部、ソフトテニス部が全国大会に出場を果たしています。さらに、平成28年度春の千葉県大会準優勝の野球部など、全ての部活動で活躍が期待されています。 文化系部活動では、スクールバンドのルーツ校として伝統を誇り、平成25年度東関東吹奏楽コンクール「金賞」の吹奏楽部やソーラーカーレースで全国優勝の実績を持つ工学部など21部（同好会・愛好会を含む）が活躍しています。

【令和3年度全国高等学校ライフル射撃部選抜大会で優勝した吉野拓海くん】

【2014インターハイ優勝（団体）のアーチェリー部】

【令和3年度ゴルフ部の吉田鈴さんがオーガスタナショナル女子アマ大会に出場】

【令和5年度の主な実績】

ライフル射撃部　　全国大会準優勝

アーチェリー部　　全国大会出場

ゴルフ部　　全国大会出場　男子団体3位

工学部　　全国大会　総合3位

《体育会》

アーチェリー部　野球部　サッカー部　剣道部　柔道部

女子ソフトボール部　卓球部　陸上競技部　男子ソフトテニス部

女子ソフトテニス部　男子バスケットボール部　女子バスケットボール部

ゴルフ部　男子バレーボール部　女子バレーボール部　バドミントン部

自転車競技部　ライフル射撃部

《生徒会文化部》

吹奏楽部　工学部　軽音楽部　茶道部　自然環境部　写真部

囲碁・将棋部　書道部　美術部　文芸部　簿記部

《同好会・愛好会》

インターアクト同好会　英語愛好会　コンピュータ愛好会

フットサル愛好会　チアリーディング愛好会　硬式テニス愛好会

漫画イラスト研究愛好会　ボランティア愛好会　演劇愛好会

数学愛好会

【令和4年度インターハイ出場の陸上競技部】

【ソーラーカーレース鈴鹿2018準優勝の工学部】

【平成30年度日本管楽合奏コンテスト出場の吹奏楽部】

進　路

　卒業生の進路は四年制大学をはじめ、短大や専門学校への進学を約9割の生徒が希望します。本校では入学直後より進路希望調査、各種適性検査を繰り返し実施することによって本人の希望をより明確なものとし、早い時期から目標達成の支援を行っています。

　また、三者面談時には面談終了後、理事長・校長が直接保護者との面談を実施するなど、学校をあげて進路指導に取り組んでいます。

最近の主な大学合格実績

《四年制大学》

東京工業大	北海道大	東北大	横浜国立大
千葉大	金沢大	埼玉大	山形大
弘前大	室蘭工業大	防衛大学校	千葉県立保健医療大
都留文科大	早稲田大	慶應義塾大	上智大
東京理科大	学習院大	明治大	青山学院大
立教大	中央大	法政大	北里大
明治薬科大	昭和薬科大	順天堂大	東邦大
成蹊大	成城大	國學院大	武蔵大
日本大	東洋大	獨協大	駒澤大
専修大	神奈川大	武蔵野音楽大	国立音楽大
東京電機大	東京農業大	東京都市大	立正大
二松學舍大	大東文化大	東海大	亜細亜大
帝京大	国士舘大	津田塾大	東京女子大
日本女子大	大妻女子大	東京家政大	共立女子大
清泉女子大	フェリス女学院大	恵泉女学園大	洗足学園音楽大
拓殖大	武蔵野大	尚美学園大	杏林大
東京女子大	関東学院大	帝京科学大	帝京平成大
東京医療保健大	東都医療大	東京工科大	産業能率大
日本女子体育大	文化学園大	桜美林大	植草学園大
江戸川大	開智国際大	亀田医療大	川村学園女子大
神田外語大	敬愛大	国際医療福祉大	国際武道大
城西国際大	聖徳大	清和大	千葉科学大
千葉経済大	千葉工業大	千葉商科大	中央学院大
東京情報大	東京成徳大	明海大	流通経済大
和洋女子大	淑徳大	金沢工業大	新潟食糧農業大
桐蔭横浜大　他			

【最近の主な進路先】

《短期大学》

國學院大學北海道短期大	帝京短期大	戸板女子短期大
植草学園短期大	昭和学院短期大	千葉敬愛短期大
千葉経済短期大	千葉明徳短期大	聖徳大学短期大
東京経営短期大　他		

《専門学校等》

旭中央病院付属看護専門学校	日本医科大学看護専門学校
千葉市青葉看護専門学校	北原学院千葉歯科衛生専門学校
中央医療技術専門学校	千葉医療秘書専門学校
藤リハビリテーション学院	八千代リハビリテーション学院
千葉県職業能力開発短期大学校	千葉県立農業大学校
千葉調理師専門学校	山野美容専門学校
早稲田美容専門学校	住田美容専門学校
青山製図専門学校	専門学校日本工学院
日本自動車大学校	日本航空大学校
東京IT会計法律専門学校千葉校　他	

《就　職》

警視庁	日本郵便株式会社	
東日本旅客鉄道株式会社	刑務官	(株)JR東日本
佐倉市消防組合	消防庁	自衛隊

【進路ガイダンス】

【主な大学指定校推薦枠】

（指定校推薦枠：85大学、45短期大学）

亜細亜大	植草学園大	共立女子大	杏林大
国際医療福祉大	国際武道大	国士舘大	駒澤大
順天堂大	城西国際大	女子栄養大	拓殖大
大東文化大	千葉工業大	千葉商科大	中央学院大
帝京大	帝京平成大	東京医療保健大	東京電機大
東京農業大	東都大	東邦大	東洋大
二松学舎大	日本大	明海大	武蔵野大
立正大	流通経済大	和洋女子大	その他

♣この資料は，2024年度のものです。2025年度の受験資料については，直接学校にお問い合わせ下さい。

2024年度（令和６年度）生徒募集要項

●募集学科・人数

学科・人数	普通科特進コース　（Ⅰ・Ⅱ）	男女	４６名
	普通科進学コース　（選抜進学・総合進学）	男女	１９０名
	生産ビジネス科	男女	４０名

●出願区分・入学試験日程

【前期選抜試験】

前期選抜試験Ⅰ

インターネット出願期間	**１２月１７日（日）　午前９時～　１月９日（火）　午後３時まで** インターネットで登録後、受験料を納入(コンビニ・金融機関ATM・クレジットカード払い)
出願書類提出期間	**１２月１７日（日）　～　１月１０日（水）** 出願書類一式を簡易書留で郵送にて必着(窓口受付は行いません) **※詳細はＰ８～Ｐ１０の、インターネット出願方法をご覧ください。**
出願書類	学力試験入試：下記①②を簡易書留で郵送／推薦入試：下記①②③を簡易書留で郵送 ①志願者整理票（自宅又は、コンビニ等でA4普通紙(白)で印刷してください） ②調査書(各都道府県公立高等学校様式または中学校様式) ③推薦書(本校指定の様式で中学校が作成)
備考	インターネットでの志願者情報登録は、１２月１日（金）からできるようになります。 自宅にインターネット及びプリンター環境がない場合は、本校のPCで登録、印刷が可能です。ご相談ください。
受験料	**２０，０００円**
試験日	**１月１７日（水）　併願推薦*・併願*** **１月１８日（木）　第一推薦・部活動推薦・併願推薦*・専願・併願*** ＊は、17日か18日のいずれかの試験日を選択してください。
合格発表	**１月１９日（金）　午後３時～　web発表** ※なお合格者には、入学手続き書類を郵送します。
入学手続	**１月２２日（月）・２３日（火）　午前１０時～午後３時** 上記期間内に入学手続き書類に従い手続きを行ってください。 併願推薦及び併願合格者のうち、延納を希望する場合は、上記期間内に35,000円を納入することで、最終日まで入学手続を延長することができます。
最終手続	併願推薦合格者及び併願合格者の最終手続 **３月４日（月）・５日（火）　午前１０時～午後３時** ※最終手続き前にも、手続きができます。お問い合わせください。

出願資格及び条件	区分	推薦入試			学力試験入試	
		部活動推薦	第一推薦	併願推薦	専　願	併　願
		本校を第一志望とする者 （他校との併願不可）		他校との併願可	本校を第一志望とする者	他校との併願可
	普通科特進	5教科：19以上	5教科：19以上	5教科：21以上	成績による出願基準はありません	
	生産ビジネス科 普通科進学・	5教科：14以上 または 9教科：25以上	5教科：15以上 または 9教科：28以上	5教科：16以上 または 9教科：30以上	成績による出願基準はありません	
		令和６年３月中学校卒業見込みの者 中学校長が推薦する者（推薦書必要） 学業成績が本校の定める上記規定値以上の者 人物・学業成績・生活態度とも優れている者 欠席が３年間で30日以内 評定に「1」は不可 ※部活動推薦については、中学校時所属部活動の実績経験にかかわらず高校の部活動に入部する者			令和６年３月中学校卒業見込みの者 または、中学校を卒業した者 人物・生活態度とも優れている者	

試験科目	推薦入試			学力試験入試	
	部活動推薦	第一推薦	併願推薦	専　願	併　願
	普通科特進コース・普通科進学コース・生産ビジネス科 学力試験（国語・数学・英語　各５０分）				
	作文（２０分）２００文字　テーマは事前に発表				
				面接（グループ　約１０分）	

[インターネット出願のサポート]

ご自宅にインターネット環境、プリンターをお持ちでない方は、千葉黎明高等学校にて出願サポートを実施させて頂きます。

日時：第１回　１２月２２日（金）　１３：００～１６：００
　　　第２回　１月　５日（金）　１３：００～１６：００

前期選抜試験Ⅱ

インターネット 出願期間	**12月17日（日） 午前9時～ 1月30日（火） 午後3時まで** インターネットで登録後、受験料を納入(コンビニ・金融機関ATM・クレジットカード払い)
出願書類 提出期間	**12月17日（日） ～ 1月31日（水）** 出願書類一式を簡易書留で郵送にて必着(窓口受付は行いません) **※詳細はＰ８～Ｐ１０の、インターネット出願方法をご覧ください。**
出願書類	学力試験入試：下記①②を簡易書留で郵送 ①志願者整理票（自宅又は、コンビニ等でA4普通紙(白)で印刷してください) ②調査書(各都道府県公立高等学校様式または中学校様式)
備　　考	インターネットでの志願者情報登録は、１２月１日（金）からできるようになります。 自宅にインターネット及びプリンター環境がない場合は、本校のPCで登録、印刷が可能です。ご相談ください。
受験料	**２０,０００円**
試験日	**2月2日（金）**
合格発表	**2月3日（土） 午前１０時～午前１１時３０分まで本校内掲示発表** **午前１０時～ web発表** ※なお合格者は、受験票と引き換えに本校で合格通知と手続き書類を受け取ってください。
入学手続	**2月5日（月） 午前１０時～午後３時** 上記期間内に入学手続き書類に従い手続きを行ってください。 併願合格者のうち、延納を希望する場合は、上記期間内に35,000円を納入することで、最終日まで入学手続を延長することができます。
最終手続	併願合格者の最終手続 **3月4日（月）・5日（火） 午前１０時～午後３時** ※最終手続き前にも、手続きができます。お問い合わせください。

<table>
<tr><td rowspan="5">出願資格
及び条件</td><td rowspan="5">全科コース</td><td colspan="2">学力試験入試</td></tr>
<tr><td>専　願</td><td>併　願</td></tr>
<tr><td>本校を第一志望とする者</td><td>他校との併願可</td></tr>
<tr><td colspan="2">成績による出願基準はありません</td></tr>
<tr><td colspan="2">令和６年３月中学校卒業見込みの者または、中学校を卒業した者
人物・生活態度とも優れている者</td></tr>
</table>

<table>
<tr><td rowspan="5">試験科目</td><td colspan="2">学力試験入試</td></tr>
<tr><td>専　願</td><td>併　願</td></tr>
<tr><td colspan="2">普通科特進コース・普通科進学コース・生産ビジネス科
学力試験（国語・数学・英語　各５０分）</td></tr>
<tr><td colspan="2">作文（２０分）２００文字　テーマは事前に発表</td></tr>
<tr><td colspan="2">面接（グループ　約１０分）</td></tr>
</table>

●入学時納付金・入学後の納付金について

入学時納付金	第一推薦・部活動推薦・専願	280,000円（入学金150,000円・施設拡充費130,000円）
	併願推薦・併願（分納の場合）	35,000円（最終手続き時 245,000円） （入学時納付金の一部35,000円を入学手続き期間内に納入していただき、最終手続きまでに245,000円を納入してください。）

月別納付金（月額）		年間納付金（４月時納入）※令和５年度例	
		教 育 充 実 費 （その他諸経費等）	25,300円
授 業 料	37,500円	Ｐ Ｔ Ａ 会 費	8,400円
施設設備費	6,000円	生 徒 会 費	8,400円
合 計	43,500円	後 援 会 費	10,000円
（この他に修学旅行積立金などがあります。）		千葉黎明高等学校傷害共済	5,000円

※ 授業料は、就学支援金制度・授業料減免制度の活用で条件により軽減又は無償化されます。

●奨学・育英・特待・優遇制度

①特待生制度　※詳しくは入試部にお問い合わせください。

特待生の種類	募集対象の受験区分	特待生とする条件
部活動特待生（S、A、B）	部活動推薦入試	規定の実績を持つ者
学業特待生（S、A、B）	第一推薦（特進）入試	規定の学業成績を持つ者
	前期選抜試験Ⅰ（特進）入試	選抜試験の成績上位者

・野球部については別途特待生制度があります。

	免除項目	S特待生	A特待生	B特待生
入学時納付金	入 学 金（150,000円）	免除	免除	免除
	施設拡充費（130,000円）	免除	○	○
月額納付金	授 業 料（37,500円）※	免除	免除	○
	施設設備費（6,000円）	免除	半額免除	○

※就学支援金、授業料減免制度の適用基準を満たす場合、授業料から就学支援金＋授業料減免制度を除いた差額が免除対象です。

②親子・祖父母孫・兄弟姉妹優遇制度

(1) 父・母・祖父母の何れかが本校卒業生である場合、受験料（20,000円）を免除する優遇制度があります。
インターネット出願サイトのシステム上、受験料未納での出願はできません。
出願サイトに沿って受験料を一旦納入し出願してください。
親子・祖父母孫優遇制度適用を確認した後、指定口座へ返金させていただきます。

(2) 兄弟姉妹同時在籍者に対し、ＰＴＡ会費（年額8,400円）及び後援会費（年額10,000円）を免除する優遇制度があります。

③千葉県の私立学校に通う生徒には、安心して勉学に励むことができるように以下のような支援制度があります。また、千葉黎明高校独自の奨学金制度もあります。

(1) 就学支援金制度（国）
収入基準により、生徒の授業料として最大33,000円（月額）が支給されます。

(2) 授業料減免制度（県）
収入基準により授業料の全額を免除する制度です。

(3) 千葉県奨学のための給付金制度（県）
生活保護世帯・非課税世帯を対象に、授業料以外（修学旅行費・教科書代）の負担を軽減する制度です。

(4) 入学金軽減制度（県）
収入基準（世帯収入（目安）350万円未満）により入学金の150,000円を軽減する制度です。（令和２年度より）

(5) 千葉県奨学金制度（県）
家族構成、収入基準、学力基準などにより上限額、月30,000円を貸与する制度です。

(6) 西村是一奨学金制度（本校独自の制度）
進学支援と就職支援を目的として、一定の審査基準を満たす本校の3年生に対して援助する制度です。

※(1)〜(4)については返還の必要はありません。入学後、学校がとりまとめて千葉県へ提出します。

【JR八街駅からの経路】 JR総武本線八街駅南口から徒歩約10分

【近郊の路線図】

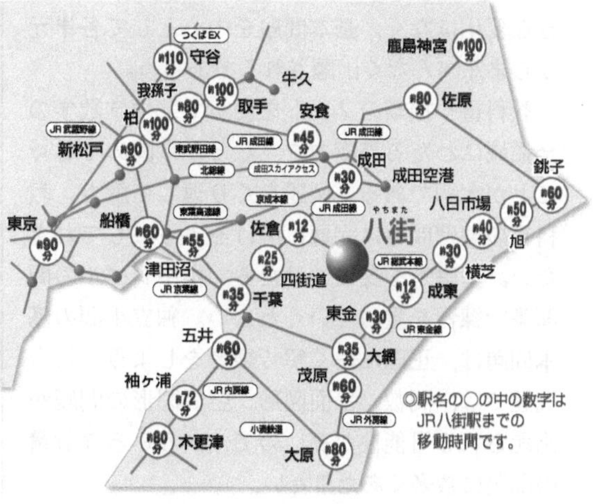

数学

出題傾向の分析と合格への対策

●出題傾向と内容

本年度の出題数は前期1日目・2日目とも大問が6題，小問数にして25題と例年とほぼ同じであった。

出題内容は，①・②は数と式の計算，因数分解，方程式が12題，③は数の性質，確率などの独立小問4題，④は図形と関数・グラフの融合問題，⑤は平面図形や空間図形の問題，⑥は場合の数や16進数の問題であった。

あらゆる分野から標準レベルの問題が出題されている。教科書を中心に学習を進め，幅広い知識を身につけておこう。

✔学習のポイント

時間内での完答も十分可能な内容なので，正確な計算力を身につけ，解きやすい問題から着実に仕上げる力をつけておこう。

●2025年度の予想と対策

来年度も問題数，レベルなどの出題傾向に大きな変化はなく，基本問題を中心として各単元からまんべんなく出題されるであろう。

教科書や授業のノートを使って，中学数学の全領域にわたる基礎力を，しっかり固めておくことが大切である。例題をくり返して解き，教科書の練習問題は完璧に解けるようにしておきたい。基礎力を身につけたら，標準レベルの問題集で練習を重ねていくとよい。独立小問の基本問題は，正確に速く解く練習をしよう。総合問題では，関数，平面図形，空間図形の問題が出題される可能性が高いので，いろいろな計量の問題に数多くあたりたい。

▼年度別出題内容分類表 ……

※2022年度以降は前期1日目をA，前期2日目をBとする。

出題内容			2020年	2021年	2022年	2023年	2024年
数と式		数の性質	○	○	AB	AB	AB
		数・式の計算	○	○	AB	AB	AB
		因数分解	○	○	AB	AB	AB
		平方根	○	○	AB	AB	AB
方程式・不等式		一次方程式	○	○	AB	AB	AB
		二次方程式	○	○	AB	AB	AB
		不等式					
		方程式・不等式の応用	○	○			A
関数		一次関数	○	○	AB	AB	AB
		二乗に比例する関数	○	○	AB	AB	AB
		比例関数					
		関数とグラフ	○	○	AB	A	AB
		グラフの作成					
図形	平面図形	角度				A	
		合同・相似	○	○		AB	
		三平方の定理	○	○	AB	B	AB
		円の性質		○		A	
	空間図形	合同・相似			AB	B	
		三平方の定理				B	B
		切断					
	計量	長さ	○	○		AB	AB
		面積		○	AB	B	AB
		体積			A	A	A
		証明	○	○			
		作図			B		
		動点					B
統計		場合の数	○		B	AB	A
		確率		○	A	B	A
		統計・標本調査			A		
融合問題		図形と関数・グラフ	○	○	A	AB	AB
		図形と確率					
		関数・グラフと確率					
		その他					
その他					AB	A	

千葉黎明高等学校

英語　出題傾向の分析と合格への対策

●出題傾向と内容

両日程ともアクセント・発音問題，語形変化の問題，書き換え問題，適語補充問題，語彙問題，並び替え問題，対話文完成問題，長文問題からなる出題で，1日目は計10題，2日目は計9題となっている。

長文問題は内容の理解を問う出題が中心である。設問にも英文の表などが含まれており，読むべき英文の量はかなり多い。問題の内容や形式もよく練られたものなので時間をかけてじっくりと解く必要がある。

適語補充や書き換え問題などの単語・文法に関する問題は基本的知識を問うもので，特に難しい問題はなかった。

学習のポイント

全体の問題量(特に長文読解問題)が多いので，単語・文法問題は即答できるように，基礎固めをしっかりとしておこう。

●2025年度の予想と対策

出題形式に多少の変化はあるものの，来年度も全体としての出題傾向，難易度に大きな変化はないであろう。

対策としては，まず教科書を中心に単語(発音・アクセント・つづり)，熟語，文法事項や構文を確実に身につけること。不定詞，動名詞，前置詞，関係代名詞などは例文を通して覚えておくと，適語補充，書き換え問題に役立つ。

読解問題については，標準的な問題集の大問2～3題を一気に解答する訓練が有効である。また，会話文・説明文などさまざまな種類の英文に慣れて，読解力を十分に養っておこう。

▼年度別出題内容分類表 ……

※2022年度以降は前期1日目をA，前期2日目をBとする。

出題内容		2020年	2021年	2022年	2023年	2024年
話し方・聞き方	単語の発音	○	○	AB	AB	AB
	アクセント	○	○	AB	AB	AB
	くぎり・強勢・抑揚					
	聞き取り・書き取り					
語い	単語・熟語・慣用句	○	○	AB	AB	AB
	同意語・反意語				B	B
	同音異義語					
読解	英文和訳(記述・選択)					
	内容吟味	○	○	AB	AB	AB
	要旨把握				A	
	語句解釈					
	語句補充・選択	○	○	AB	AB	AB
	段落・文整序					
	指示語				A	B
	会話文	○	○	AB	AB	AB
文法・作文	和文英訳					
	語句補充・選択	○	○	AB	AB	AB
	語句整序	○	○	AB	AB	AB
	正誤問題					
	言い換え・書き換え	○	○	AB	AB	AB
	英問英答					
	自由・条件英作文					A
文法事項	間接疑問文		○			A
	進行形	○	○	AB	B	B
	助動詞	○		A	A	B
	付加疑問文					
	感嘆文					A
	不定詞	○	○	A	AB	AB
	分詞・動名詞	○	○	AB	AB	AB
	比較	○	○	AB	B	AB
	受動態			AB	AB	AB
	現在完了	○	○			AB
	前置詞	○		AB	AB	AB
	接続詞		○		A	B
	関係代名詞	○	○	AB		

千葉黎明高等学校

国語 出題傾向の分析と合格への対策

●出題傾向と内容

本年度も，1日目・2日目ともに漢字の読み書きが1題，資料読み取りが1題，論理的文章の読解問題が2題，小説が1題，古文が1題の計6題の出題であった。

漢字の読み書きは標準的な出題であるが，やや難しいものも含まれた。資料の読み取りは，表をもとに内容を読み取る問題で正誤の判断をする形で出題された。

論説文の読解問題では，脱語補充を通した文脈把握の設問，内容吟味の設問が中心となっている。小説の読解問題では，脱文・脱語補充，表現などが問われている。古文は，仮名遣い，口語訳・文学史のほかに，係り結びの問題も出題された。解答形式は記述式と記号選択式，マークシート方式が併用されている。

学習のポイント

読解問題は，指示語や言い換え表現に注意して文脈を的確にとらえる練習をしておこう。細部まで丁寧に読む習慣をつけよう！

●2025年度の予想と対策

論理的文章については，指示語や接続語，段落構成に注意して文脈をつかみ，筆者の主張を正しく読み取ることが大切である。

文学的文章については，場面展開に気をつけて登場人物の会話や行動の描写を追い，心情変化を読み取ることが主題の把握につながる。

資料の読み取り問題が続いて出題されているので，表やグラフから内容を正確に読み取る力をつけておきたい。

古文については，標準的な問題集を利用して，さまざまな作品に読み慣れておこう。文法や和歌の知識なども出題されるので，基礎をしっかりとおさえておくこと。

▼年度別出題内容分類表 ……

※2022年度以降は前期1日目をA，前期2日目をBとする。

出題内容			2020年	2021年	2022年	2023年	2024年
内容の分類	読解	主題・表題	○			A	B
		大意・要旨	○	○	AB	AB	AB
		情景・心情	○	○	AB	AB	B
		内容吟味	○	○	AB	AB	AB
		文脈把握	○	○	AB	AB	AB
		段落・文章構成			AB		
		指示語の問題	○	○	B	AB	B
		接続語の問題	○	○	AB	B	A
		脱文・脱語補充	○	○	AB	AB	AB
	漢字・語句	漢字の読み書き	○		AB	AB	AB
		筆順・画数・部首					
		語句の意味		○	B	AB	
		同義語・対義語					
		熟語					
		ことわざ・慣用句	○			AB	A
	表現	短文作成					
		作文(自由・課題)					
		その他					
	文法	文と文節				B	AB
		品詞・用法					B
		仮名遣い	○	○	AB	A	
		敬語・その他	○				
	古文の口語訳		○	○	AB		A
	表現技法		○		A	A	AB
	文学史		○		AB	A	AB
問題文の種類	散文	論説文・説明文	○	○	AB	AB	AB
		記録文・報告文					
		小説・物語・伝記	○	○	AB	AB	AB
		随筆・紀行・日記					B
	韻文	詩					
		和歌(短歌)	○				
		俳句・川柳					
	古文		○	○	AB	AB	AB
	漢文・漢詩						

千葉黎明高等学校

2024年度 合否の鍵はこの問題だ!!

数学 [4]

[4] グラフが与えられていないが，標準レベルの問題である。完答したい。(2)高さが共通だから，面積比は底辺の長さの比に等しい。

◎数と式，方程式の計算力は十分養っておくのはもちろんだが，図形の定理や公式も正しく使いこなせるようにしておきたい。

英語 [9]

[9]の長文読解問題は，会話文と資料読解で構成されている。英文の量もとても多い。英文を最後まで読むのは時間がかかるうえ，最終問題で自分の考えを英文で示さなければならない。指定されている語数が12語と少ないが故に難易度は高くなるため，最終問題の読解問題が合否を分けると推測される。

難しい単語には注釈がつけられており文章は読みやすいので，丁寧に内容を読み取っていこう。文章量が多く何度も読み返して解答する時間はないと思われるので，設問に最初に目を通し何に気をつけて読み進めていけばよいかを把握しよう。

文を補充していく問題や，資料を読み取り適当な語句を補充していく問題は，都度補充しながら考えていくようにしよう。

最終問題の詩を読んで英文で答える問題は，全英文を丁寧に読んで自分の考えを一文にまとめなくてはならない。12語のうち既に3語が与えられており，Why don’t we「…しようよ」に続ける条件英作文は語数が少ないので難しい。英文の内容，登場人物の考え，自分の考えを全て考え合わせる必要がある。

まず状況を想像してみよう。バレンタインデーが近いこと，バレンタインデーではクラスメートにフェアトレードのチョコレートを渡す予定であること，友人たちに児童労働やフェアトレードのことを伝えたいと思っている状況で何ができるかを考えてみよう。

（解答例） フェアトレードのことなどを知ってもらうためにチョコレートにメッセージを付けてみる

Why don’t we hand a card with these stories with a chocolate?

・プレゼントにはフェアトレード認証の物を買うよう皆にお願いする

Why don’t we ask everyone to buy fair-trade goods for presents?

・クラスメートにこの詩とフェアトレード認証について話してみる

Why don’t we tell our classmates about this poem and fair-trade marks?

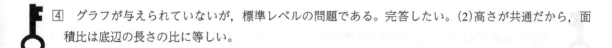

国語 ㈡

★合否を分けるポイント

図表から読み取れる内容の正誤問題は例年出されている。これからの社会において，信頼できるデータをもとに考察することが重要だという学校からのメッセージとなる問題でもあるので，この問題に答えられるかどうかが合否を分けることになる。データの数値を正確に読み取るだけでなく，ふだんからニュースにふれるなど社会的な問題にも注意を向けよう。

★こう答えると「合格」できない！

設問の「農業農村における情報通信環境整備のガイドライン」や，各図表の「基幹的農業従事者」や「農業地域累計別」などの用語に戸惑ってしまうと問題が解きにくくなり，「合格」できない。「基幹的農業従事者数」は主に農業に従事している人，などと自分なりの言葉に置き換えながら，図表を順に読み解いていこう。

★これで「合格」！

図表は3つあり，まずそれぞれの図表の意味を正しく理解した上で，数値に着目しよう。選択肢を順に見ていくと，アには「基幹的従業者数」とあるので，図1−1を見ると平成2年度の2,927(千人)から平成31年度の1,404(千人)と半分以下になっているので合致している。イは，図1−1の平成17年度を見ると57.4%と6割を超えていないので，合致していない。ウには「農業地域累計別」とあるので，図1−2に着目しよう。1970年に170であった「山間農業地域の指数」は，2045年には46で，およそ4分の1となっている。したがって「半減」とあるエは合致しない。エは，図1−2の「都市的地域」のグラフに注目しよう。2015年度は100であった指数が，2045年には89で回復していないので，合致していない。オは，図1−3の「強い関心がある」「関心がある」「やや関心がある」と答えた層は2019年以降増加しているので合致している。合致しているものとして，アとオを選べば，「合格」だ！現代の日本において，基幹的農業従事者の減少と高齢化という問題には，首都圏在住者の地方移住を促すことが一つの解決方法となるのではないかという提示にも気づきたい。

2024年度

★★★★★★★★★★★★★★★★★★★★★★★

入　試　問　題

2024年度

千葉黎明高等学校入試問題（前期１日目）

【数　学】（50分）　＜満点：100点＞

1　次の計算をしなさい。

(1)　$\dfrac{10}{\sqrt{2}}-\sqrt{8}$

(2)　$3a-5(4-a)$

(3)　$(-2)^2+18\div(-6)$

(4)　$\dfrac{5}{2}-\dfrac{8}{3}+\dfrac{3}{4}$

(5)　$(-5x^2y^3)\times\dfrac{3}{8}x^3y\div\left(\dfrac{5}{2}xy^2\right)^2$

(6)　$14\times20.24+6\times20.24$

2　次の各問いに答えなさい。

(1)　$m=\dfrac{2a+3b}{4}$ を b について解きなさい。

(2)　１次方程式 $3(x-2)=5x-9$ を解きなさい。

(3)　連立方程式 $\begin{cases}2x+y=10\\0.3x+0.1y=1.4\end{cases}$ を解きなさい。

(4)　$(x-4y)^2-25$ を因数分解しなさい。

(5)　２次方程式 $x^2+3x+1=0$ を解きなさい。

(6)　$21:(25+x)=9:36$ を解きなさい。

3　次の各問いに答えなさい。

(1)　$a◎b=3a-ab+2b$ とするとき，$3◎5$ を求めなさい。

(2)　ジョーカーを除く１組52枚のトランプがある。トランプを１枚引くとき，その数が５の倍数である確率を求めなさい。

(3)　野球場の入口に来場者が1200人並んでおり，毎分20人がこの行列に加わる。入場口が１ヶ所のときは60分で行列がなくなり，入場口が２ヶ所になると，行列は何分でなくなるか求めなさい。

(4)　$\sqrt{27(n-5)}$ が最小の自然数となるような整数 n を求めなさい。

4　放物線 $C_1:y=x^2$ と直線 $l_1:y=2x$ がある。C_1 と l_1 の原点以外の交点をAとし，点Aを通り，傾きが４である直線を l_2 とする。このとき，次の各問いに答えなさい。

(1)　点Aの座標を求めなさい。

⑵　l_2 と x 軸との交点をＢとし，x 軸上において点Ｂより右側に点Ｃをとる。
△ACOが△ABOの面積の４倍となるとき，点Ｃの x 座標を求めなさい。

⑶　⑵　のとき，△ACOを x 軸について１回転したときにできる立体図形の体積を求めなさい。

5　直角三角形ABCがあり，ACを一辺とする正方形ACDEを作る。正方形の面積が400，∠ACB＝30°のとき，次の各問いに答えなさい。

⑴　BCの長さを求めなさい。

⑵　△ABCの面積を求めなさい。

⑶　ABを一辺とする正方形AFGB，BCを一辺とする正方形BHICをそれぞれ作る。このとき，２つの正方形の面積の和を求めなさい。

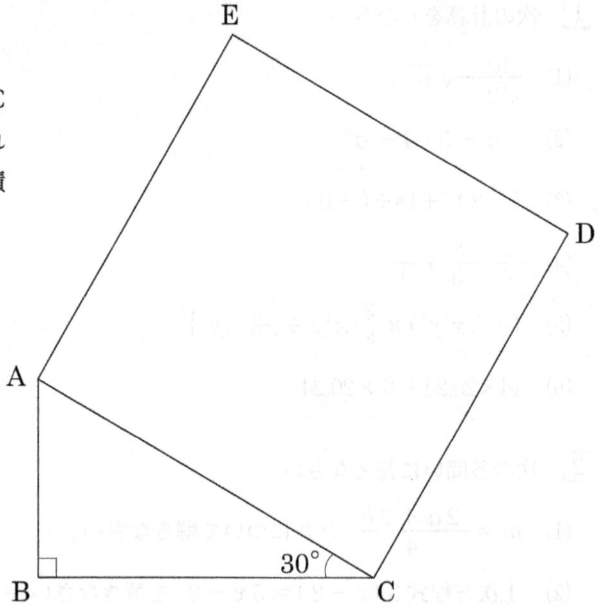

6　レイ君は旅行のお土産を友達に配るためにお菓子を買おうと考えている。お菓子の種類は図１の通りである。このとき，次の各問いに答えなさい。ただし，問題の文中の アイ などには数字（０～９）が入る。ア，イ，ウ，…の一つ一つには，これらのいずれかの一つが対応する。それらの解答用紙のア，イ，ウ，…で示された解答欄にマークして答えなさい。

数値を答える形式の解答例

アイウ に150と答えたいとき，次のように塗る。

ア	⓪	●	②	③	④	⑤	⑥	⑦	⑧	⑨
イ	⓪	①	②	③	④	●	⑥	⑦	⑧	⑨
ウ	●	①	②	③	④	⑤	⑥	⑦	⑧	⑨

図１

カヌレ	ゼリー	チョコレート
6個入り	15個入り	10個入り
1000円	900円	600円

(1)　使う金額を3000円以内にしたいとき，お土産の買い方は [アイ] 通りである。
ただし，買うものは１種類だけでも良いものとする。

(2)　レイ君は３種類のお土産を１個ずつクラスメイトに配るつもりで，お土産が余らないように買い物をした。このとき，レイ君のクラスの人数は [ウエ] 人であり，お土産に使った金額は [オカキク] 円である。ただし，レイ君のクラスは50人以下である。

【英　語】（50分）　＜満点：100点＞

【注意】　文字は筆記体でもブロック体でもかまいません。

1　A．次の語で最も強く発音する音節の記号を答えなさい。

１．Aus - tral - ia　　２．af - ter - noon
　　ア　イ　ウ　　　　　ア　イ　ウ

B．次の各組の下線部の発音が同じものを２つ選び，記号で答えなさい。

ア．{ sea / see }　　イ．{ knows / nose }　　ウ．{ walk / work }　　エ．{ hard / heard }

2　A・Bの関係と同じになるようにDに入る最も適切な語を答えなさい。
ただし，例を参考にして，与えられた文字で書き始めること。

（例の答 → fly）

	A	B	C	D
例	fish	swim	bird	fly
1	man	woman	husband	w
2	go	come	question	a
3	one	first	five	f
4	car	driver	airplane	p

3　２つの文の意味がほぼ同じになるように（　）に入る最も適切な語を下から選び，記号で答えなさい。

1．{ These roses smell very sweet.
　　(　　) sweet these roses smell! }

ア．How　　イ．Be　　ウ．Which　　エ．What

2．{ Maki runs faster than Nao. Nao runs faster than Yuko.
　　Maki runs the fastest (　　) the three. }

ア．in　　イ．on　　ウ．at　　エ．of

3．{ Do many people speak English in Canada?
　　Is English (　　) by many people in Canada? }

ア．speak　　イ．spoke　　ウ．spoken　　エ．speaking

4．{ How about going for a walk this afternoon?
　　(　　) go for a walk this afternoon. }

ア．May　　イ．Let's　　ウ．Must　　エ．Shall

4　日本語に合うように，次の（　）の語を適切な形に書き替えなさい。

１．友だちとバスケットボールをすることはとても楽しいです。
(Play) basketball with my friends is a lot of fun.

２．私はすべてのなかでこの花が一番かわいいと思います。
I think this flower is the （ pretty ） of the all.
３．あなたは今までにこんなに美しい花を見たことがありますか。
Have you ever （ see ） such a beautiful flower?
４．中国語は私たちの高校では教えられていません。
Chinese is not （ teach ） at our high school.

5 次の文が日本語と合うように（　）に入る最も適切な語を下から選び，記号で答えなさい。

１．ナンシーと歌っているあの少年はトムです。
That boy （　　　） with Nancy is Tom.
ア．sing　イ．sings　ウ．singing　エ．has sung

２．日曜日に学校に行く必要はありません。
It is not （　　　） for us to go to school on Sundays.
ア．necessary　イ．must　ウ．need　エ．have to

３．私は２時間前に美咲への手紙を書き終えました。
I finished （　　　） a letter to Misaki two hours ago.
ア．write　イ．wrote　ウ．written　エ．writing

４．この高校には何人の生徒がいるのか教えてください。
Please tell me （　　　） many students this high school has.
ア．why　イ．how　ウ．who　エ．which

6 次の（　）に入る最も適切な英単語を答えなさい。ただし，与えられた文字で書き始めること。なお，英単語の□には１文字ずつ入るものとします。

１．A （ v□□□□□□ ） is a very small town located in a country area.
２．（ J□□□□□□□ ） is the first month of the year, between December and February.

7 次の日本語に合うように正しく並べ替え，（　）内で３番目にくる語の記号を答えなさい。ただし，文頭にくるべき語も小文字で示してあります。

１．あれは千葉で最も有名な建物の一つです。
（ア．the / イ．that / ウ．of / エ．one / オ．most / カ．is ） famous buildings in Chiba.

２．私はその機械の使い方を知りません。
I （ア．how / イ．the / ウ．don’t / エ．to / オ．know / カ．use ） machine.

３．私は多くの子どもたちにサッカーを楽しんでほしい。
I （ア．many / イ．to / ウ．want / エ．playing / オ．enjoy / カ．children ） soccer.

４．あなたは彼の家がどこにあるのか知っていますか。
（ア．his house / イ．is / ウ．know / エ．where / オ．do / カ．you ）?

8 次のＡとＢの会話について，（　）に入れるのに最も適切なものを下から選び，記号で答えなさい。

1．A：Have you seen my bag?
B：No, I haven't.（　　）
A：Yes. I can't find it anywhere.
ア．Are you ready?　イ．Did you lose it?
ウ．Do you like it?　エ．Can I borrow it?

2．A：My father bought this computer for me on my birthday.
B：Really? I want my own computer, because I don't have one.
A：You can come and use mine anytime you want to.
B：（　　）
ア．You are very kind.　イ．Did you buy it for me?
ウ．Will you buy it for me?　エ．I'm not interested in a computer.

3．A：I will go to see a movie tomorrow. Will you come with me?
B：I want to, but I can't.（　　）
A：What will you do?
B：I have to do my homework.
ア．I can go there with you.　イ．I want to see the movie.
ウ．I have something to do.　エ．I have nothing to do.

4．A：I want to try something new this summer, but I don't know what to do.
B：Well, you can take many summer classes for high school students at the university.
A：That's a great idea. I'm a little bit interested in Italy.
B：Then, why don't you（　　）
ア．watch a Italian movie at home?　イ．visit your friends there?
ウ．take making hamburgers lessons?　エ．take one about Italian history?

9 次の文章を読んで，後の設問に答えなさい。

Part 1

中学３年生のアヤは，同級生のエミに相談を持ち掛けています。

Aya : I know you like sweets, especially cake and ice cream, Emi. Do you like chocolate, too?

Emi : Sure. You also love it, don't you? Ah, you mean "St. Valentine's Day" next month. Well, are you going to give someone chocolate, Aya?

Aya : Yes. I'll hand it to my classmates and, of course, to you, Emi. But you know every store sells so many kinds of chocolate in this season.（ A ）

Emi : I quite agree. Moreover, every one looks very cute and delicious. But I don't think giving chocolate is the only choice for a Valentine's Day present.

Aya : What do you mean?

Emi : Our class teacher, Ms. Ino says that it's common to send flowers to a partner overseas. In addition, the present is usually sent from males to females.

Aya : Really? I'm surprised to hear that. But I think it's also cool to give someone flowers.

Emi : It seems that many Japanese are crazy about buying chocolate in this season. But they don't know much about chocolate.

Aya : Uh, that's right. I always eat it without thinking. We should know more about chocolate.

Emi : Ms. Ino also says that we have another way to choose our favorite chocolate. Let's talk with her after school, Aya. （ B ）

Aya : All right.

放課後，アヤとエミは担任の井野先生と話しをしています。

Aya : I can get chocolate anytime, anywhere. But actually I don't know much about chocolate, Ms. Ino.

Ms. Ino : I see what you mean. What is chocolate made from, Aya?

Aya : I heard it's made from cocoa beans.

Ms. Ino : You're right. And then, where do you think cocoa beans are grown?

Emi : I'm not sure. Maybe it's in Brazil in South America, isn't it?

Ms. Ino : People say that the place of origin is Latin America. Now, we can check the countries of "cacao bean production" on the Web. Take a look at this list, Aya and Emi.

Aya : Let me see, the list says （ ① ） is the top. Wow, it's outstanding.

Emi : I see. Brazil is the （ ② ）.

Ms. Ino : Brazil produces the largest amount of coffee. Where is the major cacao production area on the list?

Aya : It's （ ③ ）.

Ms. Ino : That's right. It's said that about 70% of cacao beans is produced there.

Emi : Well, almost all chocolate we eat every day must come from Cote d'lvoire, mustn't it?

Ms. Ino : I'm sorry, but it doesn't. Look at this site. Here is a list of "cacao bean imports". Cote d'lvoir is the （ ④ ）. The top is （ ⑤ ）. Japan imports about 80% of cacao beans from that country.

注）the place of origin　原産地

Aya : I see. Now, I realize I know little about chocolate.

Ms. Ino : Well then, let's talk about it again tomorrow.

Aya : Certainly. Thank you so much, Ms. Ino.

設　　問

1　前の本文の A と B に当てはまる最も適切なものをア～エの中から選び，記号で答えなさい。

ア．I think it's a good idea for us to make a special cake.

イ．This may be a good chance to learn about chocolate.

ウ．Let's go to a store to look for beautiful flowers.

エ．So, I can't decide which one to choose.

2　次の表は，井野先生が紹介したホームページに掲載されている「世界のカカオ豆生産量」と「日本の主要カカオ豆国別輸入量」のデータです。この表を参考にして，３人の会話の（①）～（⑤）に当てはまる最も適切な組み合わせをア～エの中から１つ選び，記号で答えなさい。

【Cacao bean production（カカオ豆の生産量の多い国）Top 10 / 2020 】　（総務省）

Ranking	Country	Cacao bean production	Region / Area
1	Cote d'lvoire（コートジボワール）	**2,200,000 ton**	Northwest Africa
2	Ghana（ガーナ）	**800,000 ton**	Northwest Africa
3	Indonesia（インドネシア）	**739,000 ton**	Southeast Asia
4	Nigeria（ナイジェリア）	**340,000 ton**	Northwest Africa
5	Ecuador（エクアドル）	**328,000 ton**	South America
6	Cameroon（カメルーン）	**290,000 ton**	Northwest Africa
7	Brazil（ブラジル）	**270,000 ton**	South America
8	Sierra Leone（スリランカ）	**193,000 ton**	Northwest Africa
9	Peru（ペルー）	**160,000 ton**	South America
10	Dominica（ドミニカ）	**78,000 ton**	Central America

【Cacao bean imports（日本の主要カカオ豆 国別輸入量）Top 5 / 2020 】　（日本貿易統計）

Ranking	Country	Cacao bean imports	Region / Area
1	Ghana（ガーナ）	**38,564 ton**	Northwest Africa
2	Ecuador（エクアドル）	**3,702 ton**	South America
3	Venezuela（ベネズエラ）	**2,357 ton**	South America
4	Cote d'lvoire（コートジボワール）	**1,584 ton**	Northwest Africa
5	Dominica（ドミニカ）	**1,037 ton**	Central America

ア．① Cote d'lvoire　② seventh　③ Northwest Africa
　　④ fourth　⑤ Ghana

イ．① Ghana　② fourth　③ South America
　　④ fourth　⑤ Cote d'lvoire

ウ．① Cote d'lvoire　② seventh　③ Northwest Africa
　　④ top　⑤ Ghana

エ．① Ghana　② fourth　③ Southeast Asia
　　④ top　⑤ Cote d'lvoire

3　次の各文で，本文の内容と異なるものをア～エの中から１つ選び，記号で答えなさい。

ア．Aya is planning to hand chocolate to Emi and her classmates.

イ．Emi says that a present for St. Valentine's Day is usually sent from man to woman in foreign countries.

ウ. Ms. Ino is telling Aya and Emi that people say cacao beans originally came from Africa.

エ. Aya and Emi are going to talk about chocolate with Ms. Ino next day.

Part 2

翌日，アヤとエミは井野先生と話しをしています。

Emi : I've heard about a social problem with chocolate recently, Ms. Ino.

Ms. Ino : It's about child labor or forced labor, isn't it?

Aya : Yes, I've seen news of a boycott against clothes of a famous company on TV. Someone said it was caused by forced labor in a certain country. But it was about clothes, not chocolate.

Ms. Ino : You know well, Aya. Today many people are becoming concerned about "human rights", "the environment" and "sustainability". As a result, companies worldwide have been paying attention to these issues. In particular, they are required to protect human rights nowadays.

Emi : I see. You mean there are the same problems with chocolate production, don't you, Ms. Ino?

Ms. Ino : That's right. There is a serious gap between people who grow cacao beans and people who eat chocolate.

Aya : A gap? What do you mean?

Ms. Ino : We can see a report by UNISEF and ILO on the Web. The report says that there were (⑥) million children in child labor in the world in 2020, nearly (⑦) percent of the world's children. And what is worse, child labor has risen from (⑧) to 160 million since (⑨).

Emi : That's terrible!

Ms. Ino : Another report says that people in production areas grow cacao beans with their families, and the children must work in the field all day long.

Aya : Really? We Japanese enjoy eating chocolate every day, but sadly, many children overseas must work in the field.

Ms. Ino : Yes. Actually, more than one million children are in child labor in cacao production now. Can you imagine their daily lives?

Aya : Let me see, I think maybe lots of children don't have time to go to school.

Emi : I think so, too, Aya. It means growing cacao may take away the opportunity for children to learn, doesn't it?

Ms. Ino : That's right. It's said that gathering cacao beans from trees needs people's hands, not a machine. So, everyone in the family must work together. （ C ）

Aya : That's too bad! That's why many children are forced to work with their families.

Emi : Yeah, in short, poverty is the major cause of child labor.

Ms. Ino : People say that almost all the children there haven't eaten chocolate.

Aya : Wow! What a shock!

Ms. Ino : Yes, it is. Chocolate was once called "food of the gods" by the people in ancient Mexico.

Aya : It's sweet and precious, but at the same time, it has a bitter and cruel taste, Ms. Ino.

Ms. Ino : Sure. It's hard to improve the situation. But I heard some news about a plan to solve it.

Aya : What do you mean?

注）child labor 児童労働　forced labor 強制労働　boycott 不買運動　human rights 人権
sustainability 持続可能性　in particular 特に　UNISEF 国連児童基金
ILO 国際労働機関　poverty 貧困

Ms. Ino : JICA started up a project with chocolate makers, trading companies, and NGOs in 2020. They are going to take action to solve problems in the cocoa industry, such as poverty among farmers, deforestation, and child labor.

Aya : That sounds good!

Emi : Come to think of it, you told me that we have other choices when we select our favorite chocolate, Ms. Ino. Please tell us more.

Ms. Ino : Let me see. I think one of your choices is buying chocolate with a fair-trade mark.

Emi : What is fair-trade?

Ms. Ino : It's a system of trade. It supports workers in developing countries by paying fair prices. And it makes sure that people have good working conditions and get fair pay.

Aya : The mark shows us that the products have no relation with child labor, doesn't it?

Ms. Ino : That's right. Fair trade is good for everyone working in various industries.

Aya : Great! I hope buying fair-trade chocolate will bring a happy smile to each child there.

Ms. Ino : I hope so, too. Well, did you get another point of view about chocolate, Aya and Emi?

Aya : Yes. I now realize so many people are growing cacao beans with their children. It's natural that children go to school every day in

Japan. But some children have no chance to learn at school in other countries.

Emi : Well, we can study and play at school, while they must work for their families in the field. （ D ）

Ms. Ino : I'm happy to hear that.

Aya : I'd never thought about those children working on cacao production overseas until now. We may need to stretch our imagination and try to know much more about them.

Emi : I think it's important to get more information about the people in the cacao field. We should have more empathy for them. Why don't we tell our friends these stories about the cacao growers, Aya?

Aya : That's a nice idea! It's a first step for us to understand the situation of cacao production.

Ms. Ino : Sounds great. Also, I'd like to introduce you to a poem, Aya and Emi. I'll show it to you later. By the way, did you come up with any hints on buying chocolate?

Aya : Sure. （ E ）

Emi : All right. Well, which do you prefer, flowers or chocolate, Aya?

Aya : Are you kidding? Of course, chocolate! I'm going to look for goods with the fair-trade mark. Let's choose fair-trade chocolate, and we can see the happy faces of the cacao growers.

注）JICA （日本の）国際協力機関　　deforestation　森林伐採

設　　問

4　前の本文の C～E に当てはまる最も適切なものをア～オの中から選び，記号で答えなさい。

ア．Will you go shopping with me next weekend, Emi?

イ．Maybe we should realize we are lucky enough to go to school.

ウ．We should go to school to learn how to grow the plants.

エ．And moreover, the income of each family is very low.

オ．Someone will bring chocolate to the growers in the field.

5　次の表は，UNICEF（国連児童基金）と ILO（国際労働機関）が2020年に発表した世界の児童労働に関するデータです。

【Child labor: Global estimates　2020】　　（国連児童基金＆国際労働機関）

Year	Number of children in child labor	Percentage of children in child labor
2000	**245 million**	**16.0 %**
2004	**222 million**	**14.2 %**
2008	**215 million**	**13.6 %**
2012	**168 million**	**10.6 %**
2016	**152 million**	**9.6 %**
2020	**160 million**	**9.6 %**

この表を参考にして，井野先生の会話の（⑥）～（⑨）に当てはまる最も適切な組み合わせをア～エの中から１つ選び，記号で答えなさい。

ア．⑥ 160　⑦ 15　⑧ 152　⑨ 2000
イ．⑥ 152　⑦ 10　⑧ 168　⑨ 2012
ウ．⑥ 245　⑦ 15　⑧ 215　⑨ 2008
エ．⑥ 160　⑦ 10　⑧ 152　⑨ 2016

6　次の各文で，本文の内容と異なるものをア～オの中から１つ選び，記号で答えなさい。

ア．Ms. Ino says that more than one million children are in child labor.
イ．A report says that many children must work with their families in the field all day long.
ウ．It's said that people gather cacao beans from the trees by machine with their families.
エ．Emi wants to tell their friends the stories about the cacao growers.
オ．Aya will choose fair-trade chocolate to see the happy faces of the cacao growers.

7　次の文は井野先生がアヤとエミに紹介した詩です。これは詩人の谷川俊太郎さんの「そのこ」という作品を，詩人・翻訳家の中保佐和子さんが英訳したものです。

この詩の最後に，"I wish somebody would tell me / How I can help him" とありますが，この問いかけに対してアヤやエミならばどのように応えると思いますか。本文中の会話を参考にして，英語で答えなさい。

ただし，英文は Why don't we... で書き始め，12語以内とする。

The other boy

He is far away
He is not my friend
But I know
That while I play with my friends
He is working, alone

While I am reading books at school
He crouches down and stares at the ground
While I take my bath and then crawl into bed
He lied down to sleep on the floor
We both sleep under the same sky

I don't have to work because I am a child
Adults earn money by working
And with that money I buy games
He is a child but he earns money
And with that money the adults buy food

He struggles like a butterfly
Trapped in a web of money
Woven around the world
I wish somebody would tell me
How I can help him

(*Translated by* Sawako Nakayasu)

そのこ

そのこはとおくにいる
そのこはぼくのともだちじゃない
でもぼくはしっている
ぼくがともだちとあそんでいるとき
そのこがひとりではたらいているのを

ぼくががっこうできょうかしょをよんでいるとき
そのこはしゃがんでじめんをみつめている
ぼくがおふろからでてふとんにもぐりこむとき
そのこはゆかにごろんとよこになる
ぼくのうえにもそのこのうえにもおなじそら

ぼくはこどもだからはたらかなくてもいい
おかねはおとながかせいでくる
そのおかげでぼくはげーむをかう
そのこはこどもなのにおかねをかせいでいる
そのおかねでおとなはたべものをかう

ちきゅうのうえにはりめぐらされた
おかねのくものすにとらえられて
ちょうちょのようにそのこはもがいている
そのこのみらいのためになにができるか
だれかぼくにおしえてほしい

谷川俊太郎

問一　傍線部①「我」とは誰をさすか。適当なものを、次のア～エの中から一つ選び記号をマークしなさい。

ア　かぐや姫　イ　翁　ウ　嫗　エ　天人の王

問二　空欄Ａに入る語として適当なものを、次のア～エの中から一つ選び記号をマークしなさい。

ア　ぞ　イ　こそ　ウ　や　エ　なむ

問三　傍線部②「形見と」は「形見として」と訳すが、なぜこのように訳すのか。理由として適当なものを、次のア～エの中から一つ選び記号をマークしなさい。

ア　余命の短いかぐや姫が、死を覚悟して翁たちに大切に持っていてもらいたかったから。

イ　年寄りである翁たちが、形見としてかぐや姫に大切に持っていてもらいたかったから。

ウ　この世を離れるかぐや姫が、翁たちにいつまでも忘れないでいてもらいたかったから。

エ　お別れするかぐや姫に対して、翁たちが送別の品として贈った大切なものだったから。

問四　傍線部③「月のいでたらむ夜は、見おこせたまへ」の現代語訳として適当なものを、次のア～エの中から一つ選び記号をマークしなさい。

ア　月が欠けている夜は、そちらからご覧になってください。

イ　月が欠けている夜は、身を起こして見ていてください。

ウ　月が出た夜は、そちらからご覧にならないといけません。

エ　月が出た夜は、そちらからご覧になってください。

問五　この作品が成立した時代として適当なものを、次のア～エの中から一つ選び記号をマークしなさい。

ア　鎌倉時代　イ　平安時代　ウ　室町時代　エ　江戸時代

問一　傍線部①「うちはいま大変なんだな」とあるが、何が大変なのか。最も適当なものを、次のア～エの中から一つ選び記号で答えなさい。

ア　家風　イ　家事　ウ　家督　エ　家計

問二　傍線部②「職人魂のネジを巻き上げたようだった」とはどういう意味か。適当なものを、次のア～エの中から一つ選び記号で答えなさい。

ア　時計職人として問われる技量の水準を引き上げたようだったということ。

イ　時計職人としてのやる気の度合いを引き上げたようだったということ。

ウ　時計職人として問われる冷静さが消え不安感を引き上げたようだったということ。

エ　時計職人としての夢が実現し満足度を引き上げたようだったということ。

問三　傍線部③「微細な歯車やらネジやら」を別のものにたとえている最も適当な箇所を、本文中より八字で抜き出して答えなさい。

問四　本文には次の一文が抜けている。入れるべき適当な箇所を、本文中の【a】～【d】の中から一つ選び記号で答えなさい。

［**抜けている文**］使っていたのがどんな人間かは、時計を見ればわかる、とでも言いたげだった。

問五　空欄Aに入る語句として適当なものを、次のア～エの中から一つ選び記号で答えなさい。

ア　デンジャラスな作業　イ　リアルな作業

ウ　デリケートな作業　エ　プライベートな作業

これよりマーク式の問題です。

六　**次の古文を読んで、後の問いに答えなさい。**

夜中の十二時ごろ、すばらしい衣装を着た天人の王たちがかぐや姫を迎えに来た。かぐや姫を育ててきた翁は、かぐや姫を返さずに済むよう、天人の王たちと問答している。

「いざ、かぐや姫、穢き所に、いかでか久しくおはせむ」といふ。立て籠めたる所の戸、すなはちただあきにあきぬ。格子どもも、人はなくしてあきぬ。嫗抱きてゐたるかぐや姫、外にいでぬ。えとどむまじければ、たださし仰ぎて泣きをり。

たけとり心惑ひて泣き伏せる所に寄りて、かぐや姫いふ、「ここにも、心にもあらでかくまかるに、のぼらむをだに見送りたまへ」といへども、「なにしに、悲しきに、見送りたてまつらむ。①我を、いかにせよとて、捨ててはのぼりたまふぞ。具して率ておはせね」と、泣きて伏せれば、御心惑ひぬ。「文を書き置きてまからむ。恋しからむをりをり、取りいでて見たまへ」とて、うち泣きて書く言葉は、

この国に生れぬるとならば、嘆かせたてまつらぬほどまで侍らん。過ぎ別れぬること、かへすがへす本意なく（　A　）おぼえはべれ。脱ぎ置く衣を②形見と見たまへ。③月のいでたらむ夜は、見おこせたまへ。見捨てたてまつりてまかる、空よりも落ちぬべき心地する。

と、書き置く。

（『竹取物語』より）

時計屋の嘆声に気を良くした私は、鼻の穴をふくらませて、言わなくてもいいせりふを口にした。

「悪いものではないと聞きました」

返ってきたのは、苦笑いだった。痩せているわりに太い指で文字盤のメーカー名を撫ぜて、診察の結果を告げる医師のように言う。

「当時は高級っていえば高級だったんだろうけど。まぁ、ミーハー時計だね。スイス製ってことになってますがね、実際は、ブラジルの工場でつくってたんだ」

【a】死んだ後も、息子の私にも、わからないのに。時計に対する知識と愛情は豊富だが、人への接し方は下手な人であるようだ。私が気分を害していることには気づいていない。

「父の形見なんです」

【b】針をしこんだ私の言葉にも悪びれるふうもなく、「ああ、それはそれは」と言っただけだ。

とはいえ四十年前の機械式時計は、彼の②職人魂のネジを巻き上げたようだった。作業机に父の時計を持っていき、万年筆のペン先がヘラになったような工具で蓋を開ける。私はカウンター越しに作業を覗きこんだ。時計の中では大小の歯車が幾何学模様を描いていた。ミニチュアの工場のようだった。

単眼鏡をはめこんだ横顔の皺が深くなる。

私は訊いた。「直りますか」

【c】私の顔を見ず、時計に話しかけるように答えてきた。

「ああ、ここのネジがおしゃかになっちまったんだな。ちょっと待ってください。うちに同じタイプのネジが残ってるかもしれない」

頼もしい言葉。愛想のなさが急に、職人的美徳に思えてきた。

時計屋が振り子時計の壁の左手に消えた。（　中略　）

「うん、だいじょうぶ、このネジだ」

【d】時計に目を向けたままだったが、いちおう私に声をかけたのだと思う。父の時計は直るらしい。

「あとは軽く分解掃除をしておきましょう」

時計屋が新しい工具を手に取った。

何十年も繰り返してきた作業なのだろう。緩慢ではあるが、無駄のない手つきだった。几帳面に並べられた工具の配置は体が覚えているらしく、手探りだけで持ち替えていた。五百円玉と大差のない円形の中の、③微細な歯車やらネジやらを相手に、不器用そうに見える太い指を繊細に動かし続けた。

ひとつひとつが恐ろしく細かな手作業なのに、あの年齢でたいしたものだ。私には真似できそうにない。私の仕事は——仕事だったのは、広告代理店の営業だ。

時計屋に話しかけてみたかったが、〈　A　〉をしているさなかに、気を散らしていいものかどうかわからなかった。私に声をかけてきた時も、息で部品が飛ばない用心をしているかのようなこもり声だった。手にはいま小型のキリが握られ、いちばん小さな歯車を磨いている。

（荻原浩「時のない時計」より）

※語注　ミーハー … 安易な流行を追い、真面目にものを考えない人たちの俗称。

私が腕時計を手渡すと、「お」とも「う」ともつかない嘆声をあげた。はめっぱなしだった単眼鏡が左目から落ちる。てのひらを皿にして器用にそれを受け止めていた。

「いやぁ、これは古い時計だなぁ」

母親が言っていた。「買ったのは、あんたが高校生の頃じゃないかな」ということは、もう四十年前だ。その人がどんな人間だったかは、亡くなってからわかることもあるようだ。父がおしゃれで、身につけるものに金をかけていた、ということも初めて知った。

母は、私に時計を、私より父に体型が似ている兄には、やはり同じ頃に買ったコートを形見分けすると言っていた。

「銀座の洋服屋で仕立てたコートだよ。月々のお給料の半分はしたと思うよ」

本当かよ。信じられない。

父はサラリーマンだった。一度転職しているが、勤めていたのはどちらも、大きくも小さくもなく、世間に名を知られているわけでもない会社だ。

息子の目から見ても、平凡なサラリーマンそのものの人だった。この世代の人間は往々にしてそうだが、自分のことをぺらぺら喋るのが恥だと思っている無口な人で、会社で何をしているのかは、定年退職する最後までわからなかった。大学の法学部を卒業してすぐに勤めはじめた最初の会社も、転職した二度目の会社も、同じ自動車部品メーカーで、結局、どちらでも経理の仕事をしていた、ということだけは聞いている。

仕事は忙しかったようで、帰りは毎晩遅かった。休日はいつもゴロ寝。一緒に遊びに出かけた記憶はほとんどない。サラリーマン時代の父の姿といえば、私には背広姿とステテコ姿しか思い浮かばなかった。

給料もごく平凡だったはずだ。兄も私も大学まで行かせてもらったのだから、文句を言う筋合いではないかもしれないが、兄が大学に入り、私が受験を控えていた高校時代は、弁当の中から、中学生の時にはちょくちょく入っていた肉が消え、ちくわや魚肉ソーセージがおかずになった。すき焼きは豚肉。母はパートで働きはじめ、映りが悪くなったテレビを買い換えずに見続けた。①うちはいま大変なんだな、と子どもにもわかった。

そんな頃に高級時計？　オーダーメイドのコート？

葬式の時に「あんないい人はいなかった」と泣いた母は、日が経つにつれて冷静に、現実的になり、父親に対する愚痴をこぼし、私たちの知らなかったエピソードを披露するようになった。私だってけっこう苦労したんだよ、と訴えるように。

「お父さん、見栄っ張りだったから。自分の着るものにはぱあっとお金をつかっちゃうの。私はいつもバーゲン品だったのに」

大人になると、自分の親を客観視できるようになるものだ。けっして特別な存在だったわけではなく、良くも悪くも普通の人間だったのだな、と思える。とりわけ記憶のときどきの親の年齢を自分が追い越してしまえば。

だが、それにしても。

ちくわと魚肉ソーセージばかりの弁当を食わされた身には、なんだか割りに合わない気がした。毎晩帰りが遅かったのも、母に言わせれば、「どこで何をしていたのやら。全部仕事だったわけじゃないんだよ」だそうだ。

長野県では、「絹の花」「絹の雫」などという商品名をつけた大和煮の缶詰が市販されていた。現在も、長野県のスーパーや土産物店では、イナゴの佃煮に並んでカイコ蛹の佃煮が売られている。

蛹は食用、繭は絹糸や化粧品、カイコは余すところなく人間の役に立ってくれる。たとえば、カイコのフンは蚕砂《サンシャ》と呼ばれる漢方薬であり、かつては枕の材料や、鉄砲の火薬になる硝石の原料として使われた。モノをもたらすだけでなく、飼育するという体験が人に生きがいや癒しをもたらしてくれる「おカイコさま」。

余談だが、カイコは日本刀の歴史にも大きな影響をもたらした。普後一著『人が学ぶ昆虫の知恵』によると、鎌倉時代、襲来した蒙古軍の兵士が着用していた甲冑（革製の鎧で、カイコ繭から作った真綿を分厚くキルティングしたもの）に対して、当時の刀は通用しなかった。その反省から、日本刀の作風は大きく変わったそうだ。【ｄ】

日本人にとって「おカイコさま」が特別な昆虫だったことは、その呼び方の多様さからも窺い知れる。

「ヒメコ（神奈川県、千葉県）」「トドッコ（秋田県、青森県、岩手県）」「コナサマ（八丈島、三宅島）」「アトト（福島県）」「オシラサマ（静岡県）」「ケコジョ（鹿児島県、宮崎県）」「シロサマ（山形県）」「マンムシ（沖縄県）」

これはごく一部であり、今はもう知られていない呼び方もきっと多いだろう。カイコの世話をするうちに特別な感情を持つのは、先祖代々受け継がれてきた日本人の血なのかもしれない。

（内山昭一『昆虫は美味い！』より）

＊本文には、問題作成上改変があります。

問一　本文には次の一文が抜けている。入れるべき適当な箇所を、本文中の【ａ】～【ｄ】の中から一つ選び記号で答えなさい。

［**抜けている文**］　養蚕は、現代ならではの新たな役割を得たのである。

問二　傍線部①「カイコは逃げ出す心配が無い。餌が無くなってもその場から動かず、餌がくるのをじっと待っている」とあるが、なぜか。理由として適当なものを、次のア～エの中から一つ選び記号で答えなさい。

ア　主に飼ってきたのは、蚕砂という種類であるから。
イ　食料不足を解消する、代表的な有用昆虫であるから。
ウ　絹をたくさんつくるよう、品種改良されてきたから。
エ　いろいろな機能が付加されている昆虫であるから。

問三　傍線部②「達成感」とほぼ同じ意味で用いられている語を、本文中より四字で抜き出して答えなさい。

問四　空欄Ａに入る語として適当なものを、次のア～エの中から一つ選び記号で答えなさい。

ア　製糸場　　イ　スーパー
ウ　化粧品メーカー　　エ　高齢者施設

問五　空欄Ｂに入る語として適当なものを、本文中より二字で抜き出して答えなさい。

五　**次の文章を読んで、後の問いに答えなさい。**

「修理をお願いしたいのですが」

時計屋が立ち上がる。座っている時には大柄に見えたが、立つと案外に背は低い。（　中略　）

二〇一五年に山口市で三名に養蚕活動を試してもらったところ、高次脳機能障害の人が夢中で世話をしたそうだ。二〇一七年五月には世田谷区の高齢者施設「夢のみずうみ村新樹苑都市型軽費老人ホーム」で四名が飼育に挑戦中とのことである。

ホームで飼育に挑戦中の鈴木さん（九一歳）は、市販のレターケースの引き出しの底に網を敷き、各段に三〇匹ほど飼育しているそうだ。新聞の記事から飼育の様子を抜粋する。

「鈴木さんは朝起きるとまず、引き出しを開けてカイコの様子を確認。施設の中庭に出て、鉢植えの桑の木から新鮮な葉っぱを採ってきて与える。自分の朝食はその後だ」

鈴木さんは「軟らかい葉をあげるとよく食べて、芯だけを残すの。立派よね。繭も、ほら」と言ってにっこり笑ったそうだ。

鈴木さんの笑顔の写真を見ると、カイコの世話はアニマルセラピーの様に癒しの効果もあるように思えた。

出来上がったカイコの繭は、〈　A　〉に買い取られる。プロジェクト考案者の一人である長島教授によると、繭には紫外線をカットする機能があるという。

長島教授は、研究を通して昆虫生産物の使用拡大を目指している昆虫学者であり、シルク機能性研究の第一人者である。赤池学著『昆虫力』の中で、繭の機能について次のように語っている。

「わざわざ繭を作って覆うのには、必ずそれなりの理由があるはずです。繭には、未来の子孫たちのシェルターとなるだけのいろいろな機能が付加されているのではないか。こんな疑問から、繭やシルクの機能性研究を始めたんですね。そうしたら、とんでもない機能が次々とわかってきました。静菌性、紫外線カット、吸脂性、生体親和性など、私たち人間にとっても大変都合の良い機能が明らかになったのです」

繭をつくる糸はフィブロインとセリシンというタンパク質からできている。カイコの体にある左右の絹糸腺からでてきた二本の繊維（フィブロイン）が、吐糸口からひきだされるときにのりのようなもの（セリシン）で包まれて、一本の糸になる。絹糸になるのはフィブロイン、化粧品に利用されるのはセリシンである。【C】

繭の中身の利用については「訪問かいこ」プロジェクトで言及されていないが、私としては是非とも〈　B　〉を検討してもらいたい。

昔は糸を取った後の蛹《さなぎ》は、製糸場で糸を引く工女たちのおやつになっていたり、家庭では油で揚げて塩をふって食べたり、醤油で煮しめて佃煮にしていた。ただこの蛹には独特の臭みがある。リノレン酸など不飽和脂肪酸が多く含まれ、酸化しやすく、それが臭みの原因になっている。エビ・カニの蒸れたような臭みに近い。佃煮など濃い目に味付けすることで臭みをある程度抑えることができるが、ただ完全に消えることはない。一番美味しい食べ方はカイコが繭を作ったら、その繭をカットしてまだ生きている蛹を取り出して調理することだ。味の評価は一八〇度変わる。さっと茹でて噛み締めると豆乳に似た濃厚な旨味が口中に広がる。冷凍した蛹を半解凍して指で押すと皮がつるりと剝ける。それをヨーグルトに添えてもいい。ナッツの甘味とシャリシャリした食感も楽しい。

秋田、山形、埼玉、新潟、石川、福井、長野、岐阜、静岡、愛知、三重、京都、奈良、和歌山、鳥取、島根、岡山、広島、山口、愛媛、高知、大分、宮崎など広く食用の記録がある。

選び記号で答えなさい。

ア　猿のように早く食べることができない体
イ　象のように大食いをすることができない体
ウ　蛇のように食いだめをすることができない体
エ　牛のように多くの胃で消化することができない体

問四　傍線部②「都市的生活様式」とあるが、西欧と日本の生活様式について述べた一文を本文中より抜き出し、はじめの五字を答えなさい。

問五　本文の内容と合致するものを、次のア～エの中から一つ選び記号で答えなさい。

ア　人類は農業と牧畜という食料を生産する生業形態を採用することによって、一日二食では体力的に無理が生じ三食化が普及した。
イ　西欧と日本の中世になってからの繁栄は、同じ一日二回の食事であっても前の時代よりも長い時間働くことに支えられていた。
ウ　狩猟や採集を行う民族のうち、狩猟の獲物を食料として重視するところは、規則的な食事回数や食事時間を常に意識している。
エ　飯の澱粉は老化が早く、時間がたつにつれアルファ化した澱粉が生米のベータ澱粉の状態に戻るため炊きたてがおいしい。

四　次の文章を読んで、後の問いに答えなさい。

二〇一七年五月三〇日付の「東京新聞」二八面に目が止まった。「高齢者」「老人ホーム」「介護」などの言葉が並ぶ記事の中央に、「おカイコさま」のカラー写真が大きく載っていたのである。

記事によると、高齢者や障がい者にカイコと桑の木を託して自宅で飼育してもらうことで、生きがいを感じてもらい、さらに繭の販売収益を自立につなげる取り組みだという。その名も「訪問かいこ」プロジェクト（社会福祉法人「夢のみずうみ村」藤原茂代表、東京農業大学農学部川嶋舟准教授、長島孝行教授考案）。

カイコは桑の葉を食べ、絹の生産をする、代表的な有用昆虫である。かつては日本中で飼育され、明治時代には、生糸は日本を代表する輸出品になった。

日本の養蚕は、一八〇〇年ほど前にはじまったと言われている。養蚕は五〇〇〇年以上前に中国ではじまり、やがて世界各地に広がった。カイコは自然のなかにいたクワコを人が改良してきた昆虫であるといわれている。

日本で主に飼ってきたカイコは形蚕という種類で、桑の葉の色素を取り入れることができないため白い繭をつくる。繭の色は食べた桑の葉に入っている色素をどのように取り入れるかによって変わる。ヨーロッパはピンク色やオレンジ色、南アジアは薄い緑色、タイや東南アジアやインドでは黄色い繭である。【a】

長年にわたって飼いならされ、絹をたくさんつくるように品種改良されてきたため、昆虫というよりは、むしろ家畜の一種という感じである。

現在壊滅状態とも言われる養蚕だが、かつては農家の伝統的な副業であり、貴重な現金収入になっていた。①カイコは逃げ出す心配が無い。餌が無くなってもその場から動かず、餌がくるのをじっと待っている。

「訪問かいこ」プロジェクトでは、毎日決まった時間の餌やり作業が生活習慣をもたらし、二、三週間～一ケ月の短期間で繭が出来上がるという②達成感が味わえる。「できる」作業があることの自覚が、高齢者や障がい者に自信を取り戻して自立を促すことになる。【b】

のか。

近代には夜の生活が長くなる。夜起きている時間が長くなると、三回にわけて食事をしないと体がもたないということになる。夜の生活が長くなるのは②都市的生活様式における現象であり、都市的な生活のスタイルが、それぞれの文化で、人びとの生活運営のモデルとなったのだ、という説明が、西欧でも日本でもいわれている。西欧においては、上流階級の晩の観劇の習慣が夜を長くしたと説かれるし、日本においては灯火の普及によって夜の生活が長くなったことがよくのべられる。

だが、どうもそれだけではなっとくがいかない。少々らんぼうな考えではあるが、わたしの頭にある仮説を紹介してみよう。

世界における近代化はいうまでもなく西欧社会にはじまるものであり、それは市民革命や産業革命に象徴される。そのことによって西欧社会の近代は繁栄の時代となったのであるが、産業革命の準備段階において社会の生産力はすでに増大しており、そのことが資本主義の形成を準備していたことが知られている。

産業革命こそ起こらなかったが、日本でも江戸時代の中頃から、貨幣経済・商品経済が発達して、自給自足的封建社会の経済体制が解体して、マニュファクチャーの段階までは到達しており、資本主義の発生をみていた社会となっていた。日本社会がそのような段階に達していたので、明治になると非西欧社会で最初に近代化をなしとげることができた国となったのである。

近代化および近代化の準備段階の時代とは、それ以前の時代にくらべて、人間が長時間働かねばならないようになった――労働強化のなされた時代であると、わたしは考える。西欧では産業革命によって低賃金、長時間労働が強化されたことが知られている。しかし、機械生産の起こる産業革命以前の西欧と日本の近世になってからの繁栄というものは、社会的生産の増大に基盤をもつものであり、それは技術の向上もさることながら、なんといってもその前の時代にくらべて人間がよく働くようになった。あるいは働かされるようになったということを前提としなくてはうまく説明できないのではなかろうか。長時間うんと働くようになったことが、日に三回食事をとることの最大の原因として考えられはしないだろうか。

いずれにせよ、西欧の近代社会で成立した役所や会社の制度、それにともなうオフィスでの執務時間、義務教育制度と授業時間などが、植民地行政をつうじて世界各地に影響を与えてゆき、その結果世界じゅうに三食化の進行をうながしたのである。（石毛直道『食事の文明論』より）

※ 語注　マニュファクチャー…工場製手工業。製造業。

問一　空欄A～Cに入る語の組み合わせとして適当なものを、次のア～エの中から一つ選び記号で答えなさい。

ア　A　そんなわけで　B　ところが　C　おまけに
イ　A　ところが　B　そんなわけで　C　おまけに
ウ　A　おまけに　B　そんなわけで　C　ところが
エ　A　ところが　B　おまけに　C　そんなわけで

問二　傍線部①「朝にかならず飯炊きをするようになった」とあるが、理由として適当な箇所を本文中より四十五字で抜き出し、はじめと終わりの五字を解答欄の「から」に続くように答えなさい。（句読点を含む）

問三　空欄Dに入る語句として適当なものを、次のア～エの中から一つ工場勤めをする人びとがおおくなったことと、昼すぎまで授業をする学校というものが現われたこと、すなわち、明治時代になって勤め人と学童に弁当を持たせてやるようになってからのことである。京や大和、瀬戸内海の一部の地帯など朝粥の風習のあった地域でも、粥を弁当箱につめるわけにはいかないので、子どもの昼食用に朝から飯を炊いてやらなくてはならぬこととなった。会社、役所というものと義務教育の制度が、全国の家庭に朝に飯炊きをする習慣を植えつけていったのである。

ラテン系の一部の国々のように長い昼休み時間がもうけられ、昼食とシェスタ（午睡）のために家に帰るという制度も導入されなかったので、サラリーマン型の食生活に変化することによって、昼食の相対的な価値が下落した。忙しい朝からごちそうを食べるというわけにもいかないので、一日の食事の中心となるのは晩食ということに、日本じゅうがなったのである。

社会の近代化にさいして、おなじような現象が世界各地で起こったのである。世界のほとんどの地域において一日三回食事をするようになったのは、つい近頃のことなのである。〈　D　〉なので、人間は一日に一度は食事をしなくてはならない。だが、日に何回食べるべきかということをきめるのは人体生理の問題ではなくて、それぞれの社会の問題である。

西ニューギニア高地のモニ族の社会では、正式の食事というものは一日一回しかない。午後二時ごろ一日の畑仕事が終って家に帰ってつくる食事を家族全員がそろって食べる。それだけでは腹がもたないので、そのあまりものを晩に食べたり、朝仕事に行くまえに炉の灰のなかにサツマイモをくべて焼いたものを食べたりするが、それは腹の空いた者が食べたいときに勝手に食べる個人的な間食であって、正式の食事とはみとめられないのである。

狩猟・採集の生活様式をおくる民族のうち、狩猟の獲物を食料として重んずるところでは、食事回数や食事時間が不定期となる傾向が強い。獲物がとれたときが食事時間となるのである。そのあいだ採集した植物性の食料を口にしていたりするのであるが、それはオヤツのようなもので、肉を食べるときがほんとうの食事であるという観念がある。

人類は農業と牧畜という生活様式――それは食料を生産する生業形態である――を採用することによって、計画的に食料を消費し、一日の食事回数や食事時間を定期的なものにすることが可能となったのである。農業社会・牧畜社会においては、一日二食の伝統をもっていたところがおおいようである。畑仕事に出たり、家畜を放牧に連れていくなどの生業の中心となる仕事が家庭の外で営まれるので、家を出る前と家に帰ってきたときが食事の時となったのであろう。一日の生活のリズムが、一日一つの主な仕事の時間とその前後に区分されていたのである。

飯炊き時間の例でもわかるように、食事回数や食事時間というものはそれぞれの社会における職業差、地方差、社会階層の差をもちながら歴史的に変遷してきたので、ことは簡単に運ばないのであるが、細部には目をつぶって話すとすれば、近代化の胎動期になると日本でも西欧でも、それまで二食の習慣を残していたものから、全国民が三食をとるように変化するのである。それは一七〜一八世紀における出来事である。日本とヨーロッパということなる文化の社会で、ほぼ同時代に並行する現象として三食化が普及したことを、どう説明したらよいのか、ことなる社会でありながら、三食化をもたらした共通の理由があるのか、ない

三　次の文章を読んで、後の問いに答えなさい。

パンは保存食品である。焼きたてのパンはおいしいが、冷たくなってもけっこう食べられる。中世のヨーロッパの農村部では、パンを焼くのは一週間に一度であった地方がおおいようである。一ヵ月に一度しかパン焼きをしないところもあったし、はなはだしい例では、フランスの南東部のドフィーヌ地方では、一年に二回しかパン焼きをしなかったという。

保存食品であるから、早くからパンつくりは家庭の台所から離れて、社会の側の施設であるパン屋にまかせることができるようになったのだ。

買いおきがきく食物であるという簡便性が、日本の家庭の朝食にパンがとり入れられた最大の原因だろう。パンにつけるバター、ジャム、チーズも保存食品であるし、牛乳、ジュースなども冷蔵庫からとりだすだけでよい。火を使う仕事としてはインスタント・コーヒーや紅茶のために湯をわかすか、目玉焼きをつくるくらいのことだ。保存食品を軸とする欧米流の食事の簡便性が、あわただしい朝の食事にもってこいであるということが、パン食普及の理由であろう。

（　A　）、飯炊きは家庭の台所を離れられない運命にある。なんといっても、飯は炊きたてがうまい。飯の澱粉《でんぷん》はパンにくらべると「老化」の速度が早い。炊いたときから時間がたつにつれて、粘り気はなくなり、パサパサになり、食味が落ちる。これは、加熱したことによって消化しやすいアルファ化した澱粉が、時間の経過とともにだんだん生米の澱粉の状態であるベーター澱粉にもどるためである。この老化現象のために、冷飯はまずくなる。

（　B　）、世界の稲作地帯の中心は熱帯アジア、あるいは夏には高温多湿なモンスーン地帯である。夏のあいだは、へたをすると朝炊いた飯が、晩にはすえてしまうことになる。（　C　）、コメを主食とする地帯では飯炊きはすくなくとも、一日一回はしなければならない仕事であるし、できることなら食事ごとに炊きたての飯を食べることが望ましいとされてきた。

現在では自動炊飯器の普及によって、朝晩二回飯炊きをする家庭がおおくなったようである。それ以前だと、ふきこぼれや焦げつきをしないよう、主婦は釜から目を離すわけにはいかず、飯炊きは気苦労のともなう仕事だった。

ひと昔まえの大阪の船場あたりの大きな商家では、飯炊きをするのは昼であった。開店準備に忙しい朝は粥か茶漬けですませてしまい、主人がつきあいで外食をすることがおおい晩食は、昼のあまりものの冷飯ですませた。昼食が家庭内の食事でいちばん重要であり、いいオカズをそえるものであった。

おなじ大阪でも使用人のほとんどいない小売業の店などでは、主人が家族とそろって晩飯をとり、そのときにはあたたかい飯と一日のうちでいちばんのごちそうが供されたという話もある。

肉体労働にしたがう江戸の職人は朝に飯をつめこんでおかないと仕事にならない。昼飯は弁当ですませるので、女房子どもは冷飯ですませ、晩にまた飯炊きをした。むかしのサラリーマンである武士や昼間肉体労働にしたがう農家でも、朝・晩二回飯炊きをすることがおおかった。

一日の食事における飯炊きの時は、職業差や地方差をもっていたのである。①朝にかならず飯炊きをするようになったのは、官吏や事務所、

図1-2 農業地域累計別の人口推移と将来予測

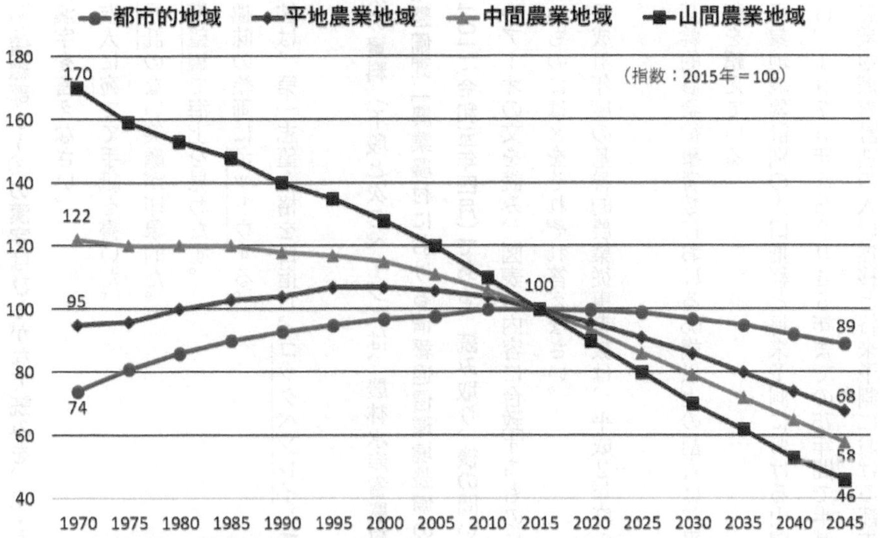

出典：「農村地域人口と農業集落の将来予測－西暦２０４５年における農村構造－」
（農林水産政策研究所）より作成

図1-3 地方移住への関心の変化（東京圏在住者）

※東京圏：東京都、埼玉県、千葉県、神奈川県

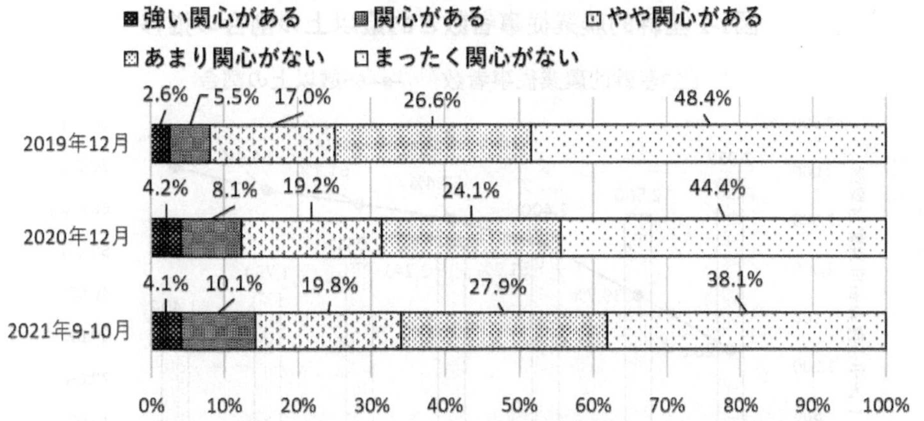

出典：「第４回　新型コロナウイルス感染症の影響下における生活意識・行動の変化に関する調査」（内閣府）より作成

＊本資料には、問題作成上改変があります。

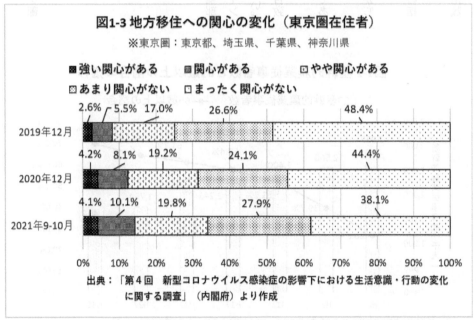

【国　語】（五〇分）〈満点：一〇〇点〉

一 次の傍線部①～③の漢字はひらがなで読みを、④・⑤のカタカナ部分は漢字を答えなさい。

① 友人に宛てて手紙を書いた。

② 屈託のない笑顔が印象的だ。

③ 潜望鏡で海上を見わたす。

④ 趣味の絵画にボットウする。

⑤ 彼は、第一志望合格を目指し、コックベンレイしている。

二 次の資料（下段と次のページ）は、農林水産省農村振興局整備部地域整備課「農業農村における情報通信環境整備のガイドラインVer.1.01」（令和五年四月）である。読み取り、後の問いに答えなさい。

問 次のア～オの文を読み、図表の内容に合致するものには○を、合致しないものには×をそれぞれ答えなさい。

ア 平成31年度の基幹的農業従事者数は、平成２年度の半数以下である。

イ 基幹的農業従事者数における65歳以上の割合は、平成17年度から6割を超えている。

ウ 農業地域累計別の人口推移と将来予測における山間農業地域の指数は、１９７０年から２０４５年までの75年間で半減している。

エ 農業地域累計別の人口推移と将来予測における都市的地域の指数は、２０１５年から２０４５年までの30年間で回復している。

オ 東京圏在住者の地方移住への関心は、２０１９年以降、高まり続けている。

図1-1 基幹的農業従事者数と65歳以上の割合の推移

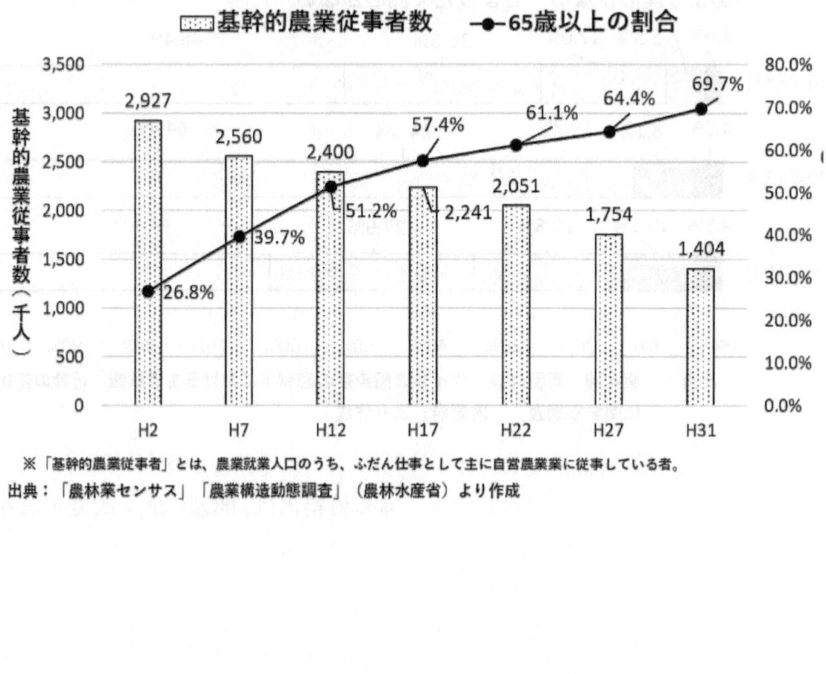

※「基幹的農業従事者」とは、農業就業人口のうち、ふだん仕事として主に自営農業業に従事している者。

出典：「農林業センサス」「農業構造動態調査」（農林水産省）より作成

2024年度
千葉黎明高等学校入試問題（前期２日目）

【数　学】（50分）　＜満点：100点＞

1 次の計算をしなさい。

(1)　$2^3 \times 5 - 4^2$

(2)　$3(x-2y)-(x-6y)$

(3)　$\sqrt{24}+\sqrt{54}-\sqrt{18}$

(4)　$1-\dfrac{1}{3}-\dfrac{1}{9}-\dfrac{1}{27}$

(5)　$(x+1)(x^2-x+1)$

(6)　$(x-2)(x+4)-(x-1)(x+4)$

2 次の各問いに答えなさい。

(1)　１次方程式$-(3x-1)=2(x+2)$を解きなさい。

(2)　２次方程式 $(x-2)(x+18)-16x=0$ を解きなさい。

(3)　$x:y=17:18$ をyについて解きなさい。

(4)　連立方程式$\begin{cases} x+y=8 \\ 3x-y=12 \end{cases}$を解きなさい。

(5)　$4x^2-36$ を因数分解しなさい。

(6)　次の等式を［　］内の文字について解きなさい。
$6x+y+z=3(2x+y-z)$　$[z]$

3 次の各問いに答えなさい。

(1)　千葉黎明高校は今年度で100周年を迎えた。本校の理事長はその中で$\dfrac{1}{20}$の期間を理事長・校長として過ごした。その在任期間は何年か答えなさい。

(2)　1176の正の約数の中で一番大きい奇数を求めなさい。

(3)　顕微鏡の倍率は接眼レンズと対物レンズの倍率の積で求められる。チバちゃんは倍率10倍の接眼レンズと，倍率20倍の対物レンズを使って物体を観察している。次に，この物体が今より４倍の大きさに見えるように接眼レンズと対物レンズを変更するとき，その組合せとして正しいものを（ア）～（エ）の中から選びなさい。

（ア）接眼レンズ10倍　　対物レンズ５倍
（イ）接眼レンズ15倍　　対物レンズ20倍
（ウ）接眼レンズ10倍　　対物レンズ40倍
（エ）接眼レンズ20倍　　対物レンズ40倍

(4)　四面体と立方体が合わせて13個あり，頂点の数の合計は68個である。このとき，四面体の個数を求めなさい。

4 放物線 $y=x^2$ と直線 ℓ：$y=ax+b$ と直線 m：$y=-ax+b$ がある。ただし，a，b は0より大きい数とする。放物線と直線 ℓ との交点のうち左側をA，放物線と直線 m との交点のうち右側をBとし，２つの直線の交点をCとおく。このとき，次の各問いに答えなさい。

(1) $a=1$，$b=12$のとき，四角形AOBCの面積を求めなさい。

(2) 四角形AOBCが，ひし形かつ $b=10$のとき，a の値を求めなさい。

(3) 四角形AOBCが，ひし形かつ面積が16のとき，ひし形の一辺の長さを求めなさい。

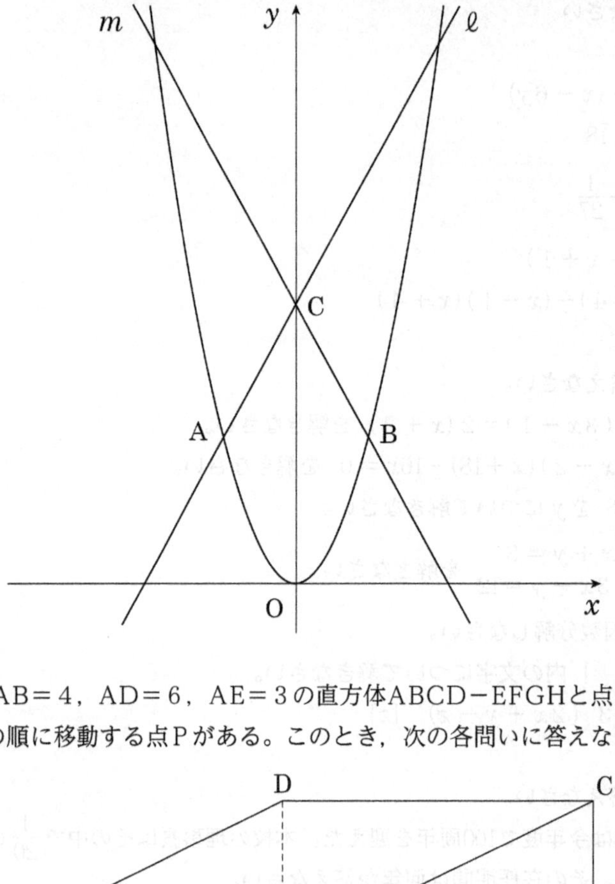

5 下の図のようなAB＝４，AD＝６，AE＝３の直方体ABCD－EFGHと点Aから毎秒１の速さでA→B→C→Dの順に移動する点Pがある。このとき，次の各問いに答えなさい。

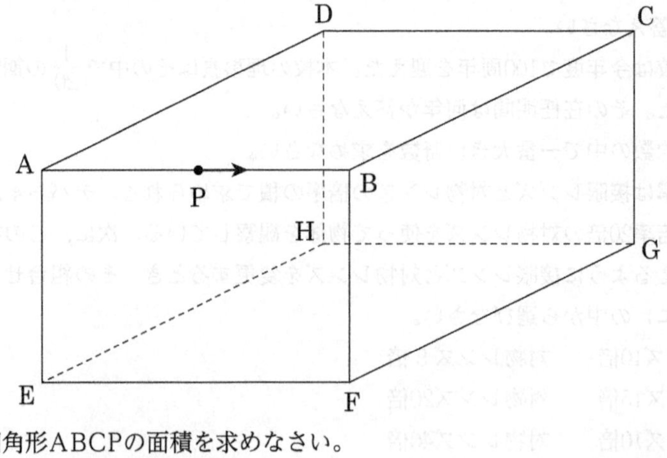

(1) 12秒後の四角形ABCPの面積を求めなさい。

(2) ８秒後の△AFPの面積を求めなさい。

(3) (2)のとき，点Bから△AFPに垂線を下ろし，その交点をＩとする。このとき，線分BIの長さを求めなさい。

6　日常生活で使われている数は０～９の10個の数字を用いて表記される10進数である。他にも０～９の数字とＡ～Ｆのアルファベットを用いて表記される16進数もある。16進数とは，以下の法則にしたがって数字を表している。このとき，次の各問いに答えなさい。ただし，問題の文中の アイ などには数字（０～９）または英字（Ａ～Ｆ）が入る。ア，イ，ウ，…の一つ一つには，これらのいずれかの一つが対応する。それらの解答用紙のア，イ，ウ，…で示された解答欄にマークして答えなさい。

数値を答える形式の解答例

アイウ に150と答えたいとき，次のように塗る。

ア	⓪	●	②	③	④	⑤	⑥	⑦	⑧	⑨	Ⓐ	Ⓑ	Ⓒ	Ⓓ	Ⓔ	Ⓕ
イ	⓪	①	②	③	④	●	⑥	⑦	⑧	⑨	Ⓐ	Ⓑ	Ⓒ	Ⓓ	Ⓔ	Ⓕ
ウ	●	①	②	③	④	⑤	⑥	⑦	⑧	⑨	Ⓐ	Ⓑ	Ⓒ	Ⓓ	Ⓔ	Ⓕ

【法則】

１．10進数と16進数の対応表（０～19）

10進数	0	1	2	3	4	5	6	7	8	9
16進数	0	1	2	3	4	5	6	7	8	9

10進数	10	11	12	13	14	15	16	17	18	19
16進数	A	B	C	D	E	F	10	11	12	13

２．10進数はある位が10になると次の位に繰り上がるのに対して，16 進数は16になると次の位に繰り上がる。

(1)　２ケタの16進数の最大の数を16進数で表すと アイ である。

(2)　16進数の12を10進数で表すと$16\times1+1\times2=18$と表せる。

16進数の xy を10進数で表すとX＝ ウ と表せる。以下の選択肢から適切なものを選び答えなさい。

（ ウ の選択肢）

⓪　$10x+y$　①　$16x+y$　②　$x+10y$　③　$x+16y$

(3)　16進数の64を10進数で表すと エオカ である。

【英　語】（50分）＜満点：100点＞

【注意】文字は筆記体でもブロック体でもかまいません。

1　A．次の語で最も強く発音する音節の記号を答えなさい。

1．fes - ti - val　　　　2．com - mu - ni - cate

　　ア　イ　ウ　　　　　　　ア　イ　ウ　エ

B．次の各組の下線部の発音が同じものを２つ選び，記号で答えなさい。

ア．{ mouth / through }　　イ．{ across / ground }　　ウ．{ language / land }　　エ．{ search / stomach }

2　A・Bの関係と同じになるようにDに入る最も適切な語を答えなさい。

ただし，例を参考にして，与えられた文字で書き始めること。

（例の答 → fly）

	A	B	C	D
例	fish	swim	bird	f l y
1	book	books	country	c
2	win	lose	send	r
3	buy	bought	catch	c
4	real	really	happy	h

3　２つの文の意味がほぼ同じになるように（　）に入る最も適切な語句を選び，記号で答えなさい。

1．{ Let's buy some drink and enjoy it on the beach.
　　(　　) we buy some drink and enjoy it on the beach? }

ア．Can　　イ．Shall　　ウ．Should　　エ．Will

2．{ We walked to the shopping mall yesterday.
　　We went to the shopping mall (　　) yesterday. }

ア．by walk　　イ．on walk　　ウ．by foot　　エ．on foot

3．{ This book is easier than that book.
　　That book is (　　) than this book. }

ア．much easier　　イ．easiest　　ウ．more difficult　　エ．most difficult

4．{ Mary had coffee before she went to her office.
　　Mary had coffee before (　　) to her office. }

ア．going　　イ．gone　　ウ．have gone　　エ．have been going

4　日本語に合うように，次の（　）の語を適切な形に書き替えなさい。

1．この学校はおよそ100年前に建てられました。

This school was (build) about 100 years ago.

2．ドアのそばにいる少女はアキの妹です。

The girl (stand) by the door is Aki's sister.

3．あなたのお父さんは日本で有名な映画俳優だったと聞きました。

I heard your father was a famous movie (act) in Japan.

4．日本には訪問するべき場所が多くあります。

There are many places (visit) in Japan.

5 次の文が日本語と合うように（ ）に入る最も適切な語を下から選び，記号で答えなさい。

1．私が１時間前にピーターを見かけたとき，彼は図書館で勉強していました。

When I saw Peter an hour ago, he (　　) in the library.

ア．was studying　イ．has studied

ウ．is studying　エ．has been studying

2．私のクラスメイトの一人が九州に引っ越しました。

One of my classmates (　　) moved to Kyushu.

ア．is　イ．are　ウ．have　エ．has

3．明日あなたに会えることを楽しみにしています。

I'm looking forward to (　　) you tomorrow.

ア．see　イ．seeing　ウ．to see　エ．saw

4．急いでください。さもないと電車に乗り遅れますよ。

Hurry up, (　　) you'll miss the train.

ア．for　イ．or　ウ．but　エ．so

6 次の（ ）に入る最も適切な英単語を答えなさい。ただし，与えられた文字で書き始めること。なお，英単語の□には１文字ずつ入るものとします。

1．A (**s**□□□□□) is a piece of information that is only known by one person or a few people and should not be told to others.

2．A (**l**□□□□□) is a written message from one person to another, usually sent by post.

7 次の日本語に合うように正しく並べ替え，（ ）内で３番目に来る語句の記号を答えなさい。ただし，文頭にくるべき語句も小文字で示してあります。

1．私たちは来年中学校を卒業します。

(ア．junior high school / イ．will / ウ．graduate / エ．next year / オ．we / カ．from).

2．あなたと日本文化について話せて嬉しかったです。

I (ア．about / イ．Japanese culture / ウ．happy / エ．to / オ．talk / カ．was) with you.

3．吹奏楽部は野球の試合中ずっと演奏し続けました。

(ア．the brass band / イ．playing / ウ．the baseball game / エ．went / オ．throughout / カ．on).

４．彼らに誕生日パーティーを計画してもらうようにいいましたか。

（ア．ask / イ．to / ウ．did / エ．plan / オ．them / カ．you ）a birthday party?

8　次のＡとＢの会話について，（　）に入れるのに最も適切なものを下から選び，記号で答えなさい。

１．Ａ：Long time no see.　Harry.　So,（　　　）

Ｂ：I'm a university student. How about you?

Ａ：I work at a drug store.

ア．how do you do?

イ．how are you doing?

ウ．what are you doing these days?

エ．what do you think of your school?

２．Ａ：Hi, Mary.　（　　　）

Ｂ：Of course.

Ａ：Can you help me with my homework?

Ｂ：Sure.

ア．Why was your homework difficult?

イ．Can I ask you a favor?

ウ．Do you have any questions?

エ．Don't you think so?

３．Ａ：Excuse me, could you tell me the way to the airport?

Ｂ：All right.（　　　）

Ａ：Where can I get that?

Ｂ：Over there.

ア．There is no bus service to the airport.

イ．You are going the wrong way.

ウ．You're waiting for the next bus.

エ．You should take the Number 3 bus.

４．Ａ：Wow! There are a lot of cans in front of your classroom.

Ｂ：They were collected by our class.

Ａ：（　　　）

Ｂ：These cans will be used for our school event.　We're making a model of Tokyo tower with them.

ア．How did you get a lot of cans?

イ．Oh, what for?

ウ．How many cans did they collect?

エ．You were a leader of school event.

9　次の文章を読んで，後の設問に答えなさい。

In July 1976, the spacecraft Viking 1 flew by the planet Mars. It took many pictures that it sent back to Earth. Most of the pictures were of things like mountains and rocks. But one picture was different. This was picture number 35A72. It looked like the face of a human carved on top of a large mountain. This face was very big. It measured 2,600 feet in height. The face looked like it was wearing some type of helmet. Some people here on Earth said that this showed that there was once human life on Mars.

Years later, in 1998, a second spacecraft flew over Mars. It was called the Mars Global Surveyor. It flew over the face and sent back more pictures. But this time the face did not look like a face. It just looked like a regular mountain. What happened to the face? Some scientists said that the second picture was taken from a different position. The exact moment that the first picture was taken made it seem like a human face. This is called anthropomorphism. Anthropomorphism is when we see a rock, a cloud, or a tree, and we imagine it looks like a person. They say that the second picture was taken from a position that showed no shadows. It showed only the rocks.

For many people, this (ア)closed the case. The face was just a rocky mountain. not a human face. But other people still believe it is a face. They also say that near the face are many mountains shaped like pyramids. They are even the same size as the pyramids in Egypt. Maybe one day astronauts will visit Mars. Will they only find rocks and mountains? Or will a large face be smiling to greet them?

(Adapted from *Power Reading 2*)

注）carve　～を刻む　in height　高さで　exact　正確な　anthropomorphism　擬人観
rocky　岩のような

設　問

1．この文章の主題はどれか，最も適切なものを選び，記号で答えなさい。

ア．A spacecraft that went to Mars
イ．A rock that looks like a face
ウ．Astronauts who went to Mars
エ．Rocks with faces on them

2．火星を初めて通過した宇宙船はどれか，最も適切なものを選び，記号で答えなさい。

ア．Pyramid　イ．Mars Global Surveyor　ウ．35A72　エ．Viking 1

3．本文中にある擬人観の例について最も適切でないものを選び，記号で答えなさい。

ア．A cloud that is shaped like a face.
イ．A tree that is shaped like an old man.
ウ．A woman that looks like a movie star.
エ．A rock that looks like sleeping baby.

４．下線文(ア) closed the case が表す最も適切な意味を選び，記号で答えなさい。

ア．Solved the mystery　　　イ．Told a lie

ウ．Told a secret　　　エ．Stopped the answer

５．次の質問に対する答えとして最も適切なものを選び，記号で答えなさい

質問：Why did they say the face disappeared in the second picture?

ア．The face was moved to a different place.

イ．The camera was broken.

ウ．The pictures were taken from a different position.

エ．The face was covered by dirt and rocks.

10　次の文章を読んで，後の設問に答えなさい。

—This is an old Tanzanian story.

Once upon a time, there were two rabbits. One was from Chuwaka in the east of Zanzibar Island and the other was from the northern part of the island. When the two rabbits were hanging around, they ran into each other. After they played together for a while, the northern rabbit said, “Why don’t you come to play in my village?”

The rabbit from Chuwaka was pleased to hear his invitation and decided to go there. At that time, the rabbit from Chuwaka didn’t know his friend was really greedy.

Then the two rabbits started to hop toward the northern village of the island. The greedy northern rabbit thought, “I’m sure a lot of delicious food will be served for the guest when I take him to our village.” Also, he decided to have all of the food they would serve when his friend was far from the village.

They were getting hungry while they were hopping. The hungrier they became, the more rapidly they hopped.

On the way to the northern village, as they arrived at a field where various kinds of medicinal herbs grew, the northern rabbit stopped suddenly and said, “To tell the truth, I have some kinds of terrible health problems. So, if I say I have a headache, I want you to come back here and pluck some of those medicinal herbs for me. Also, if I say I have a toothache, then I want you ①to do the same thing.” The rabbit from Chuwaka agreed with his request.

The two rabbits continued to hop again and they got to the northern rabbit’s village at last. When they arrived there, they were very warmly welcomed by the elders in the whole neighborhood.

They were to be served a lot of rice, meat, and so on. When the meals were ready, they started to eat them. However, just as the rabbit from Chuwaka took a bite, the northern rabbit suddenly shouted out, “My head... I have a headache!”

Just after he heard his words, the rabbit from Chuwaka rushed to the field to pluck some medicinal herbs. When he came back to the village with ②them, the northern rabbit had finished eating half of the dishes.

Just when the rabbit from Chuwaka sat down and was about to eat, the northern rabbit shouted again, "My tooth... I have a terrible pain in my tooth!"

The rabbit from Chuwaka rushed to the field to pluck the medicinal herbs again. When he came back to the village again, nothing was on either of the dishes that had been served to them. The northern rabbit slept by the empty dishes, snoring loudly.

In the end, the northern rabbit made his friend keep feeling hungry while only himself was full.

The two rabbits stayed there for some time and started on a journey together again.

That's all for this story. The story tells ③(　　　). You must not be greedy like ④(　　　).

（Adapted from *Old Stories from Tanzania*）

注）Chuwaka　チュワカ（地名）　Zanzibar Island　ザンジバル島　greedy　どん欲な
pluck　（植物）を摘む　edicinal herb　薬草

設　　問

１．下線部① to do the same thing が表す内容の語句をア～エから１つ選び，記号で答えなさい。

ア．to have some kinds of medical health problems
イ．to pluck the medicinal herbs
ウ．to come back to the northern village
エ．to agree with his friend's request

２．下線部② them が表す内容の語句をア～エから１つ選び，記号で答えなさい。

ア．his words　　イ．the two rabbits
ウ．some medicinal herbs　　エ．half of the dishes

３．空欄部③に入る語句として最も適切なものをア～エから１つ選び，記号で答えなさい。

ア．what greediness is like
イ．you should welcome the guest warmly anytime
ウ．we should save money if you want to be rich
エ．you need to take some medicinal herbs if you are sick

４．空欄部④に入る語句を本文中から見つけ出し，３語で答えなさい。

５．本文のタイトルとして最も適切なものをア～エから１つ選び，記号で答えなさい。

ア．Gentle Northern Rabbit
イ．Helpful Medicinal Herbs
ウ．Rush to Zanzibar Island
エ．The Rabbit from Chuwaka and the Northern Rabbit

問一　傍線部①「雲の上も海の底も、同じごとくになむありけり」について、次の各問いに答えなさい。

(1)「同じごとく」とあるが、同じであるのは何か。次のア～エの中から一つ選び記号をマークしなさい。

ア　雲の上も海の底も、静かな状況は同じである。
イ　雲の上も海の底も、船旅の無事を祈る気持ちは同じである。
ウ　雲の上も海の底も、同じように月が輝いて美しい。
エ　雲の上も海の底も、人影が同じように映っている。

(2) 文末の「けり」を文法的に正しい形に直したものを、次のア～エの中から一つ選び記号をマークしなさい。

ア　けら　　イ　けり　　ウ　ける　　エ　けれ

問二　空欄Aに入る語として適当なものを、次のア～エの中から一つ選び記号をマークしなさい。

ア　底　　イ　天　　ウ　灯　　エ　魚

問三　傍線部②「さをにさはるはかつらなるらし」を単語ごとに／を入れたものとして適当なものを、次のア～エの中から一つ選び記号をマークしなさい。

ア　さ／を／に／さはる／は／かつらなる／らし
イ　さ／をに／さはる／は／かつら／なる／らし
ウ　さを／にさ／はる／は／かつら／なる／らし
エ　さを／に／さはる／は／かつら／なる／らし

問四　傍線部③「御船返してむ」とあるが、楫取りらがそのように言う理由として適当なものを、次のア～エの中から一つ選び記号をマークしなさい。

ア　雲の様子を見て、風が吹き海が荒れてしまうかもしれないと考えたから。
イ　明けゆく夜の海の様子を見て、雨が降り始めていることに気付いたから。
ウ　夜が明けて見えてきた海の向こうに、海賊たちが現れたのが見えたから。
エ　出航してからしばらく波風にさらされてきた船に、異常が見つかったから。

問五　本文の冒頭文の書き出しとして正しいものを、次のア～エの中から一つ選び記号をマークしなさい。

ア　春はあけぼの
イ　月日は百代の過客にして
ウ　つれづれなるままに
エ　男もすなる日記といふものを

問一　本文には次の一文が抜けている。入れるべき適当な箇所を、本文中の【a】～【d】の中から一つ選び記号で答えなさい。

［**抜けている文**］　その熱意がよかったのかもしれない。

問二　傍線部①「どうも気が進まなかった」とあるが、それはなぜか。理由として適当なものを、次のア～エの中から一つ選び記号で答えなさい。

ア　夏休みまで会いたいとは思わなかったから。
イ　富田くん以外の人にも会うのが面倒だったから。
ウ　手伝いをする富田くんの邪魔になりたくなかったから。
エ　何度か行ってあまり好きな場所ではなかったから。

問三　空欄A～Cにあてはまる語の組み合わせとして適当なものを、次のア～エの中から一つ選び記号で答えなさい。

ア　A　ぎらぎらと　B　ぶらぶらと　C　ちりちりと
イ　A　ぶらぶらと　B　ぎらぎらと　C　ちりちりと
ウ　A　ちりちりと　B　ぎらぎらと　C　ぶらぶらと
エ　A　ぶらぶらと　B　ちりちりと　C　ぎらぎらと

問四　傍線部②「こういうの」とは何を指すか。本文中より九字で抜き出して答えなさい。

問五　傍線部③「うさぎはないね」と言ったのは誰か。適当なものを、次のア～エの中から一つ選び記号で答えなさい。

ア　アトリエの主人　　イ　わたし
ウ　お店のひと　　エ　富田くん

これよりマーク式の問題です。

六　次の古文を読んで、後の問いに答えなさい。

某年の十二月二十一日の夜、土佐から京へ出発した船は波風に妨げられて船足はなかなかすすまない。一月十七日、待ち望んだ船出である。

十七日。曇れる雲なくなりて、暁月夜いともおもしろければ、船を出だして漕ぎゆく。この間に、①雲の上も海の底も、同じごとくになむありける。むべも、昔の男は、「棹は穿《うが》つ波の上の月を。船は圧《おそ》ふ海のうちの〈　A　〉を」とはいひけむ。聞きざれに聞けるなり。また、或人のよめる歌、

水底の月の上より漕ぐ船の②さをにさはるはかつらなるらし

これを聞きて、或人のまたよめる、

影見れば波の底なるひさかたの空漕ぎ渡るわれぞわびしき

かくいふ間に、夜やうやく明けゆくに、楫取りら、「黒き雲にはかに出で来ぬ。風吹きぬべし。③御船返してむ」といひて、船帰る。この間に雨降りぬ。いとわびし。

十八日。なほ同じ所にあり。海荒ければ、船出ださず。

（紀貫之『土佐日記』より）

※語注　むべも … なるほど。　穿つ … 突きさす。
圧ふ … 押さえつける。　聞きざれ … 聞きかじりに。

それはそれで魅力的ではあったけれど、

「でもせっかくここまで来たんだし……」

「ストイックだなあ」

さすが隊長、と富田くんが笑う。

「よし、もうちょっとがんばろう」

【d】角を曲がったところにそのお店を見つけて、わたしたちは同時に歓声を上げた。

それは、わたしたちの地元ではあまり見かけないタイプの、昔なつかしい雰囲気のお店だった。ひさしは日に焼けて少し色あせ、窓ガラスには「ベーカリー・キムラ」と白字で大きく書かれている。ひときわ大きくおなかが鳴って、わたしたちはほとんど小走りになっていた。

引き戸を開けてお店に入ると、思ったよりも中は広く、ひんやりと涼しかった。ふりかえると、おもての明るい景色がガラス越しにくっきりと浮かび上がって見える。正面のレジにお店のひとの姿はなく、奥でなにか作業しているらしい物音がかすかに聞こえる他は、しんと静かだった。

パンの種類も、たとえばアトリエのようなお店とはまったく違う。日本風、と言えばいいのだろうか。素朴な形をしたパンが、こっくりと深いこげ茶色の棚によく似合っている。てっぺんに黒ごまののった、まんまるのあんぱん。たっぷりと粉砂糖がまぶされたドーナツ。バターロール、クリームパン、メロンパン、フランクロール。わたしと富田くんがふだんはあまり手を出さない系統のパンが多い。でも、

「たまに、②こういうのを無性に食べたくなることってない？」

富田くんが言い、わかる、とわたしもうなずく。

「小さい頃に食べたパンのイメージだよね」

「ごはんっていうより、おやつの感覚だな」

「もう三時だし、ちょうどいいかも」

言葉をかわしつつも、ふたりとも視線はパンに集中していた。さっそく各自トレーを持って、物色し始める。

「あ、なつかしいのがある」

見て、と富田くんが指さしたのは、動物の顔の形をしたパンだった。ずらりと並んだチョコレートチップの目が、訴えかけるようにこっちを見ている。

「かわいい！」

「なんで動物パンって、パンダとカニなんだろう」

カニってそんなにメジャーな動物だっけ、と富田くんがつぶやく。

「③うさぎはないね」

「うさぎ？」

わたしの中では、動物パンと言えば断然うさぎに決まっている。主張したが、富田くんは、

「うさぎパンなんて見たことないよ」

と、首をひねっている。

「どこかで売ってたっけ？」

そう言われてみると、ずいぶん長いこと食べていない気がする。いろいろなパン屋を思い浮かべてみたけれど、売っているお店は思い出せなかった。

（瀧羽麻子『うさぎパン』より）

八月に入ると、登校日があった。

真っ黒に日焼けしていたり、髪型が変わっていたり、程度の差はあるものの、休み前とは少し違って見える子が多かった。みんな思い思いに夏を楽しんでいるようだ。会わなかったのは一ヶ月足らずのはずなのに、すごくひさしぶりのように思える。休みの間の空白を取り戻そうとするかのように、教室のあちこちで話がもりあがっていた。

学校は午前中で終わったので、富田くんとふたりで少し遠出してみることにした。新しいパン屋さんを開拓しよう、と前から企画していたのだ。【a】

富田くんと顔を合わせるのもひさしぶりだった。富田くんは、夏休みの間アトリエを手伝っている。ほとんど毎日だと言っていたから、お店に行けばいつでも会えるのだけれど（実際、何回かパンを買いがてら遊びに行った）、そうそう邪魔をするわけにもいかない。第一、とりたてて用もないのに顔を出すのは、①どうも気が進まなかった。

目的地は、わたしたちの住む街から電車で一時間ほどだった。山あいにあるその都市は、伝統的な町並みが有名で、観光地としても人気がある。中心部にはおしゃれなお店やレストランも集中していて、わたしも何度か買い物には来たことがあった。歩いていると、近代的なビルに混じって、どっしりとした古い民家が目立つ。

特に行き先は決めずに、道沿いのお店をのぞきながら〈　A　〉山のほうに進んだ。駅前は家族連れやカップルでにぎわっていたけれど、大通りを抜けてしまうと人もぐっと減り、のんびりした風景が広がった。【b】

雲ひとつない快晴で、気温はそうとう上がっていた。〈　B　〉照りつける太陽が、体から水分を奪っていく。それでも、わたしたちの足取りは軽かった。夏休み独特の解放感、知らない場所に来た高揚感。

「のどかだー」

歩きながら、富田くんがうーんとのびをする。パンを焼いていると暑いから、という理由で坊主頭にした富田くんは、また少し背が伸びたような気がする。【c】

「さてと、そろそろメインイベントに入るか」

もうけっこうな時間だし、と言う。ぐるる、とわたしのおなかもタイミングよく鳴った。そういえば、とっくにお昼どきは過ぎている。

「でも、意外とパン屋さんが少ないね」

かなり歩いたにもかかわらず、駅のすぐそばにあったチェーン店以外は、まだ一軒も見かけていない。

「なんとなくパンよりごはんって感じのとこだもんなあ」

あたりを見回しながら富田くんも首をかしげる。

「隊長、どうします？」

「おなかすいたね」

「のどもかわいた」

さっきまでは平気だったのに、意識し始めると、どんどん空腹感がつのってくる。

「うどんとかでごまかす？　小麦つながりで」

ざるそば、と筆で書かれた貼り紙を横目で見ながら富田くんが言う。

〈　C　〉涼しげな音を立てて、店先で風鈴が揺れている。

「うーん」

もらしく見えるものの、すべてデタラメであることに気付いたという。
　生成ＡＩでは、指示文に沿う内容なら、真偽に関係なく回答文を作成してしまう「幻覚」という現象が起きる。このためチャットＧＰＴが回答した参考文献をすべて削除し、30点の実在の文献リストをまとめ直したという。ＡＩが書いた論文の主張を支える適切な参考文献を、後から取りそろえるのは、その分野の知識がなければ難しい作業だ。
　生成ＡＩを利用した論文は、これが初めてのケースというわけではない。
　コットン氏らの論文では共著者名にＡＩが入っていないが、チャットＧＰＴを共著者として公開されている論文もすでに複数あるという。
　ただ、学術誌によって、ＡＩの使用についての方針は異なる。【ｄ】
「ネイチャー」などを発行するシュプリンガー・ネイチャーは、ＡＩを著者としては認めない一方、著者がＡＩを使用することについては、そのことが適切に開示されるのであれば問題ない、としている。
　米国科学振興協会（ＡＡＡＳ）が発行する「サイエンス」は、チャットＧＰＴなどのＡＩツールを論文に使用すること自体を認めない、という。

（平和博『チャットＧＰＴ　vs. 人類』より）

＊本文には、問題作成上改変があります。

問一　空欄Ａに入るタイトルとして適当なものを、次のア～エの中から一つ選び記号で答えなさい。
ア　チャットＧＰＴとは何か　　イ　フェイクニュースの伝言ゲーム
ウ　見極めるためのハードル　　エ　インタビューの必要性

問二　空欄Ｂに入る語句として適当なものを、本文中より五字で抜き出して答えなさい。

問三　傍線部①「教育現場は対応を迫られている」とあるが、その難しさを別のものにたとえている語を、本文中より四字で抜き出して答えなさい。

問四　本文には次の一文が抜けている。入れるべき適当な箇所を、本文中の【ａ】～【ｄ】の中から一つ選び記号で答えなさい。
［**抜けている文**］だが、これらの対策にも、いくつかの課題があることが、すでに明らかになっている。

問五　本文の内容と合致するものを、次のア～エの中から一つ選び記号で答えなさい。
ア　論文が挙げるチャットＧＰＴのメリットは、学生の習熟度に応じたチャットが可能になることである。
イ　ニューヨーク市やシアトル市の公立学校などでは、チャットＧＰＴの使用禁止が公表されている。
ウ　英国のケンブリッジ大学は、ＡＩを効果的、倫理的、透明性を持って使用できるようサポートする方針である。
エ　チャットＧＰＴが回答した参考文献のうち、30点はもっともらしく見えるものである。

五　次の文章を読んで、後の問いに答えなさい。

　高校生になった主人公の優子は、同級生の富田君がちょっと気になる存在だ。入学してすぐの自己紹介がきっかけで、お互いパンが好きということを知り、一緒にパン屋めぐりをするほど仲良くなった。

つまり、「決め手」といえる対策は、今のところはなさそうなのだ。

そんな中で、①教育現場は対応を迫られている。

ニューヨーク市やシアトル市の公立学校などでは２０２３年１月、チャットＧＰＴの使用禁止を公表した。

フランスのパリ政治学院も同月、生成ＡＩの使用禁止を発表。英国のケンブリッジ大学は、学生がチャットＧＰＴなどによるコンテンツを提出することは不正行為と見なされ、処罰の対象になるとした。

一方で、ユニバーシティ・カレッジ・ロンドンは２０２３年２月、ＡＩについて「それらの使用を禁止するのではなく、効果的、倫理的、透明性を持って使用できるよう、みなさんをサポートします」との方針を明らかにした。

日本では、３月27日に上智大学が学位論文やレポートについてＡＩの利用を禁止。東京大学も４月３日、学位論文、レポートをＡＩのみで作成することはできない、とする一方、ＡＩがもたらす社会変化を先取りするよう呼びかけた。その他の大学も相次いで方針を表明し、対応を模索した。【Ｃ】

だが、剽窃への対応は難しい。その最もわかりやすい事例が、本章冒頭に紹介した論文だ。

剽窃対策のカギとは

冒頭の論文は、本文の５分の３ほど、「考察」の章に入ったところで、前章（「結論」）までの部分を、チャットＧＰＴが書いていたことを明らかにする。

〈注意深い読者はすでに気付かれているだろうが、本稿は、小見出しと参考文献を除いて、ここまでのすべてをチャットＧＰＴが直接書いている。このような方法をとったのは、チャットＧＰＴのような大規模言語モデル（ＬＬＭ）がいかに洗練されたものになっているかを強調するためだ〉

ワシントン・ポストによると、この論文の３人の査読者は、その「種明かし」を読むまでは、人間が書いた文章だと思い込んでいたという。「種明かし」部分では、チャットＧＰＴによる論文作成の手順を説明。「論文のタイトル案」に加えて、「高等教育における評価のためのＧＰＴ―３の可能性」「高等教育における評価へのＧＰＴ―３の示唆について、参考文献つきでオリジナルの学術論文を書く」など、10項目にわたるチャットＧＰＴへの指示文（プロンプト）を示す。

これらの指示文に対するチャットＧＰＴの回答をコピー＆ペーストしたものが、論文になったという。

論文の著者の１人、プリマス・マージョン大学教授のデビー・コットン氏は論文の狙いについて、英オブザーバーのインタビューでこう話している。

〈チャットＧＰＴは非常に高いレベルの文章作成ができることを示したかった。これは軍拡競争だ。テクノロジーの進歩は極めて速く、大学がそれに先んじていくことは難しい〉

ただしコットン氏は、チャットＧＰＴが出力した参考文献が、もっとり、学生のグループ作業をＡＩが支援していくことも可能だとしている。

その一方、論文は課題として剽窃（コピー＆ペーストによる盗用）の可能性を指摘する。学生が、チャットＧＰＴが回答した内容を、自分が作成したレポートと偽って提出する問題だ。

チャットＧＰＴは、膨大な情報をもとに、的確なレポートを生成することが可能だ。

ＧＰＴ－４は米国の統一司法試験（ＵＢＥ）の模擬テストで４００点満点中の２９８点を獲得。前述したように受験者中上位10％の成績で合格という優秀さを示している。

さらにチャットＧＰＴは、極めて人間らしい、自然なテキストを生成できる。それを、人間が書いたものかどうか、一目で見分けるのは難しい。

生成ＡＩを使った剽窃に、教育現場はどのように対処すればいいのか。論文では、多面的なアプローチを紹介する。

「剽窃についての教育」「レポートなどの作成過程での教員の関与」「剽窃検知ツールの使用」「生成ＡＩの使用に関するガイドライン策定」などだ。

論文はその上で、剽窃をチェックするための手がかりについて、７つのポイントを挙げている。

１．言語表現のパターンや不規則性のチェック、２．出典や引用のチェック、３．オリジナリティのチェック、４．事実の誤りのチェック、５．文法やスペルのチェック、６．検知ツールの使用、７．文脈と読者ニーズへの適応だ。【ａ】

〈　Ａ　〉

相手は、人間かコンピューターか。それを見極めるためのハードルが、改めて焦点となっている。

ＡＩを使った剽窃やフェイクニュースへの悪用は、２０１９年公開の旧モデル、ＧＰＴ－２の頃から指摘されてきた。

オープンＡＩは、ＧＰＴ－２の公開に合わせて、ＡＩによる生成テキストの検知ソフトを公開していた。ＧＰＴ－３・５をベースとしたチャットＧＰＴ公開後の２０２３年１月末には、最新版の「ＡＩテキスト分類器」を公開している。

また、約１４０カ国、１万６０００を超す教育機関などで使われている剽窃チェックサービス「ターンイットイン」も２０２３年４月４日から、ＡＩ生成テキストの検知機能をまず英語で導入した。

ＡＩによる生成テキスト検知を確実にするために、テキストに電子透かしを埋め込むといった対策も検討されている。【ｂ】

だが、メリーランド大学の研究チームが２０２３年３月17日に公開した論文は、電子透かし埋め込みのような対策も回避できてしまう場合があることを明らかにし、ＡＩ生成テキスト検知の難しさを指摘している。

この問題には、人間の認知の傾向も関わってくるという。

コーネル大学などの研究チームが２０２３年３月７日に米国科学アカデミー紀要（ＰＮＡＳ）に掲載した論文によれば、人間のヒューリスティック（直感的）な判断の欠陥により、ＧＰＴ－３などが生成したテキストを、より「〈　Ｂ　〉」と誤認してしまう傾向が確認できたという。

るが、筆者がこの一文を書き入れた理由はどのようなものか。適当なものを、次のア～エの中から一つ選び記号で答えなさい。

ア　校正の仕事は、歴史的背景だけでなく事実関係などもチェックするので、幅広い知識を得る必要があることを強調するため。

イ　校正の仕事は、作業にかける時間に制約があり常に緊張感を強いられるので、気分転換をする必要があることを示すため。

ウ　校正の仕事に就く前に図書館で働いていたことがあり、当時の心境を思い返し初心を取り戻したいという思いを暗示するため。

エ　校正の仕事に就く前に図書館で働いていたことがあり、立場が変わると物事の見え方が変わることと関連させて述べるため。

問三　空欄Ａに入る語として適当なものを、次のア～エの中から一つ選び記号で答えなさい。

ア　提案　　イ　結果　　ウ　本心　　エ　希望

問四　傍線部③「読んでいるつもりで読めていなかった」とあるが、ここでの「読む」とはどのようなことか。説明として適当なものを、次のア～エの中から一つ選び記号で答えなさい。

ア　筆者がなぜそのような表現をしたのか書き手になりきって読むということ。

イ　どんなに経験豊富な筆者でも間違える場合があることを前提に読むということ。

ウ　筆者の書いたものを筆者の思考の道筋をたどるように読むということ。

エ　筆者と二人三脚で文章を書いているつもりで言葉の意味を考えながら読むということ。

問五　空欄Ｂに入る語句として適当なものを、次のア～エの中から一つ選び記号で答えなさい。

ア　かならず終わる　　イ　書き手に感謝される

ウ　努力が報われる　　エ　知識が増える

四　次の文章を読んで、後の問いに答えなさい。

コピー＆ペーストへの危惧

〈チャットＧＰＴは、（中略）学問的誠実さや剽窃《ひょうせつ》への懸念も引き起こしている。本稿では、高等教育におけるチャットＧＰＴ利用の可能性と課題を検証し、これらのツールの潜在的なリスクとメリットについて検討する。また、学問的不正を発見し、防止することの難しさについても考察し、倫理的で責任あるツールの利用を保証するために、大学が採用できる戦略を提案する〉

英国のプリマス・マージョン大学とプリマス大学の３人の研究者名で、２０２３年３月13日に学術誌（Innovations in Education and Teaching International）に掲載された論文は、そう述べている。

「チャットと不正行為：チャットＧＰＴ時代における学問的誠実性の確保」というタイトル通り、チャットＧＰＴの大学などでの利用の可能性と課題を整理した論文だ。

まず論文が挙げるチャットＧＰＴのメリットは、学習のパーソナル化や学生のコラボレーションの可能性だ。

ＡＩとのチャットを通じて、学生の習熟度に応じた学習が可能になはそう書いたのかを「読む」ことがわたしにはできていなかった。③読んでいるつもりで読めていなかったのだと突きつけられた思いでした。

以来、著者は校正をどう見ているのか、もっと知りたくなりました。自分で書いたものを校正されるのは絶好の機会です。働く側から利用する側に回ったことで図書館を見る目が変わったように、校正をする側からされる側になることで見えてくる景色もあるはず。

それまでにも書く機会はありましたが、自分が関わっていた雑誌だと、編集者とのメールのやりとりひとつとってもこのように依頼がなされ、原稿を送ってレスポンスがあり、ゲラになるのだと興味深い。ついに校正されたゲラが送られてきました。

どんなところでミスをするかは人によると思いますが、わたしの場合ははっきりと、自信のあった箇所ほどミスがあったということができました。「校正の神様」と呼ばれた俳人・西島麦南を「岩波書店の初代校正部長」だと書いたのですが、鉛筆は「初代校正課長」ではないかと。人名辞典を開けばもちろんその通りで、当時は「部」ではなく「課」だったのです。なぜそんな単純なミスをしたかといえば、資料を見ないで書いていた。このように資料にあたるまでもないと記憶で書いた部分がことごとく間違っていたのです。知っていると「思って」いたのは「思い込んで」いたに過ぎなかった。

人は誰でも間違える。続けるほどにものごとを断定することの難しさを思い知らされるようなこの仕事にあって、これだけは断言できます。どんなに注意深い人でも、ミスをする確率が低くはなってもゼロにはなり得ない。

ゲラに「過《あやま》ちを改めざることを過ちという」という一文が出てきたとします。調べれば『論語』の「子曰、過而不改、是謂過矣」であることはすぐにわかる。「ことを」で引っかかります。原文が「是」ならば読み下しは「こと」ではなく「これ」ではないのか。わたしは『論語』にも漢文にも詳しくありません。対する著者は専門家、それも長年『論語』を研究していて著作もあるような人物だとしたらなおのこと、鉛筆を入れるのがためらわれます。各社から出ている『論語』を取り寄せて突き合わせ、やはり「是」を「こと」と読む解釈は見つけられなかったとしても、誤りだと確信はできない。自分が見つけられなかっただけで、そう読ませている『論語』の注解書があるのかもしれない。何か意図があってあえてこう読ませたいのかもしれない。迷った末に小さな字で「これ」とは読みませんか、と書き込んで戻す。著者校を見ると「これ」と赤字が入っていた……全身の力が抜けるような気がします。そんな体験をくり返して誰でもかならず間違えるのだと知り、校正をされる側に回ってみて、著者自身思ってもみなかったところで間違えるもの、間違えるのには理由があるという実感を得ました。

自分で書いてみると、書くというのは途方もない行為だと思えます。こつこつ読んでいきさえすれば、時間はかかったとしても〈　B　〉のが校正です。書けないときにはいつまでたっても書けない。書けないかもしれないという重圧と、書く人は誰もが闘っているのかと考えると、ゲラを見る目は変わります。

（牟田都子『文にあたる』より）

※　語注　衍字…語句の中に間違ってはいった不要の字。

問一　傍線部①「多少のノイズ」とあるが、ここでの意味はどのようなものか。本文中より二字で抜き出して答えなさい。

問二　傍線部②「旅先でかならず立ち寄るのが書店と図書館です」とあ

実感に近いです。

読書をしているときには、難しいところを駆け足で飛ばしたり、自分の思考に迷い込んでページをめくる手が止まったりと、読み進むペースがまちまちということもあると思います。校正では、一定の速度を保って読みます。もちろん辞書を引いたり考えたりする時間はありますが、基本的には一文字を見るのに〇・五秒なら〇・五秒と、すべての文字に同じだけの時間をかけて見る。十二万字の本（この本がだいたい十二万字です）なら十二万字すべてを見るためには十二万×〇・五秒（＝約十七時間）かかるわけで、これを急いでいるからといって〇・一秒で見ようとしたら、拾える誤植も拾えなくなってしまいます。歩いて十五分かかる道のりを走ったり抜け道を通ったりして五分に短縮するような読み方は、少なくともわたしにはできにくいです。

固有名詞や数字、事実関係などの正誤を確かめる「調べもの」は、事実確認、ファクトチェックなどとも呼ばれます。ゲラに「猫の前足には肉球が五つある」と書いてあったら、ほんとうに五つなのか、四つや六つではないのか、辞書や事典を使って調べる。ちなみにこれを書きながら手許の国語辞書や百科事典を十冊ほど見てみましたが、猫の前足に肉球が何個あるか、明記してあるものは見つけられませんでした。そんなときはインターネットを検索したり、図書館へ足を運んだり、書店や古書店で資料を取り寄せたりして調べます。

（　中略　）

②旅先でかならず立ち寄るのが書店と図書館です。図書館では郷土資料の棚を見ます。その土地でしか出会うことのできない資料が並び、いちばん個性が出る棚です。

初めて訪ねる図書館で目的の棚に迷わずたどりつけるかというと難しいこともあります。サイン（案内板、標識）が工夫されているか、目の合いやすい場所に職員が立っているか、気になってしまうのは昔図書館で働いていたからでしょうか。サービスを提供する側と利用する側、両方を経験してみると、より「こうだったらいいのに」が見えてくる。

かつて校正をしていたことのある雑誌に短い文章を書くことになりました。依頼状を読んでまっさきに浮かんだのは「校正をしてもらえる」ということです。十年以上人のゲラを読んできましたが、人に読まれるのは初めてです。

自分が校正をした本の著者と顔を合わせる機会があれば訊いてみたいのは、校正をどう思いましたか、ということです。ゲラに書き込んだ疑問や提案の採用／不採用は、著者の赤字を見ることで、できあがった本とゲラの控えとを見比べることで、ある程度は知ることができます。でも、「なぜ」はわかりません。的外れな鉛筆、出過ぎた鉛筆があったとしたら（あったはずです）「なぜ」かを知りたい。読みが浅かったのか、資料の選択を誤ったのか、疑問や提案の出しかたがうまくなかったのか。なぜ失敗したのかがわからなければまたくり返すでしょう。

「この鉛筆はこういう理由で不採用にしました」と伝えてくれる編集者もいます。ある著者は著者校で鉛筆のひとつひとつに「返信」を書いてくれました。（　中略　）その多くは「いろいろ調べて訊いてくれてありがとう。でも、こういう理由があってこう書いたので、変えずにそのままでいきます」という「返信」でした。その体験はいまもわたしの根っこにあります。ゲラに書かれていることは「（　A　）」にすぎない。そこにいたるまでに著者の思考はどんな道筋をたどったのか、なぜ著者

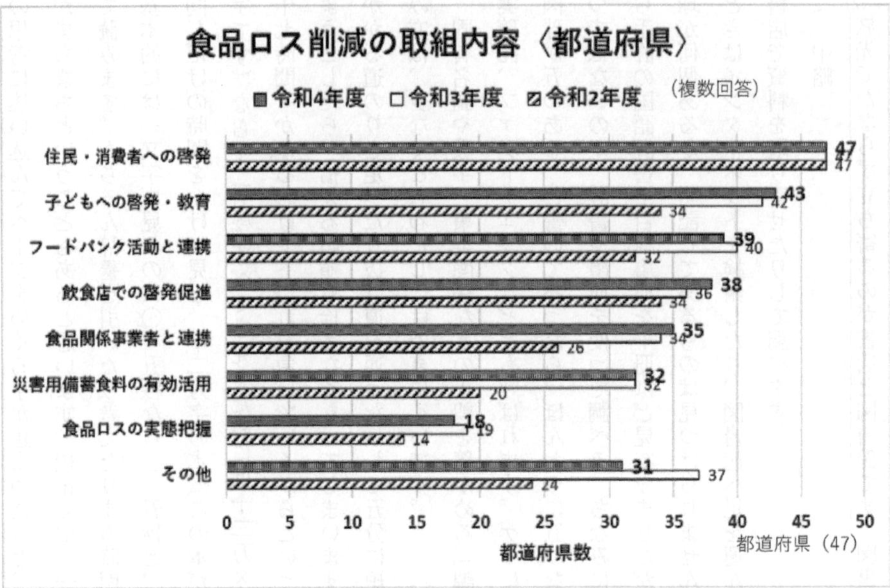

＊本資料には、問題作成上改変があります。

三　**次の文章を読んで、後の問いに答えなさい。**

本を読むことを仕事にしています。

といっても、いわゆる「読書」とは少し違います。本が出版される前にゲラ（校正刷り）と呼ばれる試し刷りを読み、「内容の誤りを正し、不足な点を補ったりする」（『大辞林』）のがわたしの仕事です。本作りの中で「校正」や「校閲」と呼ばれる工程です。以下、この本では「校正」と呼びます。

校正では一通のゲラを何度も読みます。素読み（文字や言葉を見る）、調べもの（固有名詞や数字、事実関係の確認）、通し読みと、わたしの場合は少なくとも三度。これを初校（一回目）、再校（二回目）と何人かで交代でくり返すこともあります。

本を一冊校正するには、二週間くらいもらえればうれしいですと答えています。なぜそんなに時間がかかるのかと、この仕事を始めた十数年前はふしぎに思っていました。自分が本を読むときは、一冊の小説を二時間で読み終わってしまうことも珍しくなかったからです。

「校正者は読んでも読んではいけない」といわれます。誤字や脱字、衍《えん》字《じ》などのいわゆる「誤植」を見つけることを「拾う」、見逃してしまうことを「落とす」といいますが、熟語や文節の単位で読んでいると、誤植があっても気がつきにくい。人間の脳は優秀で、①多少のノイズは無意識に補正して「読める」ようにしてしまうんですね。「読みたいように読んでいる」のだともいえます。校正として読むときはそうではなく、誤りは誤りとしてあるがままに読みたい。だから素読みのときは指先や鉛筆の先端で文字をひとつひとつ押さえ、指さし確認するようにして読んでいきます。文章を「読む」というより文字を「見る」というほうが

【国　語】（五〇分）〈満点：一〇〇点〉

一　次の傍線部①～③の漢字はひらがなで読みを、④・⑤のカタカナ部分は漢字を答えなさい。

① 海底に土砂が堆積する。
② 人のせいにするなんて言語道断だ。
③ おだやかな口調で説明する。
④ テンカ物を含まない食品が注目される。
⑤ オオザッパに計画をたてる。

二　次の資料は、（下段と次のページ）消費者庁消費者教育推進課　食品ロス削減推進室「令和四年度　地方公共団体における食品ロス削減の取組状況について」である。読み取り、後の問いに答えなさい。

問　次のア～オの文を読み、図表の内容に合致するものには〇を、合致しないものには×をそれぞれ答えなさい。

ア　平成三十年度より五年連続で、市町村における食品ロス削減の取り組みの実施率は五割を超えている。
イ　平成二十七年度の政令指定都市の食品ロス削減施策に関する予算が「ある」と回答した割合は八年間で最も少なく、これに比例して取組状況も低い。
ウ　令和二年度と令和四年度の食品ロス削減施策に関する予算が「ある」と回答した割合は全く同じである。
エ　令和二年度より三年連続で、都道府県における食品ロス削減の取組内容は、「住民・消費者への啓発」が最も多い。
オ　令和三年度より、都道府県における食品ロス削減の取組内容は、「食品関係事業者と連携」が増加している。

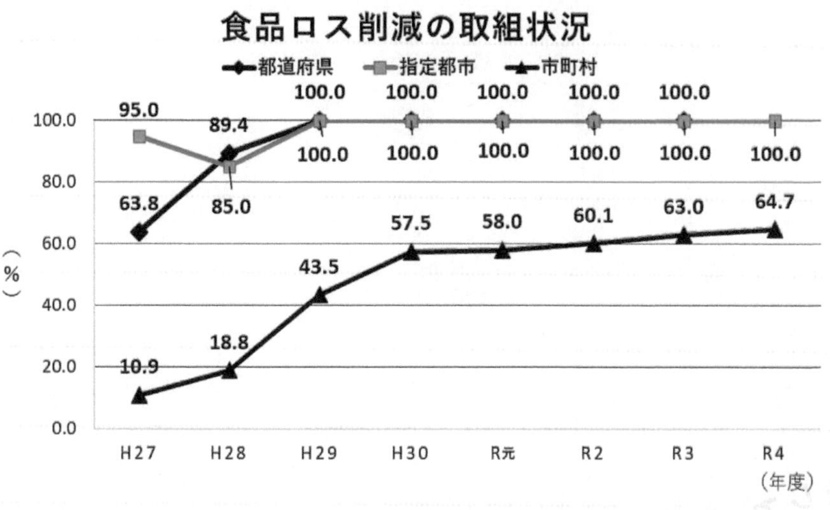

〈参考：食品ロス削減施策に関する予算が「ある」と回答した割合の推移〉

年度	H27	H28	H29	H30	R元	R2	R3	R4
都道府県	44.7%	53.2%	78.7%	87.2%	85.1%	97.9%	100.0%	97.9%
指定都市	70.0%	50.0%	70.0%	85.0%	90.0%	100.0%	100.0%	100.0%
市区町村	4.0%	3.1%	9.4%	13.5%	14.7%	16.4%	10.4%	16.4%

データ元：「令和４年度地方公共団体向け　食品ロス削減の取組状況について」の集計結果
※広域行政事務組合１団体を含む

MEMO

大切なことはメモしておこうネ！

前期1日目

2024年度

解 答 と 解 説

《2024年度の配点は解答欄に掲載してあります。》

＜数学解答＞《学校からの正答の発表はありません。》

1 (1) $3\sqrt{2}$ (2) $8a-20$ (3) 1 (4) $\frac{7}{12}$ (5) $-\frac{3}{10}x^3$ (6) 404.8

2 (1) $b=\frac{4m-2a}{3}$ (2) $x=\frac{3}{2}$ (3) $(x,\ y)=(4,\ 2)$ (4) $(x-4y+5)(x-4y-5)$

(5) $x=\frac{-3\pm\sqrt{5}}{2}$ (6) $x=59$

3 (1) 4 (2) $\frac{2}{13}$ (3) 20分 (4) $n=8$

4 (1) A(2, 4) (2) 4 (3) $\frac{64}{3}\pi$

5 (1) $10\sqrt{3}$ (2) $50\sqrt{3}$ (3) 400

6 (1) ア 2 イ 4 (2) ウ 3 エ 0 オ 8 カ 6 キ 0 ク 0

○推定配点○

各4点×25 計100点

＜数学解説＞

基本 1 (平方根，式の計算，正負の数)

(1) $\frac{10}{\sqrt{2}}-\sqrt{8}=5\sqrt{2}-2\sqrt{2}=3\sqrt{2}$

(2) $3a-5(4-a)=3a-20+5a=8a-20$

(3) $(-2)^2+18\div(-6)=4-3=1$

(4) $\frac{5}{2}-\frac{8}{3}+\frac{3}{4}=\frac{30}{12}-\frac{32}{12}+\frac{9}{12}=\frac{7}{12}$

(5) $(-5x^2y^3)\times\frac{3}{8}x^3y\div\left(\frac{5}{2}xy^2\right)^2=-5x^2y^3\times\frac{3x^3y}{8}\times\frac{4}{25x^2y^4}=-\frac{3}{10}x^3$

(6) $14\times20.24+6\times20.24=(14+6)\times20.24=20\times20.24=404.8$

基本 2 (等式の変形，一次方程式，連立方程式，因数分解，二次方程式，比例式)

(1) $m=\frac{2a+3b}{4}$　$\frac{2a+3b}{4}=m$　$2a+3b=4m$　$3b=4m-2a$　$b=\frac{4m-2a}{3}$

(2) $3(x-2)=5x-9$　$3x-6=5x-9$　$-2x=-3$　$x=\frac{3}{2}$

(3) $2x+y=10$…①　$0.3x+0.1y=1.4$より，$3x+y=14$…②　②－①より，$x=4$　これを①に代入して，$8+y=10$　$y=2$

(4) $(x-4y)^2-25=(x-4y)^2-5^2=(x-4y+5)(x-4y-5)$

(5) $x^2+3x+1=0$　解の公式を用いて，$x=\frac{-3\pm\sqrt{3^2-4\times1\times1}}{2\times1}=\frac{-3\pm\sqrt{5}}{2}$

(6) $21:(25+x)=9:36$　$9(25+x)=36\times21$　$25+x=84$　$x=59$

3 (約束記号，確率，方程式の利用，数の性質)

基本 (1) $3◎5=3\times3-3\times5+2\times5=9-15+10=4$

基本 (2) 5と10が4枚ずつあるから，求める確率は，$\frac{4\times2}{52}=\frac{2}{13}$

(3) 入場口1ヶ所で1分間にx人ずつ改札できるとすると，$60x=1200+20\times60$より，$x=40$　入場口2ヶ所でt分で改札できるとすると，$2\times40t=1200+20t$　$60t=1200$　$t=20$(分)

重要　(4)　$\sqrt{27(n-5)}=\sqrt{3^3\times(n-5)}$より，題意を満たすのは，$k$を自然数として$3(n-5)=k^2$のときである。$k=3$のとき，$n-5=3$　　$n=8$

4　(図形と関数・グラフの融合問題)

基本　(1)　$y=x^2$と$y=2x$からyを消去して，$x^2=2x$　　$x(x-2)=0$　　$x=0,\ 2$　　よって，$A(2,\ 4)$

重要　(2)　直線ℓ_2の式を$y=4x+b$とすると，点Aを通るから，$4=8+b$　　$b=-4$　　よって，$y=4x-4$　これに$y=0$を代入して，$0=4x-4$　　$x=1$　　よって，$B(1,\ 0)$　$\triangle ACO:\triangle ABO=OC:OB=4:1$だから，$OC=4OB=4$　　よって，点Cのx座標は4

重要　(3)　Aからx軸にひいた垂線をAHとすると，求める立体の体積は，△OAHと△CAHをx軸について1回転させてできる円錐の体積の和に等しい。$\frac{1}{3}\pi\times AH^2\times OH+\frac{1}{3}\pi\times AH^2\times CH=\frac{1}{3}\pi\times 4^2\times 4=\frac{64}{3}\pi$

基本　5　(平面図形)

(1)　$AC^2=400$より，$AC=20$　　$AC:BC=2:\sqrt{3}$より，$BC=\frac{\sqrt{3}}{2}\times 20=10\sqrt{3}$

(2)　$AB=\frac{1}{2}AC=10$　　よって，$\triangle ABC=\frac{1}{2}\times 10\times 10\sqrt{3}=50\sqrt{3}$

(3)　$AB^2+BC^2=10^2+(10\sqrt{3})^2=100+300=400$

6　(場合の数，数の性質)

(1)　お菓子を1種類だけ買うとき，カヌレは3つまでの3通り。ゼリーは3つまでの3通り。チョコレートは5つまでの5通り買える。2種類買うときは，(カヌレ，ゼリー)＝(1，1)，(1，2)，(2，1)の3通り。(ゼリー，チョコレート)＝(1，1)，(1，2)，(1，3)，(2，1)，(2，2)の5通り。(チョコレート，カヌレ)＝(1，1)，(1，2)，(2，1)，(3，1)の4通り。3種類買うときは，1つずつの1通り。よって，買い方は全部で，$3+3+5+3+5+4+1=24$(通り)

基本　(2)　6，10，15の最小公倍数は30で，クラスの人数は50人以下だから，30人。カヌレは$30\div 6=5$，ゼリーは$30\div 15=2$，チョコレートは$30\div 10=3$より，お土産に使った金額は，$1000\times 5+900\times 2+600\times 3=8600$(円)

★ワンポイントアドバイス★

出題傾向，難易度とも例年通りである。数と式，方程式の計算力をしっかりと養いあらゆる分野の基礎を固めておこう。

＜英語解答＞《学校からの正答の発表はありません。》

1　A1　イ　　A2　ウ　　B　ア，イ

2　1　wife　　2　answer　　3　fifth　　4　pilot

3　1　ア　　2　エ　　3　ウ　　4　イ

4　1　Playing　　2　prettiest　　3　seen　　4　taught

5　1　ウ　　2　ア　　3　エ　　4　イ

6　1　village　　2　January

7　1　エ　　2　ア　　3　カ　　4　ウ

8　1　イ　　2　ア　　3　ウ　　4　エ

9　1　A　エ　　B　イ　　2　ア　　3　ウ　　4　C　エ　　D　イ　　E　ア　　5　エ
6　ウ　　7　(例)　Why don't we hand a card with these stories with a chocolate?

○推定配点○
1～6　各2点×22　　7・8　各3点×8　　9　7　5点　　他　各3点×9　　計100点

＜英語解説＞

基本 1　(アクセント・発音問題)

A　1　Aus-tral-ia [ɔːstréiljə]　イが正解　2　af-ter-noon [æftənúːn]　ウが正解
B　ア(○)　sea [siː] / see [siː]　イ(○)　knows [noz] / nose [noz]　ウ　walk [wɔːk] / work [wəːk]　エ　hard [haəd] / heard [həːd]

基本 2　(語彙問題)

1　A　man「男性」B　woman「女性」　男女の反意語の関係　C　husband「夫」D　wife「妻」
2　A　go「行く」B　come「来る」　反意語の関係　C　question「質問」D　answer「答え」
3　A　one「1」B　first「1番目」　序数詞にする　C　five「5」D　fifth「5番目」
4　A　car「車」B　driver「運転手」　乗り物とそれを操縦する人の関係　C　airplane「飛行機　D　pilot「パイロット」

重要 3　(言い換え問題：感嘆文，比較，受動態，動名詞，慣用句)

1「これらのバラはとても甘い香りがする」→「このバラはなんて甘い香りがするのだろう!」　感嘆文を使って言い換える。感嘆文の構文<How ＋ 形容詞[副詞] ＋ 主語 ＋ 動詞 !> アHowを入れる。
2「マキはナオよりも速く走る。ナオはユウコよりも速く走る」→「マキは3人の中で一番速く走る」　最上級の文で後に数字が続く場合，用いる前置詞はエof。
3「カナダでは多くの人が英語を話しますか？」能動態から受動態の文にする。ウ過去分詞spokenを入れる。
4「今日の午後散歩に行くのはどうですか？」→「今日の午後散歩に行こうよ」勧誘表現。<How about …ing?>「…するのはどうですか？」<Let's ＋ 動詞の原形…>「～しようよ」　イLet'sを入れる。

重要 4　(適語補充問題：動名詞，比較，現在完了形，受動態＞

1　Playing basketball with my friendsがひとまとまりでこの文の主語になる。主語の働きをするのでPlayは動名詞Playingにする。大文字にすることに注意。
2「一番かわいい」という意味はthe prettiestと最上級の形で表す。prettiestのスペルに注意。
3　<Have you ever ＋ 過去分詞　…?>は「今までに…したことはありますか？」と経験をたずねる文。現在完了形なので過去分詞seenにする。
4　Chineseとteachは「教えられる」という受け身の関係になるので過去分詞taughtを入れ受動態の文にする。

重要 5　(適語選択補充問題：分詞，慣用句，動名詞，間接疑問文)

1　ウ現在分詞singingを入れる。singing (with Nancy)はThe boyを後置修飾する分詞句で，The boyからNancyまでがひとまとまりでこの文の主語となる。
2　<It is ～ ＋ for 人 ＋ to …>「人が…するのは～だ」の構文。「～」の部分には形容詞が入る。アnecessary「必要な」を入れ「私たちは…する必要はない」という意味にする。
3　finishは目的語に動名詞を取る動詞。したがってエwritingが正解。finish …ingで「…し終える」の意。

4　<how many ＋ 複数名詞…>「何人の[いくつの]…」と数をたずねる表現になるのでイhowを入れる。ここではhow以下はtellの目的語となる間接疑問文となっていることにも注意。

基本　6　（語彙問題）

1「村は田舎地域に位置するとても小さな町のことである」 village「村」

2「1月は12月と2月の間にある，一年で最初の月のことである」 January「1月」

重要　7　（語句整序問題：比較，慣用句，不定詞，動名詞，間接疑問文）

1　That is one of the most (famous buildings in Chiba.)「あれは…だ」はThat is ～. で始める。<one of the ＋ 複数名詞>で「～の1つ」の意味。複数名詞のところにthe most famous buildings in Chiba「千葉で最も有名な建物」が入る構造の文。famousの最上級はmost famous。

2　(I) don’t know how to use the (machine.)「私は知りません」I don’t knowがこの文の<主語 ＋ 動詞>。how to ～「～のやり方」という意味なので，how to use the machineで「その機械の使い方」。

3　(I) want many children to enjoy playing (soccer.)　<want ＋人＋ to…>「人に…してもらいたい」の構文に当てはめる。ここでの「人」はmany children。enjoyは目的語に動名詞を取るので，to enjoy playing soccerという形になる。

4　Do you know where his house is?「あなたは知っていますか？」という疑問文なのでDo you know～?で始める。where his house isはknowの目的語となる間接疑問文で<疑問詞 ＋ 主語 ＋ 動詞>の語順になる。

重要　8　（対話文完成）

1　A：私のバッグを見なかった？ / B：いいえ，見ていない。イ失くしてしまったの？ / A：そう。どこにも見つけられない。　ア「準備はいい？」　イ「失くしてしまったの？」(○)ここでのlose は「失くす」の意味。　ウ「気に入った？」　エ「それを借りてもいい？」

2　A：私の誕生日に父がこのパソコンを買ってくれたの。/ B：本当に？　私は持っていないので自分のパソコンが欲しい。/ A：使いたいときにいつでも来て私のを使って。/ B：ア親切にありがとう。　ア「親切にありがとう」(○)直訳すると「あなたは親切だ」になるが，口語では「親切にしてくれてありがとう」という意味合いを持つ表現になる。　イ「私にそれを買ってくれたの？」　ウ「私にそれを買ってくれる？」エ「私はパソコンには興味がない」

3　A：明日映画を観に行く予定。一緒に来る？ / B：そうしたいけど，できないんだ。ウやることがある。/ A：何をするの？ / B：宿題をやらないとならない。　ア「あなたと一緒にそこに行ける」　イ「その映画を観たい」　ウ「やることがある」(○)something to doは直訳すると「やるべき何か」to doはsomethingを修飾する形容詞用法の不定詞で，「やることがある」という意味。　エ「やることは何もない」

4　A「この夏は何が新しいことに挑戦したいけど，何をしたらいいかわからない。/ B：えぇと，大学で高校生のための夏の授業をたくさん受講できるよ。/ A：それはとても良い考え。イタリアに少し興味があるの。/ B：それならエイタリアの歴史に関するものを受講するのはどう？　ア「家でイタリア映画を観る」　イ「そこにいる友人を訪れる」　ウ「ハンバーガー作りの授業を受講する」　エ「イタリアの歴史に関する授業を受講する」(○)why don’t you ～?で「～するのはどう？」の意味。oneは前出の不特定の名詞を指す不定代名詞なので，ここではone ＝ a class。

重要　9　（読解問題・会話文，資料読解：適文選択補充，内容把握，内容正誤判断，英作文）

Part1（全訳）　アヤ：エミ，あなたが甘い物，特にケーキとアイスクリームが好きなのを知っている。チョコレートも好き？

エミ　：もちろん。あなたも大好きでしょう？　あぁ，来月のバレンタインデーのこと？　えぇと，アヤ，あなたは誰かにチョコレートをあげる予定？

アヤ　：うん。クラスメートともちろんエミ，あなたにも渡すつもり。でもこの時期どの店もたくさんの種類のチョコレートを売っている。(A)エだからどれを選べばよいか決められないの。

エミ　：本当にそうよね。その上どれもとてもかわいくておいしそう。でもバレンタインデーの贈り物にチョコレートを贈るしか選択肢がないとは思っていないの。

アヤ　：どういうこと？

エミ　：海外では相手に花を贈るのが一般的だって担任の井野先生がおっしゃっていた。さらに，贈り物はたいてい男性から女性に送られる。

アヤ　：本当に？　それを聞いて驚いた。でも誰かにお花を贈るのは素敵よね。

エミ　：多くの日本人はこの時期，必死にチョコレートを買っているように見える。でもチョコレートのことをよく知らない。

アヤ　：あぁその通り。いつも何も考えずに食べている。私たちはチョコレートについてもっとよく知るべきよね。

エミ　：井野先生が，大好きなチョコレートを選ぶ別の方法があるとおっしゃっていた。アヤ，放課後に井野先生と話しましょうよ。(B)イこれはチョコレートのことについて学ぶいい機会かもしれない。

アヤ　：私はいつでもどこでもチョコレートを手に入れることができます。井野先生，でも実はチョコレートのことについてよく知らないんです。

井野先生：あなたの言いたいことはわかりますよ。アヤ，チョコレートは何からできていますか？

アヤ　：カカオ豆から作られると聞きました。

井野先生：その通り。では，カカオ豆はどこで栽培されていると思いますか？

エミ　：自信はないけれど。南米のブラジルかもしれない，ですよね？

井野先生：原産地はラテンアメリカだと言われています。ではネットで「カカオ豆の生産量の多い国」を見てみましょう。アヤ，エミ，この表を見てください。

アヤ　：そうね，表によると(①)コートジボワールがトップね。わぁ，ダントツね。

エミ　：なるほど。ブラジルは(②)7位ね。

井野先生：ブラジルはコーヒーを大量に生産しています。表では，どこが主なカカオ生産地域となっていますか？

アヤ　：(③)北西アフリカです。

井野先生：その通り。カカオ豆の約70％がそこで生産されていると言われています。

エミ　：えぇと，私たちが毎日食べるチョコレートのほとんどがコートジボワールから来ているに違いないということですよね？

井野先生：残念ながら違います。このサイトを見てください。これは「日本の主要カカオ豆国別輸入量」の表です。コートジボワールは(④)4位です。トップは(⑤)ガーナです。日本はこの国から約80％のカカオ豆を輸入しています。

アヤ　：なるほど。今ではもうチョコレートのことを少し知っていると思えます。

井野先生：それでは，また明日もう一度話をしましょう。

アヤ　：もちろんです。井野先生，ありがとうございました。

1　全訳参照。　ア「私たちが特別なケーキを作るというのはとても良い考えだと思う」　イ「これはチョコレートのことについて学ぶいい機会かもしれない」(○)このあとチョコレートのことを学びに井野先生を訪ねているので，イをBに入れるのが適当。 ウ「美しい花を探しに店に行きましょう」 エ「だからどれを選べばよいか決められない」(○)どの店でもたくさんの種類のチョコレートを売っている，という内容に続けるので，エをAに入れるのが適当。

基本 2 表及び全訳参照。①カカオ豆生産量の一番多い国はコートジボワール。 ②ブラジルは7位。 ③生産量が多い地域は北西アフリカ。 ④コートジボワールからの輸入量は4位。 ⑤トップはガーナ。 したがってアが正解。

3 ア 「アヤはエミとクラスメートにチョコレートを渡す予定でいる」アヤの2つ目のセリフに一致。 イ 「外国ではバレンタインデーにはたいてい男性が女性に贈り物を送るとエミが言っている」エミの3つ目のセリフに一致。 ウ 「カカオ豆の原産地はアフリカだと言われていると井野先生はアヤとエミに伝えている」(○)井野先生の2つ目のセリフ参照。ラテンアメリカだとあるので不一致。 エ 「アヤとエミは翌日も井野先生とチョコレートについて話しをする予定だ」最後の井野先生とアヤのセリフに一致。

Part2(全訳) エミ：井野先生，最近チョコレートの社会問題について聞きました。

井野先生：児童労働と強制労働のことですね？

アヤ　　：はい，有名企業の洋服の不買運動のニュースをテレビで見ました。ある特定の国での強制労働が原因だと誰かが言っていました。でもそれは洋服のことでチョコレートのことではありませんでした。

井野先生：アヤ，よく知っていますね。今日では多くの人々が「人権」，「環境」，「持続可能性」について関心を持つようになってきました。結果として世界中の企業がこれらの問題に注意を払うようになりました。特に最近では人権を保護することが求められています。

エミ　　：なるほど。チョコレート生産についても同じ問題があるということですよね，井野先生？

井野先生：その通り。カカオ豆を生産する人々とチョコレートを食べる人々の間には深刻な差があります。

アヤ　　：差ですか？ どういうことですか？

井野先生：国連児童基金と国際労働機関の報告書をネットで見ることができます。報告によると2020年，世界で児童労働している子供の数は(⑥)1億6千万人で，これは世界の子どもの人口の(⑦)10%近くに値します。さらに悪いことに，児童労働は(⑨)2016年以来(⑧)1億5200万人から1億6千万人に増えています。

エミ　　：それはひどいわ。

井野先生：もう1つの報告書によると，生産地域の人たちは家族でカカオ豆を栽培していて，子どもたちは一日中畑で仕事をしなければならない。

アヤ　　：本当に？ 私たち日本人は毎日チョコレートを美味しく食べているけれど，悲しいことに海外のたくさんの子どもたちは畑で働かなくてはならないのね。

井野先生：そうです。実は今では100万人以上の子どもたちがカカオ生産の児童労働をしています。彼らの日常生活を想像できますか？

アヤ　　：そうね，多くの子どもたちは学校に行く時間がないかもしれないのではないかと思う。

エミ　　：アヤ，私もそう思う。カカオ豆を栽培することが子どもたちが学校に行く機会を奪っているかもしれないと言うことよね？

井野先生：その通り。カカオ豆を木から収穫するのは機械ではなく手作業でやる必要があると言われています。だから家族全員が一緒に働かなくてはならないのです。(C)エさらに，各世帯の収入はとても低い。

アヤ　　：それは気の毒。だから子供たちは家族と働くことを強制されるのですね？

エミ　　：うん，つまり貧困が児童労働の主な原因ですね。

井野先生：子供たちのほとんど全員がチョコレートを食べたことがないと言われています。

アヤ　　：え！　それはショック!

井野先生：そうなのです。チョコレートはかつて「神の食べ物」と古代メキシコ人に呼ばれていました。

アヤ　　：甘くて貴重だけど，それと同時にほろ苦く残酷な味もしますね，井野先生。

井野先生：本当にそう思います。状況を改善することは難しいです。でも解決するための計画についてのニュースを聞きました。

アヤ　　：どういうことですか？

井野先生：国際協力機構がチョコレートメーカーと商社，NGO団体と2020年にプロジェクトを立ち上げました。農夫たちの貧困，森林伐採や児童労働といったカカオ産業の問題を解決するために行動を起こそうとしています。

アヤ　　：それは良さそうですね！

エミ　　：よく考えると，井野先生は大好きなチョコレートを選ぶときに他の選択肢もあると教えてくれましたよね。もっと教えてください。

井野先生：そうですね。フェアトレード認証のチョコレートを買うのも1つの選択肢だと思います。

エミ　　：フェアトレードとは何ですか？

井野先生：それは貿易のしくみのことです。公正な値段を支払うことで発展途上国の労働者を支援することです。そしてそれにより人々の良い労働環境と公正な収入が保証されるのです。

アヤ　　：その認証で児童労働とは無関係の製品だとわかるのですね？

井野先生：その通り。フェアトレードはさまざまな産業で働く皆にとって良いことなのです。

アヤ　　：すごい！　フェアトレードのチョコレートを買うことでそこの1人1人の子どもたちに幸せな笑顔をもたらせたらいいな。

井野先生：私もそうあって欲しいと思います。では，アヤとエミ，チョコレートに関してもう1つ別の視点を持つことができましたか？

アヤ　　：はい。とてもたくさんの人たちが子どもたちとカカオ豆を栽培していることが今ではわかります。日本では子供たちは当たり前のように毎日学校に行きます。でも他の国々では学校で学ぶ機会がない子供たちがいる。

エミ　　：えぇと，私たちは学校で勉強したり遊んだりできる，その一方で彼らは畑で家族と働かなければならない。(D)イ私たちは学校に行くことができてとても幸運なのだと自覚するべきかもしれない。

井野先生：それが聞けて嬉しいです。

アヤ　　：今まで海外のカカオ生産で働いている子供たちのことなど考えることがなかった。私たちはもっと想像力を働かせ彼らのことをもっと知ろうとする必要がある。

エミ　　：カカオ畑にいる人たちの情報をもっと集めることが大切だと思う。彼らの気持ちをもっと理解するべき。アヤ，カカオ栽培についての話を友達にしてみるのはどう？

アヤ　　：それはいい考えね！　カカオ生産の状況を私たちが理解するための第一歩よね。

井野先生：それはすごいわ。アヤとエミ，あなたたちに詩を紹介したい。後でお見せします。ところで，チョコレートを買うのに何かヒントは思いつきましたか？

アヤ　：もちろんです。(E)ア エミ，今度の週末に一緒に買い物に行ってくれる？
エミ　：いいわよ。えぇと，アヤ，花とチョコレートのどちらがいい？
アヤ　：冗談でしょ？　もちろんチョコレートよ！ フェアトレード認証商品を探すつもり。フェアトレードチョコレートを選びましょうよ，そうすればカカオ生産者の人たちの幸せな笑顔を見ることができる。

4　全訳参照。ア「エミ，今度の週末に一緒に買い物に行ってくれる？」(E)の次のアヤのセリフでフェアトレード認証の物を探して，フェアトレードのチョコレートを買うと言っているので，(E)に入れるのが適当。　イ「私たちが学校に行くことができてとても幸運なのだと自覚するべきなのかもしれない」(D)の前のエミのセリフで，日本では当たり前のように学校に毎日行くけれど，学校で学ぶ機会のない子どもたちもいると言っているので，(D)に入れるのが適当。　ウ「植物の育て方を学ぶために学校に行くべきだ」　エ「さらに，各世帯の収入はとても低い」(C)の後のエミのセリフ参照。貧困が児童労働の原因だと言っているので，(C)に入れるのが適当。　オ「畑で栽培をしている人たちに誰かがチョコレートを持っていくだろう」

基本　5　全訳と表参照。2020年の児童労働の数は156millionで9.6％。約10％に相当。2016年から2020年にかけて児童労働の数は152millionから160millionに増加していることがわかるので，エが正解。

6　ア「児童労働させられている子供たちの数は100万人以上だと井野先生は言う」井野先生の6つ目のセリフに一致。　イ「報告書によると，多くの子どもたちは家族と一緒に畑で一日中働かなくてはらなない」井野先生の5つ目のセリフに一致。　ウ「人々はカカオ豆を木から機械で収穫すると言われている」(○)井野先生の7つ目のセリフ参照。機械ではなく手作業で収穫するとあるので不一致。このbyは手段を表す。　エ「エミはカカオ生産者の話を友人たちに話したい」エミの最後から2つ目のセリフに一致。　オ「アヤはカカオ生産者の幸せな顔を見るためにフェアトレードのチョコレートを選ぶつもりだ」アヤの最後のセリフに一致。

重要　7　(解答例)　Why don't we hand a card with these stories with a chocolate?「チョコレートと一緒にこの話を書いたカードを手渡すのはどう？」児童労働をさせられている子供のことが書かれている詩。彼らの状況を変えるために自分たちができることを考える。まずはその状況を知ること，フェアトレード商品を買うことで支援することから始めるなど，具体的に行動に移せることを考え英文にしてみるとよい。

★ワンポイントアドバイス★

英単語や英文の記述問題では，スペルミス，大文字小文字のミスなどケアレスミスには十分気をつけよう。単語1語を書くだけでも，それが文頭に来る語の場合は大文字にすることを忘れないようにしよう。

＜国語解答＞《学校からの正答の発表はありません。》

一　①　あ　②　くったく　③　せんぼうきょう　④　没頭　⑤　刻苦勉励
二　問　ア　○　イ　×　ウ　×　エ　×　オ　○
三　問一　エ　問二　会社・役所～けていった(から。)　問三　ウ　問四　西欧におい
問五　エ
四　問一　【b】　問二　ウ　問三　生きがい　問四　ウ　問五　食用

五 問一 エ 問二 イ 問三 ミニチュアの工場 問四 【a】 問五 ウ
六 問一 イ 問二 イ 問三 ウ 問四 エ 問五 イ
○推定配点○
一・二 各2点×10 他 各4点×20 計100点

＜国語解説＞

一 (漢字の読み書き)

① 「宛」を使った熟語には「宛先」がある。 ② あることが気になって心配すること。 ③ 潜水艦から海面上に出して外部の状況を見る望遠鏡。 ④ 一つのことに集中して他を顧みないこと。 ⑤ 「コック」は大変な苦労をすることで,「ベンレイ」は勉学に励むこと。

二 (内容吟味)

問 ア 図1－1から平成31年度の基幹的農業従事者数は1,404(千人)で,平成2年度は2,927(千人)なので,合致する。 オ 図1－3から地方移住への関心について「強い関心がある」と「関心がある」「やや関心がある」は2019年度以降いずれも増加しているので,合致する。

三 (論説文―大意・要旨,文脈把握,接続語の問題,脱文・脱語補充)

問一 A 簡便性によってパン食が普及したという直前の段落の内容に対して,後で「飯炊きは家庭の台所を離れられない」とご飯には簡便性がないと相反する内容を述べているので,逆接の意味を表す語が入る。 B 「老化現象のために,冷飯はまずくなる」という前に,後で「朝炊いた飯が,晩にはすえてしまう」と付け加えているので,添加の意味を表す語が入る。 C 「朝炊いた飯が,晩にはすえてしまう」という前の理由によって,後の「メシ炊きはすくなくとも,一日一回はしなければならない」と続けているので,順接の意味を表す語が入る。

問二 直後の文の「明治時代になって勤め人と学童に弁当を持たせたやるようになってからのこと」に着目する。「勤め人と学校」と「朝に必ず飯炊きをするようになった」理由を述べている部分を探すと,同じ段落の「会社,役所というものと義務教育の制度が,全国の家庭に朝に飯炊をする習慣を植えつけていったのである」に気づく。ここから,四十五字の部分を抜き出す。

問三 後に「人間は一日に一度は食事をしなくてはならない」とあるので,一度にたくさん食べて腹にためておくことができない体という意味を表す語句が入る。

基本 問四 直後の文で,「西欧においては……日本においては……」とそれぞれの「生活様式」を説明している。

重要 問五 「〈 A 〉」で始まる段落の「加熱したことによって消化しやすいアルファ化した澱粉が,時間の経過とともにだんだん生米の澱粉の状態であるベーター澱粉にもどるためである。この老化現象のために,冷飯はまずくなる」と,「炊きたてがおいしい」とあるエが合致する。「人類は」で始まる段落とアが,「近代化および」で始まる段落とイが,「狩猟・採集の」で始まる段落とウが合致しない。

四 (論説文―文脈把握,脱文・脱語補充)

やや難 問一 [抜けている文]の内容から,養蚕の現代の役割を述べている部分の後に入れる。【b】の前の「『訪問かいこ』プロジェクトでは……高齢者や障がい者に自信を取り戻して自立を促すことになる」が養蚕の「現代ならではの新たな役割」にあたる。

問二 直前の段落の「長年にわたって飼いならされ,絹をたくさんつくるように品種改良されてきた」ことが傍線部①の理由にあたるので,「品種改良」とあるウが適当。アの「蚕砂」は蚕のフンなので適当ではない。イの「食料不足を解消する」ことや,エの「いろいろな機能が付加されている」ことは，傍線部①の「逃げ出す心配が無い」理由とはならない。

問三　「達成感」は，成し遂げたことによって得られる満足感のこと。高齢者や障がい者が得られる満足感に通じる言葉を探すと，「記事によると」で始まる段落の「高齢者や障がい者に……生きがいを感じてもらい」に気づく。ここから四字の語を抜き出す。

やや難　問四　高齢者施設で「出来上がったカイコの繭」が買い取られるのはどこか。直後の文に「繭には紫外線をカットする機能がある」とあることから，紫外線カットに関係する場所が入る。

問五　直後の段落では「蛹は……おやつになっていた」「家庭では……佃煮にしていた」など，蛹を食べることについて書かれている。後に「蛹は食用」とあるのに着目する。

五　**（小説一内容吟味，脱文・脱語補充，ことわざ・慣用句）**

基本　問一　同じ段落の「私が受験を控えていた高校時代は……母はパートで働きはじめ，映りが悪くなったテレビを買い換えずに見続けた」という状況から，経済的に苦しいことが読み取れる。家族の暮らしを維持する収支を意味する「家計」を選ぶ。

問二「ネジを巻く」は，だらしない行動をきちんとさせるという意味になる。直後の「作業机に父の時計を持っていき……蓋を開ける」からも「やる気の度合いを引き上げた」とあるイの意味が読み取れる。時計屋の様子に，ア「技量の水準を引き上げた」やウの「不安感」，エの「夢が実現」はそぐわない。

問三　傍線部③は，時計の内部の様子である。時計の内部の様子を表現している部分を探すと，「とはいえ」で始まる段落に「時計の中では大小の歯車が幾何学模様を描いていた。ミニチュアの工場のようだった」とあり，ここからたとえの表現を抜き出す。

問四　[抜けている文]は，時計屋が何かを言った様子を表しているので，時計屋の会話の後に入る。【a】の前に時計屋の会話があり，後の「死んだ後も，息子の私にも，わからないのに。」は[抜けている文]の「どんな人間かは，時計を見ればわかる」を受けているので，【a】に入れる。【d】も時計屋の会話の後だが，「うん，だいじょうぶ，このネジだ」の後に[抜けている文]の皮肉な様子は合わない。

基本　問五　直後の文の「息で部品が飛ばない用心をしているかのようなこもり声だった。手にはいま小型のキリが握られ，いちばん小さな歯車を磨いている」という時計屋の作業の様子には，繊細なという意味の語を含むものが適当。アの「デンジャラス」は危険，イの「リアル」は現実，エの「プライベート」は個人的という意味になる。

六　**（古文一内容吟味，文脈把握，文と文節，口語訳，表現技法，文学史）**

〈口語訳〉（天人の王たちは)「さあ，かぐや姫，（このような)きたない所に，どうして長くいらっしゃるのでしょう」と言う。(すると，かぐや姫を)立て込めておいたところの戸が，そのまますぐに開いてしまった。格子なども，人はいないのに開いてしまった。嫗が抱いていたかぐや姫は，外に出た。(嫗は)止められず，ただ上を仰いで泣いている。

竹取の翁が心乱れて泣き伏している所に近寄って，かぐや姫が言うには，「(私は)，自分の意志に反してこうして参りますので，(私が天へ)昇るのをお見送りください」と言うけれども，(翁は)「どうして，悲しいのに，お見送り申し上げよう。私を，どうしろと，捨ててお昇りになるのか。連れて行ってください」と，泣いて伏したので，(かぐや姫の)心は乱れた。「手紙を書き置いて行きます。恋しい折々に，取り出してご覧ください」と，泣いて書く言葉は，この国に生まれたのならば，お嘆きさせない時までおそばにおります。過ぎ去って別れることが，返す返す残念に思われます。脱いで置く衣を(私の)形見とご覧ください。月が出た夜は，そちらからご覧になってください。(お二人を)お見捨て申して帰っていく，空から落ちてしまいそうな気がします。」と，書いておく。

問一　「我を……捨ててはのぼりたまふぞ。具して率ておはせね」と言って「泣きて伏せ」ているのは，「たけとり」。「たけとり」は「竹取の翁」のことなので，イの「翁」をさす。

重要　問二　係り結びの法則が働いている。「はべれ」という已然形で結ばれているので，係助詞「こそ」が入る。

問三　「形見」は死んだ人や別れた人を思い出すよりどころとなるもの。前の注釈から，天人がかぐや姫を迎えに来た場面での「形見」なので，かぐや姫が残したものとするアとウが考えられる。かぐや姫は死んでしまうわけではないので，ウを選ぶ。

重要　問四　「月のいでたらむ夜」は月の出た夜，「見おこせたまへ」はご覧になってください，という意味なので，エが適当。

基本　問五　『竹取物語』が成立したのは平安時代。

★ワンポイントアドバイス★

漢字の読み書きには難しいものが含まれているが，ここに時間を取られず，確実に得点できるものを落とさないようにしよう。

前期2日目

2024年度

解　答　と　解　説

《2024年度の配点は解答欄に掲載してあります。》

＜数学解答＞《学校からの正答の発表はありません。》

1 (1) 24　(2) $2x$　(3) $5\sqrt{6}-3\sqrt{2}$　(4) $\frac{14}{27}$　(5) x^3+1　(6) $-x-4$

2 (1) $x=-\frac{3}{5}$　(2) $x=\pm 6$　(3) $y=\frac{18}{17}x$　(4) $(x,\ y)=(5,\ 3)$
(5) $4(x+3)(x-3)$　(6) $z=\frac{1}{2}y$

3 (1) 5年　(2) 147　(3) (エ)　(4) 9個

4 (1) 36　(2) $\sqrt{5}$　(3) $2\sqrt{5}$

5 (1) 18　(2) $2\sqrt{34}$　(3) $\frac{6\sqrt{34}}{17}$

6 (1) ア F　イ F　(2) ウ 1　(3) エ 1　オ 0　カ 0

○推定配点○

各4点×25　　計100点

＜数学解説＞

基本 1 (正負の数，式の計算，平方根)

(1) $2^3\times5-4^2=8\times5-16=40-16=24$

(2) $3(x-2y)-(x-6y)=3x-6y-x+6y=2x$

(3) $\sqrt{24}+\sqrt{54}-\sqrt{18}=2\sqrt{6}+3\sqrt{6}-3\sqrt{2}=5\sqrt{6}-3\sqrt{2}$

(4) $1-\frac{1}{3}-\frac{1}{9}-\frac{1}{27}=1-\frac{9+3+1}{27}=1-\frac{13}{27}=\frac{14}{27}$

(5) $(x+1)(x^2-x+1)=x^3-x^2+x+x^2-x+1=x^3+1$

(6) $(x-2)(x+4)-(x-1)(x+4)=x^2+2x-8-(x^2+3x-4)=-x-4$

基本 2 (一次方程式，二次方程式，比例式，連立方程式，因数分解，等式の変形)

(1) $-(3x-1)=2(x+2)$　$-3x+1=2x+4$　$-5x=3$　$x=-\frac{3}{5}$

(2) $(x-2)(x+18)-16x=0$　$x^2+16x-36-16x=0$　$x^2=36$　$x=\pm6$

(3) $x:y=17:18$　$17y=18x$　$y=\frac{18}{17}x$

(4) $x+y=8$…①　$3x-y=12$…②　①＋②より，$4x=20$　$x=5$　これを①に代入して，$5+y=8$　$y=3$

(5) $4x^2-36=4(x^2-9)=4(x+3)(x-3)$

(6) $6x+y+z=3(2x+y-z)$　$6x+y+z=6x+3y-3z$　$4z=2y$　$z=\frac{1}{2}y$

3 (割合，数の性質，倍率，空間図形)

基本 (1) $100\times\frac{1}{20}=5$(年)

(2) $1176=2^3\times3\times7^2$より，約数の中で一番大きい奇数は，$3\times7^2=147$

(3) $10\times20\times4=20\times40$より，(エ)

(4) 四面体がx個，立方体がy個とすると，$x+y=13$…①　$4x+8y=68$より，$x+2y=17$…② ②－①より，$y=4$　これを①に代入して，$x+4=13$　$x=9$　よって，四面体は9個

[4] (図形と関数・グラフの融合問題)

基本 (1) $y=x^2$と$y=x+12$からyを消去して，$x^2=x+12$　$x^2-x-12=0$　$(x-4)(x+3)=0$　$x=4, -3$　よって，点Aのx座標は-3であるから，y座標は$y=(-3)^2=9$　したがって，A$(-3, 9)$　同様にして，B$(3, 9)$　また，C$(0, 12)$　よって，四角形AOBCの面積は，$\frac{1}{2}\times AB\times OC=\frac{1}{2}\times(3+3)\times12=36$

基本 (2) OC$=10$より，点Aのy座標は$\frac{10}{2}=5$となる。$y=x^2$に$y=5$を代入して，$x^2=5$　$x=\pm\sqrt{5}$　よって，A$(-\sqrt{5}, 5)$　$y=ax+10$は点Aを通るから，$5=-\sqrt{5}a+10$　$a=\frac{5}{\sqrt{5}}=\sqrt{5}$

重要 (3) 点Aのx座標を$-t(t>0)$とすると，A$(-t, t^2)$より，C$(0, 2t^2)$　四角形AOBCの面積は，$\frac{1}{2}\times(t+t)\times2t^2=2t^3$　$2t^3=16$　$t^3=8$　$t=2$　よって，A$(-2, 4)$，C$(0, 8)$　したがって，AC$=\sqrt{(-2-0)^2+(4-8)^2}=2\sqrt{5}$

[5] (空間図形)

基本 (1) 12秒後には，CP$=1\times12-(4+6)=2$　よって，四角形ABCPの面積は，$\frac{1}{2}\times(2+4)\times6=18$

重要 (2) 8秒後には，BP$=1\times8-4=4$　三平方の定理より，AF$=\sqrt{AB^2+BF^2}=\sqrt{4^2+3^2}=5$，FP$=\sqrt{BF^2+BP^2}=\sqrt{3^2+4^2}=5$，AP$=\sqrt{AB^2+BP^2}=\sqrt{4^2+4^2}=4\sqrt{2}$　よって，△AFPは二等辺三角形だから，FからAPにひいた垂線をFJとすると，AJ$=\frac{1}{2}$AP$=2\sqrt{2}$より，FJ$=\sqrt{AF^2-AJ^2}=\sqrt{5^2-(2\sqrt{2})^2}=\sqrt{17}$　よって，△AFP$=\frac{1}{2}\times4\sqrt{2}\times\sqrt{17}=2\sqrt{34}$

重要 (3) 三角錐ABFPの体積は，$\frac{1}{3}\times$△ABP$\times$BF$=\frac{1}{3}\times\frac{1}{2}\times4^2\times3=8$　また，$\frac{1}{3}\times$△AFP$\times$BI$=\frac{2\sqrt{34}}{3}$BI　よって，$\frac{2\sqrt{34}}{3}$BI$=8$　BI$=8\div\frac{2\sqrt{34}}{3}=\frac{12}{\sqrt{34}}=\frac{6\sqrt{34}}{17}$

[6] (16進数)

(1) 2ケタの16進数の最大の数はFFと表せる。

基本 (2) 16進数のxyを10進数で表すと，$16\times x+1\times y=16x+y$

基本 (3) 16進数の64を10進数で表すと，$16\times6+1\times4=96+4=100$

★ワンポイントアドバイス★

例年と出題傾向，難易度はほぼ同じである。見慣れない問題もあるが，難しくはないのでしっかりと取り組もう。

＜英語解答＞《学校からの正答の発表はありません。》

[1] A　1 ア　2 イ　B　ア，ウ

[2] 1 countries　2 receive　3 caught　4 happily

[3] 1 イ　2 エ　3 ウ　4 ア

[4] 1 built　2 standing　3 actor　4 to visit

[5] 1 ア　2 エ　3 イ　4 イ　[6] 1 secret　2 letter

[7] 1 ウ　2 エ　3 カ　4 ア　[8] 1 ウ　2 イ　3 エ　4 イ

[9] 1 イ　2 エ　3 ウ　4 ア　5 ウ

[10] 1 イ　2 ウ　3 ア　4 the northern rabbit　5 エ

○推定配点○

[1]～[6]　各2点×22　[7]～[9]　各3点×13　[10]　4　5点　他　各3点×4　計100点

<英語解説>

基本 [1] (アクセント・発音問題)

A 1 fes-ti-val [féstəv(ə)l] アが正解 2 com-mu-ni-cate [kəmjúːnəkeit] イが正解

B ア(○) mouth [mauθ] / through [θrúː] イ across [əkrɔːs] / ground [graund]
ウ(○) language [læŋgwidʒ] / land [lænd] エ search [sə́ːtʃ] / stomach [stʌmək]

基本 [2] (語彙問題)

1 A book「本」 B books 単数形から複数形にする C country「国」 D countries

2 A win「勝つ」 B lose「負ける」 反意語の関係 C send「送る」 D receive「受け取る」

3 A buy「買う」 B bought「買った」 現在形から過去形にする C catch「捕まえる」 D caught「捕まえた」

4 A real「本当の」 B really「本当に」 形容詞から副詞にする C happy「幸せな」 D happily「幸せに」

重要 [3] (言い換え問題：助動詞，慣用句，比較，動名詞)

1 「飲み物を買って海岸で飲もう」 Let's ～. Shall we ～? いずれも「～しよう」という勧誘表現。イShallを入れる。 ア Can we ～?「～してもいいですか」 ウ Should we ～?「～するべきですか」 エ Will we ～?「私たちは～するのでしょうか」

2 「私たちは昨日ショッピングモールまで歩いた」 →「私たちは昨日ショッピングモールまで徒歩で行った」 go on footで「徒歩で行く」という意味。エが正解。

3 「この本はあの本よりも簡単だ」→ 「あの本はこの本よりも難しい」 主語を入れ替えるので形容詞は逆の意味を表す語が入る。easy ⇔ difficult 「～よりも難しい」は比較級more difficultで表すのでウが正解。

4 「メアリーは会社に行く前にコーヒーを飲んだ」「～の前に」という意味を表すbeforeは上の文では後に<主語 ＋ 動詞>の形が続くので接続詞。下の文のbeforeは前置詞として使われているので動名詞goingを入れる。アが正解。

[4] (語句補充問題：受動態，分詞，不定詞)

重要 1 「建てられた」という受動態の文なのでwas builtという形にする。builtは過去分詞。

2 standing by the doorはThe girlを後置修飾しThe girl standing by the doorがひとまとまりでこの文の主語になる。The girlとstandは<主語 ＋ 動詞>の関係になるので現在分詞を用いる。

重要 3 movie actorで「映画俳優」の意味。actorのスペルに注意。

4 places to visitで「訪れるべき場所」という意味。to visitはmany placesを修飾する形容詞用法の不定詞。

重要 [5] (語句選択補充問題：進行形，現在完了形，動名詞，接続詞)

1 過去のある時点(＝ ピーターを見かけた時)に「勉強していました」と進行中の動作を表すので過去進行形was studyingを入れる。

2 「引っ越した」と完了の意味を表すのでhas movedと現在完了形にする。One of my classmatesは「クラスメートの1人」で単数扱いとなるので，エhasを入れる。classmatesに惑わされhaveにしないよう注意。

3 look forward to …ingで「…を楽しみする」という意味。このtoは前置詞なのでイseeingと動名詞が入る。

4 <命令文，or…>「～しなさい，さもないと…」の構文。<命令文，and …>「～しなさい，そうすれば…」と混同しないよう注意。

基本 [6] (語彙問題)

1 「秘密は1人あるいは数人の人だけに知られていて他の人に言うべきではない1つの情報」secret「秘密」

2 「手紙は1人の人からもう1人の人に書かれたメッセージでたいていは郵便で送られる」 letter「手紙」

重要 [7] (語句整序問題：不定詞，動名詞，慣用句)

1 We will graduate from junior high school next year. graduate from ～で「～を卒業する」「来年卒業する」ので時制は未来形 We will graduate from ～ という形にする。

2 (I) was happy to talk about Japanese culture (with you.) be happy to ～で「～できて嬉しい」という意味。talk about ～「～について話す」「～」の部分にJapanese culture「日本文化」が入る。

3 The brass band went on playing throughout the baseball game. 主語はThe brass band。go on …ingで「…し続ける」の意味。ここでは「し続けた」と過去形なのでThe brass band went on playingがこの文の＜主語 + 動詞＞。throughout～「～の間中ずっと」という意味。

4 Did you ask them to plan (a birthday party?) ＜ask + 人 + to…＞「人に…するよう頼む」の表現を疑問文にする。askは一般動詞なのでDid you ask ～? という形にする。

重要 [8] (対話文完成：適文選択補充)

1 A：久しぶり。ハリー。それで，ウ最近どうしているの？ / B：大学生。君は？ / A：ドラッグストアで働いている。 Long time no see.「久しぶり」という意味の口語表現。 ア 「はじめまして」 イ 「最近どう？ [元気？]」あいさつでよく使われる口語表現。答える時にはFine, I'm OK.などHow are you?と聞かれた時の答え方と同じになるので不適。 ウ 「最近どうしているの？ [何をしているの？]」(○)a university studentと答え，How about you? で返した答えがI work at～なので，ウを入れる。these days「最近」 エ 「学校はどう思う？」

2 A：やぁ，メアリー。イちょっとお願いしてもいい？ / B：もちろん。/ A：宿題を手伝ってくれる？ / B：もちろん。 ア 「なぜ宿題が難しかったの？」 イ 「ちょっとお願いしてもいい？」(○)何かお願いする時に用いる口語表現。favorは「好意」という意味。その後にお願いの内容のセリフがあるのでイが適当。 ウ 「何か質問はある？」 エ 「そう思わない？」

3 A：すみませんが，空港までの行き方を教えてくれませんか？ B：いいですよ。エ3番のバスに乗ってください。 / A：どこで乗れますか？ / B：あちらです。 ＜tell + 人 + the way＞で「人に行き方を教える」という意味。 ア 「空港まで行けるバスの運行はないです」bus service「バス運行」 イ 「間違った道を行っています」 ウ 「あなたは次のバスを待っている」 エ 「3番のバスに乗ってください」(○)takeは目的語に交通機関が来る場合「乗車する」という意味になる。その後にどこで乗れるかをたずねているのでエが適当。

4 A：わぁ！ 教室の前にたくさんの缶がある。/ B：私たちのクラスで集めたの。/ A：イおぉ，何のために？ / B：学校のイベントでこれらの缶を使う予定。これらで東京タワーの模型を作るつもり。 ア 「たくさんの缶をどうやって手に入れたの？」 イ 「何のために？」(○)what forは「何のために？ [なぜ]」と目的や理由をたずねる時に用いる口語表現。その後で使い道を説明しているのでイが適当。 ウ 「いくつの缶を集めたの？」 エ 「あなたは学校のイベントのリーダーですね」

重要 [9] (長文読解問題・説明文：内容把握)

(全訳) 1976年7月に宇宙船バイキング1号が火星の横を飛行した。地球に送る写真をたくさん撮った。写真のほとんどは山や岩のようなものだった。しかし1つの写真だけは違った。それは35A72番の写真だった。大きな山の頂上に人の顔のようなものが刻まれているように見えたのだ。その顔は巨大だった。それは高さ2,600フィートだと計測された。その顔はヘルメットのようなものをかぶっているように見えた。これはかつて火星には人間の生活があったことを示しているのだと言う地球人たちがいた。

何年も経った1998年に，2番目の宇宙船が火星の上を飛行した。それはマーズグローバルサーベイヤーと呼ばれた。それはその顔の上を飛行し，より多くの写真を送ってきた。しかし今回はその顔は顔のようには見えなかった。ただの普通の山のように見えた。顔に何があったのだろう？ 2番目の写真は異なる位置から撮られたものだと言う科学者たちがいた。最初に撮られた写真のまさにその瞬間が人間の顔のように見せたのだ。これは擬人観と呼ばれる。擬人観とは，私たちが岩，雲，木を見る時にそれが人間のようだと想像することである。2番目に撮られた写真は影のない位置から撮られたのだと言う。ただの岩だけが示されていたのだ。

多くの人たちにとってこれで(ア)この件は解決した。その顔は人間の顔ではなく，ただの岩のような山だったのだ。しかし，他の人たちはいまだにそれは顔だと信じている。その顔の近くにはピラミッドのような形をした山がたくさんあると彼らは言う。それらはエジプトにあるピラミッドと同じ大きさでもあるのだ。いつか宇宙飛行士が火星を訪れるかもしれない。彼らは岩と山を見つけるだけだろうか？ それとも大きな顔が笑顔で彼らを迎えるだろうか？

(Power Reading2より引用)

1 ア 「火星に行った宇宙船」 イ 「顔のように見えた岩」(○)第1段落で1976年に顔のように見える山の写真が火星で撮られたことが書かれている。第2段落では，1998年に撮られた写真では顔のように見えた山はただの岩と山だったことが書かれているので，イが適当。 ウ 「火星に行った宇宙飛行士」 エ 「顔の付いた岩」

2 第1段落最初の2文参照。Viking 1が1976年に火星の側に行き写真を撮ったことがわかるのでエが正解。 ア 「ピラミッド」 イ 「マーズグローバルサーベイヤー」は1998年に火星の上を飛んだ宇宙船。 ウ 35A72は写真の番号。

3 第2段落最後から3文目参照。擬人観とは岩，雲，木などを見た時に人間のように見えると想像することなのでウ「映画スターのような女性」は不適。ウが正解。 ア 「顔のような形の雲」 イ 「老人のような形の木」 エ 「寝ている赤ちゃんのように見える岩」

4 close the caseで「解決する[決着する]という意味。このcaseは「事案，案件」という意味。したがって，ア「ミステリーが解決した」が適当。 イ「嘘をついた」 ウ「秘密を話した」 エ「答えをやめた」

5 質問「なぜ二枚目の写真では顔が消えたのだと彼らは言ったのですか？」 ウ 「異なる位置から撮影された」第2段落最後から2文目に一致。 ア 「顔は異なる場所に移された」 イ 「カメラが故障した」 エ 「その顔は汚れと岩で覆われていた」アイエに関する記述はない。

重要 10 (長文読解問題・物語文：内容把握，指示語，適文選択補充)

(全訳) ―これはタンザニアの昔話である。

昔，2羽のウサギがいた。1羽はザンジバル島の東側にあるチュワカ，もう1羽は島の北の方に住んでいた。2羽のウサギが遊びまわっていると，お互いに遭遇した。しばらく一緒に遊んだ後，北のウサギが言った。「僕の村に遊びに来ない？」

チュワカのウサギは彼の誘いを嬉しく思いそこに行ってみることにした。その時点ではチュワカのウサギは彼の友人がとても貪欲だとは知らなかった。

その後2羽のウサギは島の北の村に向けて跳ね始めた。貪欲な北のウサギは思った。「彼を自分たちの村に連れて行ったら，客のためにたくさんのごちそうが振舞われるだろう。」また，彼の友人がまだ村から遠い所にいる時に彼のために振舞われる食事を全部食べてしまうことにした。

飛び跳ねている間に彼らはお腹が空いてきた。空腹になるにつれどんどん速く跳ねるようなった。

北の村に行く途中のさまざまな薬草が生えている畑に到着した時，北のウサギが突然止まり言った。「実は僕は酷い健康問題を抱えているんだ。だからもし僕が頭が痛いと言ったらここに戻ってきて僕のために薬草を摘んできて欲しい。また，もし僕が歯が痛いと言ったらその時にも①同じことをしてほしい。」チュワカのウサギは彼の要求に同意した。

2羽のウサギは再び跳ね続け，ついに北の村に到着した。そこに到着すると，隣人のお年寄りたち皆によってとても温かく迎えられた。

たくさんの米や肉などが振舞われようとしていた。食事の準備が整い彼らが食べ始めようとした。しかしながら，チュワカのウサギが一口食べた丁度その時，北のウサギが突然叫んだ。「頭が…頭が痛い！」

彼の言葉を聞いた後，チュワカのウサギはすぐに薬草を摘みに畑まで急いで行った。彼が②それらを持って村に戻ると，北のウサギは料理をちょうど半分食べ終わったところだった。

チュワカのウサギが座り食べようとした丁度その時，北のウサギがまた叫んだ。「歯が，すごく歯が痛い！」

チュワカのウサギは再び薬草を摘むために急いで畑に行った。彼が再び村に戻ってくると，彼らに振舞われた料理はすべてなくなっていた。北のウサギは空になった皿の横で大きないびきをかきながら寝ていた。

結局，北のウサギは自分は満腹で自分の友人を空腹にさせ続けたのだ。

2羽のウサギはしばらくの間そこに滞在し，再び一緒に旅を始めた。

これが物語の全てです。この物語は③貪欲とはどのようなことなのかを伝えている。④北のウサギのように貪欲であってはならない。

1　do the same thing「同じことをする」は直前の文の内容を指すので，イ「薬草を摘む」が正解。<want ＋ 人 ＋ to…>「人に…するよう頼む」　ア「いくつかの医療的健康問題を抱えている」　ウ「北の村に戻る」　エ「彼の友人の要求に同意する」

2　直前の文参照。薬草を摘みそれらを持って村に戻るという流れなので themは ウ some medical herbs「薬草」を指す。ア「彼の言葉」　イ「2羽のウサギ」　エ「料理の半分」

3　北のウサギが貪欲であるため，どのようなことをしたのかが書かれた物語。直後に「貪欲であってはならない」と続くので，ア「貪欲とはどのようなことなのか」が適当。greediness は greedyの名詞形。　イ「いつでも客を温かく迎えるべきだ」　ウ「裕福になりたいなら節約するべきだ」　エ「もし病気なら薬草を服用する必要がある」

4　greedyなのは the northern rabbit。ここでの like は「～のような」の意味の形容詞。この物語に登場する特定の北のウサギなので定冠詞theを付けること。

5　2羽のウサギの物語なので，エ「チュワカのウサギと北のウサギ」が適当。　ア「穏やかな北のウサギ」　イ「役立つ薬草」　ウ「ザンジバル島に急いで行く」

★ワンポイントアドバイス★

長文読解問題での物語文は，話の流れに注意して読み進めていこう。特にセリフは誰のセリフなのか，代名詞が誰を，何を指すのか，指示語の指す内容が何かを考えながらストーリーを追って読んでいくようにしよう。

＜国語解答＞《学校からの正答の発表はありません。》

一　①　たいせき　②　ごんごどうだん　③　くちょう　④　添加　⑤　大雑把
二　問　ア　○　イ　×　ウ　○　エ　○　オ　×
三　問一　誤植　問二　エ　問三　イ　問四　ウ　問五　ア
四　問一　ウ　問二　人間らしい　問三　軍拡競争　問四　【a】　問五　イ
五　問一　【d】　問二　ウ　問三　イ　問四　素朴な形をしたパン　問五　イ
六　問一　(1)　ウ　(2)　ウ　問二　イ　問三　エ　問四　ア　問五　エ

○推定配点○
一・二　各2点×10　三～五　各4点×15
六　問一(2)・問五　各2点×2　他　各4点×4　計100点

＜国語解説＞

一　(漢字の読み書き)

①　積み重なること。「堆」を使った熟語には，他に「堆肥」がある。　②　言葉で言い表せないほどひどいこと。「言」の他の音読みは「ゲン」。　③　ものの言い方の様子。「口」を「ク」と読む熟語は，他に「異口同音」がある。　④　別のものを加えること。「添」の訓読みは「そ(える)」。　⑤　細かい点にはこだわらずに大きく物事をとらえる様子。「把」を使った熟語には，他に「把握」や「十把」などがある。

二　(内容吟味)

やや難　問　ア　「食品ロス削減の取組状況」の「市町村」のグラフを見ると，平成三十年度に57.5とあり，以降五割を超えているので，合致する。　イ　〈参考：食品ロス削減政策に関する予算が「ある」と回答した割合の推移〉を見ると，割合が最も少ないのは平成二十八年度の50.0%なので，合致しない。　ウ　〈参考：食品ロス削減政策に関する予算が「ある」と回答した割合の推移〉の令和二年度と令和四年度の割合は全く同じなので，合致する。　エ　「食品ロス削減の取組内容〈都道府県〉」を見ると，令和二年度から四年度にいたるまで，「住民・消費者への啓発」が一貫して最も多いので，合致する。　オ　「食品ロス削減の取組内容〈都道府県〉」の「食品関係事業者と連携」は，令和二年度から増加しているので，合致しない。

三　(随筆一内容吟味，文脈把握，脱文・脱語補充)

問一　傍線部①を含む「多少のノイズは無意識に補正して『読める』ようにしてしまう」は，直前の文の「誤植があっても気がつきにくい」を踏まえている。印刷物などの文字や記号の誤りという意味の語を抜き出す。

重要　問二　直後の段落で筆者は「昔図書館で働いていた」とあり，「サービスを提供する側と利用する側，両方を経験してみると，より『こうだったらいいのに』が見えてくる」と述べている。さらに，「自分が校正を」で始まる段落に「働く側から利用する側に回ったことで図書館を見る目が変わったように，校正をする側からされる側になることで見えてくる景色もあるはず」と筆者の考えを続けており，ここからエの理由が読み取れる。ア「幅広い知識を得る」，イ「気分転換をする」，ウ「初心を取り戻したい」がために，書店と図書館に立ち寄るのではない。

やや難　問三　直後の「そこにいたるまでに筆者の思考はどんな道筋をたどったのか……『読む』ことがわたしにはできていなかった」に着目する。「ゲラに書かれていることは」，思考の道筋ではなく，「結果」にすぎないということになる。

問四　直前の文「そこにいたるまでに著者の思考はどんな道筋をたどったのか，なぜ筆者はそう書いたのかを『読む』ことがわたしにはできていなかった」ことを，傍線部③「読んでいるつもりで読めていなかった」と表現している。「筆者の思考の道筋」を読むとあるウが適当。アの「書き手になりきって」やエの「筆者と二人三脚で」とは書かれていない。イの「間違える場合があることを前提に読む」は，直前の文の内容に合わない。

基本　問五　空欄Bを含む部分は「校正」について述べている。前の「書くというのは途方もない行為」で，後で「書けないときにはいつまでたっても書けない」のに対して，「校正は」時間がかかってもどうすることができるのかを考える。イの「感謝」やウ「努力」，エの「知識」については述べていない。

四　(説明文一主題・表題，大意・要旨，文脈把握，脱文・脱語補充，表現技法)

問一　直後の章段の冒頭に「相手は人間かコンピューターか。それを見極めるためのハードルが，改めて焦点となっている」とあり，章段の末尾に「剽窃への対応は難しい」とある。この章段では人間が作成したものかコンピューターが作成したのものかを見極めるためのハードルは高いということを説明しているので，ウが適当。他のタイトルは，章段の内容に合わない。

やや難　問二　「GPT－3などが作成したテキストを」どのように「誤認してしまう」のかを考える。「GPT－3」ではなく人間が作成したように感じるという文脈になるので，人間が作成したような，という意味を表す五字の部分を探す。「さらにチャットGPTは」で始まる段落に「チャットGPTは，極めて人間らしい，自然なテキストを作成できる」とある。

問三　AI生成テキストなのか人間によって書かれた文章なのかを見抜く「対策は，今のところはなさそう」な中での「対応」について，「教育現場」以外でたとえを挙げている部分を探す。「論文の著者の」で始まる段落の，デビー・コットン氏の言葉「これは軍拡競争だ。テクノロジーの進歩は極めて速く，大学がそれに先んじていくことは難しい」に着目する。

やや難　問四　[抜けている文]の内容から，いくつかの「対策」について述べた後に入る。【a】の一つ前の段落に「生成AIを使った剽窃」への対処として『剽窃についての教育』……『生成AIの使用に関するガイドライン策定』など」を挙げ，直前の段落で「チェックするための手がかり」を挙げているので，【a】に入れる。【b】の前にも「最新版の『AIテキスト分類器』を公開」……「テキストに電子透かしを埋め込むといった対策」が挙げられているが，後の「だが……AI生成テキスト検知の難しさを指摘している」には続かないので，【b】には入れられない。

やや難　問五　「ニューヨーク市」で始まる段落の内容とイが合致する。「AIとのチャットを」で始まる段落の内容とアが，「フランスの」で始まる段落の内容とウが，「生成AIでは」で始まる段落の内容とエが合致しない。

五　(小説一情景・心情，文脈把握，指示語の問題，脱文・脱語補充，文と文節)

問一　[抜けている文]の内容から，「熱意」が感じられる描写の後に入る。【d】の前に「よし，もうちょっとがんばろう」とあり，後の「そのお店を見つけて，わたしたちは同時に歓声を上げた」は[抜けている文]の「よかったかもしれない」に続くにふさわしいので，【d】に入れる。

問二　同じ段落に「富田くんは，夏休みの間アトリエを手伝っている。ほとんど毎日だと言っていた」とある。直前の文の「そうそう邪魔をするわけにもいかない」から，ウの理由が読み取れる。同じ段落の「いつでも会えるのだけれど……そうそう邪魔をするわけにもいかない」という「わたし」の心情にアは適当でない。イとエが読み取れる描写はない。

問三　Aには前の「行き先は決めずに，道沿いのお店をのぞきながら」に，Bには直後の「照りつける太陽」に，Cには直後の「涼しげな音」にふさわしい語がそれぞれあてはまる。

問四　富田くんが「たまに」「無性に食べたくなる」と言っているものは何か。会話の前に「てっぺんに黒ごまののった，まんまるのあんぱん……わたしと富田くんがふだんはあまり手を出さない系統のパン」とあり，それらのパンの様子を同じ段落で「日本風，と言えばいいのだろうか。素朴な形をしたパン」と表現している。ここから，九字の語を抜き出す。

やや難 問五　後の「わたしの中では，動物パンと言えば断然うさぎに決まっている」に着目する。「動物パンと言えば断然ウサギに決まっている」にも関わらず，「パンダとカニ」しかないので，「わたし」は「うさぎはないね」と言ったのである。富田くんが「うさぎパンなんて見たことないよ」と言っていることからも「うさぎ？」と尋ね返したのは富田くんで，その前の「うさぎはないね」と言ったのは「わたし」だとわかる。

六　(古文―文脈把握，脱文・脱語補充，品詞・用法，表現技法，文学史)

〈口語訳〉　十七日。曇っていた雲がなくなって，夜明け前の月がたいそう風流なので，船を出して漕いで行く。この間に，雲の上も海の底も，同じよう(に月が輝いていたの)であった。なるほど，昔の男は，「棹は突きさす波の上の月を。船は押さえつける海の中の空を」とは言ったのだろう。聞きかじりに聞いただけである。また，ある人が詠んだ歌，

水底の月の上より漕ぐ船のさをにさはるはかつらなるらし(水底に映る月の上を漕ぐ船の棹にさわるのは，月に生えている桂であるらしい)

これを聞いて，ある人がまた詠んで，

影見れば波の底なるひさかたの空漕ぎ渡るわれぞわびしき(水面に映る月を見る波の底の空を漕ぎ渡る私こそ心細いものだ)

このようなことを言っている間に，夜が次第に明けていき，船頭たちが，「黒い雲が急に出てきた。風が吹くに違いない。お船を戻そう」と言って，船は帰る。この間に雨が降り出した。非常につらい。

十八日。依然同じ港にいる。海が荒れているので，船を出さない。

重要 問一　(1)　直前の文に「曇れる雲もなくなりて，暁月夜いとおもしろければ」とある。雲の上に月が輝いているのと同じように海の上にも月が映って輝いていることを表現している。この情景を述べているウを選ぶ。ア「静かな状況」やエ「人影」が「同じ」と言っているわけではない。イの「船旅の無事」を祈る描写はない。　(2)　係り結びの法則が働いている。「なむ」という係助詞を受けているので，連体形の「ける」に直す。

やや難 問二　月が美しく輝く海面の様子を描写している。「船は圧ふ」とあるので，船が押さえつけているのは何かを考える。海面に映っているものは空なので，空を意味する語が入る。

問三　漢字で書くと「棹に触るは桂なるらし」となる。

問四　直前の「黒き雲にはかに出で来ぬ。風吹きぬべし。」から，アの理由が読み取れる。

基本 問五　アは『枕草子』，イは『おくの細道』，ウは『徒然草』の冒頭文の書き出しとなる。

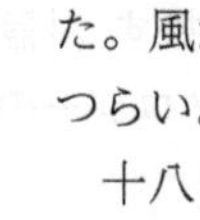

★ワンポイントアドバイス★

問題文には長文のものがある。長文に読み慣れておき，解答時間を確保することを心がけよう。

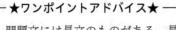

2023年度

★★★★★★★★★★★★★★★★★★★★★★★★

入　試　問　題

2023年度

千葉黎明高等学校入試問題（前期１日目）

【数　学】（50分）　＜満点：100点＞

1　次の計算をしなさい。

(1)　$2x-(-9x)\times 3$

(2)　$77\times 19.23+23\times 19.23$

(3)　$\sqrt{256}-\sqrt{196}$

(4)　$8x^3y^5\div\left(\dfrac{4x^2y^6}{7}\right)\times\dfrac{y}{7x^3}$

(5)　$\dfrac{3}{2}+\dfrac{4}{3}-\dfrac{5}{4}$

(6)　$(x+y)^2-(x-2y)^2$

2　次の各問いに答えなさい。

(1)　１次方程式　$3(x+2)=-2(3x-1)$　を解きなさい。

(2)　２次方程式　$3x^2-18x-81=0$　を解きなさい。

(3)　$19:(23+x)=12:24$　を解きなさい。

(4)　連立方程式　$\begin{cases}x+2y=-7\\5x-y=9\end{cases}$　を解きなさい。

(5)　$(x+y)^2-2(x+y)+1$　を因数分解しなさい。

(6)　次の等式を a について解きなさい。

$$\frac{5a+3b}{2}-\frac{a+2b}{3}=\frac{1}{12}$$

3　次の各問いに答えなさい。

(1)　メイちゃんの財布には，100円玉６枚と50円玉６枚がある。12円の商品を買って財布の中身が10円玉と５円玉と１円玉だけになるとき，商品を最低何個買えばいいか求めなさい。ただし，１つずつ買ってもよいものとし，おつりは最も少ない枚数で返ってくるものとする。

(2)　$\sqrt{504n}$ が自然数になるようにしたい。この条件を満たす自然数 n のうちもっとも小さいものを求めなさい。

(3)　1, 2, 3, 4, 5の数字が書かれたカードが１枚ずつある。カードを使って２けたの数を作るとき，３の倍数は何個できるか求めなさい。

(4)　日本にいるチバちゃんがフランスに住んでいる友達のレイくんと電話をしようとしている。フランスと日本の時差は８時間で，日本時間の午前10時はフランス時間の午前２時である。次のページのグラフを参考に睡眠と学校以外の時間にチバちゃんがレイ君に電話をするとしたら，日本時間の何時から何時まで通話可能か求めなさい。ただし，24時間表記で答えなさい。

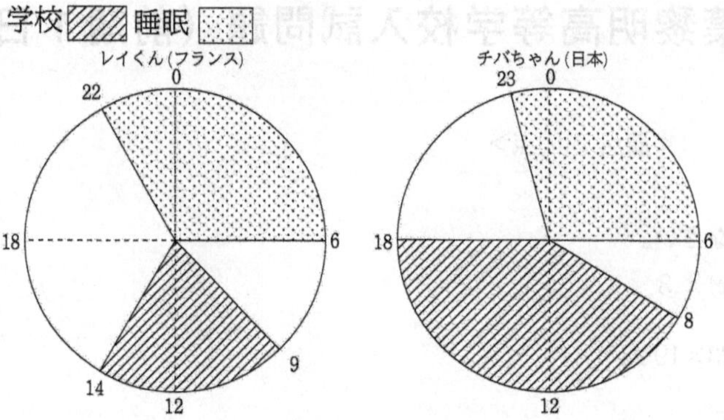

4　下の図のような，放物線 $y=x^2$ と直線 $y=ax+3$ がある。これらと直線 $x=p$ との交点をA，Bとし，直線 $y=ax+3$ の切片をCとする。放物線 $y=x^2$ と直線 $y=ax+3$ との x 交点の座標が－１のとき，次の各問いに答えなさい。

⑴　a を求めなさい。

⑵　△COB：△ABC＝３：５のとき p を求めなさい。ただし，p は３以上とする。

⑶　x の変域が $\sqrt{3} \leqq x \leqq t$ のとき，放物線 $y=x^2$ の最大値を M，最小値を m とする。このとき $\dfrac{M+m}{t}=2(t-1)$ を満たす M の値を求めなさい。

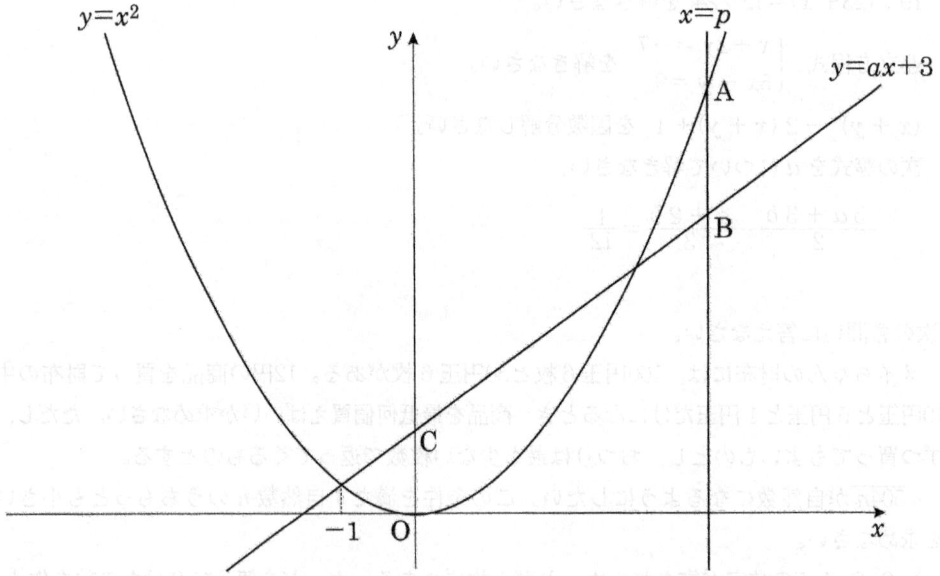

5　次のページの図のような一辺が３の立方体ABCD－EFGHがある。CP＝CQ＝CRとなるような点P，Q，Rを作り，三角すいC－PQRを考える。ただし，点Pは辺BC上，点Qは辺CD上，点Rは辺CG上とする。このとき，次のページの各問いに答えなさい。

⑴　立方体の体積を求めなさい。

⑵　三角すいC－PQRの体積が最大となるとき，その値を求めなさい。

⑶　三角すいC－PQRの体積が$\frac{4}{3}$となるとき，CPの長さを求めなさい。

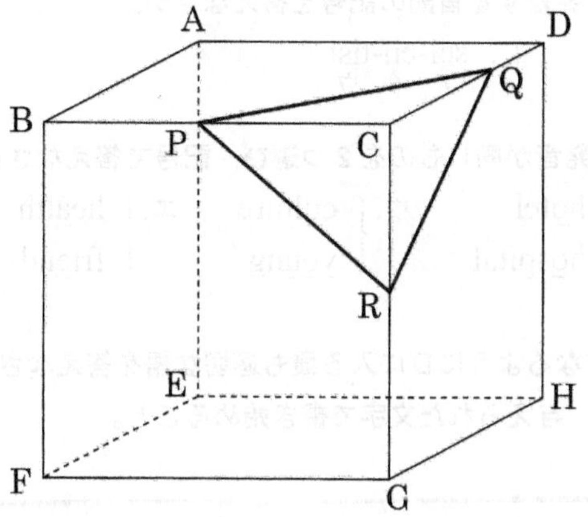

6　下の図のような点Ｏを中心とした半径５㎝の円がある。線分ＡＣが点Ｏを通るように円周上に点Ａ，Ｂ，Ｃをとる。線分ＡＯの中点をＤとして線分ＢＤの延長線と円の交点をＥとする。このとき，次の各問いに答えなさい。

⑴　∠BAC=37°のとき，∠AOBの大きさを求めなさい。

⑵　線分DEの長さが３㎝であるとき，△ABDと△ECDの面積比を求めなさい。

⑶　線分BCの長さを６㎝とし，点Ｂから線分ACに垂線を引き，交点をＨとする。このとき，線分DHの長さを求めなさい。

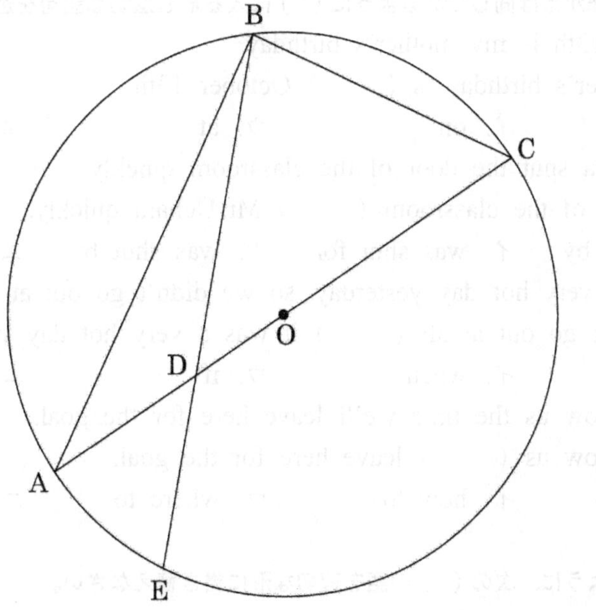

【英　語】（50分）　＜満点：100点＞

【注意】 文字は筆記体でもブロック体でもかまいません。

1　A．次の語で最も強く発音する音節の記号を答えなさい。

1．de-li-cious
　　ア イ ウ

2．sci-en-tist
　　ア イ ウ

B．次の各組の下線部の発音が同じものを２つ選び，記号で答えなさい。

ア．{ break / bread }　イ．{ hotel / hospital }　ウ．{ culture / young }　エ．{ health / friend }

2　A・Bの関係と同じになるようにDに入る最も適切な語を答えなさい。
ただし，例を参考にして，与えられた文字で書き始めること。

（例の答 → fly）

	A	B	C	D
例	fish	swim	bird	f l y
1	sky	blue	snow	w＿＿＿
2	12 months	year	100 years	c＿＿＿
3	tea	drink	hamburger	e＿＿＿
4	letter	write	picture	d＿＿＿

3　２つの文の意味がほぼ同じになるように（　）に入る最も適切な語句を選び，記号で答えなさい。

1．{ October 13th is my mother's birthday.
　　My mother's birthday is (　　) October 13th. }

ア．in　イ．on　ウ．at　エ．by

2．{ Mr. Uehara shut the door of the classroom quickly.
　　The door of the classroom (　　) Mr. Uehara quickly. }

ア．is shut by　イ．was shut for　ウ．was shut by　エ．is shut for

3．{ It was a very hot day yesterday, so we didn't go out at all.
　　We didn't go out at all (　　) it was a very hot day yesterday. }

ア．because　イ．when　ウ．if　エ．but

4．{ Please show us the time we'll leave here for the goal.
　　Please show us (　　) leave here for the goal. }

ア．what to　イ．how to　ウ．where to　エ．when to

4　日本語に合うように，次の（　）の語を適切な形に書き替えなさい。

1．先週そのオーケストラはベルリンでとても刺激的な演奏を行なった。
The orchestra gave a very (excite) performance in Berlin last week.

2．もし明日晴れたら，コートを洗濯しようと思います。

If it (be) fine tomorrow, I'll wash my coat.

3．学生時代にユイと一緒にサンフランシスコを訪れたことを覚えていますか。

Do you remember (visit) San Francisco with Yui in our school days?

4．ルークは英語で書かれたゲーム解説書を探しているんですか。

Is Luke looking for a game manual (write) in English?

5 次の文が日本語と合うように（　）に入る最も適切な語句を下から選び，記号で答えなさい。

1．明日の朝は早く起きる必要はありません。

You (　　　) get up early tomorrow morning.

ア．don't have to　イ．have not to　ウ．will not　エ．may not

2．放課後教室でマンガを読んでいる男の子を見かけましたか。

Did you see a boy (　　　) a comic in the classroom after school?

ア．read　イ．reads　ウ．reading　エ．has read

3．今朝君に電話をするのを忘れてごめんなさい。

I'm sorry I forgot (　　　) you this morning.

ア．call　イ．to call　ウ．calling　エ．called

4．僕らは来月京都に行くことを楽しみにしています。

We are looking forward (　　　) Kyoto next month.

ア．visit　イ．to visit　ウ．visiting　エ．to visiting

6 次の（　）に入る最も適切な英単語を答えなさい。ただし，与えられた文字で書き始めること。なお，英単語の□には１文字ずつ入るものとします。

1．The red liquid that flows through the bodies of humans and animals is called (b□□□□).

2．A (c□□□□) is a grey or white mass made of very small drops of water in the sky.

7 次の日本語に合うように正しく並べ替え，（　）内で３番目に来る語句の記号を答えなさい。また，文頭に来るべき語句も小文字で示してあります。

1．このあたりには郵便局がありません。

(ア．any / イ．here / ウ．near / エ．aren't / オ．post offices / カ．there).

2．僕は３日前に宿題を終わらせました。

(ア．three / イ．ago / ウ．I / エ．finished / オ．days / カ．my homework).

3．ねえ，帽子を被ったあの歌手は70歳を超えているはずがないよ。

Hey, (ア．with / イ．be / ウ．over 70 / エ．can't / オ．a hat / カ．that singer).

4．ユミは野球にまったく興味がありません。

(ア．is not / イ．Yumi / ウ．interested / エ．baseball / オ．at all / カ．in).

8 次のＡとＢの会話について，（　）に入れるのに最も適切なものを下から選び，記号で答えなさい。

1．Ａ：How cute your bag is!（　　　　）Yumi?
Ｂ：My mom bought it for me at a department store in Ginza.
Ａ：You mean it's a birthday present, isn't it?
Ｂ：You're right.
ア．Why did you lose it,　イ．Where did you get it,
ウ．How many bags do you have,　エ．What color is it,

2．Ａ：I hear you're from Hokkaido. I'm going to Hakodate next month.
Ｂ：That's wonderful.（　　　　）
Ａ：No. This is my first visit.
Ｂ：I hope you'll have a nice trip.
ア．How long will you be there?　イ．When are you going to visit there?
ウ．Have you ever been there before?　エ．What do you want to eat there?

3．Ａ：Hello, this is Yuki Ogawa. I'd like to talk to Ms. Kato, please.
Ｂ：I'm sorry, she's out now.（　　　　）
Ａ：Yes, please tell her I'm going to visit her office around noon.
Ｂ：All right.
ア．Can I take a message?　イ．Please try again.
ウ．Will you call her back?　エ．I think this is a wrong number call.

4．Ａ：It's likely to rain this evening. I left my umbrella at home.
Ｂ：Don't worry.（　　　　）I have another one.
Ａ：Oh, really? How smart you are!
Ｂ：Not at all. I put one in my bag this morning. But I forgot putting another one in the bag last week.
ア．I'm afraid you can't use it.　イ．I don't think you're wrong.
ウ．I hope it begins to snow.　エ．I'll lend you mine if you need.

9 次の文章を読んで，後の設問に答えなさい。

This is an old Melanesian story.

Once upon a time, a boy was eating a baked yam near the river. When a torn piece of the yam fell into the river, an eel appeared and ate it. Suddenly, the eel changed into a young man and stood in front of the boy. The boy was surprised to see it changing, but he made friends with the young man and gave him half of the yam. After they finished eating, the young man said, “I really enjoyed the meal. What a yummy yam it was! I wish I could eat it again tomorrow.” After he changed back into an eel, it returned into the river.

The next day, when the boy was baking a yam near the river, the eel that he saw yesterday appeared again and changed into the young man. After they finished eating their yams, the young man said, “Now, let’s put oil on our heads and make us good-looking.”

Then they tidied themselves up and helped the village people cultivate their fields. The village people watched the boy and the man with great curiosity because they put oil on their heads and tidied themselves up, so the village people gathered around them.

After the village people finished working, the men in the village went back home, but the village women gazed at the young man with a dreamy look in their eyes and wouldn’t leave his side. The women’s husbands all got angry, turned back halfway and tried to kill the young man who fascinated their wives.

The boy saw the husbands return toward the young man and watered him in order to change him back into an eel. The village men tried to catch the eel, but it slipped from their hands, so they couldn’t. Finally, it disappeared into the river.

The village men angrily said, “Eel, remember how you would be if it rains!”

Then, suddenly it rained heavily and the amount of water in the river increased, so the eel was washed up onto the bank. When the water decreased later, the village men caught the fainted eel and cut it into pieces. After they went back to their village, the boy ran up to the eel and quietly cried. He was terribly sad about his best friend’s death. As soon as the boy’s tears spilled down onto the eel, it changed into the young man again and stood up. “It’s very kind of you to cry for me. As a token of my thanks, I’ll tell something important only to you. You had better leave this island with your parents as soon as possible.”

The boy ran back home and told them about it. His parents and the son left the island at once and went to live in an island far away.

A few days later after they had left the island, an old woman heard an eel sing when she walked down the riverside. She said to the village people there, “I’m sure that you can hear an eel singing. You had better listen carefully to what it is saying.”

The village people, however, didn’t listen to the old woman’s advice and said, “What are you saying? The eel had already died.” But there’s no doubt that the singing voice was certainly the eel’s. Just after the song was finished, a big wave, which the village people had never seen, rolled in and swallowed the village people and the whole island.

(Adapted from *Old Stories from Polynesia and Melanesia*)

注）yam　ヤマイモ　eel　ウナギ　tidy up　身なりを整える　gaze　見つめる
fascinate　魅了する　fainted　気絶した　spill　こぼれる　token　しるし
swallow　飲み込む

1．（　）内に入る最も適切な語句をア～エから１つ選び，記号で答えなさい。

① The men in the village got angry with the young man and tried to catch the eel because (　　).

ア. their wives were fascinated by him and didn't go back home with their husbands together

イ. the boy and the young man didn't help the village people work together in their fields

ウ. the boy and the young man ran out of a large amount of oil

エ. the young man escaped into the river with the village women

② After its death, the eel could change into the young man again when (　　).

ア. it rained heavily and the water in the river increased

イ. the water in the river decreased

ウ. the boy's tears fell down onto the eel

エ. the boy cried for the village people

③ After the boy was told to leave the island at once, he (　　).

ア. went back home and left the island with the village people

イ. told his parents that they had better run away from the island as soon as possible

ウ. couldn't believe the eel's advice and decided to stay on the island

エ. returned to the village to help the village women leave the island together

④ When the old woman advised the village people, they (　　).

ア. tried to leave the island with her

イ. began to sing like the eel with her

ウ. remembered that they couldn't catch the eel

エ. didn't listen to her words carefully

2．本文のタイトルとして最も適切なものをア～エから１つ選び，記号で答えなさい。

ア. The Brave Village Men That Saved Their Wives

イ. The Yummy Yam That Helped the Food Crisis

ウ. The Friendship Between the Village Men and the Eel

エ. The Eel That Returned a Favor

10　次の文章を読んで，後の設問に答えなさい。

Title ①

Part 1 ②

The city of Vancouver has a plan to build the Harvest Green Tower by 2030. The Harvest Green Tower is a "vertical farm" which produces food and its own energy through wind and solar power. It is a new type of green development for fighting global warming.

The tower consists of tubes that grow various fruit and vegetables. (A) It also has a farm with chickens and fish. (B) It collects rainwater that helps provide water for all the plants and animals in the building. Places for farm animals are at the base of the tower. (C) Below that are a grocery store, a restaurant, a farmer's market, offices, and an educational center. (D) Wind turbines and heat pumps on the roof produce renewable energy.

The tower helps fight global warming in two ways. First, there is no need to destroy more forests to develop farmland to feed people. Next, the city doesn't need to import food because the tower will supply local food. E That means more carbon dioxide from transporting food won't be produced.

〜 〜 〜 〜 〜 〜 〜 〜 〜 〜

Part 2 [③]

Green plants feed everything. They are really the start of the food chain. But how? The answer lies in what they do with sunlight. All year round, green plants carry out photosynthesis. "Photo" means "light", and "synthesis" means "to make". Thus, photosynthesis means "to make food using light".

To carry out photosynthesis, green plants need more than just sunlight. They also need carbon dioxide and water. They take in carbon dioxide from the atmosphere and water from the soil. Chlorophyll, a green substance in the leaves of green plants, captures the sun's energy and starts off the process of photosynthesis. So photosynthesis takes place only during the daytime.

The main product of photosynthesis is glucose. Glucose is a kind of sugar which helps plants grow. The plants grow and becomes food for insects or small animals. These creatures, in turn, are food for bigger and bigger animals. In this way, photosynthesis is vital for life on the planet. Another important product of photosynthesis is oxygen. The process keeps the normal level of oxygen in the atmosphere so that we can breathe. Without plants, [F].

(Adapted from *Reading Insight*)

注） Vancouver バンクーバー（カナダの都市）　vertical 直立した　carbon dioxide 二酸化炭素
photosynthesis 光合成　atmosphere 大気　chlorophyll 葉緑素　substance 物質
glucose ブドウ糖　oxygen 酸素

１．次の英文は本文のどの部分に入るのが適切か，最もふさわしいと思われる場所を（A）〜（D）から選び，記号で答えなさい。

On top of the building is a large water tank.

２．本文の下線部Eは何を指しているのか，最も適切なものを１つ選び，記号で答えなさい。

ア．The tower uses wind and solar power.
イ．The city of Vancouver doesn't need to import food.
ウ．Transporting food releases carbon dioxide.
エ．More forests will be destroyed.

３．本文の [F] に当てはまる最も適切なものを１つ選び，記号で答えなさい。

ア．the earth cannot be green
イ．small animals cannot get any food

ウ．life on earth cannot survive

エ．there will be more oxygen on earth

4．次の各文で，本文の内容と異なるものを１つ選び，記号で答えなさい。

ア．Harvest Green Tower is friendly to the environment.

イ．Harvest Green Tower has tubes that grow various foods.

ウ．Green plants are the start of the food chain.

エ．The products of photosynthesis are glucose and oxygen.

オ．Photosynthesis works anytime of the day.

5．本文の ① ～ ③ に当てはまる最も適切な組み合わせを１つ選び，記号で答えなさい。

ア．① Living with Green　② Peaceful Uses of Nuclear Energy
　③ Making Solar Energy

イ．① Making Solar Energy　② The Food Chain　③ The Harvest Tower

ウ．① Making Solar Energy　② Peaceful Uses of Nuclear Energy
　③ The Harvest Tower

エ．① Living with Green　② The Harvest Tower　③ The Food Chain

は、堂塔をもたて孝養をもすべからず。やがて打手をつかはし、頼朝が首をはねて、わが墓のまへにかくべし。それぞ孝養にてあらんずる」と宣ひけること罪ふかけれ。

同四日病にせめられ、せめての事に板に水を沃て、それにふしまろび給へども、たすかる心地もし給はず、悶絶躃地して遂にあつち死ぞし給ひける。

（『平家物語』より）

※ 語注　二位殿 … 平時子。清盛の妻。
入道相国 … 平清盛。

問一　傍線部①「宣ひ」について、次の各問いに答えなさい。

（１）ひらがな・現代仮名遣いに改めなさい。

（２）意味として適当なものを、次のア～エの中から一つ選び記号で答えなさい。

ア　宣言する　　イ　おっしゃる
ウ　断言する　　エ　お答えになる

問二　傍線部②「けり」を文法的に正しい形に直して答えなさい。

問三　入道相国が無念に感じていることは何か。該当する箇所の含まれる一文を抜き出し、はじめの五字を答えなさい。

問四　本文の内容として適当でないものを、次のア～エの中から一つ選び記号で答えなさい。

ア　高熱にあえいでいた清盛は、夫人の問いかけに苦しそうに答えた。
イ　平家は天皇の外戚として大臣の位まで上り詰め、子孫も繁栄した。
ウ　清盛は、自身が亡くなった後に仏堂や塔を立て、仏事法要を行うよう指示した。
エ　清盛は治療の効果がないまま、高熱にもがき苦しみながら亡くなった。

問五　本文と同じ鎌倉時代に成立した作品を、次のア～エの中から一つ選び記号で答えなさい。

ア　更級日記　　イ　土佐日記
ウ　宇治拾遺物語　　エ　竹取物語

「吹き飴だよ」

「吹き飴？」

「うん。中国の飴細工は、アンちゃんが言ったみたいにガラスと同じ、吹いて形を作るものが多いんだ。だからぷくぷくしてて、可愛いんだよ」

そこで私は、ようやく思い至る。中国の飴細工。ということは、日本よりこっちが古いはず。そしてこの、吹いて作る形――。

「これ。これが語源なんじゃないですか？」

「え？」

「見た目ばかりで、中身は空っぽ――これを見れば、ああそうかって思えます」

「あ！　ホントだね」

職人さんの手元を見ながら、立花さんが身をよじる。

「やだもう。自分は吹き飴細工のことを知ってたのに、ぜんぜん思いつかなかった！」

さすがアンちゃん！　立花さんの声に、私は首を横に振った。

「立花さんや椿店長の知識があってこその、答ですって」

（坂木司『アンと青春』より）

問一　傍線部①「身をよじって笑う立花さん」とあるが、立花さんは誰のどのような様子を見て笑ったのか。本文中の語を用いて十字以内で答えなさい。

問二　傍線部②「それ」とは何をさしているか。適当なものを、次のア～エの中から一つ選び記号で答えなさい。

ア　生物の多様性　　イ　異なる文化

ウ　海外からの観光客　　エ　新たな科学技術

問三　傍線部③「でも彼は、飴細工の鳥じゃない」とあるが、アンはなぜ彼（立花さん）のことを「飴細工の鳥じゃない」と思ったのか。次の文の空欄Ｘ・Ｙにあてはまる二字の語を、ことわざの意味をふまえて本文中よりそれぞれ抜き出して答えなさい。

立花さんは〈　Ｘ　〉がない人ではなく〈　Ｙ　〉が豊富な人だから。

問四　空欄Ａにあてはまる語として適当なものを、次のア～エの中から一つ選び記号で答えなさい。

ア　花火　　イ　風鈴　　ウ　ラムネ瓶　　エ　麦わら帽子

問五　アンは中華街で見た屋台の飴細工作りから「飴細工の鳥」の意味の源を知る。では、和菓子の源は何か。該当する語を、本文中より三字で抜き出して答えなさい。

六　次の古文を読んで、後の問いに答えなさい。

同閏二月二日、二位殿あつうたへがたけれども、御枕の上によって、泣く泣く①宣《のたま》ひけるは、「御有様み奉るに、日にそへてたのみずくなうこそみえさせ給へ。此世におぼしめしおく事あらば、すこしもののおぼえさせ給ふ時、仰せおけ」とぞ宣ひ②けり。入道相国、さしも日来はゆゆしげにおはせしかども、まことに苦しげにて、いきの下に宣ひけるは、「われ保元、平治よりこのかた、度々の朝敵をたひらげ、勧賞身にあまり、かたじけなくも帝祖、太政大臣にいたり、栄花子孫に及ぶ。今生の望一事ものこる処なし。ただし思ひおく事とては、伊豆国の流人、前兵衛佐頼朝が頸を見ざりつるこそやすからね。われいかにもなりなん後思うんだけど、どうかな」

　目の前で、獅子舞が跳ねる。じゃん、という音と共に、両手のチューリップがぽん、と開いた。

「おいしいな、とかいいなと思って、それを自分の知ってる人にも教えてあげたくて、文化って伝わるものでしょ？　悪いものが伝わったら悲しいけど、そうじゃないならウェルカムだよ。だって、日本は②それを受け止める力があるんだから」

「受け止める、力……？」

「日本古来の神様は、八百万の神々。どんな神様だってウェルカム。懐が深いよねえ」

　だってほら、ウェルカムしたおかげで、おいしいものがいっぱいだよ？　通りの先にある屋台を指さして、立花さんは微笑む。

　見た目が今どきの男子で、中身が乙女の立花さん。③でも彼は、飴細工の鳥じゃない。そんな立花さんの隣に立っていることが、私はいつも以上につらくなる。

　だって私は、何も持っていないくせに妬《ねた》むことだけは一人前。あだ名はあんこでも、中身のない空のおまんじゅうみたいなものだ。

（せめて飴細工の鳥みたいに、外見だけでもきれいだったら良かったのに――）

　そこまで考えて、私はふと単純な事実に思い至る。

　飴細工の鳥は、空っぽなんかじゃない。

「パソコンの動画？」

　小籠包の焼き上がりを待つ間、私はそのことを立花さんに告げた。

「はい。飴細工職人さんの手仕事は、色々なサイトで動画として紹介されてました。でも、それを見る限り、飴細工は空洞なんかじゃなかったんです」

　白くなるまで練った熱い飴を、棒に巻きつけ、素早く形作ってゆく。その工程では、中が空になることはない。

「なのになんで、ことわざでは『中身がない』ってことになるんでしょうか」

（中略）

　ミルクティーのカップを片手に、次は何を食べようかと大通りを流す。するとごく小さな屋台に、子供が駆け寄っていくのが目に入った。

「あれ、『飴』って字じゃないですか？」

　漢字で書かれたのぼりに、それらしい文字が躍る。近づいてみると、そこには金茶色のつややかな飴細工が並んでいた。

「これ、中国の飴細工だね」

　ぷっくりとしたデザインが可愛くて、台の上を覗き込む。そこで私は、刺さっている棒がカラフルなストローであることに気がついた。もしかして。

「あ、実演してくれるみたいだよ」

　子供のリクエストに応じて、おじさんが箱から飴の固まりを取り出す。そしてストローの先にそれをくっつけたかと思うと、くるくる回しながら息を吹き込みはじめた。

　これ、どこかで見たことがある。おぼろげな記憶を探ると、夏に行き着いた。

「――（　A　）、作るのと同じですね」

　私の言葉に、立花さんがうなずく。

エ　電子書籍は、紙の本と違って「自我」の幻想的な根拠を構成することができないため、他者の欲望を喚起することもできない。

オ　蔵書を全て電子化した人の家に行った場面を想像すると、自分が読みたい本を借りることができないので長くはいられないだろう。

五　**次の文章を読んで、後の問いに答えなさい。**

> デパ地下の和菓子店でアルバイトとして働き始めて八ヶ月経ったアンは、仕事が休みのある日、母の買い物につきあって、別のデパートに行った。自分の職場とは違う系列のデパートの様子を楽しんでいたが、和菓子コーナーでの店員と客とのやりとりの中で聞いた「飴細工の鳥」という言葉が気になっている。今日は同僚の立花さんと一緒に中華街へ行くことになった。

辺りに、銅鑼《どら》の音が鳴り響く。

「あ、見て。ドラゴンだよ」

布でできた竜が、身をくねらせながら金の玉を追う。その流れるような動きに見とれていると、今度は獅子舞が現れた。

「やっぱり日本のとはちょっと違って、リアルだね」

全身が柔らかそうな毛に覆われたお獅子は、動きもかなり猫っぽい。

それを見て、私はしみじみとつぶやく。

「……日本は、身体がふろしきな時点で何か違うと思います」

それを聞いた立花さんが、身体を震わせる。

「あ、アンちゃん！　だからその冷静な突っ込み、やめてー！」

「私、小さい頃から不思議だったんですよ。なんで『獅子』なのに身体が布？　とかそれもなんで唐草模様？　とか、突っ込みどころ満載で」

ついでに言うと、なんで日本のお獅子の頭は木で出来ているんだろう。かぶって踊るには、重すぎると思うんだけど。

「それに木の頭に布の身体って、重量差ありすぎですよね」

「だーかーらー！」

①身をよじって笑う立花さんを横目に、私は携帯電話のカメラ機能で獅子舞を撮った。

「でも、なんだかちょっと悔しいですね」

「ん？　なんで？」

「だって日本の文化って、結局もとを辿《たど》ったら中国に行き着くような気がして」

和菓子だって、唐菓子《からがし》の影響なしには語ることができない。そもそも、中華まんがあるからこそおまんじゅうだって生まれたわけで。

「全部あっちが元祖、って言われてるみたいで」

儒教も、漢字も、みんなみんなそう。近いから、文化が混じり合うのは当然だってことはわかってる。でも、じゃあオリジナリティってなんだろう？　日本らしさって？

つぶやく私の目の前に、立花さんが両手を突き出す。そしてふわっと、子供がお遊戯でするようなチューリップの形を作った。

「包み込むこと」

「え？」

両手が、空気を優しく包む。

「僕が思う日本らしさは、包み込むこと。相手を尊重して、いいところはどんどん受け入れる。それもただ真似するんじゃなくて、自分たちなりのアレンジを加えて包む。それってすごく素直でのびやかな感覚だとでも、「本を読む人」にとっては話はそれほど単純ではありません。選書と配架におのれの知的アイデンティティがかかっていると思っている人間にとっては、「今読みたい本」と「当面読む気はないのだが、いずれ読まねばならぬと思っている本」と「読む気はないが、読んだと思われたい本」は等価なのです。

ときには、「今読みたい本」を後回しにして、「来週家に遊びに来る人間に誇示したい本」の購入を優先させるということだってある。そこには古今の書物をめぐる欲望や幻想が蜘蛛《くも》の巣のように絡みついている。「読書人」というのは、そのような蜘蛛の巣に絡め取られた人間のことです。読書人は有用な知識や実用的な情報を求めて本を読むわけではありません。今ここにある欠如を満たすために本を選ぶわけではありません。まだここにない欠如を基準に本を選ぶのです。

【d】いつの日か『失われた時を求めて』を掌《たなごころ》を指すように引用できる人間になりたい。いつの日か『存在するとは別の仕方で』を乾いたスポンジが水を吸い込むように読める人間になりたい。そういう種類の「いつの日かこの本を死活的に必要とする人間になりたい」という願望が僕たちを書物に向かわせる。（　中略　）書物の根本性格は「いつか読まれるべきものとして観念されている」という点に存します。

（内田樹『街場のメディア論』より）

※語注　浩瀚　…　書物の分量が多いこと。
碩学　…　学識が広く、深いこと。
泰斗　…　その道の大家として仰ぎ尊ばれる人。
『失われた時を求めて』　…　マルセル・プルーストによる自伝的回想小説。
『存在するとは別の仕方で』　…　エマニュエル・レヴィナスによる哲学書。

問一　空欄Aに入る語句として適当なものを、次のア～エの中から一つ選び記号で答えなさい。

ア　自分がどんな本を読み終えたか
イ　自分がどんな本を持っているか
ウ　自分がどんな本を読むべきか
エ　自分がどんな本を知っているか

問二　傍線部①「そのような人々」とあるが、どのような人か。本文中より三十五字以内で抜き出し、はじめの五字を答えなさい。

問三　本文には次の一文が抜けている。入れるべき適当な箇所を、【a】～【d】の中から一つ選び記号で答えなさい。

【抜けている文】　電子書籍の出現によって出版文化は危機に瀕《ひん》すると言う人はたくさんいます。

問四　傍線部②「有益な情報」とあるが、どのような情報か。本文中より二十五字で抜き出して答えなさい。

問五　本文の内容と合致するものを、次のア～オの中から二つ選び記号で答えなさい。

ア　読書人は有用な知識や実用的な情報を求めて本を読むわけではなく、まだここにない欠如を基準に本を選ぶ。
イ　電子書籍の最大の特徴は、「書籍を空間的にかたちづくることができない」ことへの不満を解消してくれる点にある。
ウ　消費者モデルを適用すれば、「本を買う人」はその本が必要だから購入したとは限らないということになる。

が驚嘆するようすを想像してたぶん楽しんでいた人もいたのではないかと思うことがあります。「すごい。これだけ恐るべき学殖《がくしょく》を備えていながら、それをわれわれにはあえて秘していたのだ……」と、生前彼を軽んじていた人々が短見《たんけん》を恥じ入るさまを思い描きつつ、珍書奇書の蒐集《しゅうしゅう》に精を出していた学者たちの数は決して少なくないと僕は思います。

①そのような人々にとって「書棚」は「理想我」のなくてはならぬ基盤です。おのれの死後も、その見識の高さや趣味の良さを証言し続けてくれるきわめて忠実な友人です。

でも、それは紙の本だからできることであって、電磁パルスにはそんな芸当はできません。どれほどの碩学泰斗《せきがくたいと》の蔵書であっても、それが電子書籍のかたちであれば、遺族は惜しげもなくハードディスクに収蔵されたデータを「デリート」してしまうでしょう。だって、読みたければいつでも誰でもそんなデータにはアクセスできるんですから、取っておく必要なんかまったくない。そもそも他人のコンピュータの中に収められたデータのリストを見て感心する人間なんかこの世にいません。

【a】他人のｉＴｕｎｅｓのファイルに何万曲ダウンロードしてあっても、どれほど珍しい音源が収集されていても、誰も「すごいね」とは言いません（言ったとしても、それは「すごい（暇なんだ）ね」という意味です）。

紙の本が電子書籍に対して持ちうる最大のアドバンテージは、電磁パルスは「自我」の幻想的な根拠を構成することができないがゆえに、他者の欲望を喚起《かんき》することができないということです。でも、紙の本を並べた書棚はそれができる。

そんなものどうせ「幻想」なんだから、あってもなくても関係ないね、とおっしゃる方がおられるかもしれません。そうでもないですよ。例えば、紙の本を処分して、蔵書を全部電子化した人の家に遊びに行った場面を想像してみてください。その家には「本棚」というものがないんですよ。たぶん僕たちはそんな家に長くはいられないと思います。息が詰まって。

【b】というのは、その部屋に住む人の「私のことをこんな人間だと思って欲しい」という情報があまりに足りないからです。どういう人だと思って欲しいのか、その「取りつく島」がない。本棚は人間関係を取り結ぶためにきわめて②有益な情報を提供してくれます。だって、人と付き合うときに知るべきことは、その人が「ほんとうはなにものであるか」よりもむしろその人が「どんな人間であると思われたがっているか」に決まっているからです。

【c】けれども、「本棚」の機能について論及する人はいません。どうして誰も本棚のことを問題にしないのでしょう。どうして、その自己啓発的な機能について論じないのでしょう。それはたぶん書籍をめぐる議論のどこかで「読書人」を「消費者」と同定したからだと思います。読者と購入者を同じものだと見なしたことによって、議論が本質から逸脱したのだと僕は思います。「本を買う人」は必要があるから本を買う。消費者モデルを適用すればそうなります。「お腹が空いたのでアンパンを買った」というのと同じように、「その本が読みたかったので、その本を買った」というシンプルで具体的なニーズに基づいて書籍を購入する行動が理解されている。そういう理解で出版ビジネスにかかわっている人は、だから、「どんな本が読まれるか？」という問いでしか出版企画を考えない。

ウ　社会の多様化　　エ　変化の兆し

問四　空欄Ｃ・Ｄに入る語句の組み合わせとして適当なものを、次のア～エの中から一つ選び記号で答えなさい。

ア　Ｃ地球の温暖化　Ｄ産業構造の大きな変化

イ　Ｃ野生動物の激減　Ｄ市民の余暇や行楽の多様化

ウ　Ｃ密猟の横行　Ｄ都市計画の変更

エ　Ｃ動物保護活動の充実　Ｄ市民の娯楽活動の個別化

問五　傍線部②「こうした事態」を別の表現で言いあらわした語を、本文中より二字で抜き出して答えなさい。

四　次の文章を読んで、後の問いに答えなさい。

電子書籍は家の中を歩く度に背表紙を向けて、僕たちに向かって「（せっかく買ったんだから）はやく読めよ」と切迫してくるということがありません。「このような書物をすべて読破した人間」を理想我としてイメージするときの支えにもなりません。もちろん、ｉＰａｄにダウンロードした電子書籍のリストは画面上の「本棚」に収まっていますから、一瞥《いちべつ》すれば、「自分がどんな本を買ったか」はわかります。でも、それは「（　Ａ　）」のリストではありません。だって、電子書籍の最大の利点は「いつでも買える」ということだからです。読みたくなったら、そのときにタイムラグなしに買って読める。それが最大の利点なのだから、本を買い置きする必要なんかない。

でも僕は書籍というのは「買い置き」されることによってはじめて教化的に機能するものだと思っています。（中略）

僕たちは「今読みたい本」を買うわけではありません。そうではなくて「いずれ読まねばならぬ本」を買うのです。それらの「いずれ読まねばならぬ本」を「読みたい」と実感し、「読める」だけのリテラシーを備えた、そんな「十分に知性的・情緒的に成熟を果たした自分」にいつかはなりたいという欲望が僕たちをある種の書物を書棚に配架する行動へ向かわせるのです。

（中略）

電子書籍の、紙媒体に対する最大の弱点は、電子書籍は「書棚を空間的にかたちづくることができない」ということです。その前を歩いたり、こたつで昼寝をしていて、ふと目を覚ますと背表紙と目が合うというようなことが起こらないということです。「まだ読まれない書物」が日常的に切迫してこないなら、それは「理想我」としては機能できません。「私はこれらの本を読んでいる人間である」ということを人に誇示することもできないし、「私はこれらの本を（いずれ）読み終えるはずの人間である」と自分に言い聞かせて、自己教化の手がかりとすることもできない。

さらに言えば、「蔵書を残す」ということができない。

「蔵書を残す」というのは、学者や文人にとってはほとんど「生き甲斐」と言って差し支えありません。大学図書館にはときどき亡くなった学者の遺族の方から蔵書の遺贈の申し出があります。もちろん無償。唯一の条件は「○○コレクション」というプレートを寄贈した蔵書の棚に掲げて欲しいということだけです。

学者の中には自分の論文や著書よりも、蔵書のほうを「真の業績」だと思っている人が少なからずおります。そういう方の中にはついに著述を世に問うことがないまま亡くなった後に、その浩瀚《こうかん》な蔵書を見た人々

　わずかな兆しではあるが、二十世紀も終盤を迎えたころから、その流れにさざ波が立つようになった。流れに身を横たえ、波を立たせた底石とは何であったか。

　一つには、〈　C　〉である。人間の活動を原因とする地球規模の環境の悪化は、野生動物の生息地を奪い、種の絶滅や生息数の減少を進行させた。動物園にとっては、動物園資源の枯渇化という事態を意味した。かつて野生動物を商業的ベースで消費していた動物園に、地球環境保護や自然保全の視点からの批判や疑問の声が大きくなってきた。

　二つには、生態学などの野生動物に関する研究が大きく発展したことである。その成果は自然番組などのマスメディアに反映され、野生の姿と動物園の状態の齟齬、すなわち動物園の非自然らしさを浮き彫りにしはじめた。

　三つには、動物や自然に関する情報の多様化と情報量の増大である。マスメディアが家庭に送り込む情報の新鮮さと量は、動物園を圧倒する迫力のあるもので、好視聴率をあげつづけた。

　四つには、二や三の結果であるが、マスメディアを通じた市民の動物知識の豊富化である。市民は、テレビをつければ動物の決定的シーンをいとも簡単に見ることができる。動物の種名はかつて動物園ではじめて知ったものだが、いまではテレビで始終流れている。来園者の目は肥えた。市民は動物園の展示の状態や動物園そのものに退屈さを感じはじめた。

　五つには、〈　D　〉である。高度経済成長は大量消費社会を生み、余暇時間の増大とあいまって、人々は多様な消費型レジャーを求めはじめた。テーマパークやエンターテインメント性の高い施設が各地でつくられ、動物園への関心度が相対的に低下し、入園者が減少しはじめた。

　②こうした事態は、「動物園側が提供するもの」と「市民が享受するもの」の内容や関係の曖昧さを少しずつ揺さぶりはじめたと言っていいだろう。

　そこで動物園界は、「教育、レクリエーション、自然保護、研究」を動物園の「社会的機能」と打ち出して、動物園の流れに方向性をつけようとした。

（渡辺守雄ほか『動物園というメディア』より）

問一　空欄Aに入る語を、本文中より三字で抜き出して答えなさい。

問二　傍線部①「自然科学を根拠にした資料収集と展示をおこなう博物館とは無縁な姿」とあるが、どのようなことか。適当なものを、次のア～エの中から一つ選び記号で答えなさい。

ア　日本の動物園は本来あるべき研究の側面を持つ博物館のあり方とはかけ離れているということ。

イ　日本の動物園は博物館に勤務する人々のプライドを大きく傷つける可能性があるということ。

ウ　日本の動物園は動物への敬意が全く感じられず、動物との信頼関係を築けていないということ。

エ　日本の動物園は博物館という商業的なあり方を目指すものとは異なる方向性を持っているということ。

問三　空欄Bに入る見出しとして適当なものを、次のア～エの中から一つ選び記号で答えなさい。

ア　これからの動物園　　イ　動物園に対する批判

治政府はヨーロッパ列強諸国に追いつくことを目的に近代国家を建設してきた。動物園建設もそのなかに含まれていた。「動物園」という言葉をつくったのは福沢諭吉と言われている。彼は『西洋事情』（一八六六年）を出版し、日本にはじめて動物園の存在を伝えた。博物館として紹介したのである。西欧文化の直輸入を推し進めた明治政府は、一八八二年、日本初の動物園を博物館付属動物園として開園させた（それが現在の東京都恩賜上野動物園となる）。〈　A　〉の付属施設という点ではヨーロッパと形は似ているが、研究機関というより物産館的な色彩が濃いものであった。それは、所管が大日本帝国農商務省であることからもうかがえる。当時の政府は、殖産興業を至上命題としていた。産業振興や近代都市建設のための手段として、博物館や動物園などの文化施設も動員したいという政府首脳の思惑は容易に推察できよう。ここで動物園が動物学ではなく、産業や商業と結びつく端緒が形成されたのである。

　日本の動物園が動物学を背景として進まなかったもう一つの理由がある。それは、日本に動物学の基盤がなかった点である。日本の近代動物学は、一八七七年、東京大学理学部生物学科が設立されたのをもって誕生したとされている。生まれたばかりだった日本の動物学は、動物園と結びついて動物園の基礎となる道をたどらなかった。

　このように、日本に動物園が誕生したころは、急速にヨーロッパ列強に追いつくための帝国主義国家建設の時代であり、都市づくりや都市機能の確立が焦眉の課題であった。当然、庶民の娯楽施設も都市の必要条件であったわけである。そして動物学がやっと芽生えはじめた時期でもあった。よく言われていることだが、動物園はzoological gardenの和訳である。直訳すれば、〝動物の園〟ではなく〝動物学の園〟である。動物園が先か、動物学が先かの違いは、その後動物園の人材構成や人脈に、そして日本の動物園運営の流れに影響を与えていくことになる。

　娯楽施設が乏しかった社会状況も反映して、動物園は庶民の圧倒的な人気を博していく。主役はキリンやゾウなどの珍獣だった。言い換えれば、珍獣であれば、人気さえあればどんな動物でもよかった。産業振興のために各地で開催された博覧会を契機に、地方都市に人気娯楽施設としての公営動物園ができていった。また、興行的に成立する産業としても受け止められ、営利を目的とした私営動物園もつくられていった。

　提供を受ける市民の側も、珍奇な動物を見て楽しむことに満足した。自分とは違う生き物の形や大きさ、動きがあればそれでよかった。動物の飼育舎は脈絡なしに並べられ、場合によっては遊具と動物が渾然一体となっていた。子どもたちには、動くおもちゃも動く動物も同列だった。総じて、楽しさを感じる子どもや家族がそこにいればそれでよかった。動物園は巨大な行楽の場に成長した、とくに子ども向けの行楽地として。マスメディアも、動物園を子どもや家族対象の行楽地としてとらえ、社会にそのさまを発信しつづけた。

　珍獣は業者から買いつける。その個体の明確な種や亜種の同定や、産地・来歴はさほど問題にはされない。人気度と五体満足が条件。それを展示すれば、黙っていても多くの人が訪れる。これは①自然科学を根拠にした資料収集と展示をおこなう博物館とは無縁な姿だが、かつての動物園で普通に見受けられた事態である。そうして動物園は、エンターテインメントの王者の座に長期間あぐらをかいた。

〈　B　〉

自転車事故の年齢層別死傷者数割合（令和2年 千葉県）

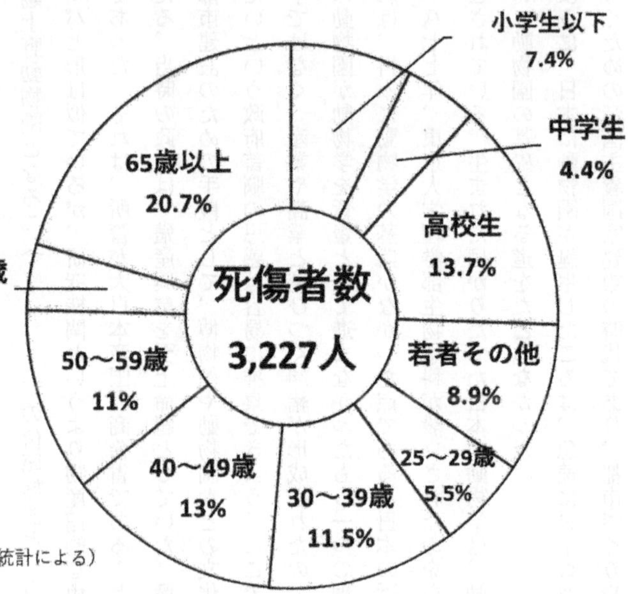

（令和２年中 県警統計による）

※ 表記外の数字を四捨五入しているため、各構成率の和が100%にならない場合があります。

三 次の文章を読んで、後の問いに答えなさい。

初期の方向づけとその後の進展

動物園は十八世紀にヨーロッパで生まれた。それは王侯貴族が世界中の植民地から収奪した数々の宝物をコレクションしたことに端を発している。生きた野生動物も例外ではなく、貴重な収集（収奪）品であった。王侯貴族は世界各地から収集（収奪）してきた動物コレクションを珍奇というだけではなく、それがもつ価値を明確にしようとした。価値の体系化をはかったのである。それに寄与したのは動物学や分類学であり、博物学であった。スポンサーを得て、それらの学問は飛躍的に発展した。生きた動物たちは一部の特権階級に供覧するために飼育・管理され、そこに私的な動物展示施設ができた。その後、市民革命により特権階級のための動物展示施設は市民に開放され、近代動物園が生まれた。それに伴い、動物学や分類学、博物学も動物園に継承され、動物園と切っても切れない関係になった。動物園は植物園などとともに、自然史博物館を構成する重要施設になっていった。動物園の運営や組織も、大学や博物館などの研究機関や付属機関としての道を歩んだ。

見せる側は動物学者が得た動物学の知見をその実物とともに提供し、見る側は見たい・知りたいという好奇心を満足させる。動物園と市民のこうした相互関係がヨーロッパでかたちづくられていった。もちろん西欧においても商業的・興行的な動物園も生まれていくが、当時から現在にいたるまで、動物学を基調にした動物園が、西欧を主流にして世界の動物園界を主導していくことになるのである。

日本はどうか。似ているようで違う進み方をした。周知のとおり、明

【国語】（五〇分）〈満点：一〇〇点〉

一 次の傍線部①～③の漢字はひらがなで読みを、④・⑤のカタカナ部分は漢字を答えなさい。

① 乙女は芳しい花の香りで目を覚ました。

② 肥沃な土地で文化が栄える。

③ あまりにも無責任な態度に憤慨している。

④ この平穏な日常はアラシの前の静けさだ。

⑤ テットウテツビ反対の立場を貫く。

二 後の二つの図表は、千葉県・千葉県教育委員会・千葉県警察が発行する交通安全啓発リーフレット（中学生以上）「ちばサイクルール」（二〇二一年度～）記載の「千葉県内の自転車交通事故の現状」である。読み取り、後の問いに答えなさい。

問 次のア～オの文を読み、図表の内容に合致するものには○を、合致しないものには×をそれぞれ答えなさい。

ア 自転車事故割合は平成二十七年から上昇している。

イ 交通事故発生件数および自転車事故割合は、平成二十六年から減少している。

ウ 自転車事故発生件数の最も多い年は、平成三十年である。

エ 自転車事故の死傷者数の七割は、二十四歳以下と六十五歳以上の年齢層が占めている。

オ 自転車事故の死傷者数割合が二番目に多い年齢層は、四十歳以上四十九歳以下である。

※注 「ちばサイクルール」とは、内閣府の「自転車安全利用五則」をもとに、「千葉県自転車条例」の内容を取り入れて制定された千葉県における自転車安全利用のルールをいう。

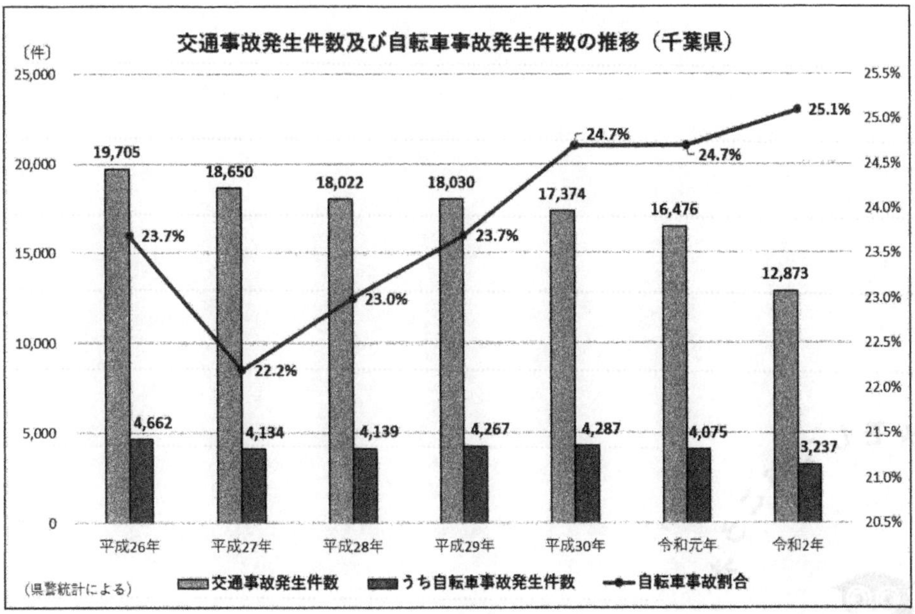

MEMO

大切なことはメモしておこうネ！

2023年度

千葉黎明高等学校入試問題（前期２日目）

【数　学】（50分）　＜満点：100点＞

1　次の計算をしなさい。

(1)　$5a-2a\times 4$

(2)　$\left(\frac{2}{3}-\frac{5}{17}\right)\times 51$

(3)　$\sqrt{8}\times\sqrt{27}-3\sqrt{24}$

(4)　$(3xy^2)^2\div 6xy\times\frac{x}{2y^3}$

(5)　$2(3a+4b)-4(3a-2b)$

(6)　$(x-4)^2-(x-2)(x-8)$

2　次の各問いに答えなさい。

(1)　１次方程式 $\frac{1}{2}(16x-3)=-2x+\frac{9}{2}$ を解きなさい。

(2)　２次方程式 $x^2-5x-3=0$ を解きなさい。

(3)　$\frac{3}{11}:0.5=6x:33$ を解きなさい。

(4)　連立方程式 $\begin{cases}3x+5y=1\\4x-3y=11\end{cases}$ を解きなさい。

(5)　$x^2-13x-48$ を因数分解しなさい。

(6)　次の等式を z について解きなさい。ただし，z は０でないとする。

$$\frac{2}{3}x^2yz^3=6y^3z$$

3　次の各問いに答えなさい。

(1)　$\sqrt{\frac{108}{n}}$ が自然数になるようにしたい。この条件を満たす自然数 n のうち，もっとも小さい数 n を求めなさい。

(2)　１から８までかかれた正八面体のさいころを２個同時に投げる。このとき，２個のさいころの出る目が等しくなる確率を求めなさい。

(3)　４％の濃度の食塩水100ｇと８％の濃度の食塩水300ｇを混ぜたとき，何％の濃度の食塩水になるか求めなさい。

(4)　以下はチバちゃんとレイ君が富士登山を計画している時の会話である。空欄に当てはまる数字を小数点第一位まで答えなさい。

チバちゃん：富士山楽しみだわ～。長時間だけどがんばろうね。

レイ君：富士山の標高は3776mで途中まで車で行くんだから２㎞くらいしかないんでしょ？すぐつくんじゃないの？

チバちゃん：何をいってるの！それは高さで実際に歩く距離じゃないよ！

レイ君：そうなの？実際にはどれくらい歩くのかな？

チバちゃん：それじゃあ小さな図を使って説明するね。私達の行く登山口の標高は1200mくらいだから残りの高さは約2500mだね。地図をもとに略図を作ったら，比が下の図のようになったよ。

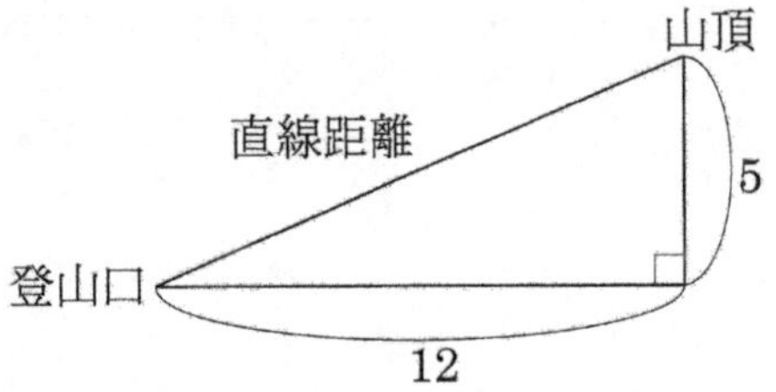

本当の形は違うけどこの図と富士山が大体同じ形と考えると相似を利用して登山口から山頂までの直線距離を求めることができそうだね。

レイ君：なるほど。そうしたら，登山口から山頂までの直線距離は（　　）㎞くらいになりそうだね！

チバちゃん：そうだよ！直線距離がその距離だから実際に歩く距離はもっと長くなるね。

レイ君：　うひゃー，それじゃあ，今日から走り込むぞ！

4　放物線 $C_1 : y = x^2$ と $C_2 : y = -x^2$ と直線 l がある。C_1 と l はA(1, 1)で交わり，l の切片は6である。C_2 と l の交点のうち，右側をBとするとき，次の各問いに答えなさい。

⑴　直線 l の式を求めなさい。

⑵　点Bの座標を求めなさい。

⑶　△ABOの面積を求めなさい。ただし，Oは原点とする。

5　右の図のような直方体ABCD－EFGHがある。AB＝1，CG＝$\sqrt{3}$，直方体の体積が $2\sqrt{3}$ のとき，次の各問いに答えなさい。

⑴　FGの長さを求めなさい。

⑵　点Aから直方体の側面を回って点P，Qを通り，点Hまでつなぐ。このとき，AHの最短の距離の長さを求めなさい。

⑶　PQの長さを求めなさい。

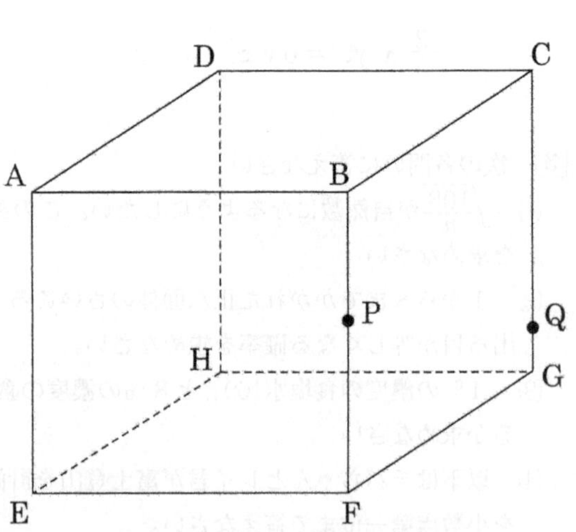

6　整数の分割を考える。例えば『３』は３＝３，３＝２＋１，３＝１＋１＋１となり，３の分割の仕方は３通りである。このとき，３の分割の仕方をＰ(3) と表すことにする。次の各問いに答えなさい。

⑴　Ｐ(4) は何通りか求めなさい。

⑵　Ｐ(6) は何通りか求めなさい。

⑶　Ｐ(n) がはじめて20通りを超えるときの n の値を求めなさい。

【英　語】（50分）　＜満点：100点＞

【注意】 文字は筆記体でもブロック体でもかまいません。

1　A．次の語で最も強く発音する音節の記号を答えなさい。

1．won-der-ful（ア イ ウ）　　2．ex-pe-ri-ence（ア イ ウ エ）

B．次の各組の下線部の発音が同じものを２つ選び，記号で答えなさい。

ア．{ custom / comfortable }　イ．{ walk / impact }　ウ．{ museum / country }　エ．{ peace / piece }

2　A・Bの関係と同じになるようにDに入る最も適切な語を答えなさい。ただし，例を参考にして，与えられた文字で書き始めること。

（例の答 → fly）

	A	B	C	D
例	fish	swim	bird	fly
1	hot	cool	small	l＿＿＿
2	chair	chairs	city	c＿＿＿
3	speak	spoke	give	g＿＿＿
4	read	reading	stop	s＿＿＿

3　２つの文の意味がほぼ同じになるように（　）に入る最も適切な語句を選び，記号で答えなさい。

1．{ I'm going to buy my son a CD.
I'm going to buy a CD (　　) my son. }

ア．of　　イ．for　　ウ．in　　エ．with

2．{ I hear that he is a famous musician.
It is (　　) that he is a famous musician. }

ア．heard　　イ．spoke　　ウ．said　　エ．listened

3．{ She speaks English very well.
She is good at (　　) English. }

ア．speaking　　イ．spoke　　ウ．spoken　　エ．to speak

4．{ My hobby is collecting stamps.
My hobby is (　　) stamps. }

ア．collect　　イ．collects　　ウ．collected　　エ．to collect

4　日本語に合うように，次の（　）の語を適切な形に書き替えなさい。

1．トムは学校の近くを歩いています。

Tom is (walk) near the school.

2．あなたは昨年，日本にいましたか。
(Are) you in Japan last year?
3．私は早く家に帰るように言われました。
I was (tell) to go home early.
4．私たちはその試合に勝ってとても嬉しかったです。
We were very happy (win) the game.

5 次の文が日本語と合うように（　）に入る最も適切な語句を下から選び，記号で答えなさい。

1．私はピアノを弾いている少女を知っています。
I know the girl (　　) the piano.
ア．play　イ．playing　ウ．to play　エ．played

2．天気はどうですか。
(　　) the weather?
ア．How do　イ．How are　ウ．How does　エ．How is

3．彼らは９月には泳ぎません。
They don't swim (　) September.
ア．in　イ．to　ウ．at　エ．on

4．何があなたをそんなに悲しくさせたのですか。
What (　　) you so sad?
ア．did　イ．become　ウ．made　エ．bought

6 次の（　）に入る最も適切な英単語を答えなさい。ただし，与えられた文字で書き始めること。なお，英単語の□には１文字ずつ入るものとします。

1．(M□□□□) is coins or bills that are used to buy things.
2．A (p□□□□□□)is something that you are given, without asking for it, on a special occasion, especially to show friendship, or to say thank you.

7 次の日本語に合うように正しく並べ替え，（　）内で３番目に来る語句の記号を答えなさい。ただし，文頭に来るべき語句も小文字で示してあります。

1．何時に家に着きましたか。
(ア．time / イ．did / ウ．what / エ．get / オ．home / カ．you)?
2．私の父は東京の銀行で働いています。
(ア．for / イ．works / ウ．in / エ．my father / オ．a bank / カ．Tokyo).
3．彼は英語を勉強しにアメリカに行きました。
(ア．to / イ．he / ウ．English / エ．the United States / オ．learn / カ．went to).
4．世界でもっとも美しいビーチは沖縄にあると思います。
I think (ア．beaches / イ．the world / ウ．beautiful / エ．are / オ．the most / カ．in) in Okinawa.

8 次のＡとＢの会話について，（　）に入れるのに最も適切なものを下から選び，記号で答えなさい。

1．A：Will you do the dishes?
B：(　　　)
ア．Thanks, but I'm full.　　イ．How much are they?
ウ．May I use the dishwasher?　　エ．Yes, I like them.

2．A：Good morning.　May I help you?
B：(　　　)
A：All right.　Take your time.
ア．Do you have these shoes in size 10?
イ．I'm just looking.　Thanks.
ウ．These shoes are expensive.
エ．What do you think about it?

3．A：I'm going to make some sandwiches.　Can you help me?
B：Sure.　(　　　)
A：Please bring those eggs to me.
ア．What can I do for you?　　イ．Would you like them?
ウ．Shall I show them to you?　　エ．When did you eat them?

4．A：Have you finished your report yet?
B：(　　　)
A：What?　But you are reading a book now.
B：Oh, I need to read this book to do my homework.
ア．I don't have any history homework today.
イ．Yes, I finished it before dinner.
ウ．Sure.　I will have a lot of homework.
エ．No, I'm doing it now.

9 次の文章を読んで，後の設問に答えなさい。

Part 1

One day during the summer vacation, Aki, in the third year of junior high school, went to see a movie with her friend, Yui. （夏休みのある日，中学３年生のアキは友人のユイと映画を見に行きました。）

Aki:　That was great fun.　I really enjoyed this movie.　How did you have an interest in dinosaurs?

Yui:　Let me see.　You know my sister, Miu?

Aki:　Sure.　I've heard her playing the piano in your house.　She's a very good pianist.

Yui:　Yes, she is.　Well, several years ago, she took me to an event, "Dinosaur Expo", held at the National Museum in Ueno.　When I was looking around at many kinds of fossil dinosaurs, I came across a large skeleton of a tyrannosaurs,

"T-Rex", there. It had a great impact on me.

Aki: I see. You mean she's also fond of dinosaurs.

Yui: I guess she was interested in the latest discovery about them. She majors in biology in college, and now she's studying the life of birds, not dinosaurs.

Aki: Well, does she like birdwatching?

Yui: Yes. Once or twice a month. She's planning to record birds' songs in the field.

Aki: Ah, piano, dinosaurs, and birds'songs... She's my heroine! I want to see her again.

Yui: Can you go out with me next week? I've heard she's going to visit some plant gardens belonging to the National Museum in Tokyo, so let's join her.

Aki: Sure. How can we get there? You're searching it with your smartphone now, aren't you?

Yui: Yeah. The map on the Web shows the nearest station is [①] Station. I prefer using the [②] line, so we'll get off at [③] Station. It takes nine minutes to the gardens.

Aki: O.K. I'm looking forward to seeing her.

注）Dinosaur Expo 恐竜博覧会　fossil 化石の　skeleton of tyrannosaurs ティラノサウルスの骨格

1．次の表はユイがスマートフォンで探した最寄り駅の一覧です。本文の [①] ～ [③] に当てはまる最も適切なものを選び，記号で答えなさい。

Access

・7 minutes' walk from Shirokanedai Station on Tokyo Metro Namboku line
・7 minutes' walk from Shirokanedai Station on Toei Mita line
・9 minutes' walk from Meguro Station on JR line
・10 minutes' walk from Meguro Station on Tokyu Meguro line

ア．JR　イ．Tokyu Meguro　ウ．Tokyo Metro Namboku
エ．Meguro　オ．Shirokanedai

2．次の各文で，本文の内容と異なるものを１つ選び，記号で答えなさい。

ア．Aki has never been to an event held in Ueno with Yui.
イ．Yui says that her sister goes birdwatching every weekend.
ウ．Miu is fond of dinosaurs.
エ．Aki wants to see Miu again.

Part 2

Aki and Yui are taking a walk with Miu in the gardens.（アキとユイはミウと植物園を散策しています。）

Aki: It's amazing we're walking under such big trees now. I feel as if we are in a forest.

Yui: I'm also surprised there's a huge space like this in the center of downtown,

Tokyo.

Aki: I understand this green forest is your favorite spot, Miu. Do you often come here?

Miu: Sometimes. There are several features here. For example, we have a chance to see many kinds of living things such as fish, butterflies, and birds. That's why [A].

Aki: I see. Yui said you are recording birds' songs. I wonder if their songs have something charming or secret?

Miu: Let me see. You hear sparrows singing every day. Have you ever wondered what they are communicating to each other?

Aki: No, I haven't. Do they talk with others?

Miu: Several years ago, I was listening to a Japanese scientist, talking about birds' songs on the radio. To my surprise, he said clearly then, "Some birds have their own words".

Yui: What? Is that true? Are they common birds?

Miu: Yes. You can see them in this garden all year round. Do you want to know the birds' name?

Aki: Of course. Let us know, Miu.

Miu: The answer is Japanese tits, "*shijuukara*". I was very impressed with his talk and it touched my heart. So, I made up my mind to study about birds in college.

Aki: I See. And how do they use the words?

Miu: Almost all animals have their own natural enemies around them. Many enemies search for food in the woods. Especially, snakes are very threatening for young tits in the nest.

Aki: Ah, they can move up trees and invade the nest through the entrance.

Miu: When Japanese tits find a snake on the ground, they produce particular alarm calls. As soon as other tits hear the calls, they look around the surroundings or look down at the ground to search out the snake.

Yui: You mean Japanese tits can realize that the calls are a warning against snakes.

Miu: Yes. They can get a visual image of a snake from the alarm calls without seeing a real snake. In short, [B].

Aki: How clever they are! That's one of the ways they guard their family against the enemies.

Miu: You're right, Aki. They produce different alarm calls for different enemies or purposes.

Aki: Wow, tell me more.

Miu: According to the scientist's research, [④] is an alarm call for snakes, [⑤] is for crows, and [⑥] is for hawks. They also use [⑦] as a recruiting call. You can check the pictures and sound on the internet now.

Yui: Japanese tits must be smart birds. How about other kinds of birds?

Miu: He says it's possible that others have the same ability to communicate with each other.

Aki: It's just a great discovery. But I'm afraid it was tough work for him to get data in the field.

Miu: I hear he has been studying the way of tits' life in the forest for over 15 years. Sometimes he was watching them for more than 14 hours a day. He calls himself a person who has observed tits more than anyone else in the world. In other words, he has gained much knowledge through his tough fieldwork.

Aki: It's surprising. By the way, do you want to be a scientist in the future?

Miu: Let me see. I would rather be a naturalist than a scientist.

Aki: What do you mean?

Miu: My adviser says a naturalist is a person with a fine sensibility for the beauty and the wonder of nature. It means having a "sense of wonder" is an essential element for a naturalist.

Aki: It seems difficult for me. I don't think everyone can be such a person easily.

Miu: Don't worry. If you notice the beauty of nature around you, you'll be a naturalist, Aki.

Aki: Oh, I see. I'll keep in mind what you just said.

Yui: Look, Aki. That message board says we can see kingfishers "*kawasemi*", here.

Aki: Ah, they are beautiful birds with green or blue feathers, aren't they?

Yui: Yes. It's fantastic they have a home in the middle of a big city. I've been interested in those beautiful birds for some time. So, I hope I'll have a chance to see them someday.

Aki: Birds, not dinosaurs, Yui?

Yui: Birds are relatives of dinosaurs. We saw bird-like dinosaurs in the movie last week.

Aki: You're right. But they are creatures only in a movie, aren't they?

Miu: Well, a fossil dinosaur with feathers was found in China recently. Birds are a distant offspring of dinosaurs. I mean, [C].

Aki: Amazing! I didn't know birds have a direct connection with dinosaurs. Birds are just a wonder of nature, Miu.

注） feature 特徴　sparrow スズメ　Japanese tit シジュウカラ　natural enemy 天敵
threatening 脅かす　particular alarm call 特殊な警告の鳴き声　warning 警報
recruit 仲間を募る　adviser 指導教授　essential element 不可欠な要素

kingfisher　カワセミ　distant offspring　遠い子孫

3．次の表は，鳴き声と意味をまとめた一覧です。本文の ④ ～ ⑦ に当てはまる最も適切な組み合わせを１つ選び，記号で答えなさい。

call	situation	meaning
ts-ts-pi ツツピー	Tits produce this tweet when they protect their territories. 縄張りを守る	claim for their territory 縄張りに入るな
ji-ji-ji-ji-ji ヂヂヂヂヂ	Tits produce this call when they gather other tits. 仲間を集める	call for recruiting みんな集まれ
pee-tspi ピーツピ	Tits produce this call when they find crows. カラスに気づく	alarm call for crows カラスを警戒しろ
jar-jar-jar-jar ジャージャー	Tits produce this call when they find snakes. ヘビに気づく	alarm call for snakes ヘビを警戒しろ
heeh-heeh-heeh ヒー・ヒー・ヒー	Tits produce this call when they find hawks. タカに気づく	alarm call for hawks タカを警戒しろ

ア．④ ts-ts-pi　⑤ ji-ji-ji-ji-ji　⑥ pee-tspi　⑦ heeh-heeh-heeh

イ．④ jar-jar-jar-jar　⑤ pee-tspi　⑥ heeh-heeh-heeh　⑦ ts-ts-pi

ウ．④ ts-ts-pi　⑤ jar-jar-jar-jar　⑥ pee-tspi　⑦ ji-ji-ji-ji-ji

エ．④ jar-jar-jar-jar　⑤ pee-tspi　⑥ heeh-heeh-heeh　⑦ ji-ji-ji-ji-ji

4．本文の A ～ C に当てはまる最も適切なものを選び，記号で答えなさい。

ア．birds are the present-day dinosaurs living around us

イ．none of us has an interest in dinosaurs

ウ．they can communicate with each other through their calls

エ．I'm drawn to this spot

5．次の各文で，本文の内容と異なるものを２つ選び，記号で答えなさい。

ア．Aki and Yui sometimes visit the garden with Miu.

イ．Miu was surprised at a talk by a scientist on the radio.

ウ．Aki noticed that Japanese tits are very clever.

エ．Miu says she wants to be a naturalist in the future.

オ．Aki has an interest in some birds as well as dinosaurs.

カ．Yui knows that birds are relatives of dinosaurs.

キ．Aki heard from Miu that there's an interesting relationship between dinosaurs and birds.

のほど、連々縁の下にて、日夜朝暮御談義を聴聞仕り候ふに、懺悔に罪を滅すと仰せられ候ふについて、③まかり出でて候ふなり。慚愧懺悔をも仕り候はば、一句の御道理をも、御授けあって下され候へかし」と申しければ、僧答へていはく、「なんぢらが風情として、かかるやさしきことを申すものかな」と、なのめならず思ひ、「草木国土悉皆成仏となれば、非情草木も成仏すと見えたり。いはんや、生あるものとして、一念弥陀仏即滅無量罪、唯心の弥陀、己心の浄土なり、ここを去ること遠からずと説き給へば、たとひ鳥類畜類たりといふとも、一念の道理によつて、〈　A　〉せずといふことなし」とのたまへば（　以下略　）

（『御伽草子集』より）

※語注　桁　…　家や橋などの柱の上に渡して、垂木を渡す材木。
懈怠　…　怠る。なまける。
御談義　…　説法。説教。
慚愧　…　心に恥じ入ること。「懺悔」に同じ。
一念弥陀仏即滅無量罪　…　一度、阿弥陀仏の名号を唱えると、たちまち計り知れない罪業も消滅するということ。
唯心の弥陀、己心の浄土　…　自身の心の中にこそ、阿弥陀仏も極楽浄土もあるということ。

問一　傍線部①「なのめならず」の意味として適当なものを、次のア～エの中から一つ選び記号で答えなさい。
ア　冗談のような　　イ　並一通りでない
ウ　あたりまえの　　エ　ひかえめな

問二　傍線部②「かかる気のうまきことなし」の主語として適当なものを、本文中より抜き出して答えなさい。

問三　傍線部③「まかり出でて候ふなり」の理由として適当なものを、次のア～エの中から一つ選び記号で答えなさい。
ア　お坊様に願い事を打ち明ければ、すべての願いを叶えられると聞いたから。
イ　過去の被害を申し出ることで、すべての猫を退散させられると聞いたから。
ウ　お坊様の有難い説法を聴けば、すべての畜生は極楽浄土へ行けると聞いたから。
エ　過去の罪を悔い改めることで、すべての罪を滅することができると聞いたから。

問四　空欄Aに入る語として適当なものを、本文中より漢字二字で抜き出して答えなさい。

問五　本文の内容と合致しないものを、次のア～エの中から一つ選び記号で答えなさい。
ア　一条の辻の高札には、「家の中では、猫の綱を解きつつも、放し飼いにしてはならない」とあった。
イ　猫が放し飼いにされると、鼠は恐れて逃げ隠れるようになり、音を立てて歩くことはなくなった。
ウ　上京の近辺には、大変徳の高いお坊様が住んでおり、連日連夜にわたって熱心に仏事を行っていた。
エ　お坊様は、鼠に対し、「心のない草木や国土の全てにおいても仏になることができる」と説いた。

た。木のベンチはしっとりと温かく、丁度いい具合に窪んでいて座り心地がよかった。観客席の脇で枝を広げるクヌギのおかげで、気持のいい影が差し、足元で木漏れ日が揺らめいていた。

（小川洋子『人質の朗読会』より）

問一　空欄Ａ・Ｂに入る語として適当なものを、次のア～オの中からそれぞれ選び記号で答えなさい。

ア　とにかく　イ　むしろ　ウ　ところが　エ　たちまち
オ　いつになく

問二　傍線部①「無遠慮な視線を向け、露骨に不愉快な表情を浮かべる」とあるが、このような視覚的表現の他に、聴覚的に嫌悪感を表現している言葉がある。本文中より三字で抜き出して答えなさい。

問三　傍線部②「用もない駅で降りた」とあるが、なぜか。理由として適当な箇所を本文中より二十一字で抜き出し、「から」に続く形で答えなさい。

問四　傍線部③「十九歩先ではたちまち離れ離れになる」とあるが、「十九歩」とは何か。本文中より二字で抜き出して答えなさい。

問五　本文の内容として適当なものを、次のア～エの中から一つ選び記号で答えなさい。

ア　電車の中では、他の乗客の顰蹙《ひんしゅく》をかっていた槍が、そのうっぷんを晴らすように競技場で飛んでいる様子を見て、「私」はさらに違和感をつのらせている。

イ　電車が混雑してくるとともに乗客たちに「どうもすみません」を繰り返す青年に、「私」は、しっかり乗車料金を支払っているのだから謝罪は必要ないと感じている。

ウ　電車の中では、手にあまる荷物でしかなかった長い槍が、競技場では青年と一体になり生命力を得たかのように躍動している様子が、「私」の視線を釘付けにしている。

エ　電車が混雑している時に、長すぎる荷物に不満を抱いていた乗客たちに、それが陸上競技で使用する槍だったことを、「私」はどうにかして伝えたいと考えている。

六　次の古文を読んで、後の問いに答えなさい。

慶長七年八月中旬に、洛中に猫の綱を解きて、放ち給ふべき御沙汰あり。ひとしく御奉行より、一条の辻に高札を御立てあり、その面にいはく、

一、洛中、猫の綱を解き、放ち飼ひにすべきこと

一、同じく猫売買停止のこと

この旨相背くにおいては、かたく罪科に処せらるべきものなり。よってくだんのごとし。

右かくのごとく、御政道あるうへは、面々秘蔵せし猫どもに札を付けて、放ち申せば、猫①なのめならずに喜うで、ここかしこにとびまはること、遊山といひ、鼠をとるにたよりあり、程なく、鼠おぢ恐れて、逃げ隠れ、桁、梁をも走らず、歩くといへども、さなりもなく、忍び歩きの体なり。②かかる気のうまきことなし。願はくは、この御法度、つつがなく懈怠することなかれと、万民かくのごとし。

ここに、上京辺の人なりしに、世に尊き御発心者あり、（中略）

ある夜、不思議の夢を見る。鼠の和尚とおぼしきが、進み出でて申すやう、「御僧様へ向ひ言葉をかはすこと、はばかりに存じ候へども、御教趣

た。

最初は、厄介な荷物を抱えた青年を手助けしようとしただけで、あとをつけることになるとは思ってもいなかった。地下鉄の乗り換え駅の二つ手前で彼が降りる準備をはじめた時、咄嗟に私は前へ進み出て、長すぎるそれが少しでもスムーズに移動できる空間を確保するため、ドアまでの数メートル、やや強引に乗客たちを押しのけた。「どうもすみません」の声が背中から聞こえ、再び不穏な空気があたりに立ち込めたが、お構いなくぐいぐいと前進した。私の後ろを青年が、荷物の先端と後方に等しく気を配りながらついてきているのが感じられた。

私たちは無事、ホームに降り立った。しばし乗客の流れが途切れるのを待ったあと青年は、目の前のおばさんがまさか自分のために②用もない駅で降りたなどとは思いもしないまま、改札口に向かって歩き出した。

（中略）

青年の大事な荷物は槍だった。彼が筒の先端を外し、中からそれを引き抜いた時、すぐに槍だと気づいた。電車の中では単なるはた迷惑な代物であったそれは、シャツとズボンを脱ぎトレーニングウエア姿になった青年の手に握られた瞬間、精悍な一筋の直線となった。最早誰に舌打ちされることもなく、澄んだ空の下、伸びやかに自らの形を示していた。そこには、青年と私二人きりしかいなかった。

住宅地の真ん中に、なぜあんなにも広々とした競技場があったのか今でも不思議に思う。フェンスのぎりぎりまで家々が迫りながら、その内側には何も遮るものがなく、町のざわめきなど届かない静けさをたたえていた。おそらく造られてから随分長い時間が経っていたのだろう。トラックのレーンはラインが所々擦り切れ、フィールドの芝生は伸び放題に生い茂り、錆びたフェンスには蔓植物が絡まっている。第３コーナーのあたりに申し訳程度設えられた観客席は、鉄骨を組み合わせて板を張っただけのいかにも粗末な造りをしている。けれどそうした素朴さが、静けさにいっそうの深みを与えていた。

（中略）

助走のスタートに立った青年が、右肘を折り、肩の上に槍を構える瞬間が私は好きだった。それはいかにも大事なものを身に引き寄せ、一体になろうとしている姿だ。青年と槍、彼らだけに通じる合図が交わされている。③十九歩先ではたちまち離れ離れになると決まっているからこそ、いっそう彼らは親密につながり合おうとする。青年は耳たぶと頬に槍のしなやかさを感じ、槍は彼の掌の中で、揺るぎのない安定を感じている。

もちろん宙を飛んでゆく槍も好きだ。案外それは低い角度で飛び出し、青年の手を離れた途端、様子を一変させる。放物線を描くなどという生易しいものではなく、まるで新たな生命を得たかのように全身を震わせながら激しく空気を切り裂いてゆく。その震えを目で追いかけるだけで私は胸がどきどきし、このまま槍が滅茶苦茶な方向へ飛んで行ってしまったらどうなるのだろうと思ったりするが、心配はいらない。そこには見事な抑制が利いている。槍は青年が見定めた一点を忠実に捕らえ、最も洗練された軌跡を選んで落下する。いや、落下という言葉は適切ではないかもしれない。槍はただ静かに着地するのだ。

いつの間にか太陽は高くのぼり、朝の気配はすっかり消え去ってい人といえる。

エ 「差し米」を行うことで多くの米が減っていることを、武家は問題にしていなかった。

五 次の文章を読んで、後の問いに答えなさい。

最初、扉のあたりが騒々しくなった時、貧血でも起こした人がいるのかと思い振り返ったのだが、ざわめきの中心にいたのは長身で屈強な体つきの青年だった。彼の両腕には、とてつもなく長い筒状の何かが抱えられていた。

長い、という以外、他に形容のしようがなかった。ただひたすらにその長さのみがあたりを威圧し、乗客たちをたじろがせていた。明らかに電車の天井につかえるだろうそれを、青年は苦心して中へ運び込もうとしているところだった。

「どうも、すみません」

と謝る声が幾度も聞こえてきた。それが長すぎるのは全部自分の犯した過ちの結果だとでもいうかのように、うつむき背中を丸めていた。車内広告を突き破らないよう、何より乗客の頭にぶつからないよう、的確な角度を保ちつつ扉の上部から挿入されたそれは、座席と平行になる方向へ四十五度回転した。頭上を斜めに横切る物体の出現により、〈 A 〉ありふれた車内の風景が一変した。見慣れぬ闖入者《ちんにゅうしゃ》に乗客の多くは①無遠慮な視線を向け、露骨に不愉快な表情を浮かべる者もいた。

そこからが更なる困難の連続だった。青年は自らの立ち位置を確保しながら、同時にそれを足元へ置かなければならず、どんなに慎重にやっても誰かの身体や鞄や靴にぶつかってしまうのだった。しかも容赦なく電車は走りはじめ、車内のあちこちから舌打ちが聞こえ、そのたびに青年は「どうもすみません」を繰り返すしかなかった。大勢の乗客たちの隙間を縫い、どうにか長い物体が床に納まった時、青年は私の隣に立っていた。

近くに寄るといっそう身体の強靭さが際立って感じられた。肩幅は広く、胸には厚みがあり、腰はどっしりと落ち着いていた。しかしそうした見た目の印象より、肉体そのものが放つ精気の方がより私を圧倒した。それは決して不快なものではなく、〈 B 〉しなやかな温かみを帯びていた。

私は吊革を握る手に力をこめ、自分の足元に視線を落とし、そこに横たわるものを改めて観察した。長さは三メートル近くあり、筒の直径は二十センチほどで、中央付近に持ち手がついている。材質はしっかりとしたプラスチック。鮮やかなオレンジ色をしているが、あちこちにぶつけた傷が目立つ。中には何が入っているのだろう。楽器だろうか。あるいは建築資材のようなものだろうか。乗客たちは各々それをまたいだり上に鞄を載せたりして、自分の居場所を安定させようと努めている。電車が揺れると足元から、カタカタという振動が伝わってくる。少しずつ混雑がひどくなるにつれ、青年は一段と小さく背中をすぼめる。

視線を上げた時、一瞬彼と目が合った。

「あなたが謝る必要なんてないんです。それが長すぎるのは、あなたのせいではないのですから」

そう、私は無言の目配せを送った。しかしもちろん青年は何も気づかず、あくまでも彼にとって私はその他大勢の乗客の一人に過ぎなかっ

学問というのは、昔のことに詳しいばかりでは駄目である。今日ただいまのことに詳しいのが良き学問というものである。およそ今の時代に暗いのはムダな学問というものである。升小は学者である。升平も良き学問である。身上をよくするはずである

と、②現実に有効な学問こそ重要だと述べて実学重視の自らの学問観を披歴しつつ、升屋小右衛門や平右衛門のように才覚を発揮して身上を大きくする商人こそ良き学者・良き学問・良き商人であると激賞している。

この教訓は、「〈　D　〉」という諺通り、一つ一つはたいしたことがないと見逃していることであっても、実際に集めれば大きくなることを示している。そのような実例を示して、細かなことにも気を遣って物を大事にすべきとしたのは、蟠桃の升屋経営の極意というようなものと言えるかもしれない。というのは、折からの大飢饉で米が値上がりしたため升屋は何万両という桁で大儲けしたのだが、そのことに浮かれず、差し米のエピソードのような地道な努力こそ大事であることを店で働く者たちに示したかったのではないかと思うからだ。むろん、東北の農民たちが一握りの米すらままならない厳しい飢饉の下で苦しんでいることも、蟠桃の頭にあったに違いない。

（池内了『江戸の宇宙論』より）

※語注　蟠桃　…　長谷川有躬。升屋小右衛門。
升平　…　蟠桃に教育を受けた人物。山片重芳。升屋平右衛門。

問一　空欄A～Cに入る語の組み合わせとして適当なものを、次のア～エの中から一つ選び記号で答えなさい。

ア　A　縮小策　B　拡大策　C　安全策
イ　A　積極策　B　縮小策　C　拡大策
ウ　A　縮小策　B　拡大策　C　積極策
エ　A　拡大策　B　縮小策　C　応急策

問二　空欄Dにあてはまることわざとして適当なものを、次のア～エの中から一つ選び記号で答えなさい。

ア　座して食らえば山も空し　　イ　塵も積もれば山となる
ウ　千里の道も一歩から　　エ　下手な鉄砲も数打てば当たる

問三　傍線部①「必要経費に関する常識がない」とあるが、なぜか。理由を具体的に述べている箇所を本文中より一文で抜き出し、はじめの五字を答えなさい。

問四　傍線部②「現実に有効な学問」とあるが、何か。例として適当なものを、次のア～エの中から一つ選び記号で答えなさい。

ア　教科書や参考書の内容を徹底して覚えること。
イ　先生など身近な年長者から教わること。
ウ　自分で様々な場所に足を運び、課題を見つけること。
エ　インターネットで最新の情報を得ること。

問五　本文の内容と合致しないものを、次のア～エの中から一つ選び記号で答えなさい。

ア　武家は、輸送されてきた米を既定の価格通りに売買していた。
イ　仙台・銚子・江戸は費用の負担を役所で働く者に負わせることで合意した。
ウ　現在の状況に合わせて柔軟な対応ができる者こそ、良い学者や商

かが問題になる。ところが、①必要経費に関する常識がない武家に経費を要求すれば、直ちに升屋への廻送依頼を取り消して別の店に変更すると言い出しかねない。しかし、いつ金を取ったかわからないように巧く工夫すれば経費を吸収することができる。そこで、升小（蟠桃）が一計をめぐらせた。米を決まった値段の通りに売買することしか知らない武家に付け込んで、「差し米」を願うことにした、という次第の裏話である。「差し米」とは、農民が収めた米の品質を調べるために、竹を斜めに切った「刺」を米俵に突っ込んで米を抜き出して診るという検査のことである。抜き取った米は戻すのだが、いくらかはこぼれ落ちる。大坂の米問屋では、このときに落ちこぼれた米を箒で掃き集めて持ち帰る権利が株として売買されていたという。何しろ、毎朝の検査でこぼれ落ちた米を集めるだけでも四～五升にもなるから、それを拾い集めて持ち帰るのを権利として認めたのである（それだけでなく、大坂で中仕、江戸で小揚と呼ぶ、船から河岸に荷揚げする者がわざとこぼして、米を掃き集める者に拾わせたそうだ。貧しい者同士の相互扶助の行為であった）。

升小は、役所の費用を自分たちが負担する代わりに、このこぼれた米をただでもらう権利を仙台藩から得たのである。武家は米など天から降ってくるくらいに思っており、一俵にどれくらい米が入っているかさえ知らない。それが真の武士の態度だと心得ているから、差し米による減り米なんてたいしたことはないと判断して、蟠桃の申し出を問題にせず受け入れた。この検査は、米の出荷時（仙台）と輸送中（銚子）と米仲買所に到着したとき（江戸）の、都合三回行われる。仙台では米の等級を決めるため、銚子と江戸では輸送の途中で中身が粗悪な米にすり替えられていないかの品質検査のためである。三回も「差し米」を行うと、一俵当たりの減り米は合計で一合近くにもなる。

当時仙台から江戸に運んでいた米は一年に約二五万石であった。一俵は四斗＝〇・四石だから二五万石は六二万五〇〇〇俵になり、一俵当たり一合なら六二万五〇〇〇合＝六万二五〇〇升＝六二五〇斗＝六二五石もの差し米を手に入れることになる。海保青陵は一年で六〇〇〇両の儲けになると大げさに言っているが、それは過大な見積もりで、当時一石が一両とすると六二五両程度であった（現在の米の価格を一〇kgで六〇〇〇円とすると一石は一五〇kgで九万円程度だから、六二五石で五六二五万円になる）。それだけの収入になると、三カ所の役所の備品や消耗品や人件費などで二〇〇両程度を支払っても、升屋は差し米だけで四〇〇両余りを儲けたのである。

青陵は、

「今これほどの費用がかかるから、（役所の費用として）毎年金二〇〇両お下げくださるべし」と言って願っても叶わないのだけれども、差し米と言って願えば叶うということを見抜いたことは大いなる智恵である

と大褒めである。一方で、「武士は利に疎く、天理に詳しくないことから、物事の筋道をよく理解しないため」自分たちの損失に気がつかないのだと、武士の形式化した学問を鋭く告発している。「差し米拝受」を願い出れば認められたように、うまく工夫して武士の無知に付け入ればよい、そんな智恵を出すことが必要だと説くのである。

そして、総括するように、

○○両で、現在の金額で言えば九〇〇〇万円程度だから、大名相手の商売をするには元手が少な過ぎる状態で、升屋は「身上投げ出し」の危機にあった。それを切り抜けたのはまさに蟠桃の才覚なのだが、世は田沼意次（一七一九～一七八八、老中在任は一七七二～一七八六年）の時代で、商業資本が大いに進展したことが追い風となったのは確かであろう。

このような元手が少ない状態で大名貸しに深入りするのは危険であるとわかっていながら、蟠桃は思い切って大名貸しを本格的に推し進めた。仙台藩や岡藩・古河藩に食い込んで米の売買取引を拡大して升屋の破産の危機を乗り切ったばかりでなく、豪商の仲間入りをするようになった。幸いにも安永の時代（一七七二～一七八一年）は大きな天変地異が比較的少なく、商売の土台を据えることができたのである。この間、蟠桃は一七七三年に結婚している。

ところが、続く天明の時代（一七八一～一七八九年）に入ると、打って変わって数々の天災に襲われた。一七八二年から八七年まで続いた天明の大飢饉、八三年の浅間山の噴火、八六年の関東での大水害と江戸での大火などである。田沼政治が行き詰まる中での天災の頻発で物価が高騰し、百姓一揆や打ちこわしが続々と起こって、世の中が騒然としてきた。特に、東北では大飢饉が続き、仙台藩は収入不足に陥り、升屋から大きな借金をしたのみならず、それを踏み倒しかねない事態となって、升屋に重大な危機が訪れることになった。

そこで蟠桃は、危機を回避するための〈　A　〉を採らず、むしろ危険を分散させることを目的として、取引する藩を全国に展開するという思い切った〈　B　〉を採用した。実際、先に述べた仙台・館林・白河・岡・長岡・古河以外に、水戸・越前・川越・岸和田・忍（武蔵）・高槻・亀山・熊本新田など日本各地の藩の大名貸しへと手を広げたのである。天災は全国一律に起こるわけではないから、面倒を見る地域を分散させておけば、天災を被らない地域からの寄与があって補填することができると考えたのだ。困難に萎縮するのではなく、保険を兼ねた〈　C　〉を採用したと言えるだろうか。

しかし、なんといっても問題は仙台藩で、雄藩であるだけに融通する金額が大きく、儲かるときの収入は非常に大きい一方、逆にリスクも尋常ではない。豊作の場合には莫大な実入りがあるのだが、東北では天候不順による飢饉が数年続くことが多く、資金を融通しても焼け石に水で、貸金ばかりが膨れ上がった挙句に踏み倒される危険性がある。そこで一七八二年（天明二年）から、蟠桃は弟の与兵衛を仙台に派遣して財政状況を監視させることにした。打ち続く天明の大飢饉のために仙台藩は大きな借金を背負って財政逼迫状態に追い込まれているときであり、与兵衛は経費節減の指導に大わらわであった。

（中略）

差し米のエピソード

最初に紹介するのは、「大坂の升屋平右衛門の別家番頭の小右衛門という男の、差し米ということを願いたるなどは妙計也」（『稽古談巻之二』）である。既に述べたように、升平（重芳）は仙台藩の銀主（財政担当）である。当時は仙台米を仙台から下総の銚子に運んだ後、江戸に廻送するにあたり、仙台・銚子・江戸の三カ所で廻送米の検査が行われていた。その三つの役所にかかる経費はかなり大きく、どこが負担するぼくは一方になぞなぞをかかえ、なぞなぞの目で文具売場を歩く。そして目に入ってきたものが答えにふさわしいかどうかチェックする。これは、考えないでただ歩いているのとはぜんぜん違う。

あるいはこう言ってもいいかもしれない。答えの候補が現われたとき、いつでもぼくはそれをつかまえられるように、「チューニング」してるってわけだ。何かが思い浮かんだときに、「これがあの問題の答えかもしれない！」って声が響く。その声に耳を澄ましていること。集中して考えているときには、それは鋭敏に研ぎ澄まされている。他の声に耳をかさず、すべてをその問題に関係させて、「これだ！」という声を待つ。そういうとき、ぼくたちは「考えている」って言うんじゃないだろうか。

「考える」っていうのは、耳を澄ますこと、研ぎ澄ますこと。だから、考えている間中、その人は考えていない人と同じように行動してていい。いろんなことをして、いろんなものを見て、いろんなことを感じて、いろんな思いがよぎる。ただ違うのは一点、③「あ、これだ！」という声にその人は耳を澄ましている。その一点だけ。

あとはおんなじでいい。（野矢茂樹『はじめて考えるときのように』より）

＊本文には、問題作成上省略等があります。

問一　空欄Aに入る語として適当なものを、次のア～エの中から一つ選び記号で答えなさい。

ア　そして　イ　つまり　ウ　だけど　エ　もし

問二　傍線部①「目の前でじっさいに考えてみせてあげて、『ほら、こんなふうに』って言ったって、何の意味もない」とあるが、なぜ意味がないのか。次の文の空欄にあてはまる言葉を、十字以上十五字以内で答えなさい。

「考える」ことは「後ろ手を組む」ことや「スキップする」ことと違って〈　　　　〉から。

問三　空欄Bに入る語を、本文中より抜き出して答えなさい。

問四　傍線部②「たわいもないやりとり」とあるが、どのようなことか。次のア～エの中から一つ選び記号で答えなさい。

ア　哲学について、なぞなぞという子どもじみた手法で考えようとするやりとりのこと。

イ　哲学について真剣に考えているようにはみえない、とりとめのないやりとりのこと。

ウ　哲学を考えることは難しいので、思いつきで問題を出してしまうやりとりのこと。

エ　哲学とは、答えのないことを考えるのだということが伝わるようなやりとりのこと。

問五　傍線部③「『あ、これだ！』という声にその人は耳を澄ましている」とあるが、このことを端的に表している語を、本文中より六字で抜き出して答えなさい。

四　次の文章を読んで、後の問いに答えなさい。

一七七一年に四代目の平右衛門重芳が家督を受け継いだのは、重芳がわずか八歳のときである。このとき蟠桃は二四歳で、早くも別家の筆頭として升屋を背負って立つことになった。当時の升屋はまだ豪商と言われるにはほど遠く、このときに升屋が持っていた財産は、蟠桃の「遺訓」によれば「六〇貫目之有銀」でしかなかった。これを金に直すと約一〇ろうか。

嘘じゃないと思う。

それでも、ほんとに、ずっと考えている。ぼくはそう思う。

でも、そうそう、その話をする前に、ほら。

子どもがみんな欲しがる文房具は何だ。

答え、「クレヨン」。

この②たわいもないやりとりが哲学のきっかけになるって言ったら、首をひねるかな。

この問題は、まず最初に「なぞなぞだよ」って教えとかなければ成り立たない。でも、「なぞなぞって何?」、そう聞かれたら、どう答えよう。

なぞなぞにもいくつかのパターンがあって、こんなふうにことば遊びで答えるのもひとつのタイプだ。子どもが「それ、くれよん」て言うから、みんな欲しがる文房具は「クレヨン」。いったい、何が問われていて何が答えられたのだろう。考えてみると、よくわからない。でも、答えを聞くと、たいていの人は「なんだそういうことか」と思う。この問題は、答えを思いついてはじめて問題の意味がわかるようなものなんだ。

そんな問題、変かな。でも実は、考えて答えを出さなければいけない問題というのは、みんなこういう問題なのさ。たとえば、哲学の問題っていうのはなぞなぞみたいなものだって、ぼくは思ってる。

（中略）

ある朝、ぼくの奥さんがぼくにさっきのなぞなぞを出した。

「子どもがみんな欲しがる文房具はなーんだ」

なんだか知らないけど、彼女は毎朝、朝食を作るかわりになぞなぞを出す。なぞなぞじゃお腹はふくれないのに。

それで、ぼくは答えがわからず、彼女はでも教えてくれない。その日の夕方、二人で買物に行った。ぼくは何気なく文具売り場を見ていたんだ。そしたら、クレヨンが目に止まった。

「あっ、そうか!」

ぼくはとくにあのなぞなぞのことを思っていたわけじゃないんだけど、それを見たときにピンときた。そそくさと彼女のところに行って、自慢気に言う。

「クレヨン」

「あげないわよ」

「いや、そうじゃなくて、今朝のなぞなぞの答え」

「やだ、まだ考えてたの?」

ほら、何て言った？　「まだ考えてたの?」、そう言っただろ?

「考える」ってどういうことだろうと、きみがぼくといっしょに考えてくれていたならば、もしかしたら、いまのやりとりでピンときたかもしれない。ぼくが文具売場のクレヨンを見てピンときたように。

どうだろう。

なぞなぞのことを考えていなかったら、ぼくはきっと文具売場でクレヨンを見ても何も感じなかった。だけどクレヨンはぼくの目に飛び込んできた。そしてぼくはそれをつかまえた。そういうこと。

ぼくがもっと積極的になぞなぞのことを考えていたならば、たとえば消しゴムを見たときに、こんなふうにつぶやいていたかもしれない。

「消しゴム。……子どもが欲しがる。……子どもはみんな消しゴムを欲しがる。……ダメだな、こりゃ」

三 **次の文章を読んで、後の問いに答えなさい。**

考えているとき、きみは何をしているのだろう。

「何をって、考えてるんだよ」

うん、だからさ。そうだな。

「考える」っていうことがまだわからない子どものことを想像してみよう。そしてその子が大人に「よく考えなさい」とか言われたとする。〈　A　〉その子にはそれがどういうことなのかわからない。それできみに質問する。

「考えるって、どうすること？」

きみならどう答える？

「後ろ手を組むってどうすること」と聞かれたら、ことばで説明してあげられるかもしれない。じっさいに後ろ手を組んでみせることもできる。

「スキップする」だと、ことばではちょっと説明できないけど、やってみせることはできる。そして、「ほら、こんなふうにやるんだ」、そう言える。

でも、①目の前でじっさいに考えてみせてあげて、「ほら、こんなふうに」って言ったって、何の意味もない。だいたい教えるぼく自身、「考えてみせてあげる」といっても、何をやってみせればいいのか、よくわからない。

「考える」って、いったい、何をすることなのだろう。

「考える」って何をすることなのか考えてみるために、何か考えるのに適当な問題を出してみようか。何でもいいんだけどね、こんなのはどうだろう。

なぞなぞ――子どもがみんな欲しがる文房具は何だ？

考えてみよう。そして自分がそのとき何をしているのか、観察しよう。

（　中略　）

たとえば、ある女の人にむかって「最近はずっときみのことを考えているんだ」なんて言ったとする。ふつうあまり言わないけどね、こんなこと。でも、まあ、言っちゃったとする。ところがその人はけっこう嫌な人で、こう言うんだ。

「嘘つき」

なぜって――

「じゃ、あなた、お腹すいたとか、トイレ行きたいとか、考えなかったの？　トイレ行きたいときも、あたしのこと考えてたってわけ？　やだな、そんなの」、というわけ。

「ずっと考えていた」といったって、隙間なく考えていたわけじゃない。そりゃそうだ。でもだからって、「嘘つき」はないよな。

（　中略　）

「何してるの？」と聞かれて、自信をもって「考えてるんだ」と答えるまさにそのときですら、実は頭の中は空っぽだったりする。ただうなっているだけだったりする。

なぞなぞの答えがわからない。でも、もうちょっと待って、もう少し考えてみるからって、そんなときでも、実はただ「うーん」ってうなってるだけだったりする。「子どもが欲しがる文房具」ねえ、なんて問いをくりかえすだけだったりする。

じゃあ、やっぱり、「〈　B　〉考えている」というのは嘘なんだろう。

エ　日本のジェンダー・ギャップ指数の分野ごとの順位で「教育」が一位だが、これは日本が各国よりも教育政策に力を入れた成果である。

オ　日本のスコアを世界平均と比較した場合、その値が大きくかけ離れていることが明確にわかるのは「経済」と「政治」の二分野である。

※注　ジェンダー・ギャップ指数とは、世界経済フォーラムが、経済、教育、健康、政治の分野毎に各使用データをウェイト付けしてジェンダー・ギャップ指数を算出している。０が完全不平等、１が完全平等を表している。

各分野におけるスコア（日本）

分野	スコア	昨年のスコア
経済	0.564	0.604
政治	0.061	0.061
教育	1.000	0.983
健康	0.973	0.973

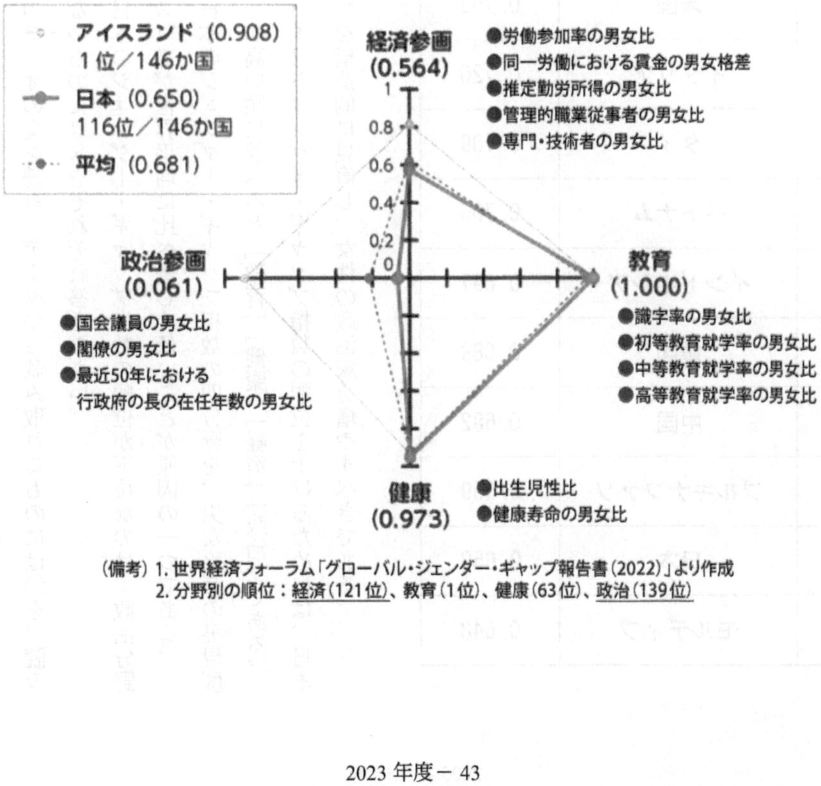

（備考）1. 世界経済フォーラム「グローバル・ジェンダー・ギャップ報告書（2022）」より作成
2. 分野別の順位：経済（121位）、教育（1位）、健康（63位）、政治（139位）

【国　語】（五〇分）〈満点：一〇〇点〉

一 次の傍線部①〜③の漢字はひらがなで読みを、④・⑤のカタカナ部分は漢字を答えなさい。

① 祖父の農園では野菜の種苗を生産している。

② 田舎でのんびりと晴耕雨読の日々を過ごしたい。

③ このスマートフォンには指紋認証機能が内蔵されている。

④ テレビドラマの原作マンガを読む。

⑤ 環境問題にカンシンをもつ。

二 左のデータは、世界経済フォーラムが発表した「ジェンダー・ギャップ指数二〇二二」の資料（内閣府男女共同参画局『共同参画』二〇二二年八月号）である。読み取り、後の問いに答えなさい。

問 次のア〜オの文を読み、データから読み取れるものには○を、読み取れないものには×をそれぞれ答えなさい。

ア 日本のジェンダー・ギャップ指数の順位が下位なのは、政治分野のスコアが世界平均に比べ著しく低いことが原因の一つである。

イ 日本のジェンダー・ギャップ指数の四分野を、男女平等の実現度合いが高い順に並べると「教育」「健康」「経済」「政治」である。

ウ 日本のジェンダー・ギャップ指数の順位を上げるためには、日本社会を構造的に見直し、女性の政治家を増やすべきである。

ジェンダーギャップ指数（2022）
上位国及び主な国の順位

順位	国　名	値
1	アイスランド	0.908
2	フィンランド	0.860
3	ノルウェー	0.845
4	ニュージーランド	0.841
5	スウェーデン	0.822
10	ドイツ	0.801
15	フランス	0.791
22	英国	0.780
25	カナダ	0.772
27	米国	0.769
63	イタリア	0.720
79	タイ	0.709
83	ベトナム	0.705
92	インドネシア	0.697
99	韓国	0.689
102	中国	0.682
115	ブルキナファソ	0.659
116	**日本**	**0.650**
117	モルディブ	0.648

1日目

2023年度

解　答　と　解　説

《2023年度の配点は解答欄に掲載してあります。》

＜数学解答＞ 《学校からの正答の発表はありません。》

1　(1)　$29x$　(2)　1923　(3)　2　(4)　$\frac{2}{x^2}$　(5)　$\frac{19}{12}$　(6)　$6xy-3y^2$

2　(1)　$x=-\frac{4}{9}$　(2)　$x=9,\ -3$　(3)　$x=15$　(4)　$(x,\ y)=(1,\ -4)$

(5)　$(x+y-1)^2$　(6)　$a=\frac{1-10b}{26}$

3　(1)　48個　(2)　$n=14$　(3)　8個　(4)　22時～23時

4　(1)　$a=2$　(2)　$p=4$　(3)　M＝9

5　(1)　27　(2)　$\frac{9}{2}$　(3)　2

6　(1)　106度　(2)　25：36　(3)　$\frac{39}{10}$cm

○推定配点○

各4点×25　計100点

＜数学解説＞

基本 1　(正負の数，平方根，式の計算)

(1)　$2x-(-9x)\times3=2x+27x=29x$

(2)　$77\times19.23+23\times19.23=(77+23)\times19.23=100\times19.23=1923$

(3)　$\sqrt{256}-\sqrt{196}=16-14=2$

(4)　$8x^3y^5\div\left(\frac{4x^2y^6}{7}\right)\times\frac{y}{7x^3}=8x^3y^5\times\frac{7}{4x^2y^6}\times\frac{y}{7x^3}=\frac{2}{x^2}$

(5)　$\frac{3}{2}+\frac{4}{3}-\frac{5}{4}=\frac{18+16-15}{12}=\frac{19}{12}$

(6)　$(x+y)^2-(x-2y)^2=(x^2+2xy+y^2)-(x^2-4xy+4y^2)=6xy-3y^2$

基本 2　(一次方程式，二次方程式，比例式，連立方程式，因数分解，等式の変形)

(1)　$3(x+2)=-2(3x-1)$　$3x+6=-6x+2$　$9x=-4$　$x=-\frac{4}{9}$

(2)　$3x^2-18x-81=0$　$x^2-6x-27=0$　$(x-9)(x+3)=0$　$x=9,\ -3$

(3)　$19:(23+x)=12:24$　$12(23+x)=19\times24$　$23+x=38$　$x=15$

(4)　$x+2y=-7$…①　$5x-y=9$…②　①＋②×2より，$11x=11$　$x=1$　これを①に代入して，$1+2y=-7$　$2y=-8$　$y=-4$

(5)　$(x+y)^2-2(x+y)+1=\{(x+y)-1\}^2=(x+y-1)^2$

(6)　$\frac{5a+3b}{2}-\frac{a+2b}{3}=\frac{1}{12}$　$6(5a+3b)-4(a+2b)=1$　$30a+18b-4a-8b=1$　$26a+10b=1$　$a=\frac{1-10b}{26}$

3 (代金，数の性質，場合の数，時差)

(1) $100\div12=7$あまり16より，100円玉1枚で7個ずつ買うとおつりは10円玉と5円玉と1円玉が1枚ずつ返ってくる。$50\div12=1$あまり38より，50円玉1枚で1個ずつ買うとおつりは10円玉3枚と5円玉1枚と1円玉3枚が返ってくる。よって，$7\times6+1\times6=48$より，商品を最低48個買えばよい。

基本 (2) $\sqrt{504n}=\sqrt{2^3\times3^2\times7n}$より，$n=2\times7=14$のとき題意を満たす。

基本 (3) 12，15，21，24，42，45，51，54の8個。

(4) チバちゃんが通話可能な6時から8時は，フランスでは22時から0時でレイくんは睡眠中である。また，チバちゃんが通話可能な18時から23時は，フランスでは10時から15時であるからレイくんは14時から15時までなら通話可能である。よって，チバちゃんは22時から23時まで通話可能である。

4 (図形と関数・グラフの融合問題)

基本 (1) $y=x^2$に$x=-1$を代入して，$y=1$　直線$y=ax+3$は点$(-1,\ 1)$を通るから，$1=-a+3$　$a=2$

重要 (2) $\mathrm{A}(p,\ p^2)$，$\mathrm{B}(p,\ 2p+3)$，$\mathrm{C}(0,\ 3)$　$\triangle\mathrm{COB}:\triangle\mathrm{ABC}=\mathrm{CO}:\mathrm{AB}$だから，$3:\{p^2-(2p+3)\}=3:5$　$p^2-2p-3=5$　$p^2-2p-8=0$　$(p-4)(p+2)=0$　$p>3$より，$p=4$

(3) $x=t$のとき，$\mathrm{M}=t^2$　$x=\sqrt{3}$のとき，$m=(\sqrt{3})^2=3$　よって，$\dfrac{t^2+3}{t}=2(t-1)$　$t^2+3=2t^2-2t$　$t^2-2t-3=0$　$(t-3)(t+1)=0$　$\sqrt{3}\leqq t$より，$t=3$　よって，$\mathrm{M}=3^2=9$

基本 ## 5 (空間図形)

(1) 立方体の体積は，$3^3=27$

(2) P，Q，Rがそれぞれ頂点B，D，Gに一致するときだから，$\dfrac{1}{3}\times\dfrac{1}{2}\times3^2\times3=\dfrac{9}{2}$

(3) $\mathrm{CP}=\mathrm{CQ}=\mathrm{CR}=x$とすると，$\dfrac{1}{3}\times\dfrac{1}{2}\times x^2\times x=\dfrac{1}{6}x^3$　よって，$\dfrac{1}{6}x^3=\dfrac{4}{3}$　$x^3=8$　$x^3=2^3$　したがって，$x=2$

6 (平面図形)

基本 (1) $\mathrm{OA}=\mathrm{OB}$だから，$\angle\mathrm{OAB}=\angle\mathrm{OBA}=\angle\mathrm{BAC}=37^\circ$　よって，$\angle\mathrm{AOB}=180^\circ-37^\circ\times2=106^\circ$

重要 (2) $\triangle\mathrm{ABD}$と$\triangle\mathrm{ECD}$において，弧BCの円周角だから，$\angle\mathrm{BAD}=\angle\mathrm{CED}$　対頂角だから，$\angle\mathrm{ADB}=\angle\mathrm{EDC}$　2組の角がそれぞれ等しいので，$\triangle\mathrm{ABD}\backsim\triangle\mathrm{ECD}$　相似比は，$\mathrm{AD}:\mathrm{ED}=\dfrac{5}{2}:3=5:6$　よって，面積比は，$5^2:6^2=25:36$

重要 (3) ACは直径だから，$\angle\mathrm{ABC}=90^\circ$　$\triangle\mathrm{ABC}$と$\triangle\mathrm{BHC}$において，$\angle\mathrm{ABC}=\angle\mathrm{BHC}=90^\circ$　共通だから，$\angle\mathrm{ACB}=\angle\mathrm{BCH}$　2組の角がそれぞれ等しいので，$\triangle\mathrm{ABC}\backsim\triangle\mathrm{BHC}$　$\mathrm{AC}:\mathrm{BC}=\mathrm{BC}:\mathrm{HC}$　$\mathrm{HC}=\dfrac{6\times6}{10}=\dfrac{18}{5}$　よって，$\mathrm{DH}=\mathrm{AC}-\mathrm{AD}-\mathrm{HC}=10-\dfrac{5}{2}-\dfrac{18}{5}=\dfrac{39}{10}$(cm)

★ワンポイントアドバイス★

出題傾向，難易度とも例年通りである。数と式，方程式の計算力をしっかりと養いあらゆる分野の基礎を固めておこう。

＜英語解答＞ 《学校からの正答の発表はありません。》

1 A 1 イ 2 ア B ウ，エ
2 1 white 2 century 3 eat 4 draw
3 1 イ 2 ウ 3 ア 4 エ
4 1 exciting 2 is 3 visiting 4 written
5 1 ア 2 ウ 3 イ 4 エ　6 1 blood 2 cloud
7 1 ア 2 カ 3 オ 4 ウ　8 1 イ 2 ウ 3 ア 4 エ
9 1 ① ア ② ウ ③ イ ④ エ 2 エ
10 1 B 2 イ 3 ウ 4 オ 5 エ

○推定配点○
9・10 各4点×10　他 各2点×30　計100点

＜英語解説＞

1 (発音)

A 1 [dilíʃəs] 2 [sɑ́iənṭist]

B ア [ei]と [e]。 イ [ou]と[ɔ]。 ウ ともに[ʌ]。 エ ともに[e]。

2 (単語)

1 「空」「青い」＝「雪」「白い」 white「白い」

2 「12か月」「1年」＝「100年」「1世紀」 century「世紀」

3 「お茶」「飲む」＝「ハンバーガー」「食べる」 eat「～を食べる」

4 「手紙」「書く」＝「絵」「描く」 draw a picture「絵を描く」

重要 3 (言い換え・書き換え：前置詞，受動態，接続詞，疑問詞)

1 「10月13日は私の母の誕生日だ」「私の母の誕生日は10月13日にある」〈on ＋日付〉「～に」

2 「ウエハラ先生は教室の扉を素早く閉めた」「教室の扉はウエハラ先生によって素早く閉められた」能動態から受動態への書き換え。能動態の文の shut は過去形なので(現在形ならば shuts となる)，過去形の受動態 was shut とする。その後に by ～「～によって」を置く。shut － shut － shut

3 「昨日はとても暑い日だった，それで私たちは全く外出しなかった」「私たちは全く外出しなかった，なぜなら昨日はとても暑い日だったからだ」because ～「なぜなら～だから」

4 「私たちが目的地に向かってここを出発する時間を教えてください」「目的地に向かっていつここを出発するか教えてください」〈when to ＋動詞の原形〉「いつ～するか」

基本 4 (語形変化：時制，動名詞，分詞)

1 exciting「刺激的な，ワクワクするような」

2 時や条件を表す副詞節中では未来のことを現在形で表すので，is とする。

3 remember ～ing「～したことを覚えている」〈remember to ＋動詞の原形〉「～することを覚えておく，忘れずに～する」との違いに注意する。

4 受け身を表す形容詞的用法の過去分詞句 written in English「英語で書かれた」が game manual を後ろから修飾する。

基本 5 (語句補充・選択：助動詞，分詞，不定詞，熟語，動名詞)

1 〈don't have to ＋動詞の原形〉「～する必要はない，～しなくてもよい」

2 形容詞的用法の現在分詞句 reading a comic「マンガを読んでいる」が boy を後ろから修飾す

る。

3 〈forget to ＋動詞の原形〉「～するのを忘れる」

4 look forward to ～ing「～するのを楽しみにする」

6 (語彙：単語)

1 「人間や動物の体を流れる赤い液体は血と呼ばれる」 blood「血」

2 「雲は空中にある，非常に小さな水滴から成る灰色または白色のかたまりだ」 cloud「雲」

7 (語句整序：構文，前置詞，助動詞，熟語)

1 There aren't any post offices near here. 〈There are not any ＋複数名詞〉「～が全くない」 near here「ここの近くに，このあたりに」

2 I finished my homework three days ago. finish「～を終わらせる」 ～ ago「～前に」

3 (Hey,) that singer with a hat can't be over 70. with ～「～を身に着けた」 can't ～「～のはずがない」 over ～「～を超えて」

4 Yumi is not interested in baseball at all. be interested in ～「～に興味がある」 not ～ at all「まったく～ない」

基本 **8** (対話文完成：口語表現)

1 A：あなたのカバンは何てかわいいのかしら！ ユミ，それをどこで手に入れたの？／B：ママが銀座のデパートで私に買ってくれたのよ。／A：それは誕生日プレゼントっていうことね？／B：その通りよ。

2 A：あなたは北海道出身だそうですね。私は来月，函館に行きます。／B：それは素晴らしいですね。あなたはそこに行ったことがありますか？／A：いいえ。今回が初めての訪問です。／B：素敵な旅行になりますように。 Have you ever been there before? は経験を尋ねる現在完了の疑問文。「あなたは今までにそこに行ったことがありますか」

3 A：もしもし，オガワ・ユキと申します。カトウさんとお話ししたいのですが。／B：申し訳ございませんが，今，外出しております。伝言を承りましょうか？／A：はい，私が正午ごろに事務所にお伺いすることをお伝えください。／B：かしこまりました。 電話での会話。

4 A：今日の夕方は雨が降りそうよ。私は傘を家に置いてきてしまったわ。／B：心配しないで。必要なら僕のものを貸すよ。僕はもう1本持っているんだ。／A：本当？ あなたは何て賢いの！／B：そんなことないよ。僕は今朝，かばんに傘を入れた。でも先週，そのかばんに別の傘を入れたのを忘れていたんだ。

9 (長文読解問題・物語文：内容吟味，要旨把握)

(全訳) これはメラネシアの昔話である。

昔昔，1人の少年が川の近くで焼いたヤマイモを食べていた。ちぎれたヤマイモのかけらが川に落ちると，1匹のウナギが現れてそれを食べた。突然，そのウナギは若者に変身し，その少年の前に立った。少年はそれが変身するのを見て驚いたが，その若者と仲良くなり，ヤマイモの半分をあげた。彼らが食べ終わると，若者は言った。「私は本当に食事を楽しんだ。何ておいしいヤマイモだったんだろう！ また明日も食べられるといいな」 彼はウナギの姿に戻った後，川へ帰った。

翌日，その少年が川の近くでヤマイモを焼いていると，昨日見たウナギが再び現れ，若者に変身した。彼らがヤマイモを食べ終わってから，若者が「さあ，頭に油を塗って格好良くしよう」と言った。

そして彼らは身なりを整え，村人たちが畑を耕すのを手伝った。村人たちはその少年とその男性を興味津々で見つめた，なぜなら彼らは頭に油を塗って身なりを整えていたからだ，そこで村人たちは彼らの周りに集まった。

村人たちは仕事を終えると，村の男たちは家に帰ったが，村の女たちはその若者をうっとりとした目つきで眺め，彼のそばを離れようとしなかった。女たちの夫は全員怒り，途中から引き返してきて自分の妻を魅了した若者を殺そうとした。

少年は夫たちが若者のほうに戻ってくるのを見て，彼をウナギの姿に戻すために彼に水をかけた。村の男たちはそのウナギを捕まえようとしたが，それは手からすり抜けてしまい，捕まえることができなかった。とうとう，それは川の中に消えてしまった。

村の男たちは怒って言った。「ウナギめ，雨が降ったらお前がどうなるか，覚えておけよ！」

すると突然，雨が激しく降り，川の水量が増えたので，そのウナギは土手に押し上げられた。後になって水が減ると，村の男たちはその気絶したウナギを捕まえて切り刻んだ。彼らが村に帰ってから，少年はウナギに駆け寄り，静かに泣いた。彼は親友の死がとても悲しかった。その少年の涙がウナギの上にこぼれると，すぐにそれは再び若者に変身して，立ち上がった。「僕のために泣いてくるなんて君はとてもやさしいね。僕の感謝のしるしとして，僕は君だけに大切なことを教えるよ。君はできるだけすぐに，両親と一緒にこの島を出たほうがいい」

少年は走って家に帰り，彼らにそれについて話した。彼の両親とその息子はすぐに島を出て，遠くの島に行って暮らした。

彼らが島を出て数日後，1人の老女が川岸を歩いていると，ウナギが歌うのが聞こえた。彼女はそこで村人たちに言った。「あなたたちもきっと，ウナギが歌っているのが聞こえるでしょう。それが言っていることを，よく聞いたほうがいいわ」

しかし，村の人々はその老女の忠告を聞かずに言った。「あんたは何を言っているんだ？　あのウナギはもう死んだぞ」　しかしその歌声は確かにあのウナギのものだった。その歌が終わった直後，村人たちが今までに見たこともない大波が立ち込め，村人たちと島全体を飲み込んだ。

やや難　1　①「村の男たちはその若者に対して怒り，そのウナギを捕まえようとした，なぜなら彼らの妻たちは彼に魅了され，夫と一緒に家に帰らなかったからだ」

②「死後，そのウナギは，少年の涙がウナギの上に落ちた時に再び若者に変身することができた」

③「少年は島をすぐに出るよう言われた後，両親にできるだけすぐに島から逃げたほうがいいと言った」

④「その老女が村人たちに忠告した時，彼らは彼女の言葉をきちんと聞かなかった」

重要　2　エ「恩返しをしたウナギ」が適切。return a favor「恩返しをする，恩に報いる」

10　(長文読解問題・論説文：脱文補充，指示語，語句補充・選択，内容一致，要旨把握)

(全訳)　題名　①緑とともに生きること

パート1　②ハーベスト・タワー

バンクーバー市は2030年までにハーベスト・グリーン・タワーを建設する計画である。ハーベスト・グリーン・タワーは風力と太陽光によって食品と自らが必要なエネルギーを生産する，「直立した農場」である。それは地球温暖化と戦うための，新しい形の緑化開発である。

タワーは様々な果物や野菜を育てる管から成る。また，鶏や魚がいる農場もある。(B)建物の最上部には大きな水のタンクがある。それは雨水を集め，それはその建物内のすべての植物や動物に水を供給するのに役立つ。農場の動物たちの場所はそのタワーの土台部分にある。その下には食品店，レストラン，農場直売所，オフィス，そして教育センターがある。屋上のウインドタービンやヒートポンプが再生可能エネルギーを生産する。

そのタワーは2つの方法で地球温暖化と戦う。第1に，人々を養うための農場開発に，さらに森林破壊をする必要がない。次に，そのタワーが地域の食品を供給するため，市が食品を輸入する必要がない。Eそれは，食品を輸送することから発生する二酸化炭素が産出されないということだ。

パート2 ③食物連鎖

緑色植物はすべてのものの糧となる。それらは実際，食物連鎖の始まりだ。しかしどのようにして？ その答えは，それらが日光を使ってすることと密接に関係している。1年中，緑色植物は光合成を行う。Photo は「光」を意味し，synthesis は「作ること」という意味だ。よって，「光合成」は「光を使って食料を作る」という意味である。

光合成をするために，緑色植物は日光だけではなくさらに必要なものがある。二酸化炭素と水も必要なのだ。それらは大気中から二酸化炭素を，土壌から水分を吸収する。葉緑素は，緑色植物の葉の中にある緑色の物質で，太陽エネルギーをとらえて光合成のプロセスを開始する。そのため，光合成は日中のみ行われる。

光合成の主な産物はブドウ糖だ。ブドウ糖は植物が成長するのを助ける，糖の一種である。植物は成長し，虫や小形動物の食料となる。これらの生物は次に，さらに大きな動物の食料になる。このようにして，光合成は地球上の生物にとって必須である。もう1つの重要な光合成の産物は酸素だ。その過程により，私たちが呼吸できるよう，大気中の酸素の通常レベルが保たれる。植物がなければ，F地球上の生物は生きていくことができない。

やや難 1 入れるべき英文の a large water tank「大きな水のタンク」に着目する。空所Bにこの文を入れると，次の文の It collects rainwater「それは雨水を集める」とつながる。

2 この That は直前の文の内容を指す。よってイ「バンクーバー市は食品を輸入する必要がない」が適切。

3 植物は地球上の生物にとって非常に重要なので，我々は植物がなければ生きられない。survive「生き延びる」

重要 4 オ「光合成は1日のうちいつでも行われる」が誤り。Part2の第2段落最終文に「光合成は日中(昼間)のみ行われる」とある。

やや難 5 全訳下線部参照。Part1の英文はバンクーバー市のハーベスト・グリーン・タワーについて紹介する文章で，Part2の英文は緑色植物の光合成と食物連鎖について説明する文章である。Part1とPart2をまとめる共通の題名としては，①「緑とともに生きること」が適切。

★ワンポイントアドバイス★

9の長文読解問題は，昔話(外国の民話)特有の荒唐無稽な話の展開についていくことが重要である。

＜国語解答＞ 《学校からの正答の発表はありません。》

一 ① おとめ ② ひよく ③ ふんがい ④ 嵐 ⑤ 徹頭徹尾

二 ア ○ イ ○ ウ × エ × オ ×

三 問一 博物館 問二 ア 問三 エ 問四 イ 問五 底石

四 問一 ウ 問二 自分の論文 問三 【c】 問四 「私のことをこんな人間だと思って欲しい」という情報 問五 ア・エ

五 問一 (例) アンのつぶやく様子 問二 イ 問三 X 中身 Y 知識 問四 イ 問五 唐菓子

六　問一　(1)　のたまい　　(2)　イ　　問二　ける　　問三　ただし思ひ　　問四　ウ
問五　ウ

○推定配点○
一・二　各2点×10　　三・四　各4点×10(四問五完答)　　五　問三　各2点×2
他　各4点×4　　六　問一　各2点×2　　他　各4点×4　　　計100点

＜国語解説＞

一　(漢字の読み書き)

①「乙」の音読みは「オツ」で,「甲乙」などの熟語がある。　②　土地が肥えていて農作物がよく育つこと。　③　ひどく腹を立てること。「憤」の訓読みは「いきどお(る)」。　④「嵐」を使った慣用句には,「嵐の前の静けさ」などがある。　⑤　最初から最後まで。

二　(内容吟味)

問「交通事故発生件数及び自転車事故発生件数の推移(千葉県)」に,アとイは合致する。自転車事故発生件数が最も多いのは平成二十六年なので,ウは合致しない。「自転車事故の年齢別死傷者数割合(令和2年　千葉県)」によると,自転車事故の死傷者数において二十四歳以下と六十五歳以上の年齢層が占める割合は五割強なので,「七割」とあるエは合致しない。自転車事故の死傷者数割合が二番目に多い年齢層は高校生なので,オも合致しない。

三　(説明文一主題・表題,内容吟味,文脈把握,脱文・脱語補充)

基本　問一　直前の文に「博物館付属動物園」とある。ここから,適当な三字の語を抜き出す。

問二　傍線部①「自然科学を根拠にした資料収集と展示をおこなう博物館」を「研究の側面を持つ博物館」に,「無縁な姿」を「かけ離れている」と言い換えているアが適当。イ「博物館に勤務する人々のプライド」,ウ「動物との信頼関係」については述べていない。エは,「博物館という商業的なあり方」の部分が適当ではない。

問三　直後の文「わずかな兆しではあるが……その流れにさざ波が立つようになった」にふさわしい見出しを選ぶ。「さざ波が立つようになった」は,「変化」を喩えている。

問四　C　直後の文の「野生動物の生息地を奪い,種の絶滅や生息数の減少を進行させた」に着目する。　D　直後の文の「人々は多様な消費型レジャーを求めはじめた」から,イが適当。

やや難　問五　同じ文の「少しずつ揺さぶりはじめた」は,「わずかな兆し」で始まる段落の「波を立たせた」を具体的に述べている。「波を立たせた」ものを喩えて言いあらわした語を抜き出す。

四　(論説文一大意・要旨,文脈把握,指示語の問題,脱文・脱語補充)

やや難　問一「ダウンロードした電子書籍のリスト」と実在の「本棚」との違いは何か。一つ後の段落に「僕たちは……『いずれ読まねばならぬ本』を買う」とあるように,「いつでも買える」「電子書籍のリスト」に対して,本棚の本は自分が「読まねばならぬ」本のリストである。

問二　傍線部①は,直前の段落の「『すごい。これだけ……珍書奇書の蒐集に精を出していた学者たち」を指しているが指定字数に合わない。この「学者たち」について説明している他の部分を,同じ直前の段落から抜き出す。

やや難　問三　[抜けている文]は,「出版文化」の「危機」について述べている。【c】の後に「どうして誰も本棚のことを問題にしないのでしょう」とあり,筆者は出版文化の危機だけではなく,本棚の問題についても考えるべきだと論を展開している。したがって,適当な箇所は【c】。

問四「人間関係を取り結ぶために」役立つ情報とは,どのような情報か。一つ前の文に「『私のことをこんな人間だと思って欲しい』という情報」とある。

重要 問五 「ときには」で始まる段落の内容とアが,「紙の本が」で始まる段落の内容とエが合致する。「電子書籍の」で始まる段落の内容とイ,【c】で始まる段落の内容とウ,【b】で始まる段落の内容とオがそれぞれ合致しない。

五 (小説—情景・心情,文脈把握,指示語の問題,脱文・脱語補充,ことわざ・慣用句)

やや難 問一 立花さんが笑ったのは,アンが「……日本は,身体がふろしきな時点で何か違うと思います」と「つぶやく」のを聞いたからである。「アン」と「つぶやく」という語を用いる。

問二 日本が「受け止め」たのは何か。同じ会話に「文化って伝わる」とあるのに着目する。

重要 問三 「飴細工」は,見かけだけ美しくて実質がないという意味を持つ。直後の段落で,アンは立花さんと比べた自分を「中身のない空のおまんじゅう」と言っている。ここから,空欄Xにあてはまる語を抜き出す。空欄Yには,立花さんが持っているものがあてはまる。最終文の「立花さんや椿店長の知識があってこそ」に着目する。

問四 後の立花さんの会話にあるように,「ガラスと同じ,吹いて形を作るもの」を選ぶ。ウの「ラムネ瓶」は「吹いて形を作るもの」ではない。

問五 本文の前半に「和菓子だって,唐菓子の影響なしに語ることができない」とある。

六 (古文—大意・要旨,文脈把握,語句の意味,仮名遣い,表現技法,文学史)

〈口語訳〉 同じ年の閏二月二日,二位殿は熱くてたえられなかったけれども,(平清盛の)御枕元に寄って,泣く泣くおっしゃるには,「御様子を拝見しますと,日ましに悪くなるようにお見えになります。この世に思い残されることがありましたら,少しでも意識がはっきりしておられる時に,おっしゃっておいてください」とおっしゃった。平清盛は,あれほど日頃は立派でいらっしゃったけれども,本当に苦しそうで,息の下でおっしゃるには,「私は保元・平治の乱からこのかた,たびたび朝敵を倒し,功績は身に余るほどで,おそれ多くも帝の祖父,太政大臣にまでのぼり,栄華は子や孫にまで及んでいる。この世の望みは何一つ思い残すことはない。ただし思い残すこととしては,伊豆の国の流人,前左兵衛佐頼朝の首を見なかったことだけが残念だ。自分がどうかなった後は,決して仏堂や塔を建てたり仏事供養をしてはならぬ。すぐに討手をつかわし,頼朝の首をはねて,私の墓の前にかけよ。それこそなによりの供養であろう」とおっしゃったことはいかにも罪深いことであった。

同じ月の四日に病気に苦しめられ,せめてもの事として板に水を注いで,その上に寝転がられたが,助かる心地もなさらない。身もだえして苦しみとうとう熱さで死になさったのであった。

問一 (1) 語頭以外のハ行は現代仮名遣いではワ行に改める。 (2) 「宣ふ」は,言うの尊敬語。

重要 問二 係り結びの法則が働いている。前の「ぞ」という係助詞を受け,連体形の「ける」で結ぶ。

問三 「われ保元」で始まる入道相国の言葉の「ただし思ひおく事とては」の後に着目する。

重要 問四 「われいかにもなりなん後は,堂塔をもたて孝養をもすべからず」としてウが適当でない。

基本 問五 鎌倉時代に成立した作品はウの『宇治拾遺物語』。他はすべて平安時代に成立した作品。

★ワンポイントアドバイス★

問題数が多いので,解答を見直す時間は期待できない。ふだんから時間を意識して解答しよう。

2日目

2023年度

解　答　と　解　説

《2023年度の配点は解答欄に掲載してあります。》

＜数学解答＞ 《学校からの正答の発表はありません。》

1　(1)　$-3a$　(2)　19　(3)　0　(4)　$\frac{3}{4}x^2$　(5)　$-6a+16b$　(6)　$2x$

2　(1)　$x=\frac{3}{5}$　(2)　$x=\frac{5\pm\sqrt{37}}{2}$　(3)　$x=3$　(4)　$(x, y)=(2, -1)$

(5)　$(x+3)(x-16)$　(6)　$z=\pm\frac{3y}{x}$

3　(1)　$n=3$　(2)　$\frac{1}{8}$　(3)　7%　(4)　6.5km

4　(1)　$y=-5x+6$　(2)　$(3, -9)$　(3)　6

5　(1)　2　(2)　$\sqrt{19}$　(3)　$\frac{\sqrt{19}}{2}$

6　(1)　5通り　(2)　11通り　(3)　$n=8$

○推定配点○

各4点×25　計100点

＜数学解説＞

基本　1　(正負の数，平方根，式の計算)

(1)　$5a-2a\times4=5a-8a=-3a$

(2)　$\left(\frac{2}{3}-\frac{5}{17}\right)\times51=\frac{2}{3}\times51-\frac{5}{17}\times51=34-15=19$

(3)　$\sqrt{8}\times\sqrt{27}-3\sqrt{24}=2\sqrt{2}\times3\sqrt{3}-3\times2\sqrt{6}=6\sqrt{6}-6\sqrt{6}=0$

(4)　$(3xy^2)^2\div6xy\times\frac{x}{2y^3}=9x^2y^4\times\frac{1}{6xy}\times\frac{x}{2y^3}=\frac{3}{4}x^2$

(5)　$2(3a+4b)-4(3a-2b)=6a+8b-12a+8b=-6a+16b$

(6)　$(x-4)^2-(x-2)(x-8)=x^2-8x+16-(x^2-10x+16)=2x$

基本　2　(一次方程式，二次方程式，比例式，連立方程式，因数分解，等式の変形)

(1)　$\frac{1}{2}(16x-3)=-2x+\frac{9}{2}$　$16x-3=-4x+9$　$20x=12$　$x=\frac{3}{5}$

(2)　$x^2-5x-3=0$　解の公式を用いて，$x=\frac{-(-5)\pm\sqrt{(-5)^2-4\times1\times(-3)}}{2\times1}=\frac{5\pm\sqrt{37}}{2}$

(3)　$\frac{3}{11}:0.5=6x:33$　$0.5\times6x=\frac{3}{11}\times33$　$3x=9$　$x=3$

(4)　$3x+5y=1$…①　$4x-3y=11$…②　①×3＋②×5より，$9x+20x=3+55$　$29x=58$
$x=2$　これを①に代入して，$6+5y=1$　$y=-1$

(5)　和が-13，積が-48となる2数は3と-16だから，$x^2-13x-48=(x+3)(x-16)$

(6)　$\frac{2}{3}x^2yz^3=6y^3z$　$2x^2yz^3=18y^3z$　$z^2=\frac{9y^2}{x^2}$　$z=\pm\frac{3y}{x}$

基本 **3** (数の性質，確率，食塩水，平面図形)

(1) $\sqrt{\frac{108}{n}}=\sqrt{\frac{2^2\times3^3}{n}}$ より，求める自然数nは3

(2) 求める確率は，$\frac{8}{8\times8}=\frac{1}{8}$

(3) $\left(100\times\frac{4}{100}+300\times\frac{8}{100}\right)\div(100+300)\times100=7$(%)

(4) 略図の直線距離は$\sqrt{5^2+12^2}=13$　登山口から山頂までの直線距離を$x$kmとすると，$13:5=x:2.5$　$x=\frac{13\times2.5}{5}=6.5$(km)

基本 **4** (図形と関数・グラフの融合問題)

(1) 直線lの式を$y=ax+6$とすると，A(1, 1)を通るから，$1=a+6$　$a=-5$　よって，直線lの式は$y=-5x+6$

(2) $y=-x^2$と$y=-5x+6$からyを消去して，$-x^2=-5x+6$　$x^2-5x+6=0$　$(x-2)(x-3)=0$　$x=2$, 3　よって，点Bのx座標は3であるから，y座標は$y=-3^2=-9$　したがって，B(3, −9)

(3) 直線lとx軸との交点をCとすると，$0=-5x+6$　$x=\frac{6}{5}$　よって，$C\left(\frac{6}{5}, 0\right)$　$\triangle ABO=\triangle ACO+\triangle BCO=\frac{1}{2}\times\frac{6}{5}\times1+\frac{1}{2}\times\frac{6}{5}\times9=6$

5 (空間図形)

基本 (1) FG=AD=xとすると，$1\times x\times\sqrt{3}=2\sqrt{3}$　$x=2$

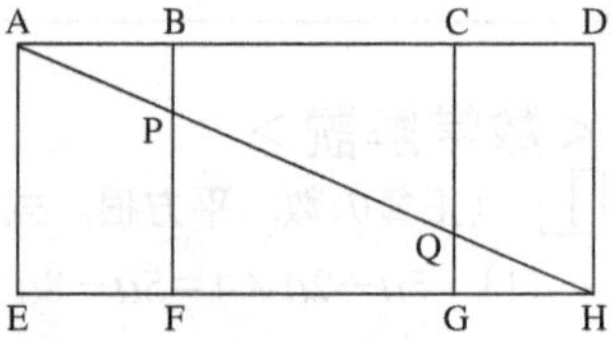

重要 (2) 右の図で，AHの最短の距離の長さは，直角三角形ADHの斜辺AHの長さに等しく，$\sqrt{(1+2+1)^2+(\sqrt{3})^2}=\sqrt{19}$

重要 (3) 右の図で，PQ：AH=BC：AD=2：4=1：2　よって，$PQ=\frac{1}{2}AH=\frac{\sqrt{19}}{2}$

6 (場合の数)

基本 (1) 4=4, 4=3+1, 4=2+2, 4=2+1+1, 4=1+1+1+1より，P(4)=5通り。

(2) 6=6, 6=5+1, 6=4+2, 6=4+1+1, 6=3+3, 6=3+2+1, 6=3+1+1+1, 6=2+2+2, 6=2+2+1+1, 6=2+1+1+1+1, 6=1+1+1+1+1+1より，P(6)=11通り。

(3) 7=7, 7=6+1, 7=5+2, 7=5+1+1, 7=4+3, 7=4+2+1, 7=4+1+1+1, 7=3+3+1, 7=3+2+2, 7=3+2+1+1, 7=3+1+1+1+1, 7=2+2+2+1, 7=2+2+1+1+1, 7=2+1+1+1+1+1, 7=1+1+1+1+1+1+1より，P(7)=15通り。8=8, 8=7+1, 8=6+2, 8=6+1+1, 8=5+3, 8=5+2+1, 8=5+1+1+1, 8=4+4, 8=4+3+1, 8=4+2+2, 8=4+2+1+1, 8=4+1+1+1+1, 8=3+3+2, 8=3+3+1+1, 8=3+2+2+1, 8=3+2+1+1+1, 8=3+1+1+1+1+1, 8=2+2+2+2, 8=2+2+2+1+1, 8=2+2+1+1+1+1, 8=2+1+1+1+1+1+1, 8=1+1+1+1+1+1+1+1より，P(8)=22通り。よって，P(n)がはじめて20通りを超えるのは$n=8$である。

★ワンポイントアドバイス★

例年と出題傾向，難易度はほぼ同じである。見慣れない問題もあるが，むずかしくはないのでしっかりと取り組もう。

＜英語解答＞ 《学校からの正答の発表はありません。》

1　A 1 ア　2 イ　B ア，エ
2　1 large　2 cities　3 gave　4 stopping
3　1 イ　2 ウ　3 ア　4 エ
4　1 walking　2 Were　3 told　4 to win
5　1 イ　2 エ　3 ア　4 ウ　6　1 Money　2 present
7　1 イ　2 ア　3 エ　4 ア　8　1 ウ　2 イ　3 ア　4 エ
9　1 ① オ　② ア　③ エ　2 イ　3 エ　4 A エ　B ウ　C ア
5 アとオ

○推定配点○
9　各4点×10　他　各2点×30　計100点

＜英語解説＞

1　（発音）

A 1 [wʌ'ndərfəl]　2 [ikspíəriəns]

B ア ともに[ʌ]。 イ [ɔ]と[æ]。ウ [juː]と[ʌ]。 エ ともに[iː]。

基本　2　（単語：反意語）

1 「暑い」「涼しい」＝「小さい」「大きい」 反意語の関係。 large「大きい」

2 名詞の単数形と複数形の関係。city は y を i にかえて -es を付ける。

3 動詞の原形と過去形の関係。speak － spoke － spoken　give － gave － given

4 動詞の原形と～ing形の関係。stop は p を重ねて -ing を付ける。

3　（言い換え・書き換え：前置詞，受動態，熟語，動名詞，不定詞）

1 「私は息子にCDを買うつもりだ」「私はCDを息子に買うつもりだ」 〈buy ＋人＋もの〉＝〈buy ＋もの＋ for ＋人〉「(人)に(もの)を買う」

2 「彼は有名なミュージシャンらしい」「彼は有名なミュージシャンだと言われている」 I hear that ～「～だそうだ，～らしい」 It is said that ～「～だと言われている」

3 「彼女は英語をとても上手に話す」「彼女は英語を話すのが上手だ」 be good at ～ing「～するのが上手だ，得意だ」

4 「私の趣味は切手を集めることだ」 動名詞を名詞的用法の不定詞に書き換える。

基本　4　（語形変化：進行形，時制，受動態，不定詞）

1 現在進行形「～している」の文。主語が3人称単数の現在進行形は is ～ing となる。

2 主語が you の場合，過去形のbe動詞は were である。

3 「～された」は受動態〈be動詞＋過去分詞〉で表す。 tell － told － told

4 感情を表す形容詞の後ろの不定詞は，「～して…」と感情の原因・理由を表す。

基本　5　（語句補充・選択：分詞，前置詞）

1 形容詞的用法の現在分詞句 playing the piano「ピアノを弾いている」が girl を後ろから修飾する。

2 状態を表す文の動詞はbe動詞 を用いる。主語 the weather「天気」は単数なので，is となる。

3 〈in＋月〉「～月に」

4 〈make ＋目的語＋形容詞〉「～を…にさせる」

6 (語彙：単語)

1 「お金はものを買うために使われる硬貨や紙幣だ」 money「お金」

2 「プレゼントは，特別な機会に，特に友情を示すためや感謝を伝えるため，あなたがそれを自分から要求せずに，もらうものだ」 present「プレゼント」

7 (語句整序：疑問詞，熟語，不定詞，比較)

1 What time did you get home? What time は「何時に」と時間を尋ねる。get home「帰宅する」

2 My father works for a bank in Tokyo. work for ～「～で働く」

3 He went to the United States to learn English. to learn English は目的を表す副詞的用法の不定詞。

4 (I think) the most beautiful beaches in the world are (in Okinawa.) 〈the ＋最上級＋名詞＋ in the world〉「世界で最も…な(名詞)」

基本 8 (対話文完成：口語表現)

1 A：食器を洗ってくれませんか？／B：食器洗い機を使ってもいいですか？ do the dishes「食器を洗う」

2 A：おはようございます。ご用件を伺いましょうか？／B：見ているだけです。ありがとう。／A：かしこまりました。ごゆっくり。 店員と客の会話。

3 A：私はサンドイッチを作るつもりです。手伝ってくれませんか？／B：もちろん。何をすればいいですか？／A：あれらの卵を持ってきてください。 What can I do for you?「私はあなたのために何ができますか」は手伝いを頼まれた時に「何をすればいい？」と尋ねる言い方。

4 A：もうレポートを終わらせたの？／B：いや，今やっているよ。／A：何ですって？ でも今，あなたは本を読んでいるでしょう。／B：ああ，宿題をするためにこの本を読む必要があるんだ。

9 (会話文読解・資料読解問題：語句補充・選択，内容一致，文補充・選択)

パート1 (全訳) 夏休みのある日，中学3年生のアキは友人のユイと映画を見に行った。

アキ：すごくおもしろかった。私はこの映画をとても楽しんだわ。あなたはどのようにして恐竜に興味を持ったの？

ユイ：そうねえ。私の姉のミウを知っているよね？

アキ：もちろん。私はあなたの家で彼女がピアノを弾いているのを聞いたことがある。ピアノがすごく上手よね。

ユイ：うん，そう。数年前，彼女は私を上野の国立博物館で開催された「恐竜博覧会」というイベントに連れて行ってくれたの。たくさんの種類の恐竜の化石を見て回っていた時，ティラノサウルスの大きな骨格に出くわしたの。すごいインパクトがあったわ。

アキ：なるほど。彼女も恐竜が好きってことね。

ユイ：彼女はそれらの最新の発見について興味があったんだと思う。彼女は大学で生物学を専攻していて，今は恐竜ではなく鳥の生態について勉強しているの。

アキ：それでは彼女はバードウォッチングが好きなの？

ユイ：うん。月に1回か2回ね。彼女は野山の鳥の鳴き声を記録しようとしているの。

アキ：わあ，ピアノ，恐竜，そして鳥の鳴き声…。彼女は私の憧れの人よ！ また彼女に会いたいわ。

ユイ：来週，私と一緒に出掛けられる？ 彼女は東京の国立博物館に所属している植物園に行くらしいの。だから彼女と一緒に行きましょう。

アキ：もちろんよ。どうやってそこに行けるの？ あなたは今，スマートフォンでそれを調べているのね？

ユイ：うん。ネットの地図よると，最寄り駅は①白金台駅ね。私は②JR線を使うほうが好きだから，③目黒駅で降りましょう。植物園まで9分よ。

アキ：わかった。私は彼女に会うのを楽しみにしているわ。

重要 1

アクセス
・東京メトロ南北線の白金台駅から徒歩7分
・都営三田線の白金台駅から徒歩7分
・JR線の目黒駅から徒歩9分
・東急目黒線の目黒駅から徒歩10分

① 最寄りは徒歩7分の白金台駅。 ②③ 空所③の次の文に，nine minutes「9分」とあることから，JR線の目黒駅を使うことがわかる。

2 イ「ユイは姉が毎週末にバードウォッチングに行くと言う」(×) ユイの4番目の発言参照。ユイの姉はバードウォッチングへ月に1，2回行く。

パート2 (全訳) アキとユイはミウと植物園を散策している。

アキ：今，私たちがこんなに大きな木々の下を歩いているなんて，素晴らしいね。まるで森の中にいるような気がする。

ユイ：私はこのような巨大な空間が東京のど真ん中にあることにも驚くわ。

アキ：この緑の森があなたのお気に入りの場所だってわかるわ，ミウ。よくここに来るの？

ミウ：時々ね。ここにはいくつかの特徴があるの。例えば，魚，蝶，鳥など多くの種類の生き物を見ることができる。それがⒶ私がこの場所に引き付けられる理由よ。

アキ：なるほど。あなたは鳥の鳴き声を録音しているってユイが言っていたわ。彼らの鳴き声には何か魅力や秘密があるのかな？

ミウ：そうねえ。毎日スズメが鳴いているのが聞こえるわね。彼らがお互いに何を伝えているのか，疑問に思ったことはある？

アキ：いいえ，ない。彼らは話しているの？

ミウ：数年前，私はある日本の科学者が鳥の鳴き声についてラジオで話しているのを聞いていたの。驚いたことに，その時彼ははっきりと「自分自身の言葉を持つ鳥もいる」と言ったわ。

ユイ：何ですって？ それは本当？ それは普通の鳥？

ミウ：うん。この植物園で1年中見られるよ。その鳥の名前を知りたい？

アキ：もちろん。教えて，ミウ。

ミウ：答えは「シジュウカラ」よ。私は彼の話にとても感銘を受けて，感動したわ。それで大学で鳥について学ぼうと決心したのよ。

アキ：なるほど。彼らはどうやって言葉を使うの？

ミウ：ほとんどすべての動物には，身の周りに天敵がいる。多くの敵は森の中で食べ物を探す。特にヘビは巣にいる若いシジュウカラにとって非常に脅威よ。

アキ：ああ，彼らは木を登って入り口から巣に侵入することができるわ。

ミウ：シジュウカラが地面にヘビを見つけると，特別な警告の鳴き声を出すの。他のシジュウカラたちは，その鳴き声を聞くとすぐに，ヘビを探すために周りを見回したり地面を見下ろしたりする。

ユイ：シジュウカラたちはその鳴き声がヘビに対する警告だと理解できるということね。

ミウ：そう。かれらは本物のヘビを見なくても，その警告の鳴き声からヘビを視覚的にイメージできるの。つまり，Ⓑ彼らは鳴き声を通じてお互いにコミュニケーションできる。

アキ：何て賢いの！　それは彼らが天敵から家族を守る方法の1つね。

ミウ：その通りよ，アキ。彼らは異なる敵や目的のために，異なる警告の鳴き声を出すの。

アキ：わあ，もっと教えて。

ミウ：その科学者の研究によると，④ジャージャーはヘビへの警告音で，⑤ピーツピはカラスへの警告音，⑥ヒー・ヒー・ヒーはタカへの警告音よ。彼らは仲間を募る鳴き声として⑦ヂヂヂヂも使う。今はインターネットでその写真や音声を確認することができるよ。

ユイ：シジュウカラは賢い鳥にちがいない。他の種類の鳥はどう？

ミウ：彼は，お互いにコミュニケーションするための同じ能力を持つものが他にいる可能性があると言っているわ。

アキ：それはすごい発見ね。でも野山でデータを取ることは彼にとって大変な仕事だったと思う。

ミウ：彼は15年以上も森の中でシジュウカラの生態を研究しているらしいわ。彼は時には1日に14時間以上も観察していたのよ。彼は自分自身を，世界の他の誰よりもシジュウカラを観察している人間だと呼んでいる。言い換えれば，彼は大変な現地調査を通じてたくさんの知識を得たのよ。

アキ：びっくりするね。ところで，将来は科学者になりたいの？

ミウ：どうかな。私は科学者よりも自然主義者になりたい。

アキ：どういう意味？

ミウ：私の指導教授日く，自然主義者とは自然の美や不思議に対して敏感な感受性を持った人のこと。「不思議さに驚く感性」を持つことは自然主義者にとって不可欠な要素という意味よ。

アキ：それは私には難しそう。誰もがそんな人に簡単になれるとは思えない。

ミウ：大丈夫よ。アキ，身の回りの自然の美しさに気が付けば，あなたも自然主義者になれるわ。

アキ：うん，わかった。私はあなたが今言ったことを心に留めておくわ。

ユイ：見て，アキ。あの看板にはここで「カワセミ」が見られると書かれているよ。

アキ：わあ，緑や青の羽毛を持った美しい鳥よね？

ユイ：そうよ。大都市の真ん中に彼らが巣を持っていることは素晴らしいわ。私はしばらく前からあの美しい鳥たちに興味があるの。だからいつか彼らを見るチャンスがあるといいな。

アキ：ユイ，恐竜じゃなくて鳥？

ユイ：鳥は恐竜の親戚なの。私たちは先週，映画で鳥のような恐竜を見たよね。

アキ：その通りね。でも彼らは映画の中だけの生物でしょ？

ミウ：羽毛を持った恐竜の化石が最近中国で発見されたわ。鳥は恐竜の遠い子孫なの。つまり，C鳥は，私たちの周りで生きている現代の恐竜よ。

アキ：すごい！　私は鳥が恐竜と直接つながっていることを知らなかった。ミウ，鳥は自然の不思議ね。

重要　3　全訳下線部参照。

4　全訳下線部参照。A　be drawn to ～「～に惹かれる，引き付けられる」　B　communicate with each other「お互いにコミュニケーションする」　C　present-day「現代の」

やや難　5　ア「アキとユイはミウと一緒にその植物園を時々訪問する」（×）　ミウはその植物園に時々行くが，アキとユイは今回初めて行った。　オ「アキは恐竜と同様にいくつかの鳥にも興味がある」（×）　アキではなくユイが正しい。

★ワンポイントアドバイス★

9は女子学生3人の会話文と資料の読解問題。中学3年生のアキ，アキの友人のユイ，ユイの姉のミウ(大学生)の発言をそれぞれ区別して読もう。

＜国語解答＞ 《学校からの正答の発表はありません。》

一　①　しゅびょう　②　せいこううどく　③　ないぞう　④　漫画　⑤　関心

二　ア　○　イ　○　ウ　×　エ　×　オ　×

三　問一　ウ　問二　(例)　やってみせることができない　問三　ずっと　問四　イ　問五　チューニング

四　問一　ウ　問二　イ　問三　武家は米な　問四　エ　問五　イ

五　問一　A　エ　B　イ　問二　舌打ち　問三　厄介な荷物を抱えた青年を手助けしようとした(から。)　問四　助走　問五　ウ

六　問一　イ　問二　万民　問三　エ　問四　成仏　問五　ア

○推定配点○

一・二　各2点×10　三・四・六　各4点×15　五　問一　各2点×2　他　各4点×4　計100点

＜国語解説＞

一　(漢字の読み書き)

①「苗」の訓読みは「なえ」「なわ」で，「早苗」「苗代」などの熟語がある。　②　晴れた日は畑を耕し，雨の日は本を読むような悠々自適の生活のこと。　③　内部に持っていること。「蔵」の訓読みは「くら」。　④「漫」を使った熟語には，他に「漫然」「散漫」などがある。　⑤　ある物事に心を引かれ特に注意を払うこと。同音異義語の「感心」「寒心」などと区別する。

二　(内容吟味)

問　「各分野におけるスコア(日本)」から，アとイは読み取れる。政治参画分野の指数が低いのは女性の政治家が少ないためであるが，「日本社会を構造的に見直」す必要はないので，ウは読み取れない。エの「日本が各国よりも教育政策に力を入れた」ことは読み取れない。スコアの値が「大きくかけ離れている」のは「政治」の分野のみなので，オは読み取れない。

三　(論説文―内容吟味，文脈把握，接続語の問題，脱文・脱語補充)

問一　「その子が大人に『よく考えなさい』とか言われたとする」という前に対して，後で「その子には……わからない」と相反する内容を述べているので，逆接の意味を表す語が入る。

問二　前の「後ろ手を組む」や「スキップ」は「やってみせる」ことができるが，「考える」は「やってみせる」ことができない。この内容を空欄にあてはまるように答える。

問三　同じ文の「嘘」について，「たとえば」で始まる段落で「最近はずっときみのことを考えているんだ」と言ったときに，女の人が「嘘つき」と答えたという例を挙げている。「じゃ，あなた」で始まる女の人の会話から理由を読み取り，「考えている」の前に入る言葉を抜き出す。

問四　「たわいもない」は，言動がしっかりしていない，取るに足らないという意味を表す。同じ文の「哲学のきっかけになるって言ったら，首をひねるかな」から，哲学について真剣に考えているようにはみえないとあるイを選ぶ。アの「子どもじみた」，ウの「思いつき」，エの「答えの

ないことを考える」の部分が適当ではない。

重要 問五　傍線部③は，同じ段落の「『考える』っていうのは，耳を澄ませること，研ぎ澄ますこと」を説明している。「耳を澄ませる」と同じ内容を述べている部分を探すと，「あるいは」で始まる段落に「答えの候補が現れたとき……つかまえられるように，『チューニング』してる」とあるのに気づく。ラジオなどの周波数を合わせるという意味の「チューニング」を抜き出す。

四　**(説明文一大意・要旨，文脈把握，脱文・脱語補充，ことわざ・慣用句)**

問一　A　直前の「危機を回避するため」に採られるのは「縮小策」。　B　前の「全国に展開する」にふさわしいのは「拡大策」。　C　前の「困難に委縮するのではなく」に着目する。後には，進んで働きかける策という意味の語が入る。

基本 問二　同じ文の「一つ一つはたいしたことがないと見逃していることであっても，実際に集めれば大きくなる」にふさわしいことわざがあてはまる。アは働かなければやがて財産はなくなる，ウは大きな事業も手近なものから始まる，エはたくさんやればまぐれ当たりもあるという意味。

問三　武家の経費に対する考え方を述べている部分を探す。一つ後の段落に「武家は米など天から降ってくるくらいに思っており，一俵にどれくらい米が入っているかさえ知らない」とある。

問四　傍線部②は，実際に役立つ学問ということ。前の青陵の言葉「今日ただいまのことに詳しいのが良き学問」に通じるものを選ぶ。

重要 問五　「升小は」で始まる段落の「升小は，役所の費用を自分たちが負担する代わりに」という内容とイが合致しない。「武家は……差し米による減り米なんてたいしたことはないと判断して」とエが合致する。「最初に紹介する」で始まる段落「米を決まった値段の通りに売買することしか知らない武家」にアが，「そして」で始まる段落の内容にウが合致する。

五　**(小説一大意・要旨，情景・心情，文脈把握，接続語の問題)**

問一　A　文末の「一変した」様子を表す語が入る。　B　前の「不快」より，後の「しなやかな温かみを帯びていた」を選ぶという意味の語が入る。

問二　直後の段落の「舌打ち」は，下で上あごをはじいて音を立てるしぐさで，いらだちを表す。

問三　「私」が駅で降りた理由を述べている部分を探す。直前の段落に「最初は，厄介な荷物を抱えた青年を手助けしようとしただけで」とあるのに着目し，ここから適当な箇所を抜き出す。

問四　「離れ離れになる」のは，直前の文の「青年と槍」。同じ段落で「青年と槍」について「助走のスタートに立った青年が……槍を構える」と描写している。

重要 問五　「青年の大事な荷物は槍だった」で始まる段落の内容としてウが適当。アの「うっぷんを晴らすように」，イの「謝罪は必要ない」は読み取れない。「私」は，電車に乗っている時に青年の荷物が槍だとは知らないので，エも適当ではない。

六　**(古文一大意・要旨，文脈把握，脱文・脱語補充，語句の意味，文と文節)**

〈口語訳〉　慶長七年八月中旬に，京の都の中で猫の綱を解いて，お放ちなるようにと命令があった。同じように御奉行からは，一条の辻に高札を立て，それには，

一，都の中では，猫の綱を解き，放し飼いにすること

一，また猫の売買を停止すること

この旨に背くものは，厳重に罪に処せられることになる。以上この通りである。

このように，政治がなされたので，それぞれが隠し飼っていた猫たちに札を付けて，お放ちすると，猫は並一通りでなく喜んで，あちらこちらに飛び回ること，遊びに出かけ，鼠を捕るにも都合よく，まもなく，鼠は怖れて，逃げ隠れ，桁や，梁も走らず，歩くといっても，そうもできず，こっそり歩く様子であった。このように気分のよいことはない。願わくは，この禁制が，差し障りなく怠ることがないようにと，万民がこのよう(に思ったことで)あった。

ここに，上京辺の人で，世にも尊い御出家者がいて，(中略)ある夜，不思議な夢を見た。鼠の和尚と思われるのが，進み出て言うには，「僧正様に向かって言葉を交わすことは，恐れ多く存じますが，教えの趣のほどは，ずっと縁の下で，毎日朝暮れにお説教をお聞き申し上げておりますが，罪を悔い改めることで罪を滅することができるとおっしゃいますので，出てまいりました。心に恥じ入りましたので，一言道理を，お授け下さらないでしょうか」と言ったので，僧が答えて言うには，「お前たちは趣をもって，このように感心なことを言うものだなあ」と，並一通りでなく思い，「草木や国土にも皆仏性があるので，情けのない草木も成仏すると思われる。まして，生があるものなら，一度阿弥陀仏と念じるとたちまち罪業も消えるだろう，心の中にこそ阿弥陀仏も，極楽もあるのだ，ここを近いうちに去るだろうと説いたので，たとえ鳥や獣であっても，一度念ずる道理で，成仏しないはずがない」とおっしゃったので(以下略)

問一　「なのめなり」は，ありふれている，いいかげんだという意味であることから考える。

問二　禁制がしかれ，鼠が逃げ隠れるようになって気分を良くしているのは誰か。直後の文で，禁制がいつまでも続くように願っているのは「万民」とある。

問三　直前の「懺悔に罪を滅すと仰せられ候ふ」から理由を読み取る。

やや難　問四　同じ会話の中で「草木国土悉皆成仏……非情草木も成仏す」とある。情けのない草木でさえ「成仏」するのであるから，「鳥類畜類」が「成仏」できないわけがない，という文脈になる。

重要　問五　高札には「放ち飼ひにすべきこと」とあるので，「放し飼いにしてはならない」とあるアは合致しない。

★ワンポイントアドバイス★

資料の読み取りには慎重さが必要だ。一度正しいと思っても，文末まで確認したうえで正誤を判断しよう。

MEMO

大切なことはメモしておこうネ！

2022年度

入試問題

2022年度

千葉黎明高等学校入試問題（前期1日目）

【数　学】（50分）〈満点：100点〉

[1] 次の計算をしなさい。

(1) $8x-3x\times5$

(2) $\{(24-9)\times4\div(16-4)\}\times\frac{2}{7}$

(3) $\sqrt{27}+\sqrt{72}+3\sqrt{2}-\sqrt{75}$

(4) $5(x+2y)-3(2x-y+2)$

(5) $25x^3y^2z\times\frac{y^2z}{6x}\div\left(\frac{5}{3}xz^2\right)$

(6) $(x+2)^2-(x-2)^2$

[2] 次の各問いに答えなさい。

(1) 1次方程式$4(x-2)=3(2x+1)$を解きなさい。

(2) 2次方程式$\frac{1}{6}x^2-x-\frac{9}{2}=0$を解きなさい。

(3) $3:(x-1)=2:\frac{x}{2}$を解きなさい。

(4) 連立方程式$\begin{cases}2(2x-y)=10\\-\frac{1}{2}x+y=\frac{5}{2}\end{cases}$を解きなさい。

(5) $2x^2-2$を因数分解しなさい。

(6) 次の等式をaについて解きなさい。

$$\frac{3a+4b}{7}-\frac{2a+3b}{5}=\frac{1}{35}$$

3 次の各問いに答えなさい。

(1) 2022年1月17日は月曜日です。4年前の2018年1月17日は何曜日か求めなさい。

(2) nを自然数とし，$a=\sqrt{\dfrac{504}{n}}$とする。このとき，最大となる自然数aを求めなさい。

(3) 1から6まで書かれた大小2つのさいころがある。これらを同時に振ったとき，出た目の積が奇数となる確率を求めなさい。

(4) 日本にいるチバちゃんがフランスに住んでいる友達のレイくんのもとへ会いにいこうとしている。以下は，チバちゃんが日本を出発するときの二人の会話である。空欄に当てはまる時刻を24時間表記で答えなさい。ただし，サマータイム（地域・季節によって発生する特別な時間制度）は考えないものとする。

チバちゃん：日本を9時に出発する飛行機でフランスに向かうんだけど，空港まで迎えに来てくれない？

レイくん：もちろん迎えに行くよ！フランスの現地時間で何時に到着するのかな？

チバちゃん：飛行時間は12時間だから時差を考えれば計算できるね。

レイくん：調べたところ，日本は東経135°でフランスは東経15°だけど時差はどうやって計算するんだっけ？

チバちゃん：経度が15°ずれるごとに1時間の時差が発生するんだよ。

レイくん：そうすると到着するのはフランスの現地時間で（　　　）時になるね。気をつけて来てね！

チバちゃん：ありがとう。フランスの案内よろしくね！

4 放物線$y=x^2$と直線$y=\dfrac{4}{3}x+m$がある。放物線と直線の交点をA，Bとし，AB＝5とする。ただし，交点の右側をA，左側をBとする。このとき次の各問いに答えなさい。

(1) 交点Aのx座標を求めなさい。

(2) mの値を求めなさい。

(3) 三角形ABOの面積を求めなさい。ただし，Oは原点とする。

5　下の図のような三角柱ABC－DEFと正四面体OABCがあり，点Oは△DEF上にある。OA，OB，OC上にそれぞれOP：PA＝OQ：QB＝2：1，OR：RC＝3：1となるように点P，Q，Rをとる。三角柱の体積をVとしたとき，次の各問いに答えなさい。

(1)　正四面体OABCの体積V_1をVを用いて表しなさい。

(2)　四面体OPQCの体積V_2をVを用いて表しなさい。

(3)　四面体OPQRの体積V_3をVを用いて表しなさい。

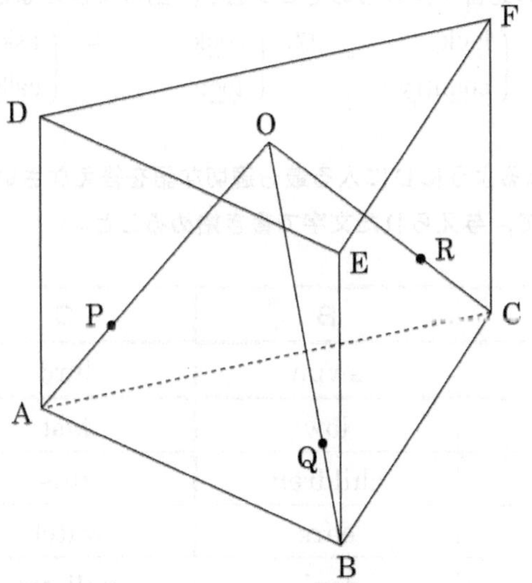

6　13人の生徒に100点満点のテストを行い次のような結果が得られた。

41，72，38，57，58，20，37，90，52，33，45，21，89（点）

このとき，次の各問いに答えなさい。

(1)　中央値を求めなさい。

(2)　四分位範囲を求めなさい。

(3)　13人のデータの箱ひげ図を書きなさい。

【英　語】（50分）〈満点：100点〉
【注意】 文字は筆記体でもブロック体でもかまいません。

1　**A．次の語で最も強く発音する音節の記号を答えなさい。**

1．um - brel - la　　　2．In - ter - net
　　ア　イ　ウ　　　　　　ア　イ　ウ

B．次の各組の下線部の発音が同じものを２つ選び，記号で答えなさい。

ア．{ heart / girl }　イ．{ lucky / country }　ウ．{ cook / foot }　エ．{ asked / called }

2　**A・Bの関係と同じになるようにDに入る最も適切な語を答えなさい。**
ただし，例を参考にして，与えられた文字で書き始めること。

（例の答 → fly）

	A	B	C	D
例	fish	swim	bird	f l y
1	high	low	last	f
2	child	children	this	t
3	listen	ears	watch	e
4	do not	don’t	will not	w

3　**２つの文の意味がほぼ同じになるように（　　）に入る最も適切な語を下から選び，記号で答えなさい。**

1．{ Andy is a very good soccer player.
　　Andy (　　　) soccer very well. }
　ア．play　　イ．plays　　ウ．playing　　エ．player

2．{ An old man said to us, “You should not speak loudly in the bus.”
　　An old man told us (　　　) speak loudly in the bus. }
　ア．don't　　イ．didn't　　ウ．not　　エ．not to

3．{ I am fond of jogging early in the morning.
　　I (　　　) to jog early in the morning. }
　ア．like　　イ．get　　ウ．want　　エ．go

4．{ He is more famous than any other pianist.
　　He is the (　　　) famous of all the pianists. }
　ア．many　　イ．much　　ウ．most　　エ．very

4 **日本語に合うように，次の(　　)の語を適切な形に書き替えなさい。**

1．ルーシーは，自分の部屋で数学の勉強をしています。
Lucy is (study) math in her room.

2．この歌は，多くの若者に愛されています。
This song is (love) by many young people.

3．私の年下の娘は水泳教室に通っています。
My (young) daughter goes to a swimming class.

4．あなたはお腹が空いていないのですか。
(be) you hungry?

5 **次の文が日本語と合うように(　　)に入る最も適切な語を下から選び，記号で答えなさい。**

1．昨夜は何時に寝ましたか。
What time did you go to (　　　) last night?
ア．bed　　イ．bet　　ウ．night　　エ．evening

2．12時30分発の列車は時間通りに出た。
The 12:30 train left (　　　) time.
ア．for　　イ．of　　ウ．on　　エ．in

3．あれは選手たちが宿泊した建物です。
That is the building (　　　) the athletes stayed at.
ア．who　　イ．which　　ウ．whose　　エ．where

4．トムとナンシーは猫が好きですか。
(　　　) Tom and Nancy like cats?
ア．Do　　イ．Does　　ウ．Did　　エ．Are

6 **次の(　　)に入る最も適切な英単語を答えなさい。ただし，与えられた文字で書き始めること。なお，英単語の□には１文字ずつ入るものとします。**

1．I borrowed these (b□□□□) from the library for two weeks.
2．Those bananas from the Philippines came to Japan by (s□□□) in a few weeks.

7 **次の日本語に合うように正しく並べ替え，(　　)内で３番目にくる語の記号を答えなさい。ただし，文頭にくるべき語も小文字で示してあります。**

1．英語で物語を書くことは簡単ではない。
(ア．English / イ．writing / ウ．a story / エ．easy / オ．isn't / カ．in).

2．あなたのバッグの中に何が入っているのですか。
(ア．do / イ．your bag / ウ．have / エ．what / オ．you / カ．in)?

3．君にこの花を明日までに彼女のところまで届けてもらいたい。
I (ア. by / イ. you / ウ. want / エ. to her / オ. these flowers / カ. to take) tomorrow.

4．あなたはもっと熱心に国語を勉強しなければなりません。
(ア．have / イ．study / ウ．you / エ．to / オ．harder / カ．Japanese).

8 次のAとBの会話について，（　）に入れるのに最も適切なものを下から選び，記号で答えなさい。

1．A：You look good in that coat.
B：Oh, thanks, but (　　　)
A：Really? I think it suits you very well.
ア．you like it.
イ．I don't like the color.
ウ．I don't have any.
エ．I feel much better.

2．A：Would you like another cup of tea?
B：No, thank you. (　　　)
ア．I'm thirsty.
イ．Another cup, please.
ウ．I've had enough.
エ．One more cup, please.

3．A：Lisa, the soccer game on TV will start soon. Are you coming?
B：Yes, but I want to wash the dishes before that. Call me (　　　)
A：OK. I will.
ア．if they are late.
イ．if you have one.
ウ．when it starts.
エ．when you have time.

4．A：You look so happy.
B：Yes, I am. My son (　　　)
A：Congratulations!
ア．became sick.
イ．lost his wallet.
ウ．was very nervous.
エ．passed the entrance exam.

9 次の英文を読んで，後の設問に答えなさい。

My name is Jun. I am very interested in other cultures. So last summer I visited my aunt who lives in Australia.

Before leaving Japan, I thought that the best way to get to know another culture was to learn the language spoken there. So I planned to study hard. But during my stay in Australia, I found that there were two types of foreign students studying there.

The first type had come to Australia to learn English, but soon began to suffer from culture shock. They didn't try to make friends with the people living there. They were very lonely. All they wanted to do was to go back to their home countries.

The second type really tried to make good friends and to understand the way of life there. To them, this was more important than learning the language.

When I told my aunt about these two kinds of students, she said, "It takes a long time to get to know another culture. But if you believe that making friends is the most important thing, you will always enjoy living abroad, no matter where you are."

I was very happy to hear this. I realized that some things are more important when trying to understand another culture than just studying the language.

（Adapted from *Basic College* English Seminar）

注） the best way to get to know **知るようになるための最良の方法**　foreign students **留学生**
suffer from ～ **～に苦しむ**　the way of life **生き方**　It takes a long time to ～ **～するのに長い時間がかかる**
no matter where you are **たとえあなたがどこにいても**

設　　問

1．次の質問に対する答えの空所に4語以上の英語を書き加えて，文を完成させなさい。

Question：What did Jun do last summer?

Answer：He visited ＿＿＿＿＿＿＿＿＿＿＿＿＿＿＿＿.

2．ジュンの考えが時間の経過とともにどう変化したかを示す次の表の空所(X)と(Y)に入る最も適切なものを下の①～④から選び，それぞれ番号で答えなさい。

Jun's ideas about learning another culture

Before his visit	During his stay	After his stay
The best way is (X).	He found two types of foreign students studying in Australia.	The most important thing is (Y).

① to stay with some native speakers
② to learn the language spoken there
③ to make friends with local people
④ to learn more about your own culture

3．ジュンが留学生をタイプ別に特徴づけた中で，第2のタイプに該当するものをア～カから2つ選び，記号で答えなさい。

ア．They suffer from culture shock.
イ．They make friends with local people.
ウ．They want to go back to their home countries.
エ．They try to understand local people's way of life.
オ．They feel lonely.
カ．They are interested in taking a language class.

4．次の質問に対する答えの空所に入るよう，与えられた文字で始まる適切な1語を答えなさい。

Question：What did Jun find out after his visit to Australia?

Answer：Studying the language is not (e＿＿＿＿) to understand another culture. Some things are more important than language learning.

10 次の英文を読んで，後の設問に答えなさい。
（※なお，この大問 10 は，大問 9 の英文内容に関する問題を含みます。）

1．(A)Studying in a foreign country can be exciting. It can be difficult too, especially if the culture is very different from your own.

2．For students who come to the United States from different backgrounds, settling in can take a long time. Kit-ken, a student who came from Taiwan a few months ago, told us, "When I first arrived everything was new and exciting. I really liked the differences between here and home. I was happy to be in a new country. Now though, I miss my family and friends and feel a little lonely. Sometimes, I'm confused about what to do. There are still lots of things that I like, but now there are more things I don't like. I feel really homesick!"

3．For advice, we turned to some students who now have few problems about being a student here in the U.S. Seydou arrived from Senegal two years ago. He told us, "Kit-ken shouldn't worry. This is perfectly normal. I felt exactly the same as she did. (B)I didn't understand the culture and my English wasn't improving either."

4．Seydou realized this was because all his friends were from his own country. "So I decided to get to know some North American students and other international students. I went to the student union where there are a lot of different clubs. There are sports clubs, dance clubs, clubs for people who have the same religion, clubs for people who want to find out more about something — there are a lot! I saw there was a club for students interested in music and so I joined that. It made all the difference! I made friends quite quickly, and I was able to understand the culture a bit better. The students in the club were interested in me too. We talked about the differences, and I began to feel a lot happier. We now get along well and often hang out together."

5．Miguel from Mexico added, "My main problem was the food. I really missed eating my favorite dishes! Cooking for myself was also strange and I ate too much fast food, which was unhealthy for me. Then I found a Mexican restaurant nearby and I go there quite a lot, taking other students with me for them to try. Also my mom sends me care packages with Mexican food and that really helps too. Understanding a new culture is important, but it's good to have things from home too."

6．Seydou sums up the advice for us, "[(X)]"

（Adapted from *Essential Reading*）

注） background 背景　settle in 慣れる　confused 当惑した　turn to ～ ～に頼る　improve 上達する
student union 学生会館　religion 宗教　get along well 仲良くやっていく　hang out 一緒にいる
sum up まとめる

設　問

1．下線(A)の内容を最も適切に表した英文をア～オから1つ選び，記号で答えなさい。

ア．Being a student in your own country is easy.

イ．There are always problems being a student in another country.

ウ．Many students go to foreign countries because studying there is exciting.

エ．There are good and bad things about being a student in another country.

オ．Studying in another country helps foreign students get over problems.

2．下線(B)について，Seydouが当時を振り返り自分の英語が上達しなかった理由として述べているものをア～オから1つ選び，記号で答えなさい。

ア．He was homesick.

イ．He didn't understand North American culture very well.

ウ．He hung out only with friends from Senegal.

エ．He didn't have chances to speak English with others.

オ．He didn't have any friends in the U.S.

3．次の質問に対する答えの空所に入る最も適切な1語を答えなさい。

Question：How did Seydou get over his problems living in the United States?

Answer：Seydou went to the student union at his university and found a lot of clubs for students interested in many things. He made friends with members of the (　　　) club. They were interested in Seydou. Now he often hangs out with them, and this has helped him understand American culture better.

4．Miguelの経験をまとめた次の英文の下線部(ア)～(エ)のうち，話の流れに合わない表現が含まれているものを1つ選び，記号で答えなさい。

Miguel had a problem with (ア)food. He hardly ever cooks for himself. He ate a lot of fast food (イ)because it was his favorite type of food. He found a Mexican restaurant near the campus and goes there (ウ)with other students. And his mother sends him (エ)Mexican food in care packages.

5．空所(X)に入るSeydouからのアドバイスとして最も適切なものをア～エから1つ選び，記号で答えなさい。

ア．Things will get better if you stop talking to people from your own country and eat North American food.

イ．Culture shock is not normal. There are doctors at the student union who can help.

ウ．Culture shock is normal. Meeting people from other cultures is a good idea, but doing things that you know and like also helps.

エ．You should try to understand North American culture better by studying English hard.

6．本文および大問9の英文の内容について，次の質問に答えなさい。

質問：本文に出てくる留学生Kit-kenの状況を問9のジュンが分類したタイプに当てはめるとき，最も適切なものをア～オから1つ選び，記号で答えなさい。

ア．Kit-ken falls under the first type because she doesn't want her family and friends to know that she feels alone.

イ．Kit-ken falls under the first type because she feels sad about not being with her family and friends.

ウ．Kit-ken falls under the second type because she feels excited about being in a new country.

エ．Kit-ken falls under the second type because she liked the differences between the two cultures.

オ．Kit-ken does not fall under either type.

たる移り香いとしみ深うなつかしくて、をかしうすさび書きたり。

心あてにそれかとぞ見る③白露の光そへたる夕顔の花

そこはかとなく書きまぎらはしたるもあてはかにゆゑづきたれば、いと思ひのほかにをかしうおぼえたまふ。

（『源氏物語』より）

※語注

六条わたりの御忍び歩きのころ … 六条御息所（前東宮の妃）の邸に人目を忍んで通っていたころ。

中宿 … 外出の途中に足をとどめる宿。

大弐の乳母 … 光源氏の乳母。大宰大弐（大宰府の次官、従四位相当）の妻であったか。

修法 … 密教で行う加持祈祷。

問一　傍線部①「白き花ぞ、おのれひとり笑みの眉ひらけたる」に用いられている修辞法として適当なものを、次のア～カの中から二つ選び記号で答えなさい。

ア　反語　　イ　係り結び　　ウ　体言止め
エ　擬態法　　オ　倒置法　　カ　擬人法

問二　傍線部②「口惜しの花の契りや」とあるが、なぜこのように言ったのか。理由として適当なものを、次のア～エの中から一つ選び記号で答えなさい。

ア　真っ白で地味な見た目の花だから。
イ　みすぼらしい垣根などに咲くから。
ウ　一日のうち夕方にしか咲かないから。
エ　枝もなくひどく弱々しい花だから。

問三　傍線部③「白露の光」はある人物をさしている。人物名として適当なものを、次のア～オの中から一つ選び記号で答えなさい。

ア　光源氏　　イ　大弐の乳母　　ウ　御随身
エ　惟光朝臣　　オ　童

問四　本文の内容として適当でないものを、次のア～エの中から一つ選び記号で答えなさい。

ア　大弐の乳母は病を患っており、仏のご加護を授かって病を癒やすために尼僧になった。
イ　五条の辺りの家々は小さいながらもみな小綺麗で、夕顔の咲く明るい雰囲気の通りであった。
ウ　童の主人は枝の風情もない夕顔の花をそのまま渡すのは味気ないと思い、扇に載せて差し上げた。
エ　扇に書き付けられていた和歌は筆跡も面白く、不似合いなほど上品で奥ゆかしい感じがした。

問五　本作品の作者名を漢字で答えなさい。

問一　空欄Ａ・Ｃ・Ｅ・Ｆに入る語の組み合わせとして適当なものを、次のア～エの中から一つ選び記号で答えなさい。

ア　Ａ　もしかしたら　Ｃ　従って
　　Ｅ　そう言って　Ｆ　そして

イ　Ａ　従って　Ｃ　そう言って
　　Ｅ　もしかしたら　Ｆ　そして

ウ　Ａ　もしかしたら　Ｃ　そう言って
　　Ｅ　そして　Ｆ　従って

エ　Ａ　そう言って　Ｃ　もしかしたら
　　Ｅ　従って　Ｆ　そして

問二　傍線部①「鮎太は幾らか興奮していた」のはなぜか。理由として適当でないものを、次のア～エの中から一つ選び記号で答えなさい。

ア　冴子が想像していた通りの美貌の少女であったから。

イ　村に伝わっていた少女の香しくない評判が事実であったから。

ウ　年長の少女と鉢合わせせずに自宅まで戻ることができたから。

エ　見慣れない鞄があり、冴子がやってきたことがわかったから。

問三　空欄Ｂに入る語として適当なものを、次のア～エの中から一つ選び記号で答えなさい。

ア　ちやほやする　　イ　けなす

ウ　ほめたたえる　　エ　からかう

問四　空欄Ｄに入る語として適当なものを、次のア～エの中から一つ選び記号で答えなさい。

ア　力　　イ　毒　　ウ　気　　エ　味

問五　傍線部②「鮎太は村人から、他の子供たちとは区別」されたとあるが、「鮎太」が区別された理由が述べられている箇所を、本文中から抜き出して答えなさい。

六　次の古文を読んで、後の問いに答えなさい。

六条わたりの御忍び歩きのころ、内裏よりまかでたまふ中宿に、大弐の乳母いたくわづらひて尼になりにけるとぶらはむとて、五条なる家たづねておはしたり。

（中略）

切懸だつ物に、いと青やかなる葛の心地よげに這ひかかれるに、①白き花ぞ、おのれひとり笑みの眉ひらけたる。「をちかた人にもの申す」と独りごちたまふを、御随身ついゐて、「かの白く咲けるをなむ、夕顔と申しはべる。花の名は人めきて、かうあやしき垣根になん咲きはべりける」と申す。げにいと小家がちに、むつかしげなるわたりの、この面かの面あやしくうちよろぼひて、むねむねしからぬ軒のつまなどに這ひまつはれたるを、「②口惜しの花の契りや、一房折りてまゐれ」とのたまへば、この押し上げたる門に入りて折る。

さすがにされたる遣戸口に、黄なる生絹の単袴長く着なしたる童のをかしげなる出で来てうち招く。白き扇のいたうこがしたるを、「これに置きてまゐらせよ、枝も情なげなめる花を」とて取らせたれば、門あけて惟光朝臣出で来たるして奉らす。

（中略）

修法など、またまたはじむべきことなどおきてのたまはせて、出でたまふとて、惟光に紙燭召して、ありつる扇御覧ずれば、もて馴らし取ったりして、夕方までの時間を消したが、時々、心の中で「冴子が来た！　冴子が来た！」と思った。が、誰にもまだそのことは口外しなかった。

　そして、平生より遅く、春の日がすっかり暮れて、街道の両側にある家々に燈が入ってから、鮎太は家へ帰って行った。

　階段を上がって行くと、冴子は祖母と夕食の膳に向かおうとしていた。

「これが坊⁉　思ったよりましな子じゃあないの！」

　そんなことを、冴子は初めて彼女の前に出た鮎太を見て、祖母に言った。明らかに敵意のこもった言葉であった。

「幾つ？」

「十三だ」

「ふん」

　と、十三であるという事さえが、彼女にとっては腹に据えかねる事のようであった。

「みんなあんたを〈　B　〉が、冴子もそうだと思うと当てが違ってよ」

〈　C　〉、冴子は村では珍しい額で切り揃えたおかっぱの髪の下で、ちょっと怖い眼をして見せ、それから今度は優しく笑った。

　鮎太は、そうした冴子に半ば見惚れていた。村の娘の誰よりも色が白く、眼は大きく澄んでおり、表情は見るからに活き活きとしていた。

　祖母のおりょうは、そんな冴子の〈　D　〉のある言い方に気付いていなかった。五、六年前から、耳が遠くなっていて、鮎太は祖母と話をする時は、いつも口を彼女の耳もとに持って行って、大きい声を出さなければならなかった。

　鮎太は、毎日の日課の一つであったが、祖母の酒を一合買うために、平生より少し違うむっつりとした表情で五合瓶を持って家を出て行った。

　冴子の言うように、②鮎太は村人から、他の子供たちとは区別されて「梶の坊ちゃん」と呼ばれていた。

　天城の南麓の小さい幾つかの部落では、梶家は昔から代々の医家で通っており、他の農家とは格式が違うものとされていた。十三代目が鮎太の父であり、これも医者であったが、彼は村では開業せずに、陸軍に仕官して、軍医としてもう何年も任地を転々としていた。

　従って、三百年の樹齢を数えると言われる椎の老樹を玄関口に持っている梶家の大きい家屋敷は、鮎太の生れる前から天城営林署に貸してあり、そこの代々の署長官舎のようになっていた。鮎太が知っているだけでも、三代の署長の家族が入れ替り立ち替り住んでいた。

〈　E　〉、その屋敷内にある土蔵だけは確保して、そこに祖母と鮎太が住んでいる。

　祖母おりょうは、村人の間ではひどく評判が悪かった。と言うのは、もともと彼女は梶家の人ではなく、梶家の先代の玄久の妾であったが、それが玄久の死後、村の収入役と結託して、戸籍を書き替えて、玄久の後妻という形で梶家へ入り込んでしまったからである。

〈　F　〉、鮎太の両親にとっては、おりょうは戸籍上では義母になっていたが、梶家にとっては謂わば家を乗っ取った不倶戴天の仇敵と言っていい人物であった。

　祖母おりょうが、こうした事情を知っている村人から良く思われないのは、極めて当然なことであった。

（井上靖『あすなろ物語』より）

五　次の文章を読み、後の問いに答えなさい。

鮎太と祖母りょうの二人だけの土蔵の中の生活に、冴子という十九歳の少女が突然やって来て、同居するようになったのは、鮎太が十三になった春であった。

冴子という名前は、それまでに祖母の口から度々聞いていたが、鮎太が彼女の姿を見たのは、その時が初めてであった。

鮎太はなんとなく不可《いけ》ないものが、静穏な祖母と自分の二人だけの生活を攪乱しにやって来たような気がした。そうした冴子への印象は、彼女の初対面の時の印象から来たものか、冴子という少女に対する村人の口から出る噂がそうした余り香しくないもので、それがいつとはなしに、鮎太の耳に入ってきたことに依るのか、それははっきりしなかった。あるいはその両方であったか知れない。

その日、鮎太が学校から帰って来ると、屋敷と小川で境して、屋敷より一段高くなっている田圃の畔道を両肘を張るようにして、ハーモニカを吹いて歩いている一人の少女の姿が眼に入った。少女と言っても鮎太よりずっと年長である。

村では見掛けない娘であった。薄ら寒い春の風におかっぱの髪を背後に飛ばせ、背後で大きく結んでいる黄色い兵児帯の色が、鮎太の眼には印象的であった。

鮎太も畔道を歩いて来たが、その自分とはずっと年長の少女と正面からぶつかるのを避けて、畔道の途中から小川を越えて、土蔵の横手の屋敷内へと飛び降りた。

屋敷内へ飛び降りると、地面が低くなっているため、鮎太の視野から少女の姿は消えた。鮎太は教科書の入っている風呂敷包みを地面へ置くと、傍の柿の木に攀《よ》じ登ってみた。少女は相変らずハーモニカを吹きながら段々畠の畔道を歩いていた。

鮎太がその少女を見守っているうちに、彼女は次第にこちらに近寄って来たが、柿の木に登っている鮎太の姿を眼に留めると、視点を据えたような見入り方で、じいっと鮎太の方を見た。その黒い大きい眼が鮎太を驚かせた。一体この少女は何者だろうかと思った。

（　A　）、冴子かも知れない、鮎太はふとそう思った。

冴子という半島の突端の港町の女学校へ行っている少女が祖母の身内にあり、その少女の余り香しくない評判は、この村から同じ女学校へ通っている二、三人の娘たちに依って、この村へ伝えられていた。

鮎太は冴子という年長の、祖母の身内だという少女を、何となく美貌の少女として想像していた。彼女に関する噂の性質からすると、彼女はどうしても美貌でなければならぬようであった。

鮎太は柿の木から降りると、土蔵の中へ駈け込んだ。あのように美しい少女は、冴子でなければならぬと思ったし、あのような不良は（鮎太にはハーモニカを吹いている少女が、そう見えた）、冴子以外にはないだろうと思った。

薄暗い板敷の横手の階段を上がって行くと、祖母の姿は見えなかったが、見慣れない鞄が一つ、鉄の棒のはまっている北側の小さい窓の傍の畳の上に置かれてあった。鮎太はやはり冴子がやって来たのだと思った。

①鮎は幾らか興奮していた。二階から降りると、直ぐ部落の子供たちの集り場所になっている青年集会所の前へ出掛けて行った。

鮎太はそこで、他の子供たちと、鉄棒にぶら下がったり、角力《すもう》をされているのです。ストレート・キャリアもジグザグ・キャリアもあるから面白い。色々いるから強い。共存共栄です。

生物学的にも、「皆が一斉に働くシステムは直近の効率は高いが、遠い未来の適応度は低い」ということが分かっています（『働かないアリに意義がある』メディアファクトリー）。

異質な者同士が互いを理解し合って仲睦まじく暮らす必要は無い。同質化した同居よりも異質なままの雑居の方が、集団としての生存力は高いというわけです。

（高部大問『ドリーム・ハラスメント　「夢」で若者を追い詰める大人たち』より）

問一　空欄Ａ・Ｃ・Ｄに入る語の組み合わせとして適当なものを、次のア～エの中から一つ選び記号で答えなさい。

ア　Ａ　方向性　Ｃ　現実的　Ｄ　即物的
イ　Ａ　方向性　Ｃ　主観的　Ｄ　構造的
ウ　Ａ　夢　Ｃ　現実的　Ｄ　帰納的
エ　Ａ　夢　Ｃ　主観的　Ｄ　帰納的

問二　空欄Ｂに入る語句として適当なものを、次のア～エの中から一つ選び記号で答えなさい。

ア　丸いクギは丸い穴に
イ　それぞれの個性を大切に
ウ　無理が通れば道理引っ込む
エ　生き方は千差万別

問三　本文中の【ａ】～【ｄ】の文を、意味が正しく通るように並べかえ記号で答えなさい。

問四　傍線部①「排他的な人間を再生産するばかりで包容力に乏しい一元論的社会」とはどのような社会か。説明として適当なものを、次のア～エの中から一つ選び記号で答えなさい。

ア　人々の生き方や、将来への見通しに対して紋切り型で一義的な価値観で向き合い、他者を蔑む態度を隠すことのない社会。
イ　人々の生き方や、将来への見通しに対して真剣に向き合うことのない、無責任な態度で向き合おうとする多様性の低い社会。
ウ　人々の生き方や、将来への見通しに対して他者の意見を聞こうとせず、気の合う仲間とだけ協力していこうとする社会。
エ　人々の生き方や、将来への見通しに対して冷ややかで、考えの異なる者を退けるばかりで、他者と共存する意思の低い社会。

問五　本文の内容と合致するものには○、合致しないものには×で答えなさい。

ア　夢を持たない生き方は、学術的に研究され、理論的にも確立されている。
イ　キング牧師は、人生の意義が自分の夢の実現にあるとは考えていなかった。
ウ　夢などは持たずに幸福に生きている人々はごくわずかではあるが存在している。
エ　異質な者同士が互いを理解し合って仲睦まじく暮らすことこそ重要だと言える。

いまの仕事に就いた方も少なくありません。筋書きなど無かったのです。

それでも、「意外とやってみたらやりがいを感じる」。もちろん、世代や時代にもよるでしょうが、少なくとも、万人が職業的夢を携えて社会に出ているわけではありません。演繹的な生き方がある一方で、〈　Ｄ　〉な生き方もあることを、大人の皆さん自身が実証しているのです。

このように、本来、キャリア理論は夢の無い若者たちも応援してくれる存在のはずでした。しかし、たとえばキャリア・アドバイザーといったキャリアの専門家でさえ、実績を残さねばならない都合上、これらの理論を都合の良いように使ってしまっています。

「君の強みを活かしたやりたいことは何？」と夢を強引に捻出して適職らしき仕事に誘導したり、「夢を持てば目の前のことは苦でなくなる」と社会に出る前から意味づけを要求してしまっています。これは、明らかに誤用です。もし、若者のキャリアのためでなく自身のキャリアアップのために仕事をしているのなら、実にイージーです。キャリアの資格《ライセンス》はあっても若者を支援する資格はありません。

やっつけ仕事の突貫工事で組み立てられた夢は華奢で脆弱。夢の無神経な冷却も罪ですが、急な加熱も罪です。

実際に、「私は『生きる意味は必要だ』と思っていましたが、その『意味探し』に正直精神を擦り減らして疲れていた」と言う高校生がいたほどです。

（中略）

人のキャリアにおける意味とは先には存在しないもの。夢が人生という旅の必需品であるかのように吹聴し、意味を行動より先んじて強引に実感させるには無理がある。少なくとも、「精神を擦り減らす」くらいに嫌がらせだと感じる若者が相当数いるということを申し上げておきたいのです。

私たちは、若者に「夢を持つ生き方」ばかり過剰要求しています。「よく親から『逆算しろ』と耳にタコができるほど言われていましたが、なかなかできず、自分に合った型ではないのではと悩んでいた」と言う彼らは、かといって別の生き方があることを知らされていません。

だからこそ、「学校や社会は逆算型を好む傾向があるように感じます」と嘆き、「私には夢がありません。大人に相談しても、あまり良い答えは出てきません」と諦めの境地に達してしまうのです。私たち大人が、夢を持たない生き方を提示できていないからです。

逆算型の生き方もあれば、加算型の生き方もある。過剰な分析・計画・統制によって正しい選択をさせようとするのも結構ですが、選択が正しかったと後から思えるように力を尽くすのも等価値です。どちらも違った形で幸せになれる。社会への貢献方法が異なるだけなのです。その事実を、若者たちにきちんと伝えるべきではないでしょうか。

（中略）

夢を持たない生き方がロクな人生ではないと若者たちに思わせてしまっているのは、ライフスタイルを狭め、彼らの個性を殺しているだけです。①排他的な人間を再生産するばかりで包容力に乏しい一元論的社会に、明るい未来は待っているのでしょうか。

どんな生き方も許容せよ、何でもアリだ、とは申しませんが、少なくとも夢を持たない生き方があってもいいはずです。いえ、実際に、夢など持たずに幸福に生きている人々は多数存在し、理論的補強もなたちはキャリア理論と無縁ではありません。そのキャリア理論には、「夢を持たない生き方」を応援する考え方が幾つもあります。

たとえば、寄り道せず真っ直ぐ進む「ストレート・キャリア」や蛇行しながら回り道する「ジグザグ・キャリア」といった考え方があります（『働くひとのためのキャリア・デザイン』ＰＨＰ研究所）。つまり、〈　Ａ　〉の無い生き方も想定しているということです。

また、アメリカで「職業指導運動の創始者」や「キャリア・カウンセリングの父」と呼ばれるフランク・パーソンズが提唱した「特性因子理論」も夢不在の個人を応援してくれます。

これは、自分の特性と環境の因子によって相性や向き不向きがある、という考え方です。別名マッチング理論と呼ばれるこの理論は、人は夢など持たなくとも、個人の特徴に合った仕事が必ずある、というもの。「〈　Ｂ　〉」という適材適所の考え方です。

【ａ】たとえば、ケネディ大統領の「あなたの仕事は？」との質問に「人類を月に送るお手伝いです」と答えたとされるＮＡＳＡの清掃員の解釈は、この理論の模範解答でしょう。清掃員としての仕事内容や給料は何ら変わりませんが、その捉え方次第でやる気に火が付き、良いパフォーマンスにも繋がる。解釈で満足度は高まるというわけです。

【ｂ】それまでのキャリア理論は、人と環境の適合性を中心に論じていましたが、彼は人と環境が完全にマッチすることは無く、寧ろ、個人が解釈を変えていくことでフィットする、と考えました。客観的な事実は不変ですが、〈　Ｃ　〉な解釈は可変だからです。キャリア構築理論とは、言い換えれば解釈を後から構築する意味づけ理論です。

【ｃ】より最近のキャリア理論にも、夢を必要としないものがあります。21世紀型キャリア・カウンセリングの第一人者であるマーク・Ｌ・サビカス氏による「キャリア構築理論」です。これは、賃金などの客観的労働条件で仕事の満足度を高めづらい現代にぴったりの考え方で、主観的解釈としての「意味」を重視します。

【ｄ】この理論の歴史は古く、１９００年代初頭からいまもなお根強く活用されています。就職情報会社が提供するマッチングサービスも、基本原理はこの理論に則っています。

つまり、キャリア構築理論も、夢など必要としていないのです。どんな仕事にも意味があり、価値がある。それは、事後的な解釈で十分に実感可能で、夢の有無は不問なのです。

夢に生きたキング牧師は、生前最後の演説「The Drum Major Instinct」で興味深いことを述べています。「私の言葉や歌が誰かを助け、元気付け、正しき道へと導いたとき、初めて私の生に意義があったと言えるのだ」。彼は、人生の意義が自分の夢の実現にあるとは考えなかった。そうではなく、事後的な他者の解釈で決まるのだと、意味づけ理論的に考えていたのです。

保護者の皆さんに直接お話を伺うと、消去法的に進路を決めた方や、「大学の教授の紹介で入社を決めた」とか、「人事の人の雰囲気が良さそうだったから」など、凡そ夢があったとは到底言えない理由で味になります。ボードレールはべつべつにはたらいている諸感覚が応えあうことをいっていました。

本来、楽音が提示するものとは、音と音との関係以外のものではないはずです。でも、何かに似てしまうことがある。それをキーにして、聴くことがある。実際は、五分十分かかるひとつの楽曲のなかで数秒にすぎないパッセージが何かの鳥に似ていたところで何が「わかる」わけではありません。そしてその鳥に似ているパッセージはその楽曲のなかで何だというのでしょう。【d】

しかし、です。こうした音の近似、ときに〈　A　〉と呼んでもいいようなものは、べつに音楽にかぎらずいくらもあります。そこにないものを身ぶりで示す。ほら、あれ、とことばででてこないものを手でかたちを表現し、示したり。それはコーヒーカップだったり、エンピツだったりで、それぞれ右手と左手で囲うようにしてみたり、右手の指先をすぼめ左右にこまかく動かしたりすることで「ないもの」を暗示します。これ、そのまま、ことばの機能と変わりません。ことばは、そこにないものを喚起するものですから。

（小沼純一『音楽に自然を聴く』より）

問一　傍線部①「もろもろの香り、色、音はたがいに応え合う」を端的に言い換えている部分を、本文中から二十二字で抜き出して答えなさい。

問二　本文には次の一文が抜けている。【a】～【d】の中から入れるべき適当な箇所をさがし、記号で答えなさい。

〈抜けている文〉そうした連想がはたらいたからといって、音楽が理解できているとか、音楽を感じているとか、はいえません。

問三　傍線部②「ことばはタイトルというかたちでかろうじて音楽あるいは音楽の一部と、ことば／タイトルをつなげるばかりです」とあるが、どういうことか。説明として適当なものを、次のア～エの中から一つ選び記号で答えなさい。

ア　タイトルと音楽そのものとの結びつきは密接であり、一つのテーマを表現するために補い合うものであるということ。

イ　タイトルと音楽そのものとの結びつきをより強固にするためには、聴き手に高い連想能力が求められるということ。

ウ　タイトルと音楽との関係性には聴き手の主観が大きく影響するため、人によって捉え方が大きく異なるということ。

エ　タイトルと音楽との関係には論理的な必然性はなく、ことばが音楽そのものを表現できるわけではないということ。

問四　傍線部③「コレスポンダンス」を筆者はどのように解釈しているか。解釈の内容を端的に表した語を、本文中から抜き出して答えなさい。

問五　空欄Aに入る語として最も適当なものを、次のア～エの中から一つ選び記号で答えなさい。

ア　錯覚　　イ　誤解　　ウ　偏見　　エ　直感

四　**次の文章を読み、後の問いに答えなさい。**

夢を持たない生き方は、理論的にも研究されています。キャリア教育のベースは人の生き方や人生の歩みを研究対象としたキャリア理論です。どんな人にも歩んできた人生の足跡や履歴がありますから、私ありませんでした。最近になって共感覚を持っている人たちについての本が何冊も出版され、ある程度認知されるようになったかとおもいます。わたし自身はといえば、本書で何回か登場するフランスの作曲家、オリヴィエ・メシアンが、友人の画家シャルル・ブラン＝ガッティは共感覚の持ち主だということを語っていたところから記憶していました。人によってそのありようは違っていて、音を聴いたら色がみえるケースもあれば、わたしの講義を受けていた元・学生——現在は小説家となっているようです——は、たしか、音を聴くとかたちがみえる、と言っていたものです。数字が色にみえたり、文字が色にみえたりという例もあるようです。【a】

ボードレールからすこし後、ランボーは『母音』という詩で、母音の五文字と色とを結びつけていました。冒頭の二行を粟津則雄訳で引いてみます。

A《アー》は黒、E《ウー》は白、I《イー》は赤、U《ユー》は緑、O《オー》は青、母音たちよ、おれは
いつかおまえたちの秘められた誕生を語ろう、

音・音楽と共感覚はときどきあわせて語られます。ロシアの作曲家、スクリャービンが自らの音楽と色とが結びつくような作品を構想していたのも、彼が共感覚の持ち主だったからといわれたりします。ほんとうにそうだったのかどうかわかりません。ただ、音と色、音と香りといったものがひとりの人のなかで結びつく、連想されることはある。共感覚などまったくないけれど、何らかのつながりがあるだろうことはわかる。わたし自身は、わからないけれども、想像はできます。【b】

共感覚ではなくても、あるものと音とが結びつく、それが必然的なのか恣意的なのかわからないけれど、そうか、とわかったり納得したりすることがある。

（中略）

音・音楽とイメージ、あるいはモノとを結びつけるのはことばです。いえ、正確にはことばがなくても、耳にしている人は何かをイメージすることができるし、イメージするのです。でも、鳥だ、とか、水だ、とか、海だ、とか、月の光だ、といっても、それはことばであり、音楽ではありません。音楽は音楽として、というよりも楽音のつらなりのなかでことばとはべつに動き独立していますし、鳥や水や海や月の光を指し示したり表したりすることはない、というよりできません。絵のように、あるいは指さすしぐさのようには。②ことばはタイトルというかたちでかろうじて音楽あるいは音楽の一部と、ことば／タイトルをつなげるばかりです。

ある音型が鳥の鳴き声に聞こえることはあるし、水の動きを模倣したり、海を彷彿とさせることはある。しかし、近似的な、隣接的なものです。その音楽だけ聴いて、タイトルが隠されているなか、タイトルどおりのことばが聴き手から発せられるなら、それはただ似ているか、聴き手の連想能力が高いからでしょう。【c】

しかし、何かを「感じる」、つながりを感じることそのものはありえます。それじたいとして正しい。これをたとえば③コレスポンダンスと呼んでみたらどうでしょう。何かを感じる、とは、何かに似てしまうこと、連想してしまうこと、でもあるのですから。

コレスポンダンス——前の章でボードレールの詩を引いてみたのを想いおこしてください。何か－に－応える。だからこの語は文通の意

問　図１・２から読み取れる情報を示した次のア～エの中で、正しいものには○、誤っているものには×をつけなさい。

ア　全ての年層の中で、朝・夜のテレビ視聴が減少していないのは60代のみである。

イ　10代、20代の主なメディア環境は、今後テレビに代わってインターネットが主になる。

ウ　朝・夜にテレビ視聴する率が２番目に減少している年層は、10～15歳の層である。

エ　インターネット利用者としての率が低い60代と70代は、テレビを観ている率が高い。

三　**次の文章を読み、後の問いに答えなさい。**

ボードレールの有名な「照応《コレスポンダンス》」を引いてみましょう。

〈自然〉はひとつの神殿、その生命《いのち》ある柱は、
時おり、曖昧な言葉を洩らす。
その中を歩む人間は、象徴の森を過《よぎ》り、
森は、親しい眼差しで人間を見まもる。
夜のように、光のように広々とした、
深く、また、暗黒な、ひとつの統一の中で、
遠くから混り合う長い木霊《こだま》さながら、
①もろもろの香り、色、音はたがいに応え合う。
ある香りは、子供の肌のようにさわやかで、
オーボエのようにやさしく、牧場のように緑、
――またある香りは、腐敗して、豊かにも誇らかに、
無限な物とおなじひろがりをもって、
竜涎《りゅうぜん》、麝香《じゃこう》、安息香、薫香のように、
精神ともろもろの感覚との熱狂を歌う。

訳者・阿部良雄が付した「ちくま文庫」版で記した註から引きます――「この詩はまず「照応」の理を一般的に述べ、続いて、その理に基く具体的現象としての共感覚 synesthésies（たとえば嗅覚と聴覚のように異った感覚相互間に対応関係が成り立つ現象）を例示する」。

音と色、香りといった五感の異なったはたらきがつながってゆくさまをこの詩は提示し、それは十九世紀後半の象徴主義の根本を解説しつつ、作品としてもまた自立させたとみることができます。

共感覚については以前から知られていましたが、けっして広くでは

【国　語】（五〇分）〈満点：一〇〇点〉

一　次の傍線部①～③の漢字はひらがなで読みを、④・⑤のカタカナ部分は漢字を答えなさい。

① 記者は音楽祭成功の舞台裏に迫った。
② 経営者の手腕が問われている。
③ 憶測で物を言うのは良くない。
④ 購入した商品をハイタツしてもらう。
⑤ 議事はシチテンバットウの様相を呈した。

二　次の図は、ＮＨＫ放送文化研究所による「二〇二〇年　国民生活時間調査」結果の一部である。

図１．朝・夜の年層別テレビ視聴状況

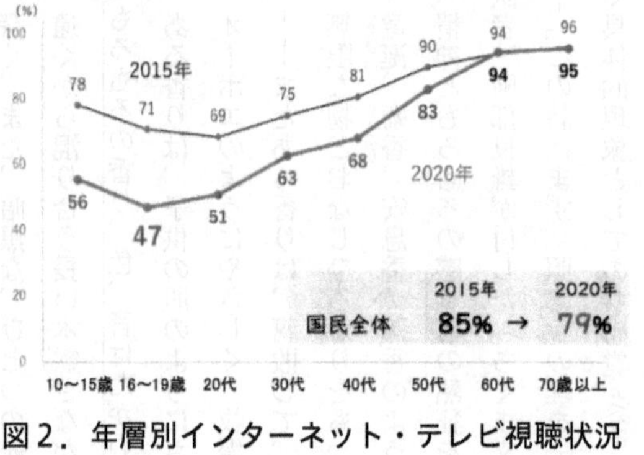

図２．年層別インターネット・テレビ視聴状況

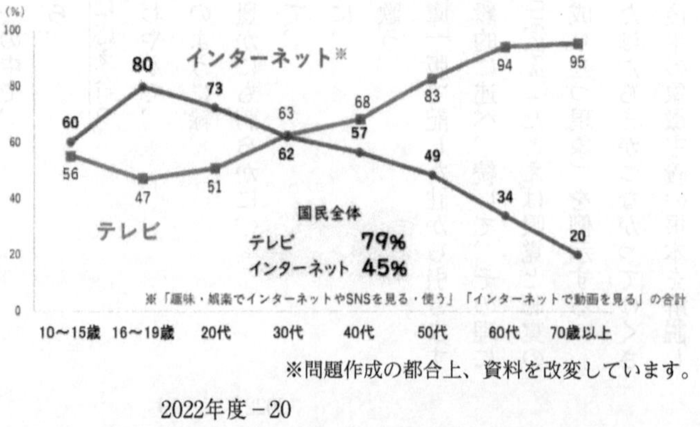

※問題作成の都合上、資料を改変しています。

2022年度

千葉黎明高等学校入試問題（前期2日目）

【数　学】（50分）〈満点：100点〉

1　次の計算をしなさい。

(1)　$3a+5a\times2$

(2)　$23\times4+27\times4$

(3)　$\sqrt{108}-\sqrt{6}\div\sqrt{2}$

(4)　$\left(\dfrac{5x^2}{2y}\right)^2\times\dfrac{10}{x}\div(-xy)$

(5)　$2(a+4)-(a-1)(a+3)$

(6)　$\left(\dfrac{1}{2}x+1\right)^2$

2　次の各問いに答えなさい。

(1)　1次方程式$-3x+4=2x-11$を解きなさい。

(2)　2次方程式$x^2-3x-7=0$を解きなさい。

(3)　$(3-x):4=(x-4):3$を満たすとき，xを求めなさい。

(4)　連立方程式 $\begin{cases} y=x-2 \\ 5x-2y=7 \end{cases}$ を解きなさい。

(5)　$4x^2-64$を因数分解しなさい。

(6)　次の等式をaについて解きなさい。

$$x=\frac{4}{3}ay^3$$

3　次の各問いに答えなさい。

(1)　一辺が2の正三角形の面積を求めなさい。

(2)　$\sqrt{28n}$が自然数になるようにしたい。この条件を満たす自然数nのうち，もっとも小さい数nを求めなさい。

(3)　メイさんは1月で問題集（80ページ分）を終わらせるため，最初の6日間は5ページずつ取り組んだ。それ以降は2ページずつ取り組み，最終日（31日）に終わる計画を立てている。今日1月18日分を終わらせたとき，残りの取り組むべきページ数を答えなさい。

(4)　A，B，C，D，Eの5チームでそれぞれ1回ずつ対戦するとき，全部で何試合行われるか答えなさい。

4 放物線$y=\frac{1}{2}x^2$と直線l：$y=kx+3$，直線m：$y=-x+9$がある。lとmの交点をA，放物線とlの交点を左側からB，Cとし，l，mとy軸の交点をそれぞれD，Eとする。原点をOとするとき，次の各問いに答えなさい。

(1) $k=1$のとき，点Aの座標を求めなさい。

(2) $k=\frac{5}{2}$のとき，△OBCの面積を求めなさい。

(3) kが$\frac{1}{2}\leqq k\leqq\frac{7}{2}$の範囲で変化する。△ADEの面積が最大となるとき，その大きさを求めなさい。

5 下の図のような一辺が$2\sqrt{2}$の立方体ABCD－EFGHにおいて，次の各問いに答えなさい。ただし，辺AB，BC，BFの中点をp，q，rとする。

(1) ACとねじれの位置にある辺は何本あるか答えなさい，

(2) 三角すいB－AFCとB－pqrの体積比を答えなさい。

(3) 立方体ABCD－EFGHから三角すいB－pqrを切り取ってできる立体の見取り図を図１と同じ角度から書きなさい。

（図1）

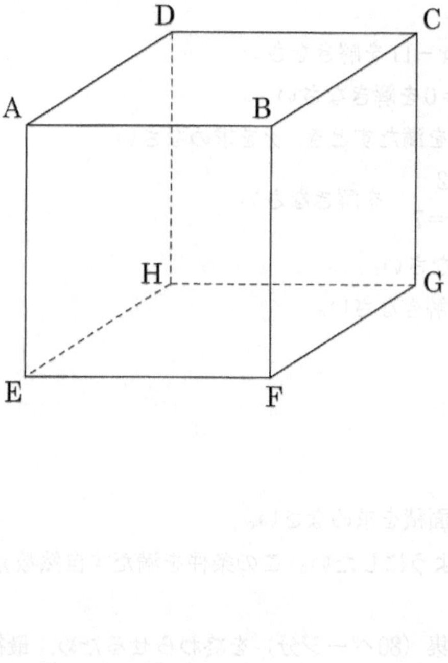

6　デジタル時計が壊れ，時刻の一部が表示されなくなってしまった。そこで，チバちゃんとレイくんはマッチ棒を使って時刻を表してみたところ，以下の図のようになった。この図からマッチ棒を加えてどのような時刻が表せるか調べようとしている。このとき，次の各問いに答えなさい。ただし，デジタル時計は24時間表記のものとする。

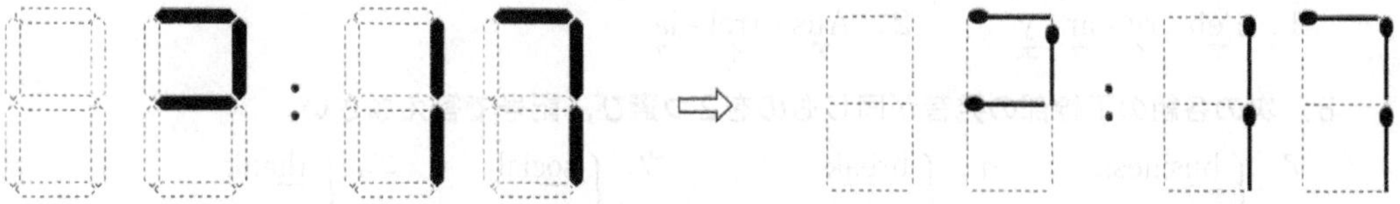

なお，デジタル時計の数字の表記は以下の通りである。

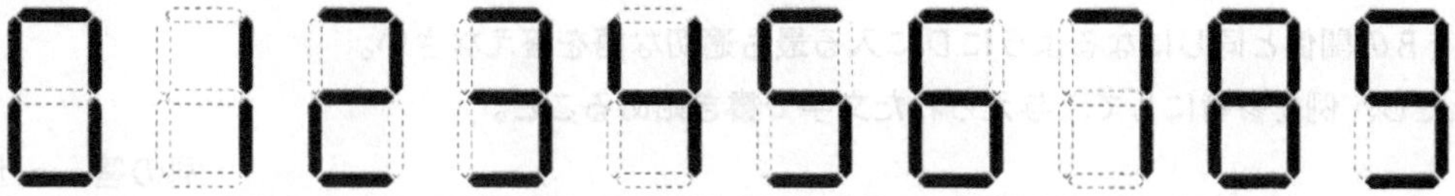

(1)　加える本数が3本以下のとき，表せる時間は何通りか求めなさい。

(2)　(1)で求めた時間から1本動かして表せる時間は何通りあるか求めなさい。

(3)　5本加えて表せる時間は何通りか求めなさい。

【英　語】（50分）〈満点：100点〉

【注意】 文字は筆記体でもブロック体でもかまいません。

1　A．次の語で最も強く発音する音節の記号を答えなさい。

1．Feb - ru - ar - y
　　ア　イ　ウ　エ

2．Aus - tral - ia
　　ア　イ　ウ

B．次の各組の下線部の発音が同じものを２つ選び，記号で答えなさい。

ア．business / activity　　イ．break / breakfast　　ウ．social / draw　　エ．thank / bath

2　A・Bの関係と同じになるようにDに入る最も適切な語を答えなさい。
ただし，例を参考にして，与えられた文字で書き始めること。

（例の答 → fly）

	A	B	C	D
例	fish	swim	bird	fly
1	book	books	glass	g……………
2	guitar	guitarist	science	s……………
3	cold	hot	cool	w……………
4	play	played	stop	s……………

3　２つの文の意味がほぼ同じになるように（　　）に入る最も適切な語句を選び，記号で答えなさい。

1．This museum has a lot of paintings.
There (　　) a lot of paintings in this museum.

ア．is　　イ．have　　ウ．are　　エ．has

2．Emma became sick three days ago, and she is still sick in bed.
Emma (　　) sick in bed for three days.

ア．was　　イ．has been　　ウ．has　　エ．is

3．He is smarter than any other person in his class.
He is (　　) in his class.

ア．smart　　イ．smarter　　ウ．the smarter　　エ．the smartest

4．They believe that seven is a lucky number.
Seven (　　) to be a lucky number.

ア．is believed　　イ．are believed　　ウ．believes　　エ．believed

4 日本語に合うように，次の(　　)の語を適切な形に書き替えなさい。

1．彼はそのアクション映画がわくわくすると思いました。
He thought that the action movie (be) exciting.

2．誰かがドアをノックしています。
Someone is (knock) on the door.

3．私はちょうど音楽を聴き終わりました。
I have just finished (listen) to the music.

4．彼女の父親は会社で記者として働いている。
Her father works at the office as a (report).

5 次の文が日本語と合うように(　　)に入る最も適切な語句を下から選び，記号で答えなさい。

1．これを試着していいですか。
Can I try this (　　　)?
ア．for　　イ．on　　ウ．with　　エ．in

2．ロンドン滞在中に友達に会った。
I met a friend of mine (　　　) my stay in London.
ア．in　　イ．by　　ウ．of　　エ．during

3．彼は彼の兄より注意深い。
He is (　　　) than his brother.
ア．careful　　イ．carefully　　ウ．more careful　　エ．most careful

4．アリスはテニスの試合に勝つことを確信している。
Alice is sure of (　　　) the tennis game.
ア．win　　イ．winning　　ウ．wins　　エ．won

6 次の(　　)に入る最も適切な英単語を答えなさい。ただし，与えられた文字で書き始めること。なお，英単語の□には１文字ずつ入るものとします。

1．A (**m**□□□□□□□) is a type of thin book with large pages and a paper cover that contains articles and photographs and is published every week or month.

2．The (**w**□□□□) is the earth with all its countries and people.

7 次の日本語に合うように正しく並べ替え，(　　)内で３番目に来る語句の記号を答えなさい。ただし，文頭に来るべき語句も小文字で示してあります。

1．ベンを今夜のパーティーに誘ってはどうですか。
(ア．inviting / イ．Ben / ウ．about / エ．the party / オ．to / カ．how) tonight?

2．私が弟と一緒に作った犬小屋は大きいです。
The doghouse (ア．my brother / イ．made / ウ．I / エ．big / オ．is / カ．with).

3．彼女は7月7日の朝に生まれた。
She (ア．of / イ．on / ウ．July 7th / エ．the morning / オ．born / カ．was).

４．私はお金をあまり持ち合わせていない。

I（ア．have / イ．money / ウ．me / エ．much / オ．don't / カ．with）.

8 次のＡとＢの会話について，（　　）に入れるのに最も適切なものを下から選び，記号で答えなさい。

１．Ａ：Can you help me with my homework?

Ｂ：（　　　）

ア．Yes, you can.

イ．Oh, you've finished it.

ウ．Sure, no problem.

エ．You're welcome.

２．Ａ：Peter!（　　）I need your help!

Ｂ：Mary? Is that you? What's wrong?

Ａ：I just finished an important report. I was relaxing and I spilled coffee all over my laptop.

Ｂ：OK, don't panic. I'll talk you through this, OK?

ア．Do you have one on you?

イ．I'm so glad I could reach you.

ウ．Am I all set?

エ．In my opinion, it's not worth it.

３．Ａ：Thanks for everything. I have to leave now. Goodbye.

Ｂ：Goodbye. I'll（　　）.

ア．forget everything.

イ．make you sad.

ウ．go with you.

エ．miss you.

４．Ａ：May I help you?

Ｂ：Yes, please. I'm looking for a sweater.

Ａ：How about this one?

Ｂ：（　　）How much is it?

ア．It looks nice.

イ．I think it is funny.

ウ．It's very expensive.

エ．Thank you, but I'm just looking.

9 次の英文を読んで，後の設問に答えなさい。

A long time ago the Pilgrims lived in England. All the people in England had to pray in the king's church. The Pilgrims did not like the king's church. They wanted to pray in their own church.

The Pilgrims left England and went to a small country called Holland. There was freedom of religion in Holland. Freedom of religion means that all people can pray the way they want to pray. The Pilgrims could pray in their own church in Holland.

The people of Holland are called the Dutch. They speak the Dutch language. The Pilgrims did not like living in Holland. They wanted to keep their English ways. They decided to go to America where they could live as they wanted and have freedom of religion.

In 1620, the Pilgrims left Holland for America. They had a ship. Their ship was the *Mayflower*. The trip was slow. The weather was rainy and cold. Many Pilgrims became sick.

The *Mayflower* landed in Massachusetts. The Pilgrims started a town called Plymouth. The first winter in Plymouth was terrible. Many Pilgrims died. There was little food.

The Indians helped the Pilgrims. They helped the Pilgrims hunt and fish. The Indians showed them how to plant corn. The Pilgrims built a church. Then the Pilgrims built houses.

By November 1621 the Pilgrims had a lot of food. They would not be hungry that winter. The Pilgrims were very happy.

The Indians and the Pilgrims had the first Thanksgiving in November 1621. The Pilgrims gave thanks to God for helping them. They said "Thank you" to the Indians for helping them. This was the first Thanksgiving in America.

（Adapted from *America's History*）

注）the Pilgrim **ピルグリムファーザーズの一員**　pray **祈る**　freedom **自由**　religion **宗教**
the Mayflower **メイフラワー号**　Thanksgiving **感謝祭**

設　問

１．次の英文の空所に入る最も適切なものを下の選択肢から選び，記号で答えなさい。

The Pilgrims left England because they did not like the king's church. They first went to Holland. But later, they decided to leave Holland because they wanted to keep their (　　) ways.

ア．American　　イ．Dutch　　ウ．English　　エ．Indian

２．次の英文の空所①と②には共通の表現が入ります。空所に入る３語を答えなさい。

When all the people can pray as they want to, they have ①(　　)(　　)(　　). When the Pilgrims lived in England, they did not have this ②(　　)(　　)(　　).

３．次の質問に対する答えとして正しいものをア～エから１つ選び，記号で答えなさい。

質問：Why did the Pilgrims go to America?

答え：ア．Because they wanted to become farmers.
イ．Because they wanted to practice their religion.
ウ．Because they wanted to meet the Indians.
エ．Because they wanted to build a huge house.

４．次の質問に対する答えの英文の空所に入る最も適切なものをア～エから１つ選び，記号で答えなさい。

質問：When did the Pilgrims have their first Thanksgiving?

答え：They had it in (　　).

ア．1619　　イ．1620　　ウ．1621　　エ．1622

５．本文の内容と一致するものを１つ選び，記号で答えなさい。

ア．The Pilgrims had to pray in their own church, so they left England.

イ．The Pilgrims left England so that they could pray in the king's church.

ウ. Many Pilgrims died during the first winter, though they had enough food for the long, cold winter.

エ. The Pilgrims had little food for the long, cold winter, so many of them died during the first winter.

10 次の会話文を読んで，後の設問に答えなさい。

Mr. Ito：Hello, everyone. Welcome to Izu Oshima. I'm today's moderator, Ito. Let me introduce myself shortly before starting this meeting. I'm from Musashimurayama City, Tokyo. This is the third year since I started teaching English here. My family lives in Chofu City, Tokyo. Daiki, my son, is a first year student in junior high school and Mona, my daughter, is in the fourth grade of elementary school. OK, now, please introduce yourself and talk about your hometown.

Rina：Hi, my name is Rina. I was born in Yonagunijima, Okinawa. Now I go to a high school on the main island of Okinawa because there is no high school in Yonagunijima. I missed my family just after I left my birthplace, but now I enjoy high school days with my friends through club activities. I make a video call with my family every night so that we can talk with each other about our latest news. I can feel relaxed especially when I hear my mother's voice. Any questions?

Ken：Hello, I'm Ken. Is Yonagunijima far from the main island of Okinawa? Please tell me more about Yonagunijima. And, do you have any hobbies?

Rina：It's about 500 km from the main island of Okinawa to Yonagunijima. It's the westernmost point of Japan and it's about 1,900 km from Tokyo. On a clear day, we can see Taiwan about 100 km away. My hobbies are cycling and diving. Yesterday, I arrived in Izu Oshima by ferry early in the morning and met Yoko. After I had breakfast at Yoko's house, I enjoyed cycling with her. It was interesting to visit many places and to know about this island because she told me many things while cycling.

Mika：Hello, I'm Mika. Are there many colorful fish in the sea around the Okinawan Islands?

Rina：Yes, I think its array of fish is very different from other places'. In addition to tropical fish, it also has places where you can see a school of hammerhead sharks if you are lucky. Yonagunijima has undersea ruins, too.

Mika：Undersea ruins?

Rina：Right. A huge stone structure was discovered by local divers in the 1980s. It is still being investigated as to whether it's artificial or natural, so it is attracting the enthusiastic attention of archaeologists around the world. I went to see those undersea ruins when I was in junior high school. I believe that the structure must be an ancient temple.

Mr. Ito：That sounds interesting. Thank you, Rina. Next, Ken, please introduce yourself and talk about your hometown.

Ken：OK. I'm from Sadogashima, Niigata. I can't believe this is Tokyo because I imagined there are a lot of tall buildings and people in Tokyo. I was born in Sadogashima and go to high school there. There are three high schools and a branch school, and about 52,000 people live there. It is the second largest island in Japan, and you know, the largest one is the main island of Okinawa. At one time, the amount of gold mining there was the largest in the world, but it was closed down about 30 years ago. On Sadogashima, there is a mountain whose top is split into a V-shape from gold mining.

Mika : I have only seen real snow just a few times. It's cold in winter in Niigata, isn't it?

Ken : Yes, it's very cold. Niigata is one of the snowiest places in Japan. Though Sadogashima has less snow than other parts of Niigata, there is a ski resort in Sadogashima. I enjoy skiing there with my friends in winter.

注） westernmost **最西端の**　array of ～ **～の勢ぞろい**　a school of ～ **～の群れ**　ruins **遺跡**
investigate **調査する**　enthusiastic **熱狂的な**　archaeologist **考古学者**

Mr. Ito : Have you ever seen real snow, Yoko?

Yoko : I have only ever seen snow a few times since I was born in Izu Oshima. It is rare that we have snow here.

Mr. Ito : How about you, Rina?

Rina : No, I've never seen it.

Ken : Really? Please come to Sadogashima and enjoy some winter sports together.

Rina : That sounds exciting! I'll work part time when I'm a college student, and I want to go there in my winter holidays.

Mr. Ito : Thank you, Ken. Next, Mika, please give us some information about you and your hometown.

Mika : OK. I'm Mika from Hachijojima. It's located about 190 km south of Izu Oshima and is also in Tokyo. There is only one high school there and I go to that school. This is the first time for me to come to Izu Oshima. My parents grow flowers and I want to take over the family business in the future. Hachijojima has two volcanoes and a geothermal power plant. Geothermal power generation is used not only for domestic use but also for agriculture.

Ken : How long did it take to come here?

Mika : About three days.

Ken : About three days?! Why did it take so long? Hachijojima is much closer to Izu Oshima than Sadogashima, isn't it?

Mika : Of course, it's much closer than Sadogashima or Yonagunijima. I came to Izu Oshima after sightseeing in the urban area of Tokyo. I left Hachijojima by ferry in the morning the day before yesterday and arrived in the urban area of Tokyo that night. Yesterday I strolled around Asakusa in the morning and I saw a spectacular view from the observation deck of Tokyo Sky Tree after lunch. I left Takeshiba Pier last night and arrived at Izu Oshima early this morning.

Ken : I see.

Rina : Yoko and I went to Motomachi Port to meet Mika today, and Mika and I had breakfast at Yoko's house and we are going to stay at her house tonight.

Mr. Ito : Ken arrived at Izu Oshima by the same ferry as Rina took and stayed at my house last night. Ken and I are going to go fishing after lunch today. Anyway, everyone, do you remember our plan for tomorrow?

Ken　：Yes, we're planning to go trekking together, aren't we? I think there is a place called *Ura Sabaku* along the route. Is there a desert in Japan?

Mr. Ito：Actually, *Ura Sabaku* is not a real desert. That area is difficult for plants to grow because of various reasons, so it is called such name. *Ura Sabaku* is the only name of a place in Japan which has the name "sabaku," which means desert in English.

Mika　：By the way, Yoko, are you enjoying Mr. Ito's English class?

Yoko　：To tell the truth, I don't know how his class is. I met him for the first time yesterday.

Rina　：What do you mean? You are in the same school, right? Isn't Mr. Ito teaching here?

Mr. Ito：Actually, I met Yoko for the first time when I went to Motomachi Port to meet Ken yesterday. Before that, I only kept in touch with her by e-mail. There are two high schools in Izu Oshima. I'm teaching here and Yoko goes to the other high school.

Ken　：No way!

注）volcano　火山　geothermal　地熱の　power generation　発電　domestic　家庭の　agriculture　農業
stroll　散策する　spectacular　壮観な　observation deck　展望デッキ　pier　桟橋　actually　実は

設　問

１．本文の内容に合うように空欄部①・②に入る語句をそれぞれ選び，記号で答えなさい。

・　＿＿①＿＿ is the last person who arrived in Izu Oshima.

ア．Rina　イ．Ken　ウ．Mika　エ．Yoko

・　People at the meeting are planning to ＿＿②＿＿ tomorrow.

ア．go fishing with Mr. Ito

イ．go trekking along the route through *Ura Sabaku*

ウ．see a real desert

エ．go back to their own hometowns

２．本文の生徒たちが参加している会合に名前をつける際，最も適切なものを選び記号で答えなさい。

ア．Japan Islands' Youth Meeting

イ．World Trade Organization

ウ．Young Archaeologists in Japan

エ．Natural Environment in Japan

３．本文の内容に合うものを２つ選び，記号で答えなさい。

ア．Rina strongly believes that the undersea structure must be an ancient temple.

イ．Sadogashima is famous for gold mining and it is still the main industry there.

ウ．Mr. Ito, the moderator, is from Tokyo and lives with his family in Izu Oshima.

エ．Mika wants to work growing flowers in the future.

オ．All of the students go to high school in the island where they were born.

カ．Yoko likes learning English because Mr. Ito is teaching English very well.

4．本文の内容をまとめた次の英文の（　①　）・（　②　）・（　③　）に入る最も適切な語句を語群から選び，記号で答えなさい。

> Mr. Ito is from Musashimurayama City, Tokyo and has two children. Rina is from Yonagunijima island, Okinawa. One of her hobbies is (　①　). She enjoyed (　①　) around Izu Oshima with Yoko after she had breakfast. Ken is from Sadogashima and goes to high school there. He enjoys (　②　) with his friends in winter. Mika is from Hachijojima and her parents' job is (　③　) flowers there.

【語群】

ア．running	イ．swimming	ウ．growing	エ．diving
オ．gold mining	カ．skiing	キ．cycling	ク．fishing

き事を忘るるなり。もし又、生死の相にあづからずといはば、実の理を得たりといふべし」と言ふに、人いよいよ嘲る。

（兼好法師『徒然草』より）

問一　傍線部①「かたへ」について、次の各問いに答えなさい。

（1）ひらがな・現代仮名遣いに改めなさい。

（2）意味として適当なものを、次のア～エの中から一つ選び記号で答えなさい。

ア　未熟　　イ　かたわら　　ウ　田舎　　エ　かつぐ

問二　傍線部②「この楽しび」が指す内容を、本文中から抜き出して答えなさい。

問三　空欄A・Bに入る語として適当なものを、本文中からそれぞれ漢字一字で抜き出して答えなさい。

問四　男の死生論を人々があざけた理由として適当なものを、次のア～エの中から一つ選び記号で答えなさい。

ア　本物の生きることの喜びは、誰にも理解することができないから。

イ　一般の人々は、本物の生よりも金銭を得ることに価値を見出しているから。

ウ　牛の売り買いについてむきになっている男をおかしいと思ったから。

エ　動物の命から人間の命に話を派生させた理由がわからなかったから。

問五　本文は三大随筆の一つであるが、三大随筆のうち平安時代に成立した作品を、次のア～エの中から一つ選び記号で答えなさい。

ア　方丈記　　イ　枕草子

ウ　平家物語　　エ　源氏物語

問一　空欄Ａに入る語として適当なものを、次のア～エの中から一つ選び記号で答えなさい。

ア　ジロッと　　イ　ボケッと

ウ　ニヤッと　　エ　シャキッと

問二　傍線部①「私は同じことしかしなかったろう」とあるが、「同じこと」が指す内容を、十五字以上二十字以内で答えなさい。

問三　空欄Ｂに入る言葉として適当なものを、次のア～エの中から一つ選び記号で答えなさい。

ア　この自然のためであろうか

イ　あの男のためであろうか

ウ　自由のためであろうか

エ　母親のためであろうか

問四　空欄Ｃに入る文の順番として適当なものを、次のア～エの中から一つ選び記号で答えなさい。

ア　あの男も一人だった。→　だから、私は一人だった。→　しかし、或る日、あの男がやって来た。

イ　しかし、或る日、あの男がやって来た。→　あの男も一人だった。→　だから、私は一人だった。

ウ　だから、私は一人だった。→　あの男も一人だった。→　しかし、或る日、あの男がやって来た。

エ　だから、私は一人だった。→　しかし、或る日、あの男がやって来た。→　あの男も一人だった。

問五　傍線部②「そうしているうちに私は」とあるが、この部分の説明として適当なものを、次のア～エの中から一つ選び記号で答えなさい。

ア　あの男に聞かれる内容が正しいわけではないが話を合わせているうちに

イ　あの男との何気ない会話から自分の人生を振り返っているうちに

ウ　あの男にお願いされて朝から晩まで一緒に行動しているうちに

エ　あの男とお互いの将来について真剣に語り合っているうちに

六　次の古文を読んで、後の問いに答えなさい。

「牛を売る者あり。買ふ人、明日その値をやりて、牛を取らんといふ。夜の間に、牛死ぬ。買はんとする人に利あり、売らんとする人に損あり」と語る人あり。

これを聞きて、①かたへなる者の言はく、「牛の主、誠に損ありといへども、又大きなる利あり。その故は生あるもの、死の近き事を知らざる事、牛、既にしかなり。人、又おなじ。はからざるに牛は死し、はからざるに主は存ぜり。一日の命、万金よりも重し。牛の値、鵝毛よりも軽し。万金を得て一銭を失はん人、損ありといふべからず」と言ふに、皆人嘲りて、「その理は牛の主に限るべからず」と言ふ。

又言はく、「されば、人、死を憎まば、生を愛すべし。存命の喜び、日々に楽しまざらんや。愚かなる人、②この楽しびを忘れて、いたづかはしく外の楽しびを求め、この財を忘れて、危ふく他の財をむさぼるには、志、満つ事なし。生ける間生を楽しまずして、死に臨みて死を恐れば、この理あるべからず。人皆〈　Ａ　〉を楽しまざるは、〈　Ｂ　〉を恐れざる故なり。死を恐れざるにはあらず、死の近

　私は、相手をもう一度見つめなおした。彼はポカンと口をあけて当惑したようにつっ立っていた。ひげが、口のまわりに長い。埃にまみれっぱなしだ。私は、彼を、彼の姿の全体を見ると、
「かわいそうに、病気なのだな」
　と思った。
「傷などないさ。これ、このとおりだ。心配しなくていい」
　私は、彼をなぐさめるようにいった。
「かわいそうに。そんなに血を流して。でも、あせってもりをぬくんじゃない。じっとしているんだ。じっと、そのままな」
　彼には、私の声が聞えなかったのだろうか。聞こうとしなかったのだろうか。彼は、私をおしとどめるようなしぐさを、僅かに示した。それから、彼は近寄って来て、私のかきかけのパステルクレヨンのデッサンにうつろいやすい視線をそそいだ。私はデッサンをとりあげて、黙って海の水色をぬり残した部分にぬりはじめた。
「あ、あんたは、なんで、海を青くぬってしまうんだね」
　男はためいきをもらした。私は海を見つめなおした。その日の海はすきとおった水色だった。私はその色を充分に出したつもりだった。
「海が、こんな色をしているからさ」
　私は答えた。
「でも、こんなに、こんなにいっぱい血がまじっているというのに」
「血が」と、私はおうむ返しにいった。
「血が」
　と彼は繰返した。私は、すきとおるような水の色を、もう一度見なおした。
「それに、あ、あのくじらをどうする」
「くじら」
　と私は、もう一度問い返した。
「水の底でじっとしている。背中にもりが突きささって。そこから、ほら、あんなに血が流れている」
　彼は、それから、私の目に見えないくじらに話しかけるようにいった。
「かわいそうに。だが、じっとしているんだぞ。そのままな。息の続く限りな。お前の背中のもりは、誰もぬいてくれはしない。赤錆びて、くさって、根もとから落ちるまで、な」
（中略）
　私は、それから海に行くたびに彼にあった。彼はどこかにひそんでいて、私がスケッチブックを開くと、姿を現わすのだった。そして私を見ると私の背中の傷の話を始めた。最初のうち私は、傷などないと答えていた。だが、しばらくすると、私は彼に別にさからわなくなった。
「ああ、この傷のことかね。ぼくには見えないんだ。なにしろ、背中にあるもんだからね。だから、どんな具合か、見てくれよ」
　私は、いつしかそんな答えをするようになった。
「かわいそうに。痛むだろう」
　男は、相変らず同じ口調で、うつろいやすい視線を私の背に向けていい続けた。
　②そうしているうちに私は、自分の見ることの出来ない背中に、大きく口をあけた傷口があるような気がしてきた。見えなくとも、うずくような痛みが感じられはじめた。

（なだいなだ『小さき町より』より）

幾つかあった。そのふちは鋭くけずられている。そして、そばに寄ると、かすかにではあるが、表面の砂粒が流れ落ち続けている。足跡だ。乾いた砂の上につけられた足跡なのだ。あの男の。

　男の姿は、私の立っているところから見えないが、どこかの土手のかげにいつものように腰を下ろしているのだろう。

　私は、何ヵ月も前からここに絵をかきにやって来ていた。私は絵かきになろうと思って、数年前に家をとび出した。私は一人息子であり、一人の母があった。それまで私は大学の法科に通っていた。だが、私は絵をかきたかった。そして、そのためには自由が必要だと何となく感じたのだ。私の母は、私が大学をやめることを決して許さなかったろう。だが許してくれたとしても、①私は同じことしかしなかったろう。それから私は放浪した。あちこちの飯場でやとわれて金をもらうと、今日のようにその金で買ったスケッチブックを持って歩きまわった。母のことは忘れたいと思った。だが、忘れられなかった。

　私は、もう何枚もの、目の前の風景のデッサンをしていた。何となく私はこの海から離れられなかった。平凡な海の風景なのだが。

　右手には、大きくえぐられた弓の弧のような湾がある。そして正面には、灯台のある岬が、低く、はうように右から突き出している。左手には、房総の山が真南にのびている。正面は南だ。そこに、僅かに、オープンシーが開かれていた。大きな波のうねりはその真南の水平線からとめどなく生れて、私の足もとまで押し寄せて来た。

　私が、最初にここにきたのは冬だ。そして、今は五月。水の色は変った。北風のやんだ日、海はすきとおって、見下ろすと海中の岩が黒々と見えた。南風が吹き出すと、海は背をまるめて怒る猫のように毛を逆立てた。息を切らせて打ち寄せる波は、その水のなめらかな斜面の上に白い泡をすべらせた。私はその海の変化をすべてスケッチブックの中にかきとめた。そこには、何十もの海の顔が集められている。私は、もう、目の前に見ることの出来るものは、すべて、自分の目で見たように思った。だが、私は、この景色の前から、未だ立ち去れないのを感じた。私はスケッチブックを持って来ながら、何もえがかずにじっと海を見つめたままで時を過した。

「〈　B　〉」

と私は思った。

　夏になるとこのあたりにも海水浴客がやって来る。だが、人の来るのは、右手の湾の奥の波の静かなあたりだ。湾の端の、海中に岩のかくされているここらは、どちらかといえば、平日は荒れ果ててほとんど人影がなかった。数人の釣師を例外として。〈　C　〉

　私がパステルで海をぬっていた時だ。私は急に背後に人の気配を感じた。私はふりかえった。あの、旧帝国陸軍の亡霊のような男が立っていて、私にじっと視線をそそいでいた。

「アー、アー」

と、男は低く、どもるように声を出した。

「き、きずの具合は、どうかね」

かすかに聞きとれるくらいに、彼はいった。

「傷、傷ってどこの傷だね」

私は問い返した。

「そら、その、あ、あんたの背中の傷だ。か、かわいそうに、も、もりが深く突きささっている」

奥深くまで入り込んでいく点が似ているということ。

イ　祈禱師が祈ることで対象の痛みを取り払う点と、画家が想像の中で構図を決めていく点が似ており、外科医が慎重な作業の結果命を助けられることと、撮影技師が専門性を活かして映画を完成に導くことが似ているということ。

ウ　祈禱師が自らの立場を信じている点と、画家が自らの描画技術を信じている点が似ており、外科医が自らの外科手術技術を誇りにしている点と、撮影技師が自らの専門性を誇りにしている点が似ているということ。

エ　祈禱師が対象に触れずして結果を出すことができる点と、画家が自らの絵の対象に触れることなく完成させられる点が似ており、外科医が自らの施術道具を大切にしながら作業を進める点と、撮影技師が撮影道具を慎重に扱う点が似ているということ。

五　次の文章を読んで、後の問いに答えなさい。

「アー、アー」

と、その男は私を見るといつもいうのであった。それから、

「傷の具合は、どうかね」と。

もう何度も彼から同じ言葉をかけられていた。だが私は、意地悪く、彼の言葉の意味がどうしてもわからないふりをして答えるのだった。

「どこの傷のことだね」

男は口をポカンとあけて、私を見つめた。

「そら、あんたの背中の傷だ。深く突きささった、もりの傷だ。そんなに血を流して」

私が、それ以上答えないでおしだまっていると、彼はとまどったように、たどたどしく口ごもる。

男は、古びてつぎはぎだらけになった軍隊服を着て、寒い時には、そのうえにすそのボロボロになったカーキー色の軍隊の外套を着こんでいた。もう地上から姿のなくなった旧帝国陸軍の外套を。手には小さな風呂敷包。それにあちこちへこんだ飯盒をぶらさげている。口のまわりには、埃でよごれたひげ。

私は、当惑した男の顔を見きわめると、〈　A　〉した。そこで、はじめて答えるのだ。

「ああ、あの傷のことかね。あれは、もういいんだ」

だが、私の背中には、傷はおろかおできの痕ひとつなかったのだ。男は私の笑顔を見、そして、答を聞くと大きな首を振りながらいった。

「あせって、もりをぬくんじゃない。じっとしているんだ、苦しくとも、じっと。そのままな」

私は、スケッチブックとパステルクレヨンを、薬局でもらったビニール袋の中に入れてぶらさげ、今日も海にやって来た。そして海岸道路の土手の上に立って、乾いて白い海岸の砂の広がりを見下ろしながら、あの男はもう来ているな、と思った。

風が吹いたあとの砂浜の表面の紋様は、まるみをおびていた。日は高い。風紋の浅いくぼみのその底には、ほんの僅かな影しかたたえられていない。そのかわり、埋もれ残った流木の一部が顔を出しているところには、前日の強かった南風の、風の影が残されていた。風紋のくぼみのまわりは、まるみを帯びて、なだらかに他のくぼみへとつながっていた。それにまじって、別の蟻地獄の巣のような形のくぼみが

ランスの写真家。近代写真の父と呼ばれる。二〇世紀前後のパリの建築物、室内家具など失われる古きパリのイメージを撮影した。

ザンダー … アウグスト＝ザンダー（一八七六年～一九六四年）ドイツの人物写真（ポートレイト）および記録写真家。

問一　空欄A～Cに入る語の組み合わせとして適当なものを、次のア～エの中から一つ選び記号で答えなさい。

ア　A　つまり　B　だから　C　しかし
イ　A　つまり　B　だから　C　そして
ウ　A　だから　B　そして　C　つまり
エ　A　だから　B　そして　C　しかし

問二　傍線部①「複製される対象が芸術作品だ、ということはもはやない」とあるが、なぜか。理由として適当なものを、次のア～エの中から一つ選び記号で答えなさい。

ア　映画が上映される際、複製されることは当然であり、大衆性が高いため芸術作品とは言えないから。
イ　映画が作品として成立するのは、撮影された被写体を監督が芸術性の高いものであると認めた場合に限るから。
ウ　映画は写真のように計算しつくされた映像の中に強いメッセージを込めて発信していく構造ではないから。
エ　映画が芸術作品になるまでには、何度も撮りなおされ、編集され、完成されるものだから。

問三　傍線部②「皮肉っぽく」とあるが、どの点が皮肉だと言えるのか。説明として適当なものを、次のア～エの中から一つ選び記号で答えなさい。

ア　映画理論家が自らの考えに固執してしまい、芸術に対する議論を展開する状況ではなくなってしまったにもかかわらず、問題を抱えた自らの行動を顧みようとしない点。
イ　映画理論家が無理な要素を根拠に映画が芸術になりうるという議論に終始し、先に議論すべき芸術としての性格が変化する問題に目を向けようとしない点。
ウ　映画理論家が非常に明快な分析をしたために、今後展開される議論に自らの意見を差しはさむことができなくなってしまった点。
エ　映画理論家が以前から議論されてきた既知の事柄を、いかにも自らが初めて適切な分析をしたかのような態度で芸術論を展開している点。

問四　本文には次の一文が抜けている。入れるべき適当な箇所を、【a】～【e】の中から一つ選び記号で答えなさい。

【抜けている文】なんどでも撮りなおせるし、撮影の順番と物語の順序が違ってもよい。

問五　傍線部③「祈禱師と外科医との関係は、画家と撮影技師との関係にひとしい」とあるが、説明として適当なものを、次のア～エの中から一つ選び記号で答えなさい。

ア　祈禱師が対象と一定の距離を保つ点と、画家が絵を描く時に対象との自然な距離に注意を払う点が似ており、外科医が対象に直接触れ施術することと、撮影技師が事象の織りなす構造のンヤミンは②皮肉っぽくこう書いている。

この種の理論家たちが映画を「芸術」に組み入れようと四苦八苦して、余儀なく、たとえようもなく羽目をはずして、礼拝的要素を映画のなかに読みこもうとしているさまを眺めることは、大いに参考になる。【c】

つまり初期の写真論も映画論も、従来の芸術を理解するための概念装置が「写真」にも「映画」にも役立たないことを反面教師として教えてくれた。

人間と機械装置の釣り合い

映画を撮影する現場では、撮影機械、照明器具その他の機械類、スタッフその他の劇の進行自体に関係のないものが嫌でも眼に入る。まるで雑然と道具が混み合った空間なのだ。それは演劇の場合とまったく異なる。演劇では舞台の上が現出する幻影の空間そのものであるが、映画を撮影するスタジオにはそのような場所はない。演劇では、その日その日が勝負だ。舞台と観客は反応しあい、日によって芝居のできが違ってくる。映画制作にはそんなところはない。【d】

スタジオでは機械装置が現実のなかへ深くはいりこんでいるので、現実を純粋に見る視点、機械という異物から解放された視点は、特別の位置に置かれたカメラによって撮影をおこない、さらに同種の撮影をほかにも多くおこなった上で、それらのフィルムをモンタージュするという、特殊な手続きの結果としてでなければ、生まれえない。機械から自由に現実を見る視点は、ここでは人工的なものに転化している。直接の現実の眺めは、技術の国の青い花となったのだ。

ベンヤミンは映画のもっとも重要な社会的機能は、「人間と機械装置とのあいだの釣り合いを生み出すことである」という。機械装置への深入りをとりあげ、ベンヤミンは「外科医／呪術師」の差異と、「撮影技師／画家」の差異が似ていることを論じながら、映画が現代人を理解する装置になっていること、つまりわれわれにとっていかに重要なものであるかの理解にわれわれを導いていく。【e】

③祈禱師と外科医との関係は、画家と撮影技師との関係にひとしい。画家は仕事をするとき、対象との自然な距離に注意を払う。これに反して撮影技師は、事象の織りなす構造の奥深くまで分け入ってゆく。両者が取りだしてくる映像は、いちじるしく異なっている。画家による映像が総体的だとすれば、撮影技師による映像はばらばらであって、その諸部分は新しい法則に従って寄せ集められ、ひとつの構成体となる。だからこそ映画による現実の描写は、現代人にとって、比類なく重要なのである。というのも、機構から解放された現実を見る視点を、現代人は芸術作品から要求してよいわけだが、その視点は、機構を利用した映画による徹底的な浸透に依拠しない限り、得られはしないのだから。

ここでの「機構（Apparatur）」という言葉は、集合的な組織体ではなく、機械装置である。つまり映画は、映画なる作品を大衆に展示するだけでなく、現実を見る大衆の知覚を構成しているというべきであろう。

（多木浩二『ベンヤミン「複製技術時代の芸術作品」精読』より）

※　語注　アジェ　…　ジャン＝ウジェーヌ・アジェ（一八五七年～一九二七年）フ

四 **本文は、ドイツの評論家ヴァルター＝ベンヤミンが一九三六年に書いた『複製技術時代の芸術』について、日本人写真評論家である多木浩二が解説した文章である。読んで、後の問いに答えなさい。**

複製の違い

ベンヤミンの映画論は、映画をまるで人間を理解するための装置に見立てているようにみえる。彼が「複製技術時代」と呼んだ時代、あるいはそのなかで生きているわれわれとはいかなるものか、をあきらかにするためなのである。〈　A　〉彼の映画制作の精密な分析は、われわれの住み着く現代世界の活動を解明する分析の比喩として読まれるべきだし、同時に完成した映画は、われわれつまり大衆を魅了する「現実」の比喩になる。さらにいえば映画が「現実」を見る視覚になっているのである。【a】

写真や社会について論じてきた『複製技術時代の芸術作品』の後半は、映画論がもっとも重要な議論になる。ベンヤミンの時代では、映画がもっともあたらしい芸術であった。ベンヤミンの議論のなかでの、写真から映画への発展の過程はたどれる。彼は映画を、写真が言葉によって意味を確定する延長におく。映画はどの場面も、前後の関係から意味が曖昧になることはない。しかし写真と映画とはまったく異次元のものである。静止と運動の差異ではない。どこがちがうか？

写真が絵画を複製する場合と、映画が仕組まれた事象をスタジオで複製する場合とでは、複製のしかたが異なっている。前者の場合には複製される対象が芸術作品であって、複製が作品を生産するわけではない。……スタジオのなかでの撮影では、事情は違ってくる。この場合には、①複製される対象が芸術作品だ、ということはもはやない。……複製すること自体が作品を生産するのでもない。この場合には芸術作品は、〔選択し、連結する〕モンタージュに依拠して初めて成立する。

〈　B　〉映画は、最終段階でどうにでもなるものなのだ。選択し、つなぎあわせる――だから編集の意義は途方もなく大きい。【b】

すでにアジェやザンダーの写真がわれわれにあたえる世界について、ベンヤミンの考え方は書いてきた。依然として神話につきまとわれがちな現実と比較すると、彼らの写真の方が非現実だったのかもしれない。だから彼らの非現実的な写真にシュルレアリストたちが共鳴したのであろうが、それにしてもそこにはパリという都市があったり（アジェ）、二〇世紀の有名無名の人間たちがいた（ザンダー）。〈　C　〉映画は、何か世界というべき対象があって、それを複写する過程を踏むものではない。カメラもセットも、演技する俳優も含めて、すべてが複製技術の領域に属している。限りなく現実に近いものとして観客が受容するイリュージョンをつくりだすための制作に使うすべての要素は、最終的にあらわれる「映画」とは異なる次元のものなのだ。

（中略）

ベンヤミンによれば、複製技術が進歩して写真が現れたとき、多くの人びとは「写真が芸術であるか否か」という間違った問題に振り回された。「写真の発明によって芸術の性格が総体的に変化したのではないか」ということに最初は行きつかなかった。写真とは比較にならないほど錯綜した映画の場合も、初期の映画理論はお話にならないほど大雑把であった。超自然的あるいは幻想的なものによって、映画は芸術になると語ったりしたものだった。それら理論家たちについてべわれてできないことはありません。声さえ出れば謡えるし、体が動けば舞の型をなぞることはできる。だけれど、それでは「できた」とは言えない。「とても自分にはできない」「太刀打ちできない」――そんな自分の能力を超えた演目を、やれと命じられるのです。

（中略）

ほとんどの人は、不安いっぱいのままお披きの日を迎えます。そして、無我夢中で舞台を勤めるものの、当然、結果は不本意です。それでもそのとき、その人は何かの壁を飛び越えています。人は、そこでまた新たな自分を迎えるのです。

とはいえ、元来が弱く臆病な私たちには、自ら「初心」で断ち切るなんて簡単にはできません。だからこそ、「披き」によって、「初心」に向かい合う環境を無理矢理つくります。それが能の稽古に隠されている「初心忘るべからず」のシステムなのです。これを繰り返すことで、能は試練を乗り越えてきました。

（安田登『能　650年続いた仕掛けとは』より）

※　語注　イノベーション…技術革新。

問一　空欄A・Bに入る語を、それぞれ平仮名で答えなさい。

問二　傍線部①「器」と同じ意味の語を、本文中より三字で抜き出して答えなさい。

問三　傍線部②「能の歴史自体にも、『初心』は何度もありました」とあるが、３番目に起きた変化はどのようなものだったか。次の各問いに答えなさい。

（１）時代はいつか。次のア～エの中から一つ選び記号で答えなさい。

ア　豊臣秀吉の時代　　イ　江戸時代

ウ　明治時代　　エ　戦後

（２）変化の内容を本文中から十五字で抜き出して答えなさい。（句読点を含む）

問四　傍線部③「意思をもったイノベーション、それこそが『初心』の特徴」とあるが、どういうことか。説明として適当な箇所を本文中より五十字程度で抜き出し、はじめと終わりの五字をそれぞれ答えなさい。

問五　次のア～エは、本文について説明したものである。本文と内容が合致しないものを一つ選び記号で答えなさい。

ア　「初心忘るべからず」とは、折あるごとに古い自己を裁ち切り新たな自己として生まれ変わらなければならない、そのことを忘れるなという意味である。

イ　能の変化の歴史にみられる大切な事柄は、時代の流れに合うように変わらざるを得ないことを教訓とした先人の知恵を受け継いでいるということである。

ウ　「老後の初心」とは、年齢とともに身についたものや過去の栄光とともに見えてきた限りある自分の生の中で、痛みを伴ってでも初心に戻るということである。

エ　自らを初心で裁ち切ることは簡単にはできないため、能の稽古では弟子を「初心」に向き合わせるためにその人の能力を超えた演目をやれと命じるのである。

うことです。能は徐々にではなく、あるときを境に突然ゆっくりになった。戦後の変化に対応したのもそうです。③意思をもったイノベーション、それこそが「初心」の特徴です。

江戸時代初期のベテランの能楽師たちは、ゆっくりした能への変容を見て「そんなのは能じゃない」と批判したに違いありません。ですが、時代は「ゆっくり」を求めている。それなら、と、どんな反対意見があっても、また自分の中に迷いがあっても、それを断ち切り新たなものに変容させていく。これを可能にするのは能楽師「個人」の初心でもあります。

私たちの身体の細胞は死と再生を繰り返し、それにつれて私たち自身も刻々と変化をしているものの、ふだんは自分が変化しているとは感じません。それは「自分はこんな人間だ」と考えている「自己イメージ」がほとんど変化しないからです。変化は成長でもあるのに、日々の変化に気づかない、あるいは気づきたくないのが人間です。

とはいえ、固定化された自己イメージをそのまま放っておくと、「自己」と「自己イメージ」との間にはギャップが生じます。現状の「自己」と、過去のままにあり続けようとする「自己イメージ」による自分」との差は広がり、ついにはそのギャップの中で毎日がつまらなく、息苦しいものになる。そうなると好奇心もうすれ、成長も止まってしまいます。人生も、その人間もつまらないものになっていくのです。

そんなときに必要なのが「初心」です。古い自己イメージをバッサリ裁ち切り、次なるステージに上り、そして新しい身の丈に合った自分に立ち返る――世阿弥はこれを「時々《じじ》の初心」とも呼びました。

また、「老後の初心」ということも言っています。どんな年齢になっても自分自身を裁ち切り、新たなステージに上る勇気が必要だと。

とはいえ、これはさらに厳しいことです。年齢とともに身に付いたものも多く、過去の栄光も忘れられない。同時に自分の生にも限りが見えてくる。いまこれを断ち切ったら、本当にもう一度変容し得るのだろうか、とも迷う。

それでも断ち切る。これが「老後の初心」なのです。なぜならば生きている限り、人は変化をし続ける存在だからです。自分を裁ち切るには痛みが伴います。今までの価値観が崩れ、地位や名誉、ひょっとすると友人や財産までも失う。今までの自分がガラガラと崩壊し、魂の危機さえ感じるかもしれない。

ですが、そんな「危機」こそまさに「チャンス」です。危機を避けていては成長はありません。自ら進んで危機を受け入れてこそ成長がある。そして、その選択を突きつけるのが「初心」なのです。

能の稽古では、弟子を「初心」に飛び込ませるために「披《ひら》き」や「免状」というシステムを作っています。ある特別な演目を舞台ではじめて披露することを「披き」といい、段階的に難しいものに挑みます。これは役者にとってのお披露目なので、特別な準備をします。これに成功すれば、役者としても次の次元に進めるのです。

謡や舞などの実践力を身につけ、レベルが段階的に上がる過程で「免状」をもらいます（私の属する下掛宝生流には免状制度はありません）が、ある程度稽古をして、節（メロディ）、拍子（リズム）、型という基本が全体としてわかってくると、自分の実力ではできそうもない演目を「やってみろ」と命じられるのが「披き」です。ピアノやバイオリンの指の動きのような技巧的なことではないので、やれとい

三　次の文章を読んで、後の問いに答えなさい。

「初心忘るべからず」。

これが、能を大成した観阿弥・世阿弥父子が残したもっとも有名な言葉です。能に関連した言葉とは思わずに、私たちは「それを始めたときの初々しい気持ちを忘れてはいけない」という意味でこの言葉を使っています。しかし、実は世阿弥はこのような意味では使っていません。世阿弥自身もさまざまな場面で使っていて、文脈次第で意味は変わりますが、詳述している紙幅はないので、初心という言葉の意味だけをお話しましょう。

初心の「初」という漢字は、「〈　Ａ　〉」偏と「〈　Ｂ　〉」からできており、もとの意味は「〈　Ａ　〉を〈　Ｂ　〉で裁つ」。すなわち「初」とは、まっさらな生地に、はじめて〈　Ｂ　〉を入れることを示し、「初心忘るべからず」とは「折あるごとに古い自己を裁ち切り、新たな自己として生まれ変わらなければならない、そのことを忘れるな」という意味なのです。

「初心」という言葉を使ったのは観阿弥・世阿弥が初めてではありません。しかし、世阿弥は「初心忘るべからず」を繰り返すことによって、「初心」の精神を能の中に仕掛けました。この仕掛けにより、能は長く続くことになったと言っても過言ではないでしょう。追ってご紹介しますが、世阿弥は様々な仕掛けを能の存続のために施しており、６５０年間続いたのは、そのおかげ。世阿弥の作った①器が非常に優れていたからだと言えます。

②能の歴史自体にも、「初心」は何度もありましたが、大きな４つの変化についてみていきましょう。

最初の変化は豊臣秀吉の時代です。それまでの装束（衣装）はふつうの着物に近いものでしたが、派手好きな秀吉の影響で、今のような重量感のある能装束になりました。これによって演技の質も大きく変わったそうです。秀吉と一緒に能や狂言をたのしんだという徳川家康も、そうとうな能好きでした。二代将軍秀忠以降も歴代将軍は能を大切にし、「式楽」として幕府の管轄のもとにおきます。

２番目の変化は江戸時代初期、おそらく五代将軍綱吉から八代将軍吉宗までの時代だといわれています。能のスピードが突然、ゆっくりになりました。「眠くなる」とよく言われる、現在の静かな能はこの時点でできあがったのです。

それまでの能は、現在の能に比べると、２倍から３倍くらい速いスピードで演じられていたそうです。今の能の謡を２〜３倍で謡ってみると、まるでラップです。ひょっとしたら世阿弥の能は、ラップとヒップホップ・ダンスだった可能性もあるのです。

３番目の変化は明治時代。それまでの能は外で行われていました。それが「能楽堂」という屋内で演じられるようになった。大きな声や演技が当たり前だったのが、明治以降、能は洗練された繊細な動きや声を求めるようになりました。

そして４番目の変化は戦後に訪れます。江戸時代まではスポンサーに大名や幕府、明治以降にいったん危機は訪れるものの、華族や財閥、政治家がいたので、戦前の能は観客から入場料というものをあまりあてにしていませんでした。それが、戦後に有力なスポンサーがいなくなり、観客からの入場料によって上演されるようになったのです。

ここで大切な共通項は、それぞれの変化は突然に起こっているとい

図１．事故種別の救急出動件数と構成比の５年ごとの推移

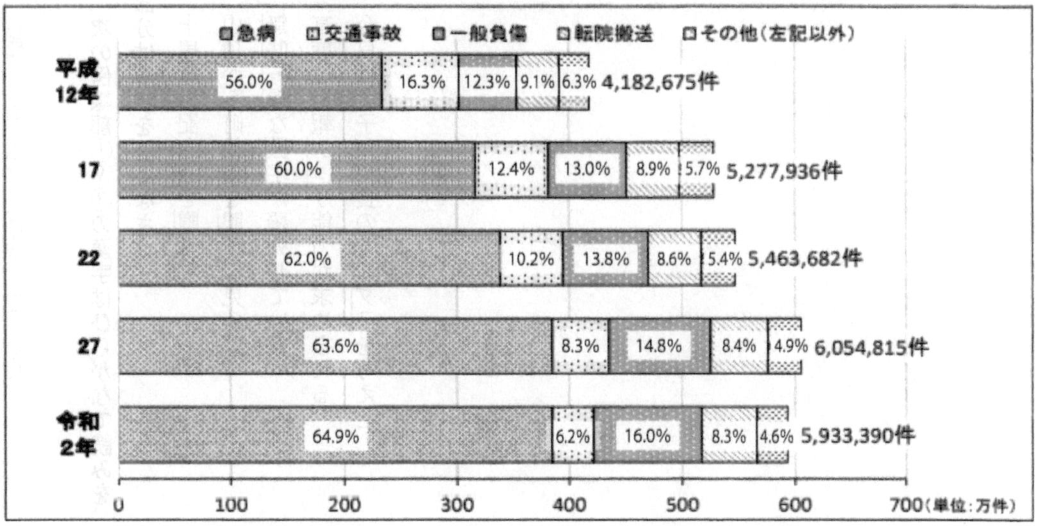

※割合の算出に当たっては、端数処理（四捨五入）のため、割合の合計は100%にならない場合がある。

問　図表から読み取れる情報を示した次のア～エの中で、正しいものには○、誤っているものには×をつけなさい。

ア　令和２年の出動件数はすべての事故種別において令和元年より減少している。

イ　平成１２年から令和２年まで交通事故での出動件数は減少している。

ウ　救急出動件数が増加傾向にあるのは適正な利用がされていない証拠である。

エ　平成１２年から令和２年までの救急出動は急病と交通事故で全体の80%を占める。

【国　語】〈五〇分〉〈満点：一〇〇点〉

一　次の傍線部①～③の漢字はひらがなで読みを、④・⑤のカタカナ部分は漢字を答えなさい。

①　十周年の記念品を贈る。

②　山頂から町並みを眼下に見る。

③　無味乾燥な数字が羅列している。

④　高度な情報ショリ能力が求められる。

⑤　今日は息子が夕食のコンダテを考えた。

二　次の図表は、総務省による「令和二年版救急・救助の現況」を抜粋したものである。

表１．事故種別の救急出動件数対前年比

事故種別	令和2年中		令和元年中		対前年比	
	出動件数	構成比(%)	出動件数	構成比(%)	増減数	増減率(%)
急　病	3,850,670	64.9	4,335,687	65.3	▲ 485,017	▲ 11.2
交通事故	366,297	6.2	432,492	6.5	▲ 66,195	▲ 15.3
一般負傷	951,937	16.0	1,013,435	15.3	▲ 61,498	▲ 6.1
加　害	27,056	0.5	30,074	0.5	▲ 3,018	▲ 10.0
自損行為	54,924	0.9	52,286	0.8	2,638	5.0
労働災害	52,119	0.9	57,308	0.9	▲ 5,189	▲ 9.1
運動競技	23,872	0.4	42,102	0.6	▲ 18,230	▲ 43.3
火　災	21,779	0.4	23,485	0.4	▲ 1,706	▲ 7.3
水　難	4,927	0.1	5,071	0.1	▲ 144	▲ 2.8
自然災害	557	0.0	1,105	0.0	▲ 548	▲ 49.6
転院搬送	490,959	8.3	552,175	8.3	▲ 61,216	▲ 11.1
その他（転院搬送除く）	88,293	1.5	94,547	1.4	▲ 6,254	▲ 6.6
合　計	5,933,390	100	6,639,767	100	▲ 706,377	▲ 10.6

※割合の算出に当たっては、端数処理（四捨五入）のため、割合の合計は100％にならない場合がある。

1日目

2022年度

解　答　と　解　説

《2022年度の配点は解答欄に掲載してあります。》

＜数学解答＞

《学校からの正答の発表はありません。》

1　(1)　$-7x$　(2)　$\frac{10}{7}$　(3)　$9\sqrt{2}-2\sqrt{3}$　(4)　$-x+13y-6$　(5)　$\frac{5}{2}xy^4$
(6)　$8x$

2　(1)　$x=-\frac{11}{2}$　(2)　$x=9,\ -3$　(3)　$x=4$　(4)　$(x,\ y)=(5,\ 5)$
(5)　$2(x+1)(x-1)$　(6)　$a=b+1$

3　(1)　水曜日　(2)　$u-6$　(3)　$\frac{1}{4}$　(4)　13時

4　(1)　$x=\frac{13}{6}$　(2)　$m=\frac{65}{36}$　(3)　$\frac{65}{24}$

5　(1)　$V_1=\frac{1}{3}V$　(2)　$V_2=\frac{4}{27}V$　(3)　$V_3=\frac{1}{9}V$

6　(1)　45点　(2)　30点　(3)　解説の図参照

○推定配点○

各4点×25　　計100点

＜数学解説＞

基本　1　(正負の数，平方根，式の計算)

(1)　$8x-3x\times5=8x-15x=-7x$

(2)　$\{(24-9)\times4\div(16-4)\}\times\frac{2}{7}=(15\times4\div12)\times\frac{2}{7}=5\times\frac{2}{7}=\frac{10}{7}$

(3)　$\sqrt{27}+\sqrt{72}+3\sqrt{2}-\sqrt{75}=3\sqrt{3}+6\sqrt{2}+3\sqrt{2}-5\sqrt{3}=9\sqrt{2}-2\sqrt{3}$

(4)　$5(x+2y)-3(2x-y+2)=5x+10y-6x+3y-6=-x+13y-6$

(5)　$25x^3y^2z\times\frac{y^2z}{6x}\div\left(\frac{5}{3}xz^2\right)=25x^3y^2z\times\frac{y^2z}{6x}\times\frac{3}{5xz^2}=\frac{5}{2}xy^4$

(6)　$(x+2)^2-(x-2)^2=(x^2+4x+4)-(x^2-4x+4)=8x$

基本　2　(一次方程式，二次方程式，比例式，連立方程式，因数分解，等式の変形)

(1)　$4(x-2)=3(2x+1)$　$4x-8=6x+3$　$-2x=11$　$x=-\frac{11}{2}$

(2)　$\frac{1}{6}x^2-x-\frac{9}{2}=0$　$x^2-6x-27=0$　$(x-9)(x+3)=0$　$x=9,\ -3$

(3)　$3:(x-1)=2:\frac{x}{2}$　$2(x-1)=\frac{3}{2}x$　$4x-4=3x$　$x=4$

(4)　$2(2x-y)=10$より，$2x-y=5$…①　$-\frac{1}{2}x+y=\frac{5}{2}$より，$-x+2y=5$…②　①×2+②より，$3x=15$　$x=5$　これを②に代入して，$-5+2y=5$　$2y=10$　$y=5$

(5)　$2x^2-2=2(x^2-1)=2(x+1)(x-1)$

(6) $\frac{3a+4b}{7}-\frac{2a+3b}{5}=\frac{1}{35}$　$5(3a+4b)-7(2a+3b)=1$　$15a+20b-14a-21b=1$　$a-b=1$　$a=b+1$

[3] (暦，数の性質，確率，時差)

(1) 365÷7=52あまり1より，平年では同じ月日の曜日は1つずれる。2021年1月17日は日曜日，2020年はうるう年なので，2日ずれて金曜日，2019年は木曜日，よって，2018年1月17日は水曜日である。

重要 (2) $504=2^3\times3^2\times7$より，$n=2\times7=14$のとき，$a=\sqrt{\frac{504}{14}}=\sqrt{36}=6$

基本 (3) さいころの目の出方の総数は6×6=36(通り)　このうち，出た目の積が奇数となるのは，ともに奇数の目が出るときで，3×3=9(通り)あるから，求める確率は，$\frac{9}{36}=\frac{1}{4}$

(4) (135－15)÷15=8より，時差は8時間。到着時刻は日本時間で9＋12=21(時)だから，フランスの現地時刻は21－8=13(時)

[4] (図形と関数・グラフの融合問題)

重要 (1) 2点A，Bのx座標をそれぞれa，bとすると，$A(a,\ a^2)$，$B(b,\ b^2)$　また，$C(a,\ b^2)$とする。△ABCは∠ACB=90°の直角三角形だから，$AB^2=BC^2+CA^2$　直線ABの傾きが$\frac{4}{3}$であるから，$BC=3t$，$AC=4t$とすると，$5^2=(3t)^2+(4t)^2$　$25t^2=25$　$t^2=1$　$t>0$より，$t=1$　また，$BC=a-b=3$…①，$AC=a^2-b^2=4$より，$(a+b)(a-b)=4$　①より$a+b=\frac{4}{3}$…②　①＋②より，$2a=\frac{13}{3}$　$a=\frac{13}{6}$

(2) 直線$y=\frac{4}{3}x+m$は$A\left(\frac{13}{6},\ \frac{169}{36}\right)$を通るから，$\frac{169}{36}=\frac{4}{3}\times\frac{13}{6}+m$　$m=\frac{65}{36}$

(3) (1)より，$b=\frac{4}{3}-\frac{13}{6}=-\frac{5}{6}$だから，$B\left(-\frac{5}{6},\ \frac{25}{36}\right)$　$D\left(0,\ \frac{65}{36}\right)$とすると，△ABO=△OAD＋△OBD$=\frac{1}{2}\times\frac{65}{36}\times\frac{13}{6}+\frac{1}{2}\times\frac{65}{36}\times\frac{5}{6}=\frac{65}{24}$

[5] (空間図形)

基本 (1) 三角柱ABC－DEFの底面積をS，高さをhとすると，$V=Sh$　正四面体OABCの体積は，$V_1=\frac{1}{3}Sh=\frac{1}{3}V$

重要 (2) 2組の辺の比とその間の角がそれぞれ等しいので，△OPQ∽△OAB　相似比はOP：OA=2：(2＋1)=2：3より，面積比は$2^2:3^2=4:9$　よって，四面体OPQCの体積は，$V_2=\frac{1}{3}\times\frac{4}{9}S\times h=\frac{4}{27}Sh=\frac{4}{27}V$

(3) Rから△OPQにひいた垂線の長さをkとすると，$k:h=OR:OC=3:(3+1)=3:4$　よって，$k=\frac{3}{4}h$　四面体OPQRの体積は，$V_3=\frac{1}{3}\times\frac{4}{9}S\times\frac{3}{4}h=\frac{1}{9}Sh=\frac{1}{9}V$

基本 [6] (資料の整理)

(1) 得点を低い順に並べると，20，21，33，37，38，41，45，52，57，58，72，89，90となるから，中央値は，7番目の45点

(2) 第1四分位数は，$\dfrac{33+37}{2}=35$(点)　第3四分位数は，$\dfrac{58+72}{2}=65$(点)　よって，四分位範囲は，$65-35=30$(点)

(3) (1)，(2)より，箱ひげ図は，右のようになる。

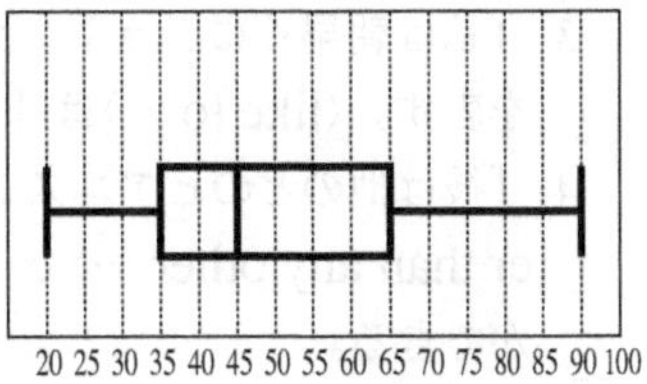

★ワンポイントアドバイス★

出題傾向，難易度に大きな変化はない。前半の数と式，方程式の計算は確実に正解したい。後半もできるところから解いていこう。

＜英語解答＞ 《学校からの正答の発表はありません。》

1 A-1 イ　A-2 ア　B イ，ウ

2 1 (f)irst　2 (t)hese　3 (e)yes　4 (w)on't

3 1 イ　2 エ　3 ア　4 ウ

4 1 studying　2 loved　3 younger　4 Aren't

5 1 ア　2 ウ　3 イ　4 ア　6 1 (b)ooks　2 (s)hip

7 1 カ　2 オ　3 カ　4 エ　8 1 イ　2 ウ　3 ウ　4 エ

9 1 (He visited) his aunt who lives in Australia.　2-(X) ②　2-(Y) ③
3 イ，エ　4 (e)nough

10 1 エ　2 ウ　3 music　4 イ　5 ウ　6 イ

○推定配点○

1～7 各2点×26　8～10 各3点×16　計100点

＜英語解説＞

1 A(アクセント問題)

1 [ʌmbrélə]　2 [íntərnèt]

B(発音問題)

ア [hɑrt] [gəːrl]，イ [lʌ́ki] [kʌ́ntri]，ウ [kúk] [fút]，エ [ǽskt] [kɔld]

2 (語彙問題：形容詞，代名詞，名詞，助動詞)

1 反意語の組み合わせになっている。「最後の」の反意語は「最初の」である。

基本 2 単数形と複数形の組み合わせになっている。「これ」の複数形は「これら」である。

3 「聞く」と「耳」の関係になっている。「見る」なので「目」となる。

4 短縮形にする。will not の短縮形は won't である。

3 (書き替え問題：動詞，不定詞，比較)

1 「アンディはとてもよいサッカー選手だ。」→「アンディはとても上手にサッカーをする。」 主語が単数で，現在の文なので，三単現の s がつく。

2 「老人は私たちに『バスの中では大きな声で話してはいけない』と言った。」→「老人は私たちに，バスの中では大きな声で話さないようにと言った。」〈tell A not to ～〉で「Aに～しないように言う」という意味を表す。

3 「私は朝早くにジョギングをするのが好きだ。」〈be fond of ～〉は「～が好きだ」という意味を表す。〈like to ～〉は「～するのが好きだ」という意味を表す。

4 「彼は他のどのピアニストより有名だ。」→「彼はすべてのピアニストの中で一番有名だ。」〈～er than any other …〉で「他のどんな…よりも～」という意味を表し，最上級で書き換えることができる。

4 (語形変化問題：進行形，受動態，比較，否定疑問文)

基本 1 進行形の文なので〈be動詞＋～ ing〉の形にする。

2 受動態の文なので〈be動詞＋過去分詞〉という形にする。

3 young を比較級にするので er をつける。

4 「～いないのですか」とあるので，否定形から始まる疑問文にする。

5 (語句補充問題：慣用表現，前置詞，関係代名詞，助動詞)

1 go to bed は「寝る」という意味を表す。

2 〈on time〉で「時間通りに」という意味になる。

3 the 以下が building を修飾する。もともとは the athletes stayed at the building であり，the building の部分が関係代名詞になるので，目的格の関係代名詞が入る。

4 主語が複数で，現在の文であることから考える。

6 (語彙問題：名詞)

1 「私はこれらの本を図書館から2週間借りた。」

2 「フィリピンからのバナナは数週間かかって船で日本に来た。」

7 (並べ替え問題：動名詞，疑問詞，不定詞，助動詞)

1 Writing story <u>in</u> English isn't easy.　動名詞は「～すること」という意味を表す。

2 What do <u>you</u> have in your bag?　疑問詞は文頭に置く。

3 (I) want you <u>to take</u> these flowers to her by (tomorrow.)　〈want A to ～〉で「Aに～してほしい」という意味を表す。

4 You have <u>to</u> study Japanese harder.　〈have to ～〉で「～しなければならない」という意味を表す。

8 (会話文問題：語句補充)

1 A：そのコートが似合いますね。
B：ああ，ありがとう，でも<u>色が好きでないです</u>。
A：そうですか。とてもよく似合うと思いますよ。
ア「あなたはそれが好きだ。」，ウ「私は持っていない。」，エ「私は気分がよくなった。」

2 A：もう一杯お茶をいかがですか。
B：いいえ，ありがとう。<u>十分飲みました</u>。
ア「私はのどがかわいている。」，イ「もう一杯お願いします。」，エ「もう一杯お願いします。」

3 A：リサ，テレビのサッカーの試合がすぐ始まりますよ。来られますか。
B：はい，でもその前に皿を洗いたいです。<u>始まったら</u>呼んでください。
A：わかりました，そうします。
ア「もし彼らが遅れたら。」，イ「もしあなたがひとつ持っていたら。」，エ「あなたが時間がある時に。」

4 A：うれしそうですね。
B：はい，そうです。息子が<u>入学試験に合格しました</u>。

A：おめでとう！

ア「病気になった。」，イ「財布をなくした。」，ウ「とても神経質だった。」

9 （長文読解問題・説明：語句補充，内容吟味）

（全訳） 私の名前はジュンです。私は他の文化にとても興味があります。それで去年の夏，私はオーストラリアに住んでいる私の叔母を訪ねました。

日本を離れる前に，私は別の文化を知るための最良の方法は，そこで話されている言語を学ぶことだと思いました。だから一生懸命勉強するつもりでした。しかし，オーストラリア滞在中に，そこには2種類の外国人学生が勉強していることに気づきました。

最初のタイプは英語を学ぶためにオーストラリアに来ていましたが，すぐにカルチャーショックに苦しみ始めた人です。彼らはそこに住む人々と友達になろうとはしませんでした。彼らはとても孤独でした。彼らがやりたかったのは，母国に戻ることだけでした。

2番目のタイプは本当に良い友達を作り，そこでの生き方を理解しようとしました。彼らにとって，これは言語を学ぶことよりも重要でした。

私が叔母にこの2種類の学生について話したとき，彼女は言いました。「別の文化を知るには長い時間がかかります。しかし，友達を作ることが最も重要だと信じているなら，どこにいても，いつでも海外での生活を楽しむことができます。」

私はこれを聞いてとてもうれしかったです。言語を勉強するだけでなく，異文化を理解しようとするときに重要なことがあることに気づきました。

1 「ジュンは去年の夏何をしたか」という質問。第1段落に「去年の夏，私はオーストラリアに住んでいる私の叔母を訪ねました」とあるので，この内容を使って答える。

2 「別の文化を学ぶことに関するジュンの考え」

訪問前 一番よい方法は (X) だ。	⇨	滞在中 彼はオーストラリアで学んでいる。 2種類の外国人学生を見つけた。	⇨	訪問後 一番大切なことは (Y) だ。

(X) 第2段落に「そこで話されている言語を学ぶことだと思いました」とあるので，②が答え。

(Y) 第5段落に「友達を作ることが最も重要だ」とあり，ジュンはその考え方を喜んでいるので，③が答え。 ①「現地の話者と共に滞在すること」，④「自分自身の文化についてもっと学ぶこと」は，いずれも書かれていない内容なので，誤り。

3 ア「彼らはカルチャーショックに苦しむ。」 第1のタイプのことなので，誤り。 イ「彼らは地元の人々と友達になる。」 第4段落の内容に合うので，答え。 ウ「彼らは母国の文化に戻りたい。」 第1のタイプのことなので，誤り。 エ「彼らは地元の人々の生活様式を理解しようとする。」 第4段落の内容に合うので，答え。 オ「彼らは寂しく感じる。」 第1のタイプのことなので，誤り。 カ「彼らは言語のクラスをとることに興味を覚える。」 文中に書かれていない内容なので，誤り。

4 「ジュンはオーストラリアへの訪問の後何を学んだか。」という質問。地元の人々と友達になることの大切さを学んだという内容から考える。「他の文化を理解するためには，言語を学ぶことだけでは十分でない。言語を学ぶ以上に大切なことがいくつかある。」〈~ enough to …〉で「…するのに十分~だ」という意味になる。

10 （長文読解問題・説明：内容吟味，語句補充）

（全訳） 1. (A)外国で勉強するのはワクワクします。特に文化があなたの文化と大きく異なる場合，それが難しい場合もあります。

2. さまざまな背景から米国に来る学生にとって，慣れるには長い時間がかかる場合があります。

数ヶ月前に台湾から来た学生のキットケンは，次のように語っています。私はここと家の違いが本当に好きでした。私は新しい国にいることができて幸せでした。でも今は家族や友達が恋しくて少し寂しいです。時々，私は何をすべきかについて混乱します。好きなものはまだたくさんありますが，今は嫌いなものがたくさんあります。私は本当にホームシックに感じます！」

3. アドバイスを求めて，米国で学生であることにほとんど問題がない学生に目を向けました。セイドゥーは2年前にセネガルから来ました。彼は私たちに「キットケンは心配するべきではありません。これは完全に正常です。私は彼女とまったく同じように感じました。(B)私は文化を理解していなかったし，私の英語も上達していませんでした。」と言いました。

4. セイドゥーは，これは彼のすべての友人が彼自身の国から来た者だからだと気づきました。「それで，私は北米の学生や他の留学生と知り合うことにしました。いろいろなクラブがある学生会館に行きました。スポーツクラブ，ダンスクラブ，同じ宗教の人のためのクラブ，何かについてもっと知りたい人のためのクラブ—たくさんあります！ 音楽に興味のある学生のためのクラブがあるのを見たので，私はそれに参加しました。それはすべてを変えました！ 私はすぐに友達を見つけて，文化を少しだけよく理解することができました。クラブの生徒たちも私に興味を持ちました。私たちは違いについて話し，そして私はとても幸せに感じ始めました。私たちは今，仲良くやっていて，しばしば一緒にいます。」

5. メキシコのミゲルは次のように付け加えました。「私の主な問題は食べ物でした。私は本当に私の好きな料理を食べることができませんでした！ 自分で料理するのも妙で，不健康なファストフードをたくさん食べすぎました。それから私は近くにメキシコ料理のレストランを見つけて，大変よく通い，他の生徒たちが料理を試せるように一緒に連れて行きました。また，私の母は私にメキシコ料理が入った小包を送ってくれて，本当に役に立ちます。新しい文化を理解することは重要ですが，家からの物を持っていることも良いことです。」

6. セイドゥーは私たちのアドバイスを要約します。「(X)カルチャーショックは正常です。他の国の人々に会うことは良い考えですが，あなたが知っていることや好きなことをすることも助けになります。」

1 ア「自分の国で生徒になることは容易だ。」外国で学ぶことに関係がないので，誤り。イ「他の国で生徒になることにはいつも問題がある。」「いつもある」とは言っていないので，誤り。 ウ「外国で学ぶことはわくわくするので，多くの生徒が外国に行く。」多くの生徒が行くとは言っていないので，誤り。 エ「他の国で生徒になることには良い点と悪い点がある。」本文の内容に合うので，答え。 オ「他の国で学ぶことは，外国人の生徒が問題に打ち勝つのを助ける。」文中に書かれていない内容なので，誤り。

2 第4段落の第1文に「セイドゥーは，これは彼のすべての友人が彼自身の国から来た者だからだと気づきました」とあるので，ウ「彼はセネガルから来た友達とだけ一緒にいた。」が答え。ア「彼はホームシックになった。」，イ「彼は北米の生徒たちをよく理解しなかった。」，エ「彼は他の人と英語を話す機会がなかった。」，オ「彼は合衆国に友達が一人もいなかった。」

3「セイドゥーは合衆国で暮らすことの問題をどのように克服したか。」という質問。「セイドゥーは大学の学生会館に行き，多くのことに興味を持つ生徒たちのためのたくさんのクラブを見つけた。彼は音楽クラブのメンバーと友達になった。彼らはセイドゥーに興味を持った。今彼は彼らとよく一緒にいて，これは彼がアメリカの文化をより理解する助けになっている。」第4段落に「音楽に興味のある学生のためのクラブがあるのを見たので，私はそれに参加しました」とある。

4「ミゲルは(ア)食べ物について問題があった。彼は自分ではなかなか料理をしない。彼は，(イ)自分が好きなタイプの食べ物だったので，たくさんファストフードを食べた。彼はキャンパスの近くにメキシコ料理のレストランを見つけ，(ウ)他の生徒たちといっしょによくそこに行く。そして彼の母親は彼に，小包に入れた(エ)メキシコ料理を送る。」 第5段落にはファストフードをよく食べたと書かれているが，好きな食べ物だったとは書かれていないので，(イ)が誤り。

5　ア「自分の国から来た人々と話すのを止めて，北米の食べ物を食べれば物事はよりよくなるだろう。」 文中に書かれていない内容なので，誤り。　イ 「カルチャーショックは正常だ。助けてくれる医師が学生会館にいる。」 文中に書かれていない内容なので，誤り。　ウ 「カルチャーショックは正常だ。他の国の人々に会うことは良い考えだが，あなたが知っていることや好きなことをすることも助けになる。」 第4段落と第5段落の内容に合うので，答え。　エ 「英語をより熱心に勉強して，北米の文化を理解するようにするべきだ。」 文中に書かれていない内容なので，誤り。

重要　6　ア 「キットケンは，自分がさびしく感じていることを，家族や友達に知ってほしくないと思うので，1つ目のタイプに当てはまる。」「家族や友達に知ってほしくないと思う」という内容が[9]の分類には無いので，誤り。　イ 「キットケンは，家族や友達といっしょでないことを悲しく感じるので，1つ目のタイプに当てはまる。」 [9]の分類に当てはまるので，答え。　ウ 「キットケンは，新しい国にいることでわくわくしているので，2つ目のタイプに当てはまる。」 わくわくしていることは[9]の分類に関係がないので，誤り。　エ 「キットケンは，2つの文化の違いが好きなので，2つ目のタイプに当てはまる。」 文化の違いが好きなことが2つ目のタイプの条件にはならないので，誤り。　オ 「キットケンは，どちらのタイプにも当てはまらない。」 1つ目のタイプに当てはまるので，誤り。

★ワンポイントアドバイス★

[4]の4には否定疑問文が用いられており，これに答えるときには注意が必要である。日本語の発想では「お腹が空いていなければ」「はい，空いていません」と答えるが，英語で「はい」と答えたら，「空いている」という意味になる。

＜国語解答＞ 《学校からの正答の発表はありません。》

[一]　① ぶたいうら　② しゅわん　③ おくそく　④ 配達　⑤ 七転八倒

[二]　ア ○　イ ×　ウ ○　エ ×

[三]　問一 べつべつにはたらいている諸感覚が応えあうこと(22字)　問二 c　問三 エ
問四 喚起　問五 エ

[四]　問一 エ　問二 ア　問三 d→c→b→a　問四 エ
問五 ア ×　イ ○　ウ ×　エ ×

[五]　問一 ウ　問二 エ　問三 ア　問四 イ　問五 梶家は昔から代々の医家で通っており，他の農家とは違うものとされていた

[六]　問一 イ・カ　問二 イ　問三 ア　問四 イ　問五 紫式部

○推定配点○

[一] 各2点×5　[二] 各3点×4　[三] 問五 3点　他 各4点×4　[四] 問五 各3点×4
他 各4点×4　[五] 問三・問四 各2点×2　他 各4点×3　[六] 問一・問五 各2点×3
他 各3点×3　計100点

＜国語解説＞

一 (漢字の読み書き)

① 「舞台裏(ぶたいうら)」には，表立たずに物事が行われる場，という意味がある。 ② 「手腕」は，物事をうまく処理・実行する腕前のこと。「腕」を使った熟語はほかに「腕力」「腕章」など。訓読みは「うで」。 ③ 「憶」を使った熟語はほかに「記憶」「追憶」など。 ④ 「配」を使った熟語はほかに「配置」「配慮」など。訓読みは「くば(る)」。 ⑤ 「七転八倒」は，苦しみのたうちまわること。

二 (資料読み取り)

ア 図1の2015年と2020年の数値を比較すると，60代だけが変化がなく，その他の世代はすべて減少しているので○。 イ 図2を見ると，インターネット利用がテレビ視聴を上回っているのは10代・20代だが，30代もインターネット利用がテレビ視聴とほぼ同じになっており，「テレビに代わってインターネットが主になる」と予想されるのは，10代，20代だけとはいえないので，×。

ウ 図1の，2015年と2020年の数値の推移を見ると，10～15歳が－22％，16～19歳が－24％，20代が－18％，30代が－12％，40代が－13％，50代が－7％，60代が－0％，70代が－1％となっているので，○。 エ 60代・70代だけでなく，50代もインターネット利用率は低く，テレビ視聴率が高いといえるので×。

三 (詩の観賞―脱文・脱語補充，文脈把握，内容吟味，要旨)

問一 同様のことは，「共感覚」「コレスポンダンス」と言い換えられており，「コレスポンダンス」の説明として，「べつべつにはたらいている諸感覚が応えあうこと(22字)」とある。

問二 【c】の直前に「それはただ似ているか，聴き手の連想能力が高いからでしょう」とあり，「連想」という語を受けて，「そうした連想が……」とつながるので，cに補うのが適切。

やや難 問三 直前に「……それはことばであり，音楽ではありません。音楽は音楽として，というよりも楽音のつらなりのなかでことばとはべつに動き独立していますし，……」と説明されている。ことばで音楽を伝えることはできない，と述べられているのでエが適切。

問四 「コレスポンダンス」については，「何か－に－応える」とあり，同様のことは最終段落で「喚起する」と表現されているので「喚起」が適切。「喚起」は，呼び起こすという意味。

問五 後の「『ないもの』を暗示します」にあてはまるものとして「直感」が適切。

四 (論説文―脱文・脱語補充，文章構成，文脈把握，内容吟味，要旨)

問一 A 本文冒頭に「夢のない生き方」とあり，これを言い換えているので「夢」が入る。

C 直前に「客観的な事実」とあるので，「客観的」の対義語の「主観的」が入る。 D 直前に「演繹的な生き方」とあるので，「演繹的」の対義語の「帰納的」が入る。

問二 直後の「適材適所」にあてはまるものとしては，「丸いクギは丸い穴に」が適切。

問三 直前に「マッチング理論」とあるので，「この理論は……」で始まるdが1番目。dの「1900年代初頭から」を受けて，「より最近の……」とつないでいるので，2番目はc。cの「21世紀型キャリア・カウンセリングの第一人者マーク・L・サビカス氏」を受けて，bで「彼は……」としているので，3番目はb。bの「解釈を後から構築する意味づけ理論」の具体例を，aで「たとえば……」と示しているので4番目はa。aの最後に「解釈で満足度は高まる」とあり，直後の「つまり，……夢など必要としていないのです」とつながる。

やや難 問四 直前の「夢を持たない生き方がロクな人生ではないと若者たちに思わせてしまっているのは，ライフスタイルを狭め，彼らの個性を殺しているだけです」という内容に合致するものとしてエが適切。

問五 アは，「理論的にも確立されている」という部分が合致しない。本文には「夢を持たない生き方は，理論的にも研究されています」「理論補強もなされているのです」とある。イは，「夢に生きたキング牧師は……」で始まる段落に「彼は，人生の意義が自分の夢の実現にあるとは考えなかった」とあることと合致する。ウは，「どんな生き方も……」で始まる段落に「実際に，夢など持たずに幸福に生きている人々は多数存在し」とあることと合致しない。エは，本文最後に「異質な者同士が互いを理解し合って仲睦まじく暮らす必要は無い」とあることと合致しない。

五 (小説―脱語補充，接続語，情景・心情，文脈把握)

問一　A　後の「かもしれない」に呼応する語として「もしかしたら」が入る。　C　直前の冴子の言葉を受けているので，「そう言って」が入る。　E　直前に「梶家の大きい家屋敷」について説明があり，直後で「その屋敷内の土蔵だけは確保して，そこに祖母と鮎太が住んでいる」と付け加えているので，累加を表す「そして」が入る。　F　直前の「おりょうは……梶家にとっては謂わば家を乗っ取った不倶戴天の仇敵と言っていい人物であった」と，直後の「祖母おりょうが……村人からよく思われないのは，極めて当然だった」は順当につながる内容なので，順接を表す「従って」が入る。

問二　直前に「鮎太はやはり冴子がやって来たのだと思った」とあり，直前には「見慣れない鞄が一つ……。鮎太はやはり冴子がやって来たのだと思った」とあるのでエが適切。

問三　「鮎太」については，後に「鮎太は村人から，他の子どもたちと区別されていた」「他の農家とは格式が違うものとされていた」とある。村人から特別扱いされている様子にあてはまる表現としては，「ちやほやする」が適切。「ちやほや」は，おせじを言っておだてたり，機嫌を取ったり，甘やかしたりすること。

問四　冴子の「『思ったよりましな子じゃないの』」「『……冴子もそうだと思うと当てがはずれてよ』」という言い方を指すので，「毒(のある言い方)」とするのが適切。「毒」には，人を傷つける言葉，という意味がある。

問五　直後に「『梶の坊ちゃん』と呼ばれていた」とあり，「梶家」については，「梶家は昔から代々の医家で通っており，他の農家とは格式が違うものとされていた」と説明されている。

六 (古文―表現技法，口語訳，内容吟味，大意，文学史)

〈口語訳〉　六条御息所の邸に人目を忍んで通っていたころ，宮中からお出かけになる途中のお立ち寄り所で，大弐の乳母がひどくわずらって，尼になっているのを見舞おうとして，五条にある家をお訪ねになった。(中略)

切懸めいたものに，たいそう青々とした蔓が気持ちよさそうに這いかかっているところに，白い花が，自分だけはいかにも楽しげに咲いている。「向こうのお方にお尋ね申す(そこに咲いている花は何という花ですか)」と，独り言をおっしゃるのを(聞きつけた)御随身が，ひざまずいて「あの白く咲いております花を，夕顔と申します。花の名は人間なみでございまして，(そのくせこうして)みすぼらしい垣根に咲くものでございます」と申し上げる。(その言葉のとおり)ほんとうに小さな家ばかりで，むさくるしいこの辺りの，あちらこちらの，粗末でいかにも倒れそうで，堂々としているとはいえない軒先などに，這ってからんでいるのを(ごらんになって)「気の毒な運をもった花だな。一房折ってまいれ」と，仰せになるので，(随身は)その押し上げてある門に入って，花を折る。

粗末な家ではあるが，風情のある引戸口に，黄色の生絹の単袴を長めにはいた女の子でこぎれいな子が出て来て手招きをする。白い扇のたいそう深く香をたきしめてあるのを，「これに花を載せて差し上げなさいませ。枝も風情なしの花ですから」と言って渡したので，随身は，門を開けて出て来た惟光朝臣の手に差し上げる。(中略)

修法などをふたたび始めるようと決めて，お言いつけになって，この家にお出かけになろうとして，惟光に言って，紙燭をお取り寄せになり，先刻の扇をごらんになると，持ちならした人の移り香がとても深くしみこんでいて心ひかれる心地がして，趣のある筆跡で気持ちの動くままに書いてある。

心あてにそれかとぞ見る白露の光そへたる夕顔の顔(当て推量であの方(源氏の君)かとお見受けします。白露のその輝きを増している夕影の中の美しい顔を)

なんということもなく書きまぎらわしてあるのも，上品でたしなみありげなので，意外にもおもしろいとお思いになる。

問一 「白き花ぞ」と，係助詞「ぞ」があり，係り結びの法則により文末が「ひらけたる」と連体形になっているので，「係り結び」が適切。また，「白き花」の様子を，「笑み眉ひらきたる」と，人間の表情(笑顔)にたとえているので，「擬人法」が適切。

やや難 問二 直前に「むつかしげなるわたりの，この面かの面あやしくうちよろぼひて，むねむねしからぬ軒のつまなどに這ひまつはれたるを(むさくるしいこの辺りの，あちらこちらの，粗末でいかにも倒れそうで，堂々としているとはいえない軒先などに，這ってからんでいるのを)」とあるので，「みすぼらしい垣根などに咲くから」とするイが適切。

やや難 問三 本文の「六条わたりの御忍び歩き」の主語は，『源氏物語』の主人公である「光源氏」。「光源氏」が夕顔の花に目を止め，「一房折りてまゐれ」と命じたときに，手折った夕顔を載せて渡された扇に「心あてに……」と書きつけてあったので，「光」は「光源氏」を指す。

問四 アは，冒頭に「大弐の乳母いたくわづらひて尼になりける」とあることと合致する。イは，夕顔の花が咲いている様子が，「げにいと小家がちに，むつかしげなるわたりの，この面かの面あやしくうちよろぼひて，むねむねしからぬ軒のつまなどに這ひまつはれたる」と表現されていることと合致しない。ウは，「白き扇のいたうこがしたるを，『これに置きてまゐらせよ……』とて取らせたれば」とあることと合致する。エは，本文最後に「そこはかとなく書きまぎらはしもあてはかにゆゑづきたれば，いと思ひのほかにをかしうおぼへたまふ」とあることと合致する。

問五 『源氏物語』は，平安時代中期に成立した「紫式部」による長編物語。

★ワンポイントアドバイス★

大問数が多いので，多様な問題文を時間内に読みこなす力をつけよう！
古文は，さまざまな例題にあたり，多くの作品にふれておこう！

2日目

2022年度

解　答　と　解　説

《2022年度の配点は解答欄に掲載してあります。》

＜数学解答＞ 《学校からの正答の発表はありません。》

1　(1)　$13a$　(2)　200　(3)　$5\sqrt{3}$　(4)　$-\dfrac{125x^2}{2y^3}$　(5)　$-a^2+11$

(6)　$\dfrac{1}{4}x^2+x+1$

2　(1)　$x=3$　(2)　$x=\dfrac{3\pm\sqrt{37}}{2}$　(3)　$x=\dfrac{25}{7}$　(4)　$(x,\ y)=(1,\ -1)$

(5)　$4(x+4)(x-4)$　(6)　$a=\dfrac{3x}{4y^3}$

3　(1)　$\sqrt{3}$　(2)　$n=7$　(3)　26ページ　(4)　10試合

4　(1)　(3，6)　(2)　$\dfrac{21}{2}$　(3)　12

5　(1)　6本　(2)　8：1　(3)　解説の図参照

6　(1)　3通り　(2)　3通り　(3)　9通り

○推定配点○

各4点×25　計100点

＜数学解説＞

基本　1　（正負の数，平方根，式の計算）

(1)　$3a+5a\times2=3a+10a=13a$

(2)　$23\times4+27\times4=(23+27)\times4=50\times4=200$

(3)　$\sqrt{108}-\sqrt{6}\div\sqrt{2}=6\sqrt{3}-\sqrt{3}=5\sqrt{3}$

(4)　$\left(\dfrac{5x^2}{2y}\right)^2\times\dfrac{10}{x}\div(-xy)=\dfrac{25x^4}{4y^2}\times\dfrac{10}{x}\times\left(-\dfrac{1}{xy}\right)=-\dfrac{125x^2}{2y^3}$

(5)　$2(a+4)-(a-1)(a+3)=2a+8-(a^2+2a-3)=-a^2+11$

(6)　$\left(\dfrac{1}{2}x+1\right)^2=\dfrac{1}{4}x^2+x+1$

基本　2　（一次方程式，二次方程式，比例式，連立方程式，因数分解，等式の変形）

(1)　$-3x+4=2x-11$　$-3x-2x=-11-4$　$-5x=-15$　$x=3$

(2)　$x^2-3x-7=0$　解の公式を用いて，$x=\dfrac{-(-3)\pm\sqrt{(-3)^2-4\times1\times(-7)}}{2\times1}=\dfrac{3\pm\sqrt{37}}{2}$

(3)　$(3-x):4=(x-4):3$　$4(x-4)=3(3-x)$　$4x-16=9-3x$　$7x=25$　$x=\dfrac{25}{7}$

(4)　$y=x-2$…①　$5x-2y=7$…②　①を②に代入して，$5x-2(x-2)=7$　$3x=3$　$x=1$

これを①に代入して，$y=1-2=-1$

(5)　$4x^2-64=4(x^2-16)=4(x+4)(x-4)$

(6)　$x=\dfrac{4}{3}ay^3$　$4ay^3=3x$　$a=\dfrac{3x}{4y^3}$

3 （平面図形，数の性質，文章題，場合の数）

基本 (1)　正三角形の高さは，$\sqrt{2^2-1^2}=\sqrt{3}$だから，面積は，$\frac{1}{2}\times2\times\sqrt{3}=\sqrt{3}$

重要 (2)　$\sqrt{28n}=\sqrt{2^2\times7\times n}$より，求める自然数$n$は7

基本 (3)　残りのページ数は，80－5×6－2×(18－6)＝80－30－24＝26（ページ）

基本 (4)　A対B，A対C，A対D，A対E，B対C，B対D，B対E，C対D，C対E，D対Eの10試合

4 （図形と関数・グラフの融合問題）

基本 (1)　$y=x+3$と$y=-x+9$からyを消去して，$x+3=-x+9$　$2x=6$　$x=3$　これを$y=x+3$に代入して，$y=6$　よって，A(3, 6)

基本 (2)　$y=\frac{1}{2}x^2$と$y=\frac{5}{2}x+3$からyを消去して，$\frac{1}{2}x^2=\frac{5}{2}x+3$　$x^2-5x-6=0$　$(x-6)(x+1)=0$　$x=6,\ -1$　よって，$B\left(-1,\ \frac{1}{2}\right)$，C(6, 18)　また，D(0, 3)　△OBC＝△OBD＋△OCD＝$\frac{1}{2}\times3\times1+\frac{1}{2}\times3\times6=\frac{21}{2}$

(3)　$y=kx+3$と$y=-x+9$からyを消去して，$kx+3=-x+9$　$(k+1)x=6$　$x=\frac{6}{k+1}$　E(0, 9)より，DE＝9－3＝6　△ADEの面積をSとすると，$S=\frac{1}{2}\times6\times\frac{6}{k+1}=\frac{18}{k+1}$　$k=\frac{1}{2}$のとき，$S=18\div\left(\frac{1}{2}+1\right)=12$　$k=\frac{7}{2}$のとき，$S=18\div\left(\frac{7}{2}+1\right)=4$　よって，4≦S≦12であるから，最大値は12

基本 ## 5 （空間図形）

(1)　線分ACとねじれの位置にある辺は，BF，DH，EF，EH，FG，GHの6本

(2)　三角すいB－AFCとB－pqrは相似で，相似比は2：1だから，体積比は$2^3:1^3=8:1$

(3)　求める立体の見取り図は右のようになる。

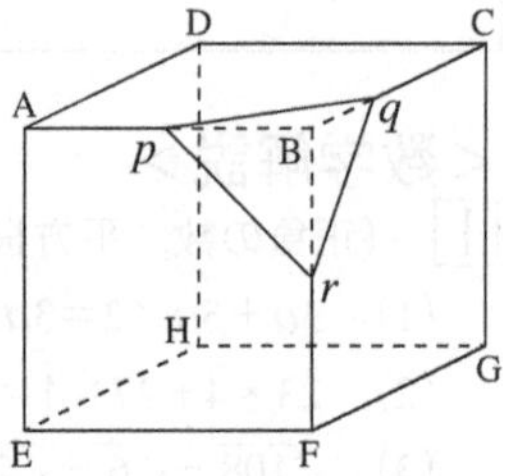

6 （場合の数）

(1)　加える本数が1本で表せる時間はない。加える本数が2本のとき，2：17と3：17の2通り。加える本数が3本のとき，9：17の1通り。よって，全部で3通り。

(2)　3：17から5：17　9：17から6：17，8：11ができるので，3通り。

(3)　2：17に3本加えてできるのが，2：10，2：19，2：37　3：17に3本加えてできるのが，3：10，3：19，3：37　9：17に2本加えてできるのが，9：13，9：47，19：17　よって，全部で9通り。

★ワンポイントアドバイス★

1日目と出題傾向，難易度はほぼ同じである。見慣れない問題もあるが，難しくはないのでしっかりと取り組もう。

＜英語解答＞ 《学校からの正答の発表はありません。》

1　A-1　ア　A-2　イ　B　ア，エ
2　1　(g)lasses　2　(s)cientist　3　(w)arm　4　(s)topped
3　1　ウ　2　イ　3　エ　4　ア
4　1　was　2　knocking　3　listening　4　reporter
5　1　イ　2　エ　3　ウ　4　イ　6　1　(m)agazine　2　(w)orld
7　1　ア　2　カ　3　イ　4　エ　8　1　ウ　2　イ　3　エ　4　ア
9　1　ウ　2　freedom of religion　3　イ　4　ウ　5　エ
10　1　①　ウ　②　イ　2　ア　3　ア，エ　4　①　キ　②　カ　③　ウ

○推定配点○
1～8　各2点×30　9 2　4点　他　各3点×12　計100点

＜英語解説＞

1　A(アクセント問題)
1 [fébruèri]　2 [ɔ(:)strélijə]
B(発音問題)
ア [bíznəs] [æktívəti]，イ [bréik] [brékfəst]，ウ [sóuʃəl] [drɔ]，エ [θǽŋk] [bæθ]

2　(語彙問題：複数形，名詞，形容詞，過去形)
基本　1　単数形と複数形の組み合わせになっている。-ss で終わる名詞は -es をつけて複数形にする。
2　名詞とそれに関わる人という組み合わせになっている。「科学」に対応して「科学者」とする。
3　反対語の組み合わせになっている。「涼しい」の反対語なので「温かい」とする。
4　原形と過去形の組み合わせになっている。stop は p を重ねてから -ed をつけて過去形にする。

3　(書き替え問題：there，現在完了，比較，受動態)
1　「この博物館は多くの絵を持っている。」→「この博物館には多くの絵がある。」〈there is (are) ～〉は「～がある」という意味を表す。
2　「エマは3日前に病気になり，今も病気で寝ている。」→「エマは3日間病気でずっと寝ている。」「ずっと～している」という意味は，現在完了の継続用法で表す。
3　「彼はクラスの他の誰よりも頭がいい。」→「彼はクラスで一番頭がいい。」〈～ er than any other …〉で「他のどんな…よりも～」という意味を表し，最上級で書き換えられる。
4　「人々は7はラッキーナンバーだと信じている。」→「7はラッキーナンバーだと信じられている。」受動態の文にするので〈be動詞＋過去分詞〉という形にする。

4　(語形変化問題：動詞，進行形，動名詞，名詞)
1　主節の動詞が過去形である場合，従属節の中の動詞は過去形にするという決まりがある。
2　進行形の文なので〈be動詞＋～ ing〉の形にする。
基本　3　finish, enjoy, stop の後に動詞を置く場合には動名詞にする。
4　「記者」は reporter と表す。

5　(語句補充問題：慣用表現，前置詞，比較，動名詞)
1　〈try ～ on〉で「～を着てみる」という意味を表す。
2　「～している間に」という意味は〈during ＋名詞〉で表すことができる。
3　careful は more を前に置いて比較級にする。
4　前置詞の目的語として動詞を置く時には動名詞にする。

6 (語彙問題：名詞)

1 「雑誌とは，大判のページや，記事や写真を乗せた紙表紙をもつ薄いタイプの本で，毎週あるいは毎月発刊される。」

2 「世界とは，すべての国々や人々を含む地球である。」

7 (並べ替え問題：動名詞，関係代名詞，受動態，前置詞，形容詞)

1 How about inviting Ben to the party (tonight?) 〈how about ~ ing〉は「~するのはどうですか」という意味を表す。

2 (The doghouse) I made with my brother is big. I から brother までが主語の doghouse を修飾するので，目的格の関係代名詞を使う。

3 (She) was born on the morning of July 7th(.) 〈be born〉で「生まれる」という意味を表す。また，日付を表す時には on を使う。

4 (I) don't have much money with me(.) 〈have ~ with me〉で「(今)~を身につけて持っている」という意味を表す。

8 (会話文問題：語句補充)

1 A：私の宿題を手伝ってくれますか。
B：もちろんです。問題ありません。
ア「はい，あなたはそれができます。」，イ「ああ，あなたはそれを終えました。」，エ「どういたしまして。」

2 A：ピーター！ つながってうれしいです。あなたの助けが必要です！
B：メアリーですか。君ですか。どうしたのですか。
A：私はちょうど今大切なレポートを終えたところです。私はリラックスしていて，ラップトップにコーヒーをかけてしまいました。
B：わかりました，パニックにならないで。それについて話しますね，いいですか。
ア「あなたは一つ持っていますか。」，ウ「私は準備ができていますか。」，エ「私の意見では，それはそうするのに価しません。」

3 A：いろいろとありがとう。もう行かねばなりません。さようなら。
B：さようなら。あなたがいなくて淋しくなります。
ア「全部忘れます。」，イ「あなたを寂しくさせます。」，ウ「あなたと一緒に行きます。」

4 A：いらっしゃいませ。
B：はい，お願いします。セーターを探しています。
A：これはどうですか。
B：いいですね。いくらですか。
イ「それはおかしいと思います。」，ウ「とても高いです。」，エ「ありがとう，でも見ているだけです。」

9 (長文読解問題・説明：語句補充，内容吟味)

(全訳) 昔，ピルグリムたちはイギリスに住んでいた。イギリスのすべての人々は王の教会で祈らなければならなかった。ピルグリムたちは王の教会が好きではなかった。彼らは自分たちの教会で祈りたかったのだ。

ピルグリムたちはイギリスを離れ，オランダと呼ばれる小さな国に行った。オランダには宗教の自由があった。宗教の自由とは，すべての人が自分の望む方法で祈ることができることを意味する。ピルグリムたちはオランダの自分たちの教会で祈ることができた。

オランダの人々はオランダ人と呼ばれる。彼らはオランダ語を話す。巡礼者はオランダに住むのが好きではなかった。彼らは自分の英語でのやり方を守りたかった。彼らはアメリカに行き，彼らが望むように生き，宗教の自由を得ることに決めた。

1620年，ピルグリムたちはオランダを離れてアメリカに向かった。彼らは船を持っていた。彼らの船はメイフラワーだった。旅はゆっくりだった。天気は雨で寒かった。多くのピルグリムたちが病気になった。

メイフラワーはマサチューセッツに上陸した。ピルグリムたちはプリマスと呼ばれる町を起こした。プリマスの最初の冬はひどいものだった。多くのピルグリムたちが亡くなった。食べ物はほとんどなかった。

インディアンはピルグリムたちを助けた。彼らはピルグリムたちの狩猟と釣りを手伝った。インディアンは彼らにトウモロコシを植える方法を教えた。ピルグリムたちは教会を建てた。それから彼らは家を建てた。

1621年11月までに，ピルグリムたちはたくさんの食べ物を得た。彼らはその冬は空腹ではなかっただろう。ピルグリムたちはとても幸せだった。

インディアンとピルグリムたちは1621年11月に最初の感謝祭を行った。ピルグリムたちは彼らを助けてくれた神に感謝した。彼らは彼らを助けてくれたインディアンに「ありがとう」と言った。これがアメリカで最初の感謝祭だった。

1 「ピルグリムたちは王様の教会が好きではなかったので，イギリスを去った。彼らは初めオランダへ行った。しかし後に，彼らは自分たちの英語による方法を守りたかったので，オランダを去ることに決めた。」 第3段落に「彼らは自分の英語でのやり方を守りたかった」とあるので，ウが答え。

重要 2 「すべての人が自分たちのしたい方法で祈ることができるとき，彼らは ① を持っている。」，「ピルグリムたちはイギリスに住んでいたが，彼らはこの ② を持っていなかった。」 ピルグリムたちはイギリスにいてもオランダにいても，自分たちが望む方法で祈りを捧げることができなかった。第3段落に「彼らはアメリカに行き，彼らが望むように生き，宗教の自由を得ることに決めた」とある。ピルグリムたちは「宗教の自由」を得るためにアメリカに向かった。

3 「ピルグリムたちはなぜアメリカに行ったのか。」という質問。　ア 「彼らは農夫になりたかったから。」 文中に書かれていない内容なので，誤り。　イ 「彼らは自分の宗教を実践したかったから。」 第3段落の内容に合うので，答え。　ウ 「彼らはインディアンに会いたかったから。」文中に書かれていない内容なので，誤り。　エ 「彼らは大きな家を建てたかったから。」 文中に書かれていない内容なので，誤り。

4 「ピルグリムたちは，いつ最初の感謝祭を行ったか」という質問。最後の段落に「インディアンとピルグリムたちは1621年11月に最初の感謝祭を行った」とある。

5 ア 「ピルグリムたちは自分たちの教会で祈らねばならなかったので，イギリスを去った。」 王の教会だったので，誤り。　イ 「ピルグリムたちは王の教会で祈ることができるようにイギリスを去った。」 文中に書かれていない内容なので，誤り。　ウ 「多くのピルグリムたちは，長く寒い冬用の十分な食べ物を持っていたが，最初の冬で死んだ。」 文中に書かれていない内容なので，誤り。　エ 「ピルグリムたちは長く寒い冬の間わずかな食べ物しか持っていなかったので，多くの者が最初の冬の間に死んだ。」 第5段落の内容に合うので，答え。

10 (会話文問題：語句補充，内容吟味)

(全訳) イトウ先生：みなさん，こんにちは。伊豆大島へようこそ。今日の司会者のイトウです。このミーティングを始める少し前に自己紹介をさせてください。東京の武蔵村山市から来ました。ここで英語を教え始めてから3年目です。私の家族は東京の調布市に住んでいます。息子のダイキは中学1年生，娘のモナは小学校4年生です。では，自己紹介をして，故郷について話してください。

リナ　　：こんにちは，私の名前はリナです。私は沖縄の与那国島で生まれました。与那国島には高校がないので，沖縄本島の高校に通っています。生まれ故郷を離れた直後は家族が恋しかったのですが，今ではクラブ活動を通じて友達と高校時代を楽しんでいます。私は毎晩家族とビデオ通話をして，最新のニュースについて話し合うことができます。特に母の声を聞くとリラックスできます。質問はありますか？

ケン　　：こんにちは，ケンです。与那国島は沖縄本島から遠いですか？　与那国島について教えてください。そして，何か趣味はありますか？

リナ　　：沖縄本島から与那国島まで約500kmです。日本の最西端で，東京から約1900kmです。晴れた日には，約100km離れたところに台湾が見えます。私の趣味はサイクリングとダイビングです。昨日，早朝にフェリーで伊豆大島に到着し，ヨウコに会いました。ヨウコの家で朝食をとった後，一緒にサイクリングを楽しみました。サイクリング中に色んなことを教えてくれたので，色んな所を訪ねてこの島のことを知るのは面白かったです。

ミカ　　：こんにちは，ミカです。沖縄諸島周辺の海には色とりどりの魚がたくさんいますか？

リナ　　：はい，その魚の群れは他の場所とは非常に異なっていると思います。熱帯の魚に加えて，運が良ければハンマーヘッドシャークの群れを見ることができる場所もあります。与那国島には海底遺跡もあります。

ミカ　　：海底遺跡？

リナ　　：そうですね。巨大な石の構造は1980年代に地元のダイバーによって発見されました。人工か天然かはまだ調べられており，世界中の考古学者の注目を集めています。中学時代に海底遺跡を見に行きました。私はその構造が古代の寺院に違いないと信じています。

イトウ先生：おもしろそうですね。ありがとう，リナ。次にケンさん，自己紹介と故郷の話をお願いします。

ケン　　：わかりました。新潟の佐渡ヶ島から来ました。東京には高い建物や人がたくさんあると思っていたので，これが東京だとは信じられません。ぼくは佐渡ヶ島で生まれ，そこで高校に通っています。3つの高校と1つの分校があり，約52,000人が住んでいます。日本で二番目に大きい島で，一番大きいのは沖縄本島です。かつては世界一の金鉱採掘量でしたが，約30年前に閉鎖されました。佐渡ヶ島には，金鉱で頂上がV字型に分割された山があります。

ミカ　　：本物の雪は数回しか見たことがありません。新潟の冬は寒いですね。

ケン　　：はい，とても寒いです。新潟は日本で最も雪が多い場所のひとつです。佐渡ヶ島は新潟の他の地域に比べて雪が少ないですが，佐渡ヶ島にはスキーリゾートがあります。冬は友達と一緒にスキーを楽しんでいます。

イトウ先生：本物の雪を見たことがありますか，ヨウコさん。

ヨウコ　：伊豆大島で生まれてから，雪は数回しか見たことがありません。ここで雪が降ることはめったにありません。

イトウ先生：リナさんはどうですか？

リナ　　：いいえ，私は見たことがありません。

ケン　　：本当に？　渡ヶ島に来て，一緒にウィンタースポーツを楽しんでください。

リナ　　　：それはエキサイティングに聞こえます！　私は大学生のときにパートタイムで働き，冬休みにそこに行きたいと思っています。

イトウ先生：ありがとう，ケン。次に，ミカさん，あなたとあなたの故郷について教えてください。

ミカ　　　：わかりました。八丈島のミカです。伊豆大島の南約190kmに位置し，東京でもあります。そこには高校が1つしかないので，私はその学校に通っています。伊豆大島に来るのは初めてです。私の両親は花を育てており，将来は家業を引き継ぐことを望んでいます。八丈島には2つの火山と地熱発電所があります。地熱発電は家庭用だけでなく農業用にも使われています。

ケン　　　：ここに来るのにどれくらい時間がかかりましたか？

ミカ　　　：約3日です。

ケン　　　：約3日？！　なぜそんなに時間がかかったのですか？八条島は佐渡ヶ島より伊豆大島に近いですよね。

ミカ　　　：もちろん，佐渡ヶ島や与那国島よりずっと近いです。東京の市街地を観光した後，伊豆大島に来ました。一昨日の朝，フェリーで八丈島を出発し，その夜，東京の市街地に到着しました。昨日は朝草を散歩し，昼食後は東京スカイツリーの展望台から絶景を眺めました。昨夜，竹芝埠頭を出て，今朝早く伊豆大島に到着しました。

ケン　　　：なるほど。

リナ　　　：ヨーコと私は今日ミカに会うために元町港に行きました，そしてミカと私はヨーコの家で朝食をとりました，そして私たちは今夜彼女の家に滞在するつもりです。

イトウ先生：ケンはリナと同じフェリーで昨夜伊豆大島に到着し，私の家に泊まりました。ケンと私は今日の昼食後に釣りに行くつもりです。とにかく，皆さん，明日の計画を覚えていますか？

ケン　　　：はい，一緒にトレッキングをする予定ですよね？　途中にウラサバクというところがあると思います。日本に砂漠はありますか？

イトウ先生：実は，ウラサバクは本当の砂漠ではありません。その辺りはいろいろな理由で植物が育ちにくいので，そういう名前で呼ばれています。ウラサバクは，英語で砂漠を意味する「さばく」という名前の日本で唯一の場所です。

ミカ　　　：ちなみに，ヨウコさん，イトウ先生の英語の授業を楽しんでいますか？

ヨウコ　　：実は，彼のクラスがどうなのかわかりません。私は昨日初めて彼に会いました。

リナ　　　：どういう意味ですか？　あなたは同じ学校にいますよね？　イトウ先生はここで教えていませんか？

イトウ先生：実は昨日元町港に行ってケンに会った時，初めてヨウコさんに会いました。それまでは，メールでしか連絡を取りませんでした。伊豆大島には2つの高校があります。私はここで教えています，そしてヨウコさんはもう一つの高校に行っています。

ケン　　　：まさか！

1　・「＿＿＿＿は伊豆大島に到着した最後の人である。」

リナは「昨日，早朝にフェリーで伊豆大島に到着し」と言っている。ミカは「今朝早く伊豆大島に到着しました」と言っている。ケンについてはイトウ先生が「リナと同じフェリーで昨夜伊豆大島に到着し，私の家に泊まりました」と言っている。ヨウコは伊豆大島の子であるので，ウが答え。

・「ミーティングの人々は明日＿＿＿＿ことを予定している。」　ケンが「一緒にトレッキングをする予定」だと言っているので，イが答え。ア「イトウ先生と釣りに行く」，イ「ウラサバクというルートを通ってトレッキングをする」，ウ「本物の砂漠を見る」，エ「自分の故郷に戻る」

2　どの人物も日本の島に住んでいる人たちなので，アが答え。ア「日本の島の若者たちミーティング」，イ「世界貿易機構」，ウ「日本の若き考古学者」，エ「日本の自然環境」

3　ア「リナは，海底の構造物は古代の寺院に違いないと固く信じている。」リナの4番目の発言の内容に合うので，答え。イ「佐渡島は金の鉱脈で有名で，今でもそこの主要な産業である。」約30年前に閉鎖されているため「今でも」とは言えないので，誤り。ウ「司会者のイトウ先生は東京出身で，伊豆大島に家族と住んでいる。」家族は東京の調布市に住んでいると言っているので，誤り。　エ「ミカは将来花を育てる仕事をしたい。」ミカの4番目の発言の内容に合うので，答え。　オ「すべての生徒は生まれた島にある高校に通う。」リナは生まれた島とは違うところにある高校に通っていると言っているので，誤り。　カ「イトウ先生はとても上手に英語を教えるので，ヨウコは英語を学ぶのが好きだ。」ヨウコはイトウ先生から習ったことがないと言っているので，誤り。

4「イトウ先生は東京の武蔵村山市出身で，2人の子供がいる。リナは沖縄の与那国島出身である。趣味の一つは①サイクリングだ。彼女は朝食を食べた後，ヨウコと一緒に伊豆大島でサイクリングを楽しんだ。ケンは佐渡ヶ島出身で，そこの高校に通っている。彼は冬には友達と②スキーを楽しむ。ミカは八丈島出身で，彼女の両親の仕事はそこで花を③育てることだ。」

① リナの2番目の発言の内容から。　② ケンの3番目の発言の内容から。　③ ミカの4番目の発言の内容から。

★ワンポイントアドバイス★

4の1には時制の一致が用いられている。主節の動詞が過去形であっても，従節の動詞が過去形にならない例外の場合もあることを覚えておこう。「太陽は地球の周りを回る」などの「不変の真理」の内容は，常に現在形で表す規則がある。

＜国語解答＞ 《学校からの正答の発表はありません。》

一　① おく(る)　② がんか　③ むみかんそう　④ 処理　⑤ 献立

二　ア ×　イ ○　ウ ×　エ ×

三　問一 A ころも　B かたな　問二 仕掛け　問三 (1) ウ　(2) 屋内で演じられるようになった。　問四 古い自己イ～に立ち返る　問五 エ

四　問一 エ　問二 エ　問三 イ　問四 d　問五 ア

五　問一 ウ　問二 あちこちの飯場でやとわれて金をもらう　問三 イ　問四 エ　問五 ア

六　問一 (1) かたえ　(2) イ　問二 存命の喜び　問三 A 生　B 死　問四 エ　問五 イ

○推定配点○

一 各2点×5　二 各3点×4　三 問一 各2点×2　問三 各3点×2　他 各4点×3
四 問四 2点　他 各4点×4　五 各4点×5　六 問一・問三・問五 各2点×5
他 各4点×2　計100点

＜国語解説＞

一 （漢字の読み書き）

① 「贈」の音読みは「ゾウ」。熟語は「贈与」「寄贈」など。 ② 「眼」を使った熟語はほかに「眼球」「眼帯」など。音読みはほかに「ゲン」。熟語は「開眼」。「眼鏡（めがね）」という読み方もある。訓読みは「まなこ」「め」。 ③ 「無味乾燥」は，味わいや面白みがないこと。 ④ 「処」を使った熟語はほかに「処置」「対処」など。訓読みは「ところ」。 ⑤ 「献」の音読みはほかに「ケン」。熟語は「献上」「貢献」など。

二 （資料読み取り）

ア 表1を見ると，「自損行為」の出動件数だけは増加しているので×。 イ 図1を見ると，交通事故での出動件数は，平成12年から令和2年まで5年ごとに減少しているので○。 ウ 表1を見ると，令和元年と令和2年では，出動件数は「減少傾向」にあるといえるので×。 エ 図1を見ると，「急病」と「交通事故」の出動件数の合計は，どの年も80％を超えていないので×。

三 （論説文―脱語補充，文脈把握，内容吟味，要旨）

問一 「初」という字の部首は「ころもへん（ネ）」なので，Aには「ころも」が入る。「初」のつくりの部分は「刀」なので，Bには「かたな」が入る。

問二 直前に「世阿弥は『初心忘るべからず』を繰り返すことによって，『初心』の精神を能の中に仕掛けました。この仕掛けにより，能は長く続くことになったと言っても過言ではないでしょう。……世阿弥は様々な仕掛けを能の存続のために施しており，650年続いたのは，そのおかげ」とある。世阿弥の施した「仕掛け」を「世阿弥の作った器」と言い換えているので，「器」と同じ意味の語としては「仕掛け」が適切。

問三 「3番目の……」で始まる段落に「3番目の変化は明治時代。それまで能は外で行われていました。それが『能楽堂』という屋内で演じられるようになった」と説明されているので，(1)は「明治時代」，(2)は「屋内で演じられるようになった。（15字）」が適切。

問四 「『初心』の特徴です」とあるので，「初心」について述べられている部分を探すと，「そんなときに……」で始まる段落に「そんなときに必要なのが『初心』です」とあり，続いて「古い自己イメージをバッサリ裁ち切り，次なるステージに上り，そして新しい身の丈に合った自分に立ち返る（49字）」と説明されている。

問五 エは，「その人の能力を超えた演目をやれと命じる」という部分が合致しない。「能の稽古では……」で始まる段落には「弟子を『初心』に飛び込ませるために『披き』や『免状』というシステムを作っています」とある。

四 （論説文―脱文・脱語補充，接続語，文脈把握，内容吟味）

問一 A 直前の「ベンヤミンの映画論は，映画をまるで人間を理解するための装置に見立てているように見える」と，直後の「彼の映画制作の精密な分析は，われわれの住み着く現代世界の活動を解明する分析の比喩として読まれるべきだし……」は順当につながる内容なので，順接を表す「だから」が入る。 B 直前に「スタジオの中での撮影は，事情は違ってくる。……この場合には芸術作品は，〔選択し，連結する〕モンタージュに依拠して初めて成立する」とあり，直後で「映画は，最終段階でどうにでもなるものなのだ。選択し，つなぎあわせる－だから編集の意義はとてつもなく大きい」と付け加えているので，累加を表す「そして」が入る。 C 直後で「映画は，何か世界というべき対象があって，それを複写する過程を踏むものではない」と打ち消し表現になっているので，逆接を表す「しかし」が入る。

やや難 問二 直前に「写真が絵画を複製する場合と，映画が仕組まれた事象をスタジオで複製する場合とでは，複製のしかたが違っている。前者の場合には複製される対象が芸術作品であって，複製が作品を生産するわけではない。……スタジオのなかでの撮影では，事情は違ってくる」とあり，直後には，映画について「芸術作品は，〔選択し，連結する〕モンタージュに依拠して初めて成立する」と説明されているのでエが適切。

やや難 問三　直後に「この種の理論家たちが映画を『芸術』に組み入れようと四苦八苦し……礼拝的要素を映画のなかに読みこもうとしているさまを眺めることは大いに参考になる」とある。「大いに参考になる」という部分が「皮肉っぽい」というのである。さらに「つまり初期の写真論も，従来の芸術を理解するための概念装置が『写真』にも『映画』にも役立たないことを反面教師として教えてくれた」と説明されているので，「無理な要素を根拠に映画が芸術になりうるという議論に終始し……」とするイが適切。

問四【d】の直前に「演劇では，その日その日が勝負だ。……日によって芝居のできが違ってくる。映画制作にはそんなところはない」とあり，「何度でも取り直せるし……」とつながるので，dに補うのが適切。

問五　直後に「画家は仕事をするとき，対象との自然な距離に注意を払う。これに反して撮影技師は，事象の織りなす構造の奥深くまで分け入ってゆく」と説明されているので，「距離」の取り方の違いについて説明しているアが適切。

五　(小説―脱語補充，文脈把握，指示語，文章構成，大意)

問一　A　後に「私の笑顔」とあるので，笑う様子を表す「ニヤッと」が入る。

やや難 問二「私」が「したこと」については，前に「私は絵かきになろうと思って，数年前に家を飛び出した」とあるが，ここからは15字以上20字以内にあてはまる表現は抜き出せない。さらに「したこと」に着目すると，直後に「それから私は放浪した。あちこちの飯場でやとわれて金をもらうと，今日のようにその金で買ったスケッチブックを持って歩き回った」とあるので，ここから「あちこちの飯場でやとわれて金をもらう」を抜き出す。

やや難 問三　直前に「未だ立ち去れないのを感じた」とある。立ち去れずにいる理由としては，本文に何度も登場する「男」の存在，何度も尋ねられる「傷の具合」が心から離れないことが考えられるので，イの「あの男のためだろうか」が適切。

問四　直前に「平日は荒れ果ててほとんど人影がなかった」とあるので，直後は「だから，私は一人だった」となる。次に「あの男がやって来た」「あの男も一人だった」とつながる。「私は一人だった」に続いて「あの男も……」となること，「あの男」の登場があり，「あの男も……」とつながることをおさえる。

問五　何度も繰り返される「傷の具合はどうかね」という問いかけ，「どこの傷のことだね」「深く突きささった，もりの傷だ」「ああ，あの傷のことかね……」というやりとりのことなのでアが適切。自分の背中にもりなどささってはいないが，男に話を合わせているうちに「背中に，大きく口をあけた傷口があるような気がしてきた。……痛みが感じられはじめた」というのである。

六　(古文―仮名遣い，語句の意味，指示語，脱語補充，大意，文学史)

〈口語訳〉「牛を売る者がいる。買う人が，明日はその代金を払ってその牛を引き取ろうと言う。(ところが)その晩のうちに，牛が死んだ。(この場合)買おうとする人が得をし，売ろうとする人が損をすることになる」と言う人があった。

この話を聞いて，そばにいる者の言うには，「牛の持ち主は，まことに損をしたといっても，また大きな得をしているのである。そのわけは，命ある者が，死が身辺に近づいていることに気の付かないことは，この牛がそうなのである。人間もまた同様である。思いがけなくも牛は死に，思いがけなくもその持ち主は生き長らえている。(すなわち)一日の命は万金よりも尊い。牛の代金などは，鵞毛よりも軽いものだ。(万金にも等しい)命を得て，一銭を失うような人は，損をしたなどということはできないはずだ」と言うと，一座の人はあざけり笑って，「その道理は，牛の持ち主だけに限ったことではない」と言った。

また，(その人が)言うには，「だから，人が死をいやなものと思うならば，当然，生を愛すべきである。生き長らえている喜びを，日々を楽しまないでよかろうか。愚かな人は，この楽しみを忘れて，わざわざ苦労をして外の楽しみを求め，この財宝を忘れて，あぶない思いをして他の財宝を懸命に求めていては，心が満足することはないのだ。生きている間に生を楽しむことをしないで死が目の前に迫ってから死を恐れるならば，(それはまったく)理屈のあわないことである。人がみな生を楽しまないのは，死を恐れないからである。(いや)死を恐れないのではなく，死が近づいていることを忘れているのである。(しかし)もしまた生とか死とかという現象からは超越して問題にしないのであるならば，(それは)真の道理を体得しているということができよう」と言うと，人々は，ますますあざけり笑った。

問一　(1)　語頭以外の「はひふへほ」は，現代仮名遣いでは「わいうえお」となるので，「へ」は「え」に直して「かたえ」となる。　(2)　「かたへ」は「片方」と書き，片側，一方，という意味のほかに，そば，傍ら，という意味がある。ここでは，そばにいた人，という意味。

問二　直前に「存命の喜び，日々楽しまざらんや」とある。「存命の喜び」を「この楽しび」と言い換えている。

問三　直前の「生ける間生を楽しまずして，死に臨みて死を恐れば」を言い換えているので，Aには「生」，Bには「死」が入る。

やや難　問四　「皆嘲りて『その理は牛の主に限るべからず』と言ふ」とある。「男」は，「生あるもの，死の近き事を知らざる事，牛，既にしかなり。人，又おなじ。はからざるに牛は死し，はからざるに人は存ぜり。一日の命，万金よりも重し……」と言うが，牛が死んだことを人の命の尊さにつなげることに納得がいかず嘲り笑っていると考えられるのでエが適切。

問五　「三大随筆」とは，『枕草子』『方丈記』『徒然草』のこと。『枕草子』は平安時代中期に成立した清少納言による随筆。『方丈記』は鎌倉時代初期に成立した鴨長明による随筆。『徒然草』は鎌倉時代末期に成立した兼好法師による随筆。

★ワンポイントアドバイス★

現代文は，言い換え表現や指示内容を素早く把握する練習をしよう！
古文は，多くの例題にあたり，口語訳できる力をつけ，大意をとらえる練習を重ねよう！

MEMO

大切なことはメモしておこうネ！

2021年度

★★★★★★★★★★★★★★★★★★★★★★★

入　試　問　題

2021年度

千葉黎明高等学校入試問題

【数　学】（50分）〈満点：100点〉

1　次の計算をしなさい。

(1)　$20-21$

(2)　2021^2-2020^2

(3)　$\sqrt{125}-\sqrt{10}\times\sqrt{2}$

(4)　$12x^2y\div\left(\dfrac{3}{4}xy^3\right)$

(5)　$3(x+y^2)+2y(y-2)$

(6)　$(x+1)(x-1)(x^2+1)$

2　次の各問いに答えなさい。

(1)　1次方程式$2(x+1)=3\left(\dfrac{1}{3}-x\right)$解きなさい。

(2)　2次方程式$2x^2-16x+32=0$を解きなさい。

(3)　$3x:2y=5:3$を満たすとき，yの値をxを用いて表しなさい。

(4)　連立方程式

$$\begin{cases}\dfrac{1}{2}x+\dfrac{1}{3}y=1\\ x+y=2\end{cases}$$

を解きなさい。

(5)　$x^2+2xy+y^2-1$を因数分解しなさい。

(6)　次の等式をyについて解きなさい。

$$\frac{3x^2y}{2}+y=1$$

3　次の各問いに答えなさい。

(1)　1辺の長さが1の正三角形に外接する円の半径を求めなさい。

(2)　$\sqrt{72n}$が自然数になるようにしたい。この条件を満たす自然数nのうち，2番目に小さい数nを求めなさい。

(3)　何人かの生徒に鉛筆を配る。1人6本ずつ配ると3本余り，7本ずつ配ると2本足りない。このとき，鉛筆の本数を求めなさい。

(4)　銅の酸化による化学反応式は以下の形で表すことができる。

$$2Cu+O_2\rightarrow 2CuO$$

これは銅原子2個と酸素分子1個が反応して酸化銅を2個生成するという意味である。今，銅原子2000個と酸素分子1500個があり，銅原子をすべて反応させて酸化銅にした場合，酸素分子がいくつ余るか求めなさい。

4　放物線$y=x^2$と直線$y=\frac{3}{4}x+b$がある。放物線と直線の交点をA，Bとし，その2点間の距離は5である。ただし交点の右側をA，左側をBとする。このとき次の各問いに答えなさい。

(1)　放物線$y=x^2$について，xの値が-4から-1まで増加するときの変化の割合を求めなさい。

(2)　交点Aのx座標を求めなさい。

(3)　三角形ABOの面積を求めなさい。

5　下の図のような∠C＝90°の直角三角形ABCがあり，頂点Cから辺ABに垂線を引く。その交点をDとし，AD＝x，BD＝yとおく。このとき，次の各問いに答えなさい。

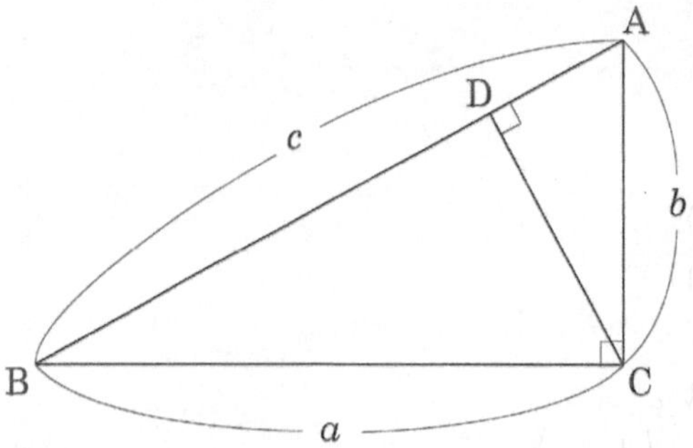

(1)　△ABC，△CBD，△ACDは相似である。このとき相似条件としてふさわしいものを以下の(ア)～(オ)の中から選びなさい。

(ア)　斜辺と他の1辺がそれぞれ等しい

(イ)　2組の角がそれぞれ等しい

(ウ)　2辺とその間の角がそれぞれ等しい

(エ)　1辺とその両端の角がそれぞれ等しい

(オ)　斜辺と1つの鋭角がそれぞれ等しい

(2)　(1)を利用して，三平方の定理$a^2+b^2=c^2$を証明する。空欄を埋め証明を完成させなさい。

(証明)　△ABC∽△ACDより

AC：AD＝AB：ACと表せるので，

$b:x=c:b$

$x=$ ［　①　］　……(Ⅰ)

△ABC∽△CBDより

［　②　］と表わせるので，

$a:y=c:a$

$y=\frac{a^2}{c}$　……(Ⅱ)

$c=x+y$なので，(Ⅰ)，(Ⅱ)より

$c=$ ［　③　］

よって　$a^2+b^2=c^2$

6 下のようなスペードのトランプ13枚をよくきって裏向きにし，A，Bの2人が次のルールと手順でゲームを行う。

【ルール】

引いたトランプに描かれている数字を持ち点とする。

ただし，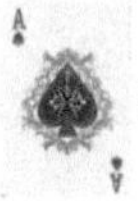は1，は11，は12，は13とし，一度引いたトランプは戻さないものとする。勝負が決まらなければ次の手順に進む。

【手順】

① Aがトランプを1枚引く。Aの持ち点が10を越えたらBの勝ちとする。

② Bがトランプを1枚引く。Bの持ち点がAの持ち点より小さければAの勝ちとする。

③ Aが2枚目のトランプを引き，Aの持ち点の合計がBの持ち点より大きければAの勝ちとし，それ以外であればBの勝ちとする。

(1) 手順①でBが勝つ確率を求めなさい。

(2) 手順②でAが勝つ確率を求めなさい。

(3) 手順③でAが持ち点5で勝つ確率を求めなさい。

【英　語】（50分）〈満点：100点〉

【注意】文字は筆記体でもブロック体でもかまいません。

1　A．次の語で最も強く発音する音節の記号を答えなさい。

1．va - ca - tion
　　ア　イ　ウ

2．nec - es - sar - y
　　ア　イ　ウ　エ

B．次の各組の下線部の発音が同じものには○，違うものには×で答えなさい。

1．{ leave / great }

2．{ saw / call }

2　A・Bの関係と同じになるようにDに入る最も適切な語を答えなさい。
ただし，例を参考にして，与えられた文字で書き始めること。

（例の答 → fly）

	A	B	C	D
例	fish	swim	bird	fly
1	friend	friends	box	b______
2	known	know	broken	b______
3	one	first	three	t______
4	play	player	visit	v______

3　2つの文の意味がほぼ同じになるように（　　）に入る最も適切な語を下から選び，記号で答えなさい。

1．{ If you don't start at once, you will miss the train.
　　Start at once, (　　　) you will miss the train. }

ア．and　　イ．or　　ウ．but　　エ．if

2．{ Mary went to London a week ago. She is still there.
　　Mary has (　　　) in London for a week. }

ア．go　　イ．went　　ウ．gone　　エ．been

3．{ The milk was so hot that I could not drink it.
　　The milk was (　　　) hot for me to drink. }

ア．to　　イ．so　　ウ．too　　エ．very

4．{ I want to buy the notebooks sold at the store now.
　　I want to buy the notebooks which they (　　　) at the store now. }

ア．sell　　イ．sells　　ウ．selling　　エ．sold

4 日本語に合うように，次の(　　)の語を適切な形に書き替えなさい。

1．母は英語で手紙を書いたことがありません。
My mother has never (write) a letter in English.

2．ブラジルで話されている言語は何ですか。
What is the language (speak) in Brazil?

3．彼は弟たちと川で泳いでいます。
He is (swim) in the river with his brothers.

4．ウォーキングが最も簡単な運動であると言えます。
We can say that walking is the (easy) exercise to do.

5 次の文が日本語と合うように(　　)に入る最も適切な語を下から選び，記号で答えなさい。

1．ここは雨が少ないです。
We don't have (　　) rain here.
ア．many　イ．much　ウ．few　エ．well

2．私は日本の友人から手紙をもらいました。
I got a letter from a friend of (　　) in Japan.
ア．I　イ．my　ウ．me　エ．mine

3．警察は行方不明の猫を見つけることができませんでした。
The police (　　) not able to find the missing cat.
ア．was　イ．were　ウ．can　エ．could

4．水と空気は世界中のすべての人々のものです。
Water and air (　　) to all people in the world.
ア．belong　イ．try　ウ．like　エ．give

6 次の(　　)に入る最も適切な英単語を答えなさい。ただし，与えられた文字で書き始めること。なお，英単語の□には1文字ずつ入るものとします。

1．A (c□□□□) is a piece of furniture for one person to sit on, with a back, a seatand four legs.

2．A (s□□□□□□□□) is a person who studies one or more of the natural sciences such as physics, chemistry and biology.

7 次の日本語に合うように正しく並べ替え，(　　)内で3番目にくる語の記号を答えなさい。ただし，文頭にくるべき語も小文字で示してあります。

1．これは私が今までに見たなかで最高の写真です。
This is the (ア．that / イ．I / ウ．ever / エ．have / オ．best / カ．picture) seen.

2．風邪をひかないように注意しなさい。
(ア．to / イ．cold / ウ．careful / エ．be / オ．catch / カ．not).

3．湖がどこにあるか見つけるために私は地図を見ています。
I'm looking at the map (ア．the / イ．is / ウ．where / エ．find / オ．lake / カ．to).

4．私は彼の数倍もの本を持っています。

I（ア．several / イ．books / ウ．as / エ．have / オ．times / カ．many）as he has.

8 次のAとBの会話について，（　　）に入れるのに最も適切なものを下から選び，記号で答えなさい。

1．A：How's your brother?

B：He has a bad headache today.

A：（　　　）

ア．That's wonderful.　　イ．That's so good.

ウ．That's too bad.　　エ．That's amazing.

2．A：I have two soccer game tickets here.（　　　）

B：Oh, that sounds good! I really want to go.

ア．I was a good player.　　イ．I don't have any baseball tickets.

ウ．How was the game?　　エ．Why don't you come with me?

3．A：May I help you?

B：Yes, I'm looking at this sweater for my mother. I think it is very nice but it's a little bit large for her.（　　　）

A：Sure, here is one.

ア．May I put it on?　　イ．Could you show me a smaller one?

ウ．How much is it?　　エ．It's expensive for me to buy it.

4．A：Excuse me, but could you tell me the way to the museum?

B：Sure, you should take Forbes Street. It's between 1st Avenue and 2nd Avenue.

A：Can I find it easily?

B：Yes. It's the big building on your right, so（　　　）

ア．you can't miss it.　　イ．you can miss it.

ウ．it' a really wonderful museum.　　エ．it's not easy to find it.

9 次の英文を読んで，後の設問に答えなさい。

A Little Nobel Prize

There are not so many people who know the award called “A Little Nobel Prize” while the Nobel Prize is known to people all over the world.

The Hans Christian Andersen Award was established by IBBY (International Board on Books for Young People) in 1953. This is the highest international recognition given to an author and an illustrator who have worked for children's books for a long time. Both authors and illustrators given can be recipients only if they are recommended by a national section of IBBY. Given every other year, this award is called “A Little Nobel Prize” because of the high selection level. The recipients are given a diploma and a gold medal carved with a portrait of Hans Christian Andersen, but the award doesn't have any prize money.

IBBY was founded in Zurich, Switzerland in 1953 by Jella Lepman, who advocated international understanding through children's books. Today, it is composed of more than 70 countries and regions and its main office is in Basel, Switzerland. An international award of literature was suggested at the same time as the foundation of IBBY and was named “The Hans Christian Andersen Award”.

The first award ceremony was held after its three year preparation period. The first recipient was Eleanor Farjeon from the UK and her work *The Little Bookroom* was awarded. At first, the award was given to the author's work. But then, from the 4th award ceremony in 1962, it was given for the authors' lifelong achievement. In the 6th in 1966, an illustrator's award was created in addition to the author's award. By 2020, there have been five Japanese people awarded — Michio Mado, Nahoko Uehashi and Eiko Kadono received the author's award, and Suekichi Akaba and Mitsumasa Anno received the illustrator's one.

One of the main purposes of the award is to give children everywhere the chance to have access to good books by encouraging people to write or illustrate for children and by supporting the translation of good children's books.

The jurors who nominate authors or illustrators for awards are specialists of children's literature. Also, each juror is expected to be a good judge of writing and art, with skills in multiple languages. Many jurors know very well that the chance to be awarded depends on the quality of the recommendation material. Jurors who speak English have an advantage because the jury meeting is held in English and the documents are also written in English. The honor of “A Little Nobel Prize” has become greater and greater because Her Majesty Queen Margrethe Ⅱ of Denmark became the Patron of the Andersen Awards in 1992. In addition, a Japanese car manufacturer has provided financial assistance since 1992. Because of this assistance, they can not only hold an award ceremony and a celebration party, but also invite recipients to the place where the award ceremony is held.

The Hans Christian Andersen Award is a legacy of Jella Lepman's activities and her hope that good books would be given to children in many countries. In recent years, the media have paid attention to it, so more and more attention will be paid to this “A Little Nobel Prize”.

注） award 賞　establish 設立する　recognition 表彰　author 作家　recipient 受賞者
recommend 推薦する　selection 選考　diploma 賞状　carve 彫る　found 設立する
advocate 提唱する　be composed of ～で構成される　region 地域　literature 文学
preparation 準備　achievement 業績　in addition to ～に加えて　purpose 目的
encourage 奨励する　translation 翻訳　juror 審査員　multiple 複数の　ability 能力
material 資料　jury meeting 審査委員会　document 文書　honor 名誉
Her Majesty Queen 女王陛下　patron 後援者　manufacturer メーカー，製造業者
provide 提供する　financial 財政的な　assistance 援助　activity 活動　legacy 遺産

設　問

1．空所に入る最も適切なものの組み合わせをア～エから1つ選び，記号で答えなさい。

The Hans Christian Andersen Award was founded in（　①　）and Eleanor Far jeon was awarded in（　②　）as the first recipient.

ア．①　1953　　②　1956　　イ．①　1953　　②　1958

ウ．①　1959　　②　1962　　エ．①　1960　　②　1992

2．空所に入る最も適切な語句をア～エから1つ選び，記号で答えなさい。

① One of the main purposes of the award is to ＿＿＿＿＿＿.

ア．improve children's English skills

イ．enable children to speak multiple languages

ウ．train the next generation of illustrators

エ．give books to children all over the world

② If the quality of recommendation material is excellent, the author ＿＿＿＿＿＿.

ア．can also become a juror of the award

イ．can get the chance to be awarded

ウ．needs to learn English to read them

エ．needs to speak multiple languages in the jury meeting

③ It is possible that the award ceremony cannot be held without ＿＿＿＿＿＿ from a Japanese car manufacturer.

ア．many cars　　イ．good children's books

ウ．financial assistance　　エ．gold medals

3．次の各文で，本文の内容と合っているものを2つ選び，記号で答えなさい。

ア．Authors of children's books are creating their works to get the prize money.

イ．Five Japanese people were awarded for their illustrations.

ウ．The first illustrator's award was given ten years after IBBY was founded.

エ．It is not easy for authors or illustrators to be a recipient of "A Little Nobel Prize".

オ．The Hans Christian Andersen Award is called "A Little Nobel Prize" because Jella Lepman got the Nobel Prize.

カ．English skills are necessary when the jurors join the jury meeting.

10　次の英文を読んで，後の設問に答えなさい。

Marie Dupont woke up suddenly. She heard a loud noise. She thought it was a gunshot, but it wasn't. It was the sound of a falling tree branch. Many branches were heavy with ice from a storm. The icy branches were cracking and falling onto power lines, homes, and cars.

It was a terrible storm. On January 5,1998, freezing rain began to fall on parts of Canada and the United States. In five days, eight inches (20.32 cm) of freezing rain fell. Two million Canadians and more than half a million Americans lost electrical power. They did not have heat, and many people could not use their refrigerators or stoves. Some people did not have power for 15 days.

Southern Quebec and New England were at the center of the storm. Montreal, Canada, had the most problems. There were no lights in the downtown area because the power was out. Most stores and businesses were closed. All of the schools were closed. The downtown post office was closed, and letter carriers could not deliver the mail for several days. Travel was difficult. Sidewalks and streets were covered with ice. Traffic lights didn't work, and the subway stopped. People rushed to markets to buy food and emergency supplies. But some people had no money to buy things. They couldn't withdraw cash because the banks were closed and the ATMs were out of order.

During the emergency people called fire stations for help. Firefighters received 6 times more telephone calls than usual. The army also helped. Soldiers moved people into shelters, gave medical care, and cleaned up the tree branches and power lines.

(A) Many people helped others. One hotel in Montreal let people stay there for half price. It also used two of its ballrooms as childcare centers. A health club let people take hot showers. Families with power or supplies invited needy neighbors to stay with them.

(B) During the storm people worked together to solve their problems. Marie Dupont left her house and was driving south. She had to stop because a tree was blocking the road. Another woman was driving north and stopped on the other side of the tree. They tried to move the tree but they couldn't. Then they had a great idea. Each woman climbed over the tree, borrowed the other woman's car, and went on her way.

People will remember the storm of 1998 for a long time. They will remember the many cold days with no heat. They will talk about the loud sounds of the breaking tree branches. And they will never forget how people helped each other during the worst storm of the 20th century.

(Adapted from *Read All About It*)

注）branch 枝　crack 割れる　power line 電線　freezing 凍えるような　electrical power 電力
refrigerator 冷蔵庫　southern Quebec（カナダ南東部の）ケベック州南部
New England ニューイングランド（米国北東部地方）　Montreal モントリオール（ケベック州の大都市）
deliver 配達する　rush 急いで行く　emergency 緊急事態　supplies 生活必需品　withdraw 引き出す
out of order 故障して　shelter 避難所　ballroom ダンスホール　neighbor 隣人　borrow 借りる

設　問

1．次の質問に対する答えとして最も適切なものを選び，記号で答えなさい。

質問：During the storm, what was closed, and what stayed open in Montreal?

ア.	イ.	ウ.	エ.
A hotel, schools, and a post office were closed.	A hotel, a health club, and fire stations were closed.	Schools, banks, and fire stations were closed.	Subway stations, banks, and businesses were closed.
A health club, fire stations, and markets stayed open.	Most stores, businesses, and subway stations stayed open.	A post office, markets, and subway stations stayed open.	Fire stations, markets, a hotel, and a health club stayed open.

2．下線(A)について，次の質問に対する答えの英文の空所(ア)～(イ)に適する英語を1語ずつ補いなさい。

質問：During the storm, how did people help others?

答え：When electrical power was lost, people did not have heat. They could not use their refrigerators or stoves, either. So, families with power or supplies invited needy neighbors to stay with them. A health club let people take hot showers. A hotel in Montreal provided its hotel rooms for half price and its ballrooms for（　ア　）care of young（　イ　）.

3．下線(B)について，次の質問に対する答えとして最も適切なものを選び，記号で答えなさい。

質問：The storm made travel difficult. When Marie Dupont was driving south, she found a tree was blocking the road. Another woman was driving north but had to stop on the other side of the tree. How did they solve their problems?

ア．They worked together and moved the tree from the road.

イ．They borrowed each other's car and drove on their way.

ウ．They called the army and had soldiers clean up the tree branches.

エ．They climbed over the tree and asked other people for help.

4．次の各文で，本文の内容と合っているものを2つ選び，記号で答えなさい。

ア．Branches fell on power lines, homes and cars.

イ．A gunshot woke up Marie Dupont.

ウ．Freezing rain fell on Canada and Mexico.

エ．Five inches of rain fell in eight days.

オ．Letter carriers delivered the mail every day.

カ．Some people shared their power and supplies.

5．自分の意見を書くように求める次の質問に対して，ある生徒は以下のように答えた。この英文の空所に入る最も適切なものをア～エから選び，記号で答えなさい。

質問：Have you ever been in an emergency like a heavy storm? Please give your thoughts on that.

答え：I live in a small town in Chiba. In the fall of 2019, a typhoon hit our area. Strong winds destroyed many things around my house. Some tiles on the rooftop were broken or blown off. People in our area had similar damage. Also, power was lost for more than a week, and we were running out of water. So people in the neighborhood worked together to solve these problems. Some people gathered and repaired the water supply. Other people shared food and water with their neighbors. I realized that we were able to get food, water, and power through the work of many people. This typhoon has also taught us that it is very important ［　　　　　　　　］, just as people in Montreal met with the challenges of the worst storm of the last century.

ア．to cut down tree branches for an emergency

イ．to make sure that stores are open in the neighborhood

ウ．that neighbors help and support each other

エ．that we prepare enough food for an emergency

問五　次のア～エは本文について説明したものである。本文と内容が合致するものは○、合致しないものは×でそれぞれ答えなさい。

ア　人々は、漢詩や笛、琴に慣れ親しんでお遊びになる姫君のことを、若君だと思い込んで接していた。

イ　若君は、父殿に叱られて情けなく涙を流したが、周囲の誰にもそのお顔をお見せにならなかった。

ウ　父殿は、若君と姫君のどちらにも分け隔てなく、貴族の一般的な教養として漢籍をお教えになった。

エ　姫君は、客間で人々が笛を吹いて唱歌をうたうと、その場に走り出て一緒になって演奏をなさった。

していてもまっすぐな姿勢を変化させない様子。

エ　陽平さんの、絹代さんの母親よりも遅いペースで話したり、書道教室で時間をかけて墨を磨ったりしている様子。

問四　傍線部②「そのとき」がさす内容として最も適当な部分を、本文中から四十五字以内で抜き出し、はじめと終わりの五字を答えなさい。（句読点を含む）

問五　傍線部③「今度は絹代さんが見つめているのだった」とあるが、「絹代さん」が「陽平さん」に対して抱いている感情として適当なものを、次のア～エの中から一つ選び記号で答えなさい。

ア　崇拝　　イ　敬慕　　ウ　驚嘆　　エ　期待

六　次の古文を読んで、後の問いに答えなさい。

いづれもaやうやう大人びたまふままに、①若君はあさましうもの恥ぢをのみしたまひて、女房などにだに、すこし御前遠きには見えたまふこともなく、父殿をもうとく恥づかしくのみ思して、やうやう御文習はし、さるべきことどもなど教へきこえたまへど、思しもかけず、ただいと恥づかしとのみ思して、御帳のうちにのみ埋もれ入りつつ、絵かき、雛遊び、貝覆ひなどしたまふを、殿はいとあさましきことに思しのたまはせて常にさいなみたまへば、果て果ては涙をさへこぼして、あさましうつつましとのみ思しつつ、ただ母上、御b乳母、さらぬはむげに小さき童などにぞ見え〈　A　〉。（中略）また②姫君は、今よりいとさがなくて、をさをさうちにもものしたまはず、外にのみつとおはして、若き男ども、童などと、鞠、小弓などをのみもて遊びたまふ。御出居にも、人々参りて文作り笛吹き歌うたひなどするにも、走り出でたまひて、もろともに、人も教へきこえぬ琴笛の音もいみじう吹きたて弾き鳴らしたまふ。（中略）殿の見あひたまへる折こそ取りとどめても隠したまへ、人々の参るには、殿の御装束などしたまふほど、まづ走り出でたまひてかく馴れ遊びたまへば、なかなかえ制しきこえたまはねば、ただ若君とのみ思ひてもて興じうつくしみきこえあへるを、さ思はせてのみものしたまふ。御心のうちにぞ、いとあさましく、かへすがへす、③とりかへばやと思されける。

（『とりかへばや物語』より）

問一　傍線部a「やうやう」、b「乳母」を現代仮名遣いに改め、すべてひらがなで書きなさい。

問二　傍線部①「若君」②「姫君」の好んで行う遊びとして適当なものを、次のア～エの中からそれぞれ選び記号で答えなさい。

ア　絵合わせ　　イ　蹴鞠　　ウ　習字　　エ　人形遊び

問三　空欄Aに入る語として適当なものを、次のア～エの中から一つ選び記号で答えなさい。

ア　たまへ　　イ　たまふ　　ウ　たまひ　　エ　たまは

問四　傍線部③「とりかへばやと思されける」は誰のどのような思いか。適当なものを、次のア～エの中から一つ選び記号で答えなさい。

ア　母上の、若君と姫君をとりかえたいという思い。

イ　若君の、自身と姫君をとりかえたいという思い。

ウ　父殿の、若君と姫君をとりかえたいという思い。

エ　姫君の、自身と若君をとりかえたいという思い。

たしは肌が〈　D　〉さらさらして絹みたいだから絹江になったの、絹代ちゃんとこみたいに蚕を飼ってるからつけられた名前じゃないよ、と一文字だけ名前を共有していたともだちが突っかかるように言った台詞が、絹代さんの頭にまだこびりついている。生家の周辺を離れれば、養蚕なんてもう、ふつうの女の子には気味の悪いものでしかない時代に入っていたのだ。それなのに、墨の匂いを嗅いだとたん、かつてのおどろおどろしい記憶がなつかしさをともなう思い出にすりかわったのである。陽平さんにそれを話すと、墨はね、松を燃やして出てきたすすや、油を燃やしたあとのすすを、膠《にかわ》であわせたものでしょう、膠っていうやつが、ほら、もう、生き物の骨と皮の、うわずみだから、絹代さんが感じたことは、そのとおり、ただしい、と思いますよ、と真剣な顔で言うのだった。生きた文字は、その死んだものから、エネルギーをちょうだいしてる。重油とおなじ、深くて、怖い、厳しい連鎖だね。

なぜだろう、絹代さんは②そのときはじめて、陽平さんのこれまでの人生を、あれこれ聞いてみたいとつよく思った。ほとんど毎日顔を合わせて食事をしているこの不思議な男の人の過去と未来を知りたい気持ちが〈　E　〉ふくらんで、それを押しとどめることができなくなっていった。どこで生まれて、どこで育って、どんな子ども時代、どんな青年時代を送ったのか。教室を閉めたあと、無理に頼んで持ってきてもらった古いアルバムを居間で開きながら飽きもせずに質問を重ねていると、これまで陽平さんを知らずにいたことがとても信じられなかった。絹代さんの横顔にときどき視線を投げながら、陽平さんは遅くまで、質問のひとつひとつに、あまりにまじめすぎて逆にはぐらかされているのではないかと聞き手が不安になるほど丁寧な説明をくわえた。そういう陽平さんの顔を、③今度は絹代さんが見つめているのだった。

（堀江敏幸『雪沼とその周辺』より）

問一　空欄Aに入る文として適当なものを、次のア～エの中から一つ選び記号で答えなさい。

ア　勤め仕事にむいていなかったからだろう
イ　書道を心の底から愛しているからだろう
ウ　人と接することを恐れていたからだろう
エ　何かよくない事件を起こしたからだろう

問二　空欄B～Eに入る語として適当なものを、次のア～エの中からそれぞれ選び記号で答えなさい。

ア　わさわさ　イ　どんどん
ウ　がらり　エ　つるつる

問三　傍線部①「すべての行動に当てはまる指針」は、直前の「墨は餓鬼に磨らせ、筆は鬼に持たせよ」の格言を受けての言葉だが、これは誰のどんな様子をさしているか。説明として適当なものを、次のア～エの中から一つ選び記号で答えなさい。

ア　絹代さんの、遠慮がちだが書道教室の様子を気にしてあれやこれやと子どもたちの世話を焼く優しい様子。
イ　絹代さんの、陽平さんに無理に頼んでアルバムを持ってきてもらい、個人的なことを次々に質問する強引な様子。
ウ　陽平さんの、書道教室で手本をしたためたり、食事をしたりから十日ほどのちに、折り畳み式の細長い座卓が五つと薄い座布団が十数枚、そのほか、紙だの墨だの筆だの作品を乾かすのにつかう下敷きとしての古新聞だのといった消耗品がつぎつぎに運び込まれて教室の体裁をなし、新学期がはじまって落ち着いたころには、貼り紙やロコミも手伝って、学年もばらばらな小学生が五名集まった。とても暮らしが成り立つような人数ではなかったけれど、夏休みを迎えるまでには総勢十二名となり、家の空気も〈　B　〉と変わってしまった。（中略）

　最初のうち、絹代さんは遠慮して教室の様子をのぞくことはしなかったのだが、親からの電話で子どもを呼び出したり、おやつの差し入れをしたりするときには、どうしたって見えてしまう。階段のすぐ近くに物入れがあるため、陽平さんは取り出しやすいようにとそのまえに自分の机を置いていた。だから子どもたちの顔を見るより先に、彼らのほうをむいて坐っている陽平さんの、針金でも入っているんじゃないかと疑いたくなるぐらいまっすぐな背中と鶏ガラみたいにほそい首筋を拝まなければならないのだが、手本をしたためているときも朱を入れているときも、硯で墨をすっているときも、子どもたちと言葉を交わしているときも、まだ枕を話しているだけで本編に入っていない噺家みたいに座布団から垂直に頭がのびていて、その姿勢がまったく変化せず、食事の際も変わらないものだから、たまに傾いているとかえって不自然な感じがするのだった。墨は餓鬼に磨《す》らせ、筆は鬼に持たせよ。教室の壁に貼られた格言の、ここぞというときには力が発揮できるのにそれをあえて抑える自然体は――そういう意味だと教えてくれたのは、もちろん陽平さんだ――、①すべての行動に当てはまる指針だと思った。

　しかし、とりわけ絹代さんを惹きつけたのは、教室ぜんたいに染みいりはじめた独特の匂いだった。子どもたちはみな既製の墨汁を使っており、時間をかけて墨を磨るのは陽平先生だけだったけれど、七、八人の子どもが何枚も下書きし、よさそうなものを脇にひろげた新聞紙のうえで乾かしていると、夏場はともかく、窓を閉め切った冬場などは乾いた墨と湿った墨が微妙に混じりあい、甘やかなのになぜか命の絶えた生き物を連想させるその不気味な匂いがつよくなり、絹代さんの記憶を過去に引き戻した。まだ小さかったころ、ここにも生き物がうごめいていたのだ。絹代という名前は祖父母がつけてくれたもので、彼らはこの古い家の二階で細々と養蚕を手がけ、生活の資をさずけてくれる大切な生き物を、親しみと敬意をこめて「おかいこさん」と呼んでいた。同居していた息子夫婦はともに会社勤めだったから、孫の絹代さんがあとを継ぐ可能性はほとんどなかった。あの時分はまだ片手間にでも養蚕にかかわっている家がいくらもあったし、そこで生まれた娘に絹子だの絹江だの絹代だのといった名前をつけることもないではなかったが、絹代さん自身は、二階の平台にならべられた浅い函の底を〈　C　〉とうごめいている白っぽい芋虫の親玉と自分の名前がむすびつけられるのを、あまり好ましく思っていなかった。

　触ってごらん、と言われるままに触れたその虫の皮はずいぶんやわらかく、しかも丈夫そうだった。使いこんだ白い鹿革の手袋の、ところどころ穴があいたふうの表面のにおいとかさつく音をこの書道教室に足を踏み入れた瞬間ふいに思い出し、匂いといっしょに、あのグロテスクな肌と糸の美しさの、驚くべきへだたりにも想いを馳せた。あ

問四　空欄Eに入る文として適当なものを、次のア～エの中から一つ選び記号で答えなさい。

ア　観察にある程度の客観性が生まれる可能性がある

イ　主観的なものの見方だとしても許される可能性がある

ウ　観察すること自体を考え直すことができる可能性がある

エ　客観的な視点を理解する能力を著しく向上させる可能性がある

問五　本文の内容と合致しないものを、次のア～カの中から二つ選び記号で答えなさい。

ア　日本人が世間の中で暮らす時、世間のルールが慣習だと捉えられ、決まり事を具体的に明記していないため、不満や批判が聞き流されてしまう。

イ　日本人の多くは、社会ということばを意識的に「世間」と言い換えることで、日常生活を快適に送っている。中でも、こうした傾向は学者や知識人といわれる層に多い。

ウ　日本人にとって、日常生活を快適に送るために必須なものとして世間がある。しかし、その世間は公共の場において排他性や差別的閉鎖性をもたらすことがある。

エ　電車の中で宴会を始めたり、騒いだりする人たちに対して、日本人には公徳心が足りないなどといわれるが、問題は公徳心ではなく、ここでつくられている仲間意識の方である。

オ　日本の学者は、日本が西欧近代的な意味での個人を獲得していないにもかかわらず、あたかも西欧の近代的な個人が存在するかのようにこれまで語ってきた。

カ　日本人が西欧近代的な個人を獲得しないまま世間に属し、社会に対して責任ある発言をすることは、様々な事例からも明らかなように理論上不可能である。

五　次の文章を読んで、後の問いに答えなさい。

　父の死後、老いた母との二人暮らしに心細さを感じた絹代は、農家だった大きな家を独身女性限定の貸間にしたところ、陽平に書道教室として貸してほしいと訪ねて来られたのだった。

　母と娘は、正直、不意をつかれて顔を見合わせた。男性に、しかも書道教室として貸すなんて考えもしなかったからだ。ともあれせっかくだからと部屋を案内し、どうぞ召しあがってくださいと陽平さんから差し出された豆大福をお茶請けに三人で話をしているうち、絹代さんは、このひとが会社を辞めたのは書道教室を開く開かないという以前に、〈　A　〉と思った。まわりを拒んだりはしないけれど、ひとりだけべつの時間を生きているような雰囲気を持っている。年齢も、まったく読めなかった。でも、なんだかこの人なら信用できそうだと絹代さんは直感し、まだとまどっている母親に、小さな子が集まるんならにぎやかでいいんじゃないかな、楽しそうだから、貸してあげましょうよ、と好意的な意見を述べた。母親は母親でまたちがう基準から陽平さんを眺めていたらしいのだが、自分よりも遅いペースで話す男の人をひさしぶりに見たと言ってしまいには納得してくれたのである。

　貸し教室としての賃料は不動産屋で適切な額を見積もってもらい、数日後には与えられた書式での契約を無事に済ませる早わざで、それそのようなとき私たち日本人には、自分たちが排他的な世間をつくっているのだ、という認識がほとんどないのである。

学者であれ、ジャーナリストであれ、もの書きが日本の過去、現在、未来について語るばあい、自分がどのような世間に立脚して語っているのか、を自覚していないために前述のような行き違いが起こるのである。そこでもの書きに最小限求められることは、発言するばあいに自分がどのような世間に立脚して語っているのか、を自覚して語ることなのである。もし自分はいかなる意味でも世間に立脚していない、と思う人がいるならば、まずそのことを明らかにすべきであろう。日本の学問の宿痾ともいうべきものは、社会と世間のこの両者の関係を曖昧なものにしてきたことにあるからである。いいかえれば、日本の学者は西欧近代的な意味での個人になっていないのに、あたかも西欧の近代的な意味での個人であるかのごとくに語ってきたのである。学者やジャーナリストによって、新聞や総合雑誌に戦後数十年の間、どれほど多くの日本論や近代化論、資本主義論、社会主義論が発表されてきたことだろう。にもかかわらず、それらの論文によって現実の事態が決定的に変わることがなかったのは、それらの論文を書いた人が、日本の社会に牢固として抜きがたく存在しているそれぞれの人の世間に立脚しながら、日本の社会に即して発言してこなかったからなのである。〈　D　〉自分の足場を自覚していない人の、ただの文字、言葉にすぎなかったからなのだ。

世間に属しながらも、個人として、社会に対して責任ある発言をすることは可能であろう。しかしそのためには、少なくとも自己がどのような世間に属しているのかを自覚していなければならない。自分が属している世間との関係によって、自分の視野や分析視角がどのように規定されているかを自覚しているばあいは、〈　E　〉からである。

（阿部謹也『「世間」論序説』より）

※語注　宿痾　…　長い間治らない病気。
　　　　牢固　…　しっかり根づいていて、たやすくくずれないようす。

問一　空欄A・C・Dに入る語の組み合わせとして適当なものを、次のア～エの中から一つ選び記号で答えなさい。

ア　A　しかし　C　たとえば　D　そして
イ　A　そして　C　つまり　D　つまり
ウ　A　しかし　C　たとえば　D　つまり
エ　A　そして　C　つまり　D　たとえば

問二　空欄Bに入る語として適当なものを、本文中より二字で抜き出して答えなさい。

問三　傍線部①「それら」がさす箇所としてふさわしいものを、次のア～エの中から一つ選び記号で答えなさい。

ア　政党や大学の学部、企業やそのほかの団体などの人間関係のすべてについていえること
イ　政党や大学の学部、企業やそのほかの団体などの人間関係のすべて
ウ　政党や大学の学部、企業やそのほかの団体などの人間関係
エ　政党や大学の学部、企業やそのほかの団体など

できる。

オ　課題解決には二つのマネージメントが必要であり、これによって新しい成果を生み出せるのはわたしたち人間だけである。

四　次の文章を読んで、後の問いに答えなさい。

個人の性格にもよるが、世間の中で暮らす方が社会の中で暮らすよりも暮らしやすく、楽なのだ。そこでは長幼の序、先輩・後輩などの礼儀さえ心得ていればすべては慣習どおりに進み、得体のしれない相手とともに行動するときの不安などはないからである。さらに世間の中での個人の位置は、長幼の序や先輩・後輩などの序列で一応決まっており、能力によってその位置が大きく変わることはあまりない。個人が世間に対して批判をしたり、不満を述べることがあっても、世間のルールは慣習そのものであり、なんら成文化されていないから、不満も批判も聞き流されてしまうのである。

日本人の多くは世間の中で暮らしている。〈　A　〉日本の学者や知識人は「世間」という言葉から市民権を奪い、「世間」という言葉は公的な論文や書物には文章語としてほとんど登場することがない。「世間」という概念を学問的に扱わなければならないはずの日本史学においても、まともに世間を論じた人を私は知らない。吉川弘文館の『国史大辞典』には「世間」という項目すらないのである。現実の日常生活では世間の中で暮らしているにもかかわらず、日本のインテリは少なくとも言葉のうえでは〈　B　〉が存在するかのごとくに語り、評論家や学者は、現実には世間によって機能している日本の世界を、社会としてとらえようとするために、滑稽な行き違いがしばしば起こっているのである。このことは政党や大学の学部、企業やそのほかの団体などの人間関係のすべてについていえることであり、①それらの人間関係は皆そこに属する個人にとっては、世間として機能している部分が大きいのである。個々人はそれら世間と自分との関係を深く考えず、自覚しないようにして暮らしているのである。

日本人の一人一人にそれぞれ広い狭いの差はあれ、世間がある。世間は日常生活の次元においては快適な暮らしをするうえで必須なものに見えるが、その世間がもつ排他性や差別的閉鎖性は公共の場に出たときにはっきり現われる。〈　C　〉何人かで旅に出るために列車を待っているとしよう。列をつくっているばあいも、何人かのうちの一人が先頭に並んで、あとからきた者もその先頭の一人のあとにぞろぞろと割り込んでくることが多い。このようなとき、私たちは自分たちの仲間の利益しか考えていないのである。あるとき電車の中で私は中年の女性に席をゆずった。二駅ほど過ぎてその女性のとなりの席が空いたとき、その女性は遠くの席に座っていた仲間を呼び寄せて並んで座り、「二人とも座れて良かったね」と話し合っていた。彼女たちにとってそのとき、二人だけの世間が形成されており、まわりの人間のことは全く彼女たちの考慮の中に入っていないのである。このようなことは日本では日常的にみられることであり、電車の中で宴会を始めたり、騒いだりする人たちは常にどこでも見られるのである。このような事態に対して、日本人には公徳心が足りないとかいろいろいわれるが、問題は公徳心ではなく、ここでつくられている仲間意識が、多くの人たちによって是認されているという点にある。

この二つのマネージメントを比喩的に捉えるなら、ゲームセンターなどに設置されている「モグラたたきのゲーム機」になぞらえることができます。モグラが出てくるとハンマーで叩きつぶします。そうすると別のところからモグラが出てくるのでまた叩きつぶす。この繰り返しを楽しむのですが、原因を叩きつぶす繰り返しはいわゆる「対症療法」と呼ばれるもので、これが西洋型の原因追求とその除去です。もちろん原因を叩きつぶさないと、全く同じことが起こってしまうので、このアプローチは必然的に必要です。

それに対して後者は、モグラたたきの構造を理解し、ツボを見つけて構造自体の改善をはかろうとする東洋型のアプローチです。組織の体質改善が言われますが、その内容はこちらのアプローチにあたるのだと思います。

（中略）

課題解決には、このような二つのマネージメントが必要です。そして、このアプローチによって新しい成果を生みだせるのは、ＡＩではなく、わたしたち人間なのです。

（山浦晴男『発想の整理学―ＡＩに負けない思考法』より）

問一　傍線部①「夕食をともにしていた事業団の人が『また失敗をするかもしれない。非常に心配だ』と一言漏らしました」とあるが、その心配が的中した経験から筆者が学んだことを、次のア～エの中から一つ選び記号で答えなさい。

ア　事故はロケットの開発段階で既に起こる可能性を秘めているということ。

イ　事故の原因を究明するためには事故調査委員会を立ち上げる必要があるということ。

ウ　事故が発生するメカニズムの全てを理解できるわけではないということ。

エ　事故は「原因追求」のアプローチだけでは解決しないということ。

問二　傍線部②「もう一つ別のアプローチ」とあるが、具体的に言い換えた言葉を、本文中より九字で抜き出して答えなさい。

問三　空欄Ａに入る言葉を、本文中より五字で抜き出して答えなさい。

問四　本文には次の一文が抜けている。入れるべき適当な箇所を、【ａ】～【ｄ】の中から一つ選び記号で答えなさい。

[抜けている文]　先の発言が的中してしまい、「案の定！」と驚きました。

問五　次のア～オのうち、本文の内容と合致するものを二つ選び記号で答えなさい。

ア　戦後、アメリカから日本の産業界に輸入された「マネージメント」という概念は、受け入れられるまでに多くの時間を要した。

イ　日本の宇宙開発は、「また失敗をするかもしれない」という現状に満足しない技術者たちの強い思いにより発展してきたと言える。

ウ　西洋型の治療のマネージメントとは、問題を分析しその原因を除去していくことであり「対症療法」とも呼ばれている。

エ　東洋型のマネージメントは、原因を叩き潰すことを繰り返すという意味では「モグラたたきゲーム機」にたとえることが宇宙開発事業団の時代に一時期、わたしは客員開発部員として日本の宇宙開発関係の仕事を支援したことがあります。そんな関係で、種子島からのロケットの打ち上げに関心を寄せて見ていました。

一九九八年二月、H2ロケットが六回目の打ち上げで、初めて失敗してしまいました。当然事業団内では事故調査委員会を組織し、各部署からイントラネットで情報を集めながら、原因の究明にあたりました。そのさなかのことです。①夕食をともにしていた事業団の人が「また失敗をするかもしれない。非常に心配だ」と一言漏らしました。「みんなが一所懸命に原因を究明しているのに、なんと不謹慎な!」と内心思ったものです。【a】

ところがです。翌年の一九九九年一一月のH2ロケットが七回目も失敗をしてしまったのです。新聞に「史上最悪の事故・制御失い破壊」と書かれる事態となりました。ロケットの推進を制御する装置にトラブルが発生。そのまま放置すると地上に落下して大爆発を起こす可能性があることから、地上からボタンを押して空中でロケット自体を爆発させたのです。【b】

さらに翌年の二〇〇〇年二月には文部省宇宙科学研究所のM5ロケット(X線天文衛星)も失敗。これにも驚きました。

しかし、二〇〇一年八月のH2Aロケットは成功。翌年の五号機まで無事成功。ところが二〇〇三年一一月の六号機で再び失敗し、一年間打ち上げを凍結することになりました。このとき組織問題にもメスが入ったと聞いています。その後二〇〇五年二月の七号機から現在まで無事打ち上げに成功しています。【c】

少し経過の話が長くなりましたが、問題はなぜ「また失敗をするかもしれない」という心配が的中してしまったのかです。事故調査委員会を組織して原因を究明しているにもかかわらず、です。

このとき学んだことは、事故の「原因追求」のアプローチだけでは問題は完全には解決しないということでした。②もう一つ別のアプローチが必要です。二〇〇三年の事故を受けて、打ち上げを一年間凍結して取り組んだアプローチがそれにあたります。

結論はこうです。課題解決には二つのマネージメントが存在します。実はこの考え方は、起業学の専門家で多摩大学大学院名誉教授である田坂広志氏が、『「暗黙知」の経営』の中ですでに提示していました。

一つは、「西洋型の治療のマネージメント」です。問題を分析し、原因を究明する。そして、その原因を除去して問題解決に至るというものです。田坂氏はこれを「直線的思考の問題解決法」としています。事故調査委員会で取り組んでいたのはこのアプローチです。二〇〇三年の事故の対応のとき、すでに現在の宇宙航空研究開発機構に組織替えになっていましたが、わたしは筑波宇宙センターに呼ばれ事故調査に取り組む会議に同席しました。出席メンバーのほとんどが技術系の人たちで、「なぜなぜ問答」による原因追求の議論をしている姿を目にしたのです。【d】

もう一つは、「東洋型の治癒のマネージメント」です。全体を観察し、構造を理解する。構造のツボを見つけて、その要所に治療を加えることで、全体が徐々に治癒するアプローチです。田坂氏はこれを「循環的思考の問題解決法」としています。物事はいったんうまくいくとどんどん良くなっていく。しかしいったん悪く進むとどんどん悪くなることから、これを〈　A　〉と呼んでいるのです。

	総人口	高齢者人口			高齢化率
		65 歳以上	65～74 歳	75 歳以上	
平成 22 年（2010 年）	6,216	1,320	766(12.3%)	554(8.9%)	21.5%
平成 27 年（2015 年）	6,192	1,621	905(14.6%)	716(11.6%)	26.2%
平成 32 年（2020 年）	6,122	1,764	867(14.2%)	897(14.7%)	28.8%
平成 37 年（2025 年）	5,987	1,798	716(12.0%)	1,082(18.1%)	30.0%
平成 42 年（2030 年）	5,806	1,821	684(11.8%)	1,137(19.6%)	31.4%
平成 47 年（2035 年）	5,592	1,871	762(13.6%)	1,109(19.8%)	33.5%

※　出典等は 21 ページのグラフと同じ。

※　平成 22 年（2010 年）～平成 47 年（2035 年）の高齢者人口（「65 ～ 74 歳」「75 歳以上」）中の割合は、総人口に対する割合

千葉県ホームページより

問　２つのデータを説明したものとして正しいものには○、正しくないものには×で答えなさい。

ア　2010 年から総人口は減少しているが高齢化率は上昇している。

イ　2010 年から 2025 年の間に 65 ～ 74 歳までの高齢者数は大幅に増加する見通しだ。

ウ　1985 年から 2035 年までの間で 75 歳以上の人口が最も増えると予想されているのは 2025 年である。

エ　2010 年と比較すると 2035 年の高齢化率は２倍を超える見通しだ。

オ　1985 年と比較すると 75 歳以上の人口が 2035 年には７倍を超える見通しだ。

三　次の文章は、ＡＩの急速な進展がもたらす社会状況の変化とそれに対応するための方法について書かれたものである。読んで、後の問いに答えなさい。

人間がやらなければならない問題解決
新しい成果を生み出す

ここまでは「直接情報」と「間接情報」を手がかりに、ＡＩ社会について考えてきました。次は、井上氏が指摘したＡＩやロボットには負けない領域の一つ「マネージメント系」の角度から、人間がＡＩに負けないためにはどのような配慮が必要か考えてみたいと思います。

「マネージメント」とは、戦後アメリカから日本の産業界に輸入された概念です。以前、帝人株式会社の教育部長をされた人から聞いた話ですが、アメリカの経営学を勉強しマネージメント教育プログラムを社内教育に導入して得た結論は、「マネージメント＝問題解決」だということでした。その後、様々なマネージメント論が議論され、日本の企業経営に貢献しています。アメリカ発のマネージメント論については多くの書籍が刊行されているのでそちらに譲ります。ここではわたし自身の実践経験の中から学び取ったマネージメントの考え方を、三つの観点から見てみます。

第一の観点は、課題解決そのものから見たマネージメント。第二は、課題解決に携わる一人ひとりの心の観点から見たマネージメント。第三は、課題解決は個人だけではなく多くは集団・組織で行うという観点から見たマネージメントです。

第一の観点からお話しします。

日本の宇宙開発は、宇宙航空研究開発機構が行っています。前身の

【国語】〈五〇分〉〈満点：一〇〇点〉

一　次の傍線部①～③の漢字はひらがなで読みを、④・⑤のカタカナ部分は漢字を答えなさい。

① お互いに握手をかわす。

② やけどの薬を塗布する。

③ 早寝早起きを励行する。

④ 自らの行動をジガジサンする。

⑤ 注意をウナガされて席を立った。

二　次のデータは、千葉県の人口推移の予測をあらわしたものである。読んで、問いに答えなさい。

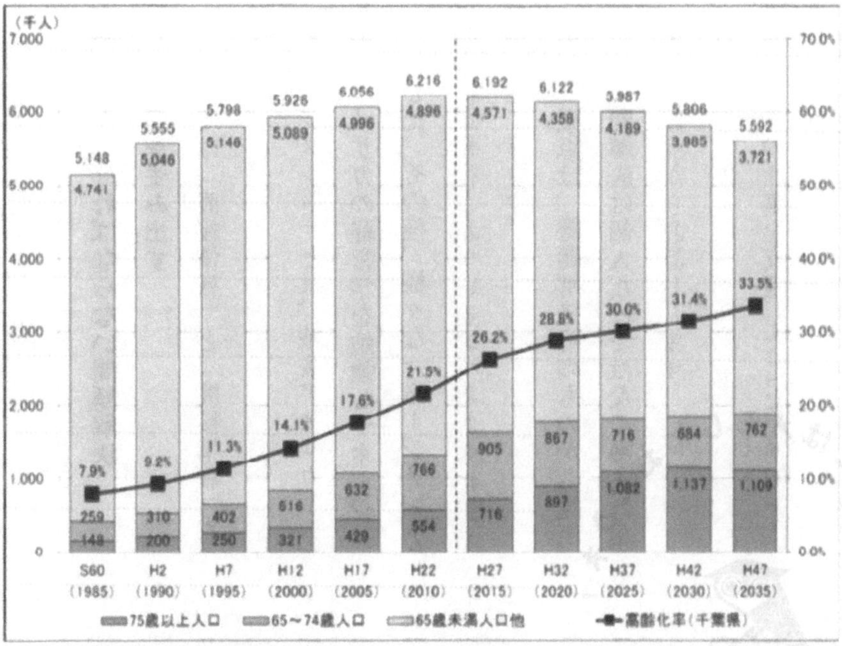

※　千葉県高齢者保健福祉計画より抜粋

※　平成 22 年（2010 年）以前は、総務省統計局「国勢調査結果」による実績値。

※　平成 27 年（2015 年）以降は、国立社会保障・人口問題研究所「日本の地域別将来推計人口（平成 25 年 3 月推計）」による推計値。高齢化率は、年齢不詳を除く総人口に占める割合。

MEMO

大切なことはメモしておこうネ！

2021年度

解　答　と　解　説

《2021年度の配点は解答欄に掲載してあります。》

＜数学解答＞　《学校からの正答の発表はありません。》

1　(1)　-1　(2)　4041　(3)　$3\sqrt{5}$　(4)　$\dfrac{16x}{y^2}$　(5)　$3x+5y^2-4y$　(6)　x^4-1

2　(1)　$x=-\dfrac{1}{5}$　(2)　$x=4$　(3)　$y=\dfrac{9}{10}x$　(4)　$(x,\ y)=(2,\ 0)$

(5)　$(x+y+1)(x+y-1)$　(6)　$y=\dfrac{2}{3x^2+2}$

3　(1)　$\dfrac{\sqrt{3}}{3}$　(2)　$n=8$　(3)　33本　(4)　500個

4　(1)　-5　(2)　$x=\dfrac{19}{8}$　(3)　$\dfrac{247}{32}$

5　(1)　(イ)　(2)　①　$\dfrac{b^2}{c}$　②　BC：BD＝AB：CB　③　$\dfrac{b^2}{c}+\dfrac{a^2}{c}$

6　(1)　$\dfrac{3}{13}$　(2)　$\dfrac{15}{52}$　(3)　$\dfrac{1}{429}$

○推定配点○

1～4　各4点×19　5　各3点×4　6　各4点×3　計100点

＜数学解説＞

基本　1　(正負の数，平方根，式の計算)

(1)　$20-21=-1$

(2)　$2021^2-2020^2=(2021+2020)(2021-2020)=4041\times1=4041$

(3)　$\sqrt{125}-\sqrt{10}\times\sqrt{2}=\sqrt{25\times5}-\sqrt{5\times2\times2}=5\sqrt{5}-2\sqrt{5}=3\sqrt{5}$

(4)　$12x^2y\div\left(\dfrac{3}{4}xy^3\right)=12x^2y\times\dfrac{4}{3xy^3}=\dfrac{16x}{y^2}$

(5)　$3(x+y^2)+2y(y-2)=3x+3y^2+2y^2-4y=3x+5y^2-4y$

(6)　$(x+1)(x-1)(x^2+1)=(x^2-1)(x^2+1)=x^4-1$

基本　2　(一次方程式，二次方程式，比例式，連立方程式，因数分解，等式の変形)

(1)　$2(x+1)=3\left(\dfrac{1}{3}-x\right)$　$2x+2=1-3x$　$5x=-1$　$x=-\dfrac{1}{5}$

(2)　$2x^2-16x+32=0$　$x^2-8x+16=0$　$(x-4)^2=0$　$x=4$

(3)　$3x：2y=5：3$　$2y\times5=3x\times3$　$y=\dfrac{9}{10}x$

(4)　$\dfrac{1}{2}x+\dfrac{1}{3}y=1$より，$3x+2y=6$…①　$x+y=2$…②　①－②×2より，$x=2$　これを②に代入して，$2+y=2$　$y=0$

(5)　$x^2+2xy+y^2-1=(x+y)^2-1^2=(x+y+1)(x+y-1)$

(6)　$\dfrac{3x^2y}{2}+y=1$　$3x^2y+2y=2$　$y(3x^2+2)=2$　$y=\dfrac{2}{3x^2+2}$

3 （平面図形，数の性質，方程式の利用）

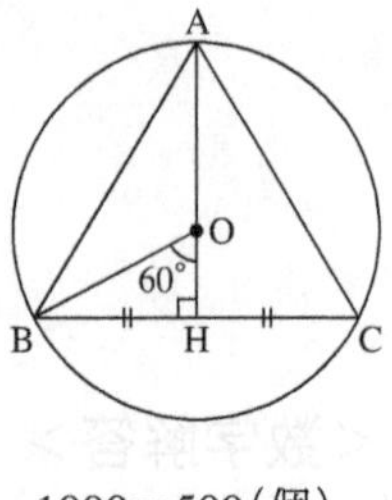

重要 (1)　右の図で，OB：BH＝2：$\sqrt{3}$　OB＝$\frac{2}{\sqrt{3}}$BH＝$\frac{2}{\sqrt{3}}\times\frac{1}{2}$BC＝$\frac{1}{\sqrt{3}}\times 1=\frac{\sqrt{3}}{3}$

(2)　$\sqrt{72n}=\sqrt{2^3\times 3^2\times n}$ より，求める自然数 n は $2\times 2^2=8$

(3)　生徒の人数を x 人とすると，鉛筆の数について，$6x+3=7x-2$　$-x=-5$　$x=5$　よって，鉛筆の数は，$6\times 5+3=33$(本)

(4)　銅原子2000個と反応する酸素分子は1000個だから，余る酸素分子は，1500－1000＝500(個)

4 （図形と関数・グラフの融合問題）

基本 (1)　$\frac{(-1)^2-(-4)^2}{-1-(-4)}=\frac{1-16}{-1+4}=\frac{-15}{3}=-5$

重要 (2)　点Aの x 座標を t とすると，直線ABの傾きが $\frac{3}{4}$ で，2点AB間の距離が5であることから，点Bの x 座標は $t-4$，2点A，Bの y 座標の差は3となる。よって，$t^2-(t-4)^2=3$　$8t-16=3$　$8t=19$　$t=\frac{19}{8}$

(3)　$y=x^2$ に $x=\frac{19}{8}$ を代入して，$y=\frac{361}{64}$　$y=\frac{3}{4}x+b$ に $x=\frac{19}{8}$，$y=\frac{361}{64}$ を代入して，$\frac{361}{64}=\frac{3}{4}\times\frac{19}{8}+b$　$b=\frac{247}{64}$　C$\left(0,\ \frac{247}{64}\right)$ とすると，△ABO＝△OAC＋△OBC＝$\frac{1}{2}\times\frac{247}{64}\times\frac{19}{8}+\frac{1}{2}\times\frac{247}{64}\times\left\{0-\left(\frac{19}{8}-4\right)\right\}=\frac{247}{32}$

基本 5 （平面図形―証明）

(1)　△ABCと△ACDにおいて，仮定より，∠ACB＝∠ADC＝90°　共通だから，∠BAC＝∠CAD　2組の角がそれぞれ等しいので，△ABC∽△ACD　同様に，△ABC∽△CBD　よって，(イ)

(2)　△ABC∽△ACDより，AC：AD＝AB：AC　$b:x=c:b$　$x=\frac{b^2}{c}$…(Ⅰ)　△ABC∽△CBDより，BC：BD＝AB：CB　$a:y=c:a$　$y=\frac{a^2}{c}$…(Ⅱ)　$c=x+y$ なので，(Ⅰ)，(Ⅱ)より，$c=\frac{b^2}{c}+\frac{a^2}{c}$　よって，$a^2+b^2=c^2$

6 （確率）

基本 (1)　題意を満たすのは，AがJ，Q，Kのどれかを引いたときだから，求める確率は，$\frac{3}{13}$

(2)　題意を満たすのは，Aが2，3，4，…，10のどれかを引くとき，Bの引き方はそれぞれ，1，2，3，…，9(通り)あるから，求める確率は，$\frac{1+2+3+\cdots+9}{13\times 12}=\frac{45}{156}=\frac{15}{52}$

(3)　題意を満たすのは，(A，B，A)＝(1，2，4)，(1，3，4)，(2，4，3)，(3，4，2)のときであるから，求める確率は，$\frac{4}{13\times 12\times 11}=\frac{1}{429}$

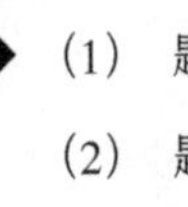

★ワンポイントアドバイス★

出題傾向，難易度に大きな変化はない。基礎を固めてたら，過去の出題例を研究しておこう。

＜英語解答＞ 《学校からの正答の発表はありません。》

1　A-1　イ　　A-2　ア　　B-1　×　　B-2　○
2　1　(b)oxes　　2　(b)reak　　3　(t)hird　　4　(v)isitor
3　1　イ　　2　エ　　3　ウ　　4　ア
4　1　written　　2　spoken　　3　swimming　　4　easiest
5　1　イ　　2　エ　　3　ア　　4　ア　　6　1　(c)hair　　2　(s)cientist
7　1　ア　　2　カ　　3　ウ　　4　ア　　8　1　ウ　　2　エ　　3　イ　　4　ア
9　1　ア　　2-①　エ　　2-②　イ　　2-③　ウ　　3　エ(と)カ
10　1　エ　　2　ア　taking　　イ　children　　3　イ　　4　ア(と)カ　　5　ウ

○推定配点○
1～8　各2点×30　　9　各3点×6　　10　1～4　各3点×6　　5　4点　　計100点

＜英語解説＞

1　A(アクセント問題)
1　[veikéiʃən]　　2　[nésəsèri]
B(発音問題)
1　[lí:v]　[gréit]　　2　[sɔ]　[kɔl]

2　(語彙問題：複数形，動詞，序数詞，名詞)
基本　1　box を複数形にする。
2　broken を原形にする。
3　three を序数にする。
4　visit を名詞にする。

3　(書き替え問題：接続詞，現在完了，不定詞，関係代名詞)
1　「もしすぐに出発しないと，あなたは電車に遅れる。」→「すぐに出発しろ，さもないとあなたは電車に遅れる。」〈命令文，or ～〉で「…しろ，そうしないと～」という意味になる。
2　「メアリーは1週間前にロンドンへ行った。彼女は今もそこにいる。」→「メアリーは1週間ずっとロンドンにいる。」〈have been in ～〉で「～にずっといる」という意味になる。
3　「牛乳はとても熱かったので，私はそれを飲めなかった。」→「牛乳は私が飲むには熱すぎた。」〈too ~ for S to …〉で「Sが…するには～すぎる」という意味を表す。
4　「私は今その店で売られているノートを買いたい。」→「私は今その店で売っているノートを買いたい。」 they sell at the store now が notebooks を修飾している。

4　(語形変化問題：分詞，進行形，比較)
基本　1　現在完了の文なので，〈have ＋過去分詞〉の形になる。
2　過去分詞は「～される」という意味を表す。
3　進行形の文なので〈be動詞＋～ ing〉の形にする。
4　最上級の文なので〈the ＋最上級形〉の形になる。

5　(語句補充問題：形容詞，代名詞，動詞)
1　rain は数えられないものなので，イを選ぶ。
2　「～の」という意味は〈of ＋所有代名詞〉で表す。
3　〈be able to ～〉は「～できる」という意味を表す。
4　〈belong to ～〉で「～に所属する」という意味を表す。

6 (語彙問題：名詞)

1 「イスは，背や席や4つの脚があって，人が座るための家具である。」

2 「科学者は，物理学，化学や生物学などのような自然科学の1つかそれ以上を研究する人である。」

7 (並べ替え問題：関係代名詞，不定詞，間接疑問文，比較)

1 (This is the) best picture that I have ever (seen.) 〈最上級＋現在完了の経験用法〉で「～した中で一番…」という意味を表す。

2 Be careful not to catch cold(.) 不定詞の意味を打ち消すときは，不定詞の直前に not を置く。

3 (I'm looking at the map) to find where the lake is(.) 間接疑問文なので，〈疑問詞＋主語＋動詞〉の形になる。

4 (I) have books several times as many (as he has.) 〈X times as ～ as …〉で「…のX倍～」という意味になる。

8 (会話文問題：語句補充)

1 A：お兄さんの調子はどうですか。
B：今日はひどい頭痛です。
A：それはいけませんね。
ア「それはすばらしい。」，イ「それはとてもいいです。」，エ「それはびっくりです。」

2 A：ここにサッカーの試合の切符が2枚あります。一緒に行きませんか。
B：ああ，それはすごいね。本当に行きたいです。
ア「私はよい選手でした。」，イ「私は野球の切符を持っていません。」，ウ「試合はどうでしたか。」

3 A：いらっしゃいませ。
B：はい，母親のためにこのセーターを見ています。とてもいいですが，彼女には少し大きいと思います。もっと小さいのを見せてもらえますか。
A：もちろんで，ここにあります。
ア「着てみてもいいですか。」，ウ「それはいくらですか。」，エ「それは私が買うには高いです。」

4 A：すみませんが，博物館への道を教えてもらえますか。
B：もちろんです，フォービス通りを行ってください。1番通りと2番通りの間です。
A：簡単に見つかるでしょうか。
B：はい。右側にある大きな建物なので，見逃しません。
イ「見逃せます。」，ウ「それは本当にすばらしい博物館です。」，エ「見つけるのは容易ではありません。」

9 (長文読解問題・説明：内容吟味，語句補充)

(全訳) 小さなノーベル賞

ノーベル賞は世界中の人々に知られていますが，『小さなノーベル賞』という賞を知っている人はそれほど多くありません。

ハンス・クリスチャン・アンデルセン賞は，1953年にIBBY(国際児童図書評議会)によって設立されました。これは，児童書に長年携わってきた作家とイラストレーターに与えられる最高の国際的評価です。著者とイラストレーターの両方は，IBBYの国内選考で推奨されている場合にのみ受賞者になることができます。この賞は隔年で与えられ，選考レベルが高いことから『小さなノーベル賞』と呼ばれています。受賞者には，ハンス・クリスチャン・アンデルセンの肖像画が刻まれた賞状と金メダルが授与されますが，賞金はありません。

IBBYは，1953年にスイスのチューリッヒで児童書を通じて国際理解を提唱したイェラ・レップマンによって設立されました。現在，70を超える国と地域で構成されており，本社はスイスのバーゼルにあります。BBYの創設と同時に国際文学賞が提案され，『ハンス・クリスチャン・アンデルセン賞』と名付けられました。

最初の授賞式は，3年間の準備期間の後に開催されました。最初の受賞者は英国のエリナー・ファージョンで，彼女の作品である「小さなブックルーム」が授与されました。当初，受賞は作者の作品に与えられました。しかし，その後，1962年の第4回授賞式から，著者の生涯にわたる業績のために授与されました。1966年の第6回には，作家賞に加えてイラストレーター賞が創設されました。2020年までに5人の日本人が受賞しました一まどみちお，上橋菜穂子，角野栄子が作家賞，赤羽末吉，安野光雅がイラストレーター賞を受賞しました。

この賞の主な目的の1つは，子供たちのために書いたり説明したりすることを奨励し，優れた児童書の翻訳を支援することにより，あらゆる場所の子供たちに優れた本にアクセスする機会を与えることです。著者やイラストレーターを賞にノミネートする審査員は，児童文学の専門家です。また，各審査員は，複数の言語のスキルを備えた，文書と絵画の優れた審査員であることが期待されています。多くの審査員は，授与されるチャンスが推薦資料の品質に依存することをよく知っています。審査委員会は英語で行われ，文書も英語で書かれているため，英語を話す審査員には利点があります。

1992年にデンマークのマルグレーテ2世女王陛下がアンデルセン賞の後援者に就任したことで，『小さなノーベル賞』の栄誉はますます大きくなっています。また，日本の自動車メーカーは1992年から資金援助を行っています。この援助のおかげで授賞式や祝賀会を開催できるだけでなく，授賞式が行われる場所に受賞者を招待することもできます。ハンス・クリスチャン・アンデルセン賞は，イェラ・レップマンの活動の遺産であり，多くの国の子供たちに良い本が贈られることを願っています。近年，マスコミが注目を集めていることから，この『小さなノーベル賞』への注目が高まっています。

1 「ハンス・クリスチャン・アンデルセン賞は①1953年に設立され，②1956年にはエリナー・ファージョンが最初の受賞者として表彰された。」第3段落には1953年に設立されたとあり，第4段落にはその3年後にエリナー・ファージョンが最初に受賞したとある。

2 ①「賞の主な目的の一つは______。」ア 「子供たちの英語の技術を高めることだ」 文中に書かれていない内容なので，誤り。 イ 「子供たちが複数の言語を話せるようにすることだ」文中に書かれていない内容なので，誤り。 ウ「次の世代のイラストレーターを訓練することだ」イラストレーターだけではないので誤り。 エ「世界中の子供たちに本を提供することだ」 第5段落の内容に合うので，答え。

②「もし推薦資料の質がすばらしければ，著者は______。」ア 「賞の審査員にもなることができる」 文中に書かれていない内容なので，誤り。 イ「受賞する機会を得ることができる」第6段落の内容に合うので，答え。 ウ 「それらを読むために英語を学ぶ必要がある」 文中に書かれていない内容なので，誤り。 エ 「審査委員会で複数の言語を話す必要がある」 文中に書かれていない内容なので，誤り。

③「日本の自動車メーカーからの______なしには授賞式が開催されない可能性がある。」

ア「多くの車」 文中に書かれていない内容なので，誤り。 イ 「よい子供用の本」 文中に書かれていない内容なので，誤り。 ウ「金銭的援助」 第7段落の内容に合うので，答え。

エ 「金メダル」 文中に書かれていない内容なので，誤り。

重要 3 ア 「児童書の著者は，賞金を得るために作品を作成している。」 文中に書かれていない。 イ 「イラストで5人の日本人が表彰された。」 イラストでは2人。 ウ 「最初のイラストレーター賞は，IBBYが設立されてから10年後に授与された。」 最初のイラストレーター賞が与えられたのは1966年で，創立から13年後。 エ 「作家やイラストレーターにとって『小さなノーベル賞』の候補になることは容易ではない。」 第2段落の内容に合う。 オ 「ハンス・クリスチャン・アンデルセン賞は，イェラ・レップマンがノーベル賞を受賞したことから『小さなノーベル賞』と呼ばれている。」 文中に書かれていない。 カ 「審査員が審査委員会に参加するときは，英語のスキルが必要だ。」 第6段落の内容に合う。

10 （長文読解問題・随筆：内容吟味，語句補充）

（全訳） マリー・デュポンは突然目を覚ましました。彼女は大きな音を聞きました。彼女はそれは銃声だと思いましたが，そうではありませんでした。それは倒れる木の枝の音でした。多くの枝が嵐による氷で重くなっていました。氷で覆われた枝が割れて，送電線，家，そして車の上に落ちていました。

それはひどい嵐でした。1998年1月5日，カナダと米国の一部で凍った雨が降り始めました。5日間で，8インチ（20.32cm）の着氷性の雨が降りました。200万人のカナダ人と50万人以上のアメリカ人が電力を失いました。暖房がなく，冷蔵庫やストーブが使えない人も多かったです。15日間電力がなかった人もいました。

ケベック南部とニューイングランドは嵐の中心でした。カナダのモントリオールが最も問題を抱えていました。電源が切れていたため，繁華街には照明がありませんでした。ほとんどの店舗や企業は閉鎖されました。学校はすべて閉鎖されました。ダウンタウンの郵便局は閉鎖され，郵便配達員は数日間郵便物を配達できませんでした。旅行は難しかったです。歩道や通りは氷で覆われていました。信号が効かず，地下鉄が止まりました。人々は食料や緊急物資を買うために市場に駆けつけました。しかし，物を買うお金がない人もいました。銀行が閉鎖され，ATMが故障していたため，現金を引き出すことができませんでした。緊急時には，人々は消防署に助けを求めました。消防士は通常の6倍の電話を受けました。軍も助けました。兵士たちは人々を避難所に移し，医療を行い，木の枝や送電線を掃除しました。

(A)多くの人が他の人を助けました。モントリオールにある1つのホテルでは，半額で宿泊できました。また，2つのダンスホールを子供たち用のセンターとして使用しました。ヘルスクラブは人々が熱いシャワーを浴びるようにさせました。電力や物資を持っている家族は，困っている隣人を彼らと一緒にいるように誘いました。

(B)嵐の間，人々は彼らの問題を解決するために一緒に働きました。マリー・デュポンは家を出て南へ車を走らせていました。木が道路をふさいでいたので，彼女は立ち止まらなければなりませんでした。別の女性が北に向かって運転していて，木の反対側で立ち止まりました。彼女らは木を動かそうとしましたが，できませんでした。それから彼女らは素晴らしいアイデアを持ちました。それぞれの女性は木に登り，向う側の女性の車を借りて，自分たちの道を進みました。

人々は1998年の嵐を長い間覚えているでしょう。彼らは暖房のない多くの寒い日を覚えています。彼らは木の枝が折れる大きな音について話します。そして彼らは，20世紀の最悪の嵐の間に人々がどのように互いに助け合ったかを決して忘れません。

1 「嵐の間，モントリオールでは何が閉鎖され，何が開いていたか。」 ア 「ホテル，学校，そして郵便局は閉鎖された。ヘルスクラブ，消防署，そして市場は開いていた。」 ホテルは開いていたので，誤り。 イ 「ホテル，ヘルスクラブ，そして消防署は閉鎖された。多くの店，企業，そして地下鉄の駅は開いていた。」 ホテルやヘルスクラブは開いていたので，誤り。 ウ 「学校，銀行，そして消防署は閉鎖された。郵便局，市場，そして地下鉄の駅は開いていた。」消防署は開いていたので，誤り。　エ「地下鉄の駅，銀行，そして企業は閉鎖された。消防署，市場，ホテル，そしてヘルスクラブは開いていた。」第3段落の内容に合うので，答え。

2 「嵐の間中，人々はどうやって助け合ったか。」第5段落の内容から考える。「電力が失われたとき，人々は暖房を持っていませんでした。冷蔵庫もストーブも使えませんでした。ですから，電力や物資を持っている家族は，困っている隣人を彼らと一緒にいるように誘いました。ヘルスクラブは人々に熱いシャワーを浴びさせました。モントリオールのホテルは，ホテルの部屋を半額で提供し，ダンスホールを幼児の世話をするために提供しました。」

3 「嵐は旅行を困難にした。マリー・デュポンが南に運転していたとき，彼女は木が道路をふさいでいるのを見つけた。別の女性が北に向かって運転していたが，木の反対側で立ち止まらなければならなかった。彼女らはどのように問題を解決したか。」第6段落の内容から考える。
ア「彼女らは一緒に働き，道路から木を動かした。」イ「彼女らはお互いの車を借りて，自分の道を進んだ。」ウ「彼らは軍隊を呼び，兵士に木の枝を片付けさせた。」エ「彼らは木を乗り越え，他の人々に助けを求めた。」

4 ア「枝は送電線，家，車に落ちた。」第1段落の内容に合う。　イ「銃声がマリー・デュポンを目覚めさせた。」枝の音で目覚めた。　ウ「カナダとメキシコに着氷性の雨が降った。」カナダとアメリカだった。　エ「8日間で5インチの雨が降った。」5日間で8インチの雨だった。オ「郵便配達員は毎日郵便物を配達した。」配達できなかったとある。　カ「一部の人々は彼らの電力と物資を共有した。」第5段落の内容に合う。

5 「あなたは激しい嵐のような緊急事態にあったことはありますか？　それについて考えてください。」「私は千葉の小さな町に住んでいます。2019年の秋，台風が私たちの地域を襲いました。強風が私の家の周りの多くのものを破壊しました。屋上のいくつかのタイルが壊れるか，吹き飛ばされました。私たちの地域の人々も同様の被害を受けました。また，1週間以上停電し，水が不足していました。そこで，近所の人たちが協力してこれらの問題を解決しました。何人かの人々が集まって給水を修理しました。他の人々は隣人と食べ物と水を共有しました。多くの人の仕事を通じて，食料，水，電力を手に入れることができたことに気づきました。この台風は，モントリオールの人々が前世紀の最悪の嵐の課題に直面したように，隣人が互いに助け合い，支え合うことが非常に重要であることも教えてくれました。」直前にある例に合うので，ウが答え。
ア「緊急時に木の枝を切り倒すこと」イ「近所の店が開いていることを確認すること」
ウ「隣人が助け合い，支え合うこと」エ「緊急時に十分な食料を用意すること」

★ワンポイントアドバイス★

7の1には〈最上級＋現在完了の経験用法〉が用いられているが，これはseenを使って書き換えることができる。この文を書き換えるとI have never seen such a good picture.（私はこんなによい写真を見たことがない。）となる。

＜国語解答＞《学校からの正答の発表はありません。》

一　①　あくしゅ　②　とふ　③　れいこう　④　自画自賛　⑤　促

二　ア　○　イ　×　ウ　×　エ　×　オ　○

三　問一　エ　問二　打ち上げを凍結する(9字)　問三　循環的思考　問四　b
問五　ウ・オ

四　問一　ア　問二　社会　問三　エ　問四　ア　問五　イ・カ

五　問一　ア　問二　B　ウ　C　ア　D　エ　E　イ　問三　エ
問四　絹代さんが　～　うのだった　問五　イ

六　問一　a　ようよう　b　めのと　問二　①　エ　②　イ
問三　イ　問四　ウ　問五　ア　○　イ　×　ウ　×　エ　○

○推定配点○
一・二・六　各2点×20　三・四　各3点×12　五　問二　各2点×4　他　各4点×4
計100点

＜国語解説＞

一　（漢字の読み書き）

①「握」を使った熟語はほかに「握力」「把握」など。訓読みは「にぎ(る)」。②「塗」を使った熟語はほかに「塗装」「糊塗」など。訓読みは「ぬ(る)」。③「励」を使った熟語はほかに「激励」「奨励」など。訓読みは「はげ(ます)」「はげ(む)」。④「自画自賛」は，自分の描いた絵に，別の人が書くべき賛を自ら書くことから，自分で，自分の発言や行為をほめること。⑤「促」の音読みは「ソク」。熟語は「促進」「催促」など。

二　（資料読み取り）

ア　総人口は，2010年が6,216,000人，その後，6,192,000人→6,122,000人……と減少傾向にあるが，高齢化率は2010年が21.5％，その後，26.2％→28.8％→30.0％と上昇傾向にあるので○。イ　65～74歳の高齢者数は，2010年は766,000人，2025年は716,000人と予測されており，やや減少しているので×。ウ　人口推移の予測は，75歳以上の人口が最も増えると予想されているのは，2030年の1,137,000人なので×。エ　2010年の高齢化率は21.5％，2035年は33.5％と予測されており，約1.6倍なので×。オ　75歳以上の人口は，1985年は148,000人，2035年は1,109,000人と予測されており，約7.5倍となるので○。

三　（論説文一文脈把握，脱文・脱語補充，内容吟味，要旨）

問一　後に「このとき学んだことは，事故の『原因追求』のアプローチだけでは問題は完全は解決しないということでした」とあるので，エが適切。

やや難　問二　直後に「打ち上げを一年間凍結して取り組んだアプローチがそれにあたります」と具体例が示されており，同様のことは前に「打ち上げを凍結する(9字)」と表現されている。

やや難　問三「物事はいったんうまくいくとどんどん良くなっていく」「いったん悪くなっていくとどんどん悪くなる」を言い換えているので「循環的思考」が適切。「循環」は，巡ってもとに返り，それを繰り返すこと。

問四「先の発言」とは，「『また失敗をするかもしれない。非常に心配だ』」を指すので，直前に「空中でロケット自体を爆発させた」とあるbが適切。

問五　アは，本文に「受け入れられるまでに多くの時間を要した」とは述べられていないので合致しない。イは，「現状に満足しない技術者たち」という部分が合致しない。ウは，「西洋型の治療のマネージメント」について，「問題を分析し，原因を究明する。そしてその原因を除去して問題解決に至るもの」と説明されており，「原因を叩きつぶす繰り返しはいわゆる『対症療法』と呼ばれるもの」とあることと合致する。エは，「モグラたたきゲーム機」は，「西洋型の原因追求とその除去」の比喩なので合致しない。オは，本文最後に述べられていることと合致する。

四 （論説文―脱文・脱語補充，接続語，指示語，要旨）

問一　A　直前に「日本人の多くは世間の中で暮らしている」とあるのに対し，直後には「日本の学者や知識人は『世間』という言葉から市民権を奪い……登場することがない」とあるので，逆接を表す「しかし」が入る。　C　直後に「何人かで旅に出るための列車を待っているとしよう」と具体例が示されているので，例示を表す「たとえば」が入る。　D　直前に「日本の社会に対して発言してこなかったからなのである」とあり，直後で「ただの……すぎなかったからなのだ」と，付け加えているので，累加を表す「そして」が入る。

問二　直前に「現実の日常生活では世間の中で暮らしているにもかかわらず」とある。同様のことは，後に「現実には世間によって機能している日本の世界を，社会としてとらえようとするために……」と説明されているので，「社会」が入る。

問三　直前の「政党や六大学の学部，企業そのほかの団体」を指す，直後に「人間関係」とあるので，「人間関係」を含まないエが適切。

やや難 問四　同段落冒頭に「世間に属しながらも，個人として，社会に対して責任ある発言をすることは可能であろう」とあり，「そのためには，少なくとも自己がどのような世間に属しているかを自覚していなければならない」と述べられている。自己が所属する世間を自覚している場合は社会に対して責任ある発言をすることが可能であろう，という文脈なのでアが適切。イの「許される」，ウの「考え直す」，エの「向上させる」は適切でない。

問五　アは，冒頭の段落に「個人が世間に対して批判をしたり，不満を述べることがあっても，……聞き流されてしまうのである」とあることと合致する。イは，「日本人の多くは」で始まる段落に「日本の学者や知識人は『世間』という言葉から市民権を奪い……」とあることと合致しない。ウは，「日本人の一人一人に」で始まる段落に「その世間がもつ排他性や差別的閉鎖性は公共の場に出たときにはっきり現れる」とあることと合致する。エは，「電車の中で宴会を始めたり，騒いだりする人たちは常にどこでも見られるのである。……問題は公徳心ではなく，ここでつくられて仲間意識が，多くの人によって是認されているという点にある」とあることと合致する。オは，「学者であれ」で始まる段落に「日本の学者は西欧近代的な意味での個人になっていないのに，あたかも西欧の近代的な意味での個人であるかのごとく語ってきた」とあることと合致する。カは，最終段落に「世間に属しながらも，……責任ある発言をすることは可能であろう」とあることと合致しない。

五 （小説―脱文・脱語補充，修飾語，文脈把握，内容吟味，心情）

問一　直後に「まわりを拒んだりはしないけれど，ひとりだけべつの時間を生きているような雰囲気を持っている」とあるので，アが適切。

問二　B　直後の「変わってしまった」を修飾する語としては「がらりと」が適切。　C　直後の「うごめいている白っぽい芋虫の親玉」の様子なので「わさわさ」が適切。　D　直前に「肌が」とあり，直後に「絹みたいだから」とある。絹のような肌を表す語としては「つるつる」が適切。　E　直後の「ふくらんで」を修飾する語としては「どんどん」が適切。

やや難 問三　「墨は餓鬼に磨らせ，筆は鬼に持たせよ」の直後に，「ここぞというときには力が発揮できるのにそれをあえて抑える自然体」と説明されているので，この様子と合致するエが適切。普段はゆっくりと丁寧な動作を心掛ける様子である。

やや難 問四　直後に「陽平さんのこれまでの人生を，あれこれ聞いてみたいと思った。……どこで生まれて，……どんな青春時代を送ったのか」と，「陽平さん」への興味がわき上がる様子が描かれている。「陽平さん」への関心が芽生えた瞬間を「そのとき」としているので，「陽平さん」の様子を描いている「絹代さんが感じたことは，そのとおり，ただしい，と思いますよ，と真剣な顔で言うのだった(42字)」が適切。

問五　「絹代さん」の「陽平さん」に対する感情は，「陽平さんのこれまでの人生を，あれこれ聞いてみたいとつよく思った」「これまで陽平さんを知らずにいたことがとても信じられなかった」「あまりにもまじめすぎて逆に……聞き手が不安になるほど丁寧」とある。好もしさや親しみ，丁寧な話しぶりへの敬意が描かれているので，「敬慕」が適切。

六　**(古文ー仮名遣い，文脈把握，脱語補充，係り結び，大意)**

〈口語訳〉　いずれ(のお子様)もだんだん大人びてこられるのですが，若君はあきれるほど人見知りなさって，侍女などにも，あまり見慣れない者には会うこともせず，父殿にも遠慮なさって，だんだん漢籍なども習わしお教えなさるのでございますが，あまり関心を持たれないばかりか，ただ遠慮のみなさって几帳の内にこもられて，絵かき，雛遊び，貝合わせなどなさって，父殿はたいそう情けないことと思われて叱ったりなさると，果ては涙さえこぼして，恥ずかしいとお思いになり，ただ母上，乳母，さらには小さな童とのみお会いになるのでございました。また姫君は，今からすでにいたずらで，めったに家の中ですることはせず，外にばかり走り出て，若い男や童たちと，鞠や小弓などでばかり遊びなさる。客間に人々が参上し，漢詩を作り，笛を吹き，和歌を朗詠するときには，走り出して，一緒に，人から教えてもらわないのに，琴や笛を上手に吹き鳴らしなさるのでございます。父殿がおいでなさる折は隠れていらっしゃるのですが，人々が参るときには，父殿がお召し替えをなさるときに，まず走り出して，かくの如く親しく遊びになられるので，人見知りしない様子に，ただ若君とのみ思われ，興じてかわいがりなさるので，ご両親は仕方のないことだとお思いになるのでございました。心の内では困ったものだと思い，返す返す，取り替えたいとお思いになるのでございました。

問一　a「やう(yau)」は，「よー(yo)」と発音し，現代仮名遣いでは「よう(you)」となるので，「やうやう」は「ようよう」となる。　b「乳母(めのと)」は，母親に代わって子どもを養い育てる女性のこと。乳母(うば)。

問二　①「若君」については「絵かき，雛遊び，貝覆いなどしたまふ」とあるので，「雛遊び」に該当する「人形遊び」が適切。　②「姫君」については「鞠，小弓などをのみもて遊びたまふ」とあるので，鞠を使う「蹴鞠」が適切。

問三　前に係助詞「ぞ」があるので，係り結びの法則により，連体形の「たまふ」が入る。

問四　前に「御心のうちにぞ」とあり，尊敬表現になっていることから，主語は「殿(父上)」であるとわかるのでウが適切。「父殿」は，内気な「若君」と活発すぎる「姫君」のことを内心で心配し，いっそのこと逆であったなら，と思うのである

問五　アは，「ただ若君とのみ思ひてもて興じうつくしみきこへあへる」とあることと合致する。イは，「果て果ては涙をさへこぼして，……ただ母上，御乳母，さらぬはむげに小さき童などにぞ……」とあることと合致しない。ウは，「分け隔てなく」という部分が合致しない。「御文習わし(漢籍なども習わせ)」とあるのは「若君」だけである。エは，「御出居にも，人々参りて文作り笛吹き歌うたひなどするにも，走り出でたまひて，もろともに，人も教へきこえぬ琴笛の音もいみじう吹きたて弾き鳴らしたまふ」とあることと合致する。

★ワンポイントアドバイス★

長文ではないが，時間内に3種類の現代文と古文を読みこなすスピードを身につけよう！　古文は，重要古語の知識を蓄え，口語訳できる力と大意をとらえる力をつけておこう！

MEMO

大切なことはメモしておこうネ！

2020年度

★★★★★★★★★★★★★★★★★★★★★★

入　試　問　題

2020年度

千葉黎明高等学校入試問題

【数　学】（50分）〈満点：100点〉

1 次の計算をしなさい。

(1)　$2-(-9)$

(2)　$876 \div 9 + 123 \div 9$

(3)　$\dfrac{1}{1 \times 2} + \dfrac{1}{2 \times 3} + \dfrac{1}{3 \times 4}$

(4)　$3xy^2 \div \left(\dfrac{3}{4}x^2y\right)$

(5)　$\sqrt{32} + \sqrt{6} \times \sqrt{15} \div \sqrt{5}$

(6)　$(x-3y)^2-(x+5y)^2$

2 次の各問いに答えなさい。

(1)　1次方程式 $3(x+2)=2\left(x+\dfrac{1}{2}\right)$を解きなさい。

(2)　2次方程式 $3x^2-6x-9=0$を解きなさい。

(3)　$(y-x):(x-2y)=2:3$を満たすとき，$x:y$を簡単な自然数の比で表しなさい。

(4)　連立方程式 $\begin{cases} \dfrac{1}{10}x+\dfrac{2}{9}y=\dfrac{11}{15} \\ x+y=5 \end{cases}$ を解きなさい。

(5)　$(x+y)^2-1$を因数分解しなさい。

(6)　次の等式をyについて解きなさい。

$x^2+y^2=4$

3 次の各問いに答えなさい

(1)　1辺の長さが1の正六角形に内接する円の半径を求めなさい。

(2)　$\sqrt{2020n}$ が自然数になるような最小の自然数nを求めなさい。

(3)　レイ君とメイちゃんは5kmの道に端から端まで50m間隔で桜の苗を1本ずつ植える。このとき，桜の苗は何本必要か求めなさい。

(4)　てんびんは支点からの距離と重さの積が左右等しければ釣り合う。支点から右側20cmに50gのおもりを吊るす。このてんびんが釣り合うためには25gのおもりを支点から左側何cmに吊るせばよいか求めなさい。

4 次のページの図のような，放物線$y=x^2$，$y=ax^2$と直線$y=x+b$がある。直線$y=x+b$をy軸方向に7平行移動した直線と放物線$y=ax^2$は点(6，9)を通る。
点P，Qは$y=x^2$上の点，点R，Sは$y=ax^2$上の点であり，四角形PQRSの各辺はx軸又はy軸に平行である。2点P，Sを通る直線lと$y=x+b$との交点をZとする。

点Pのx座標を$t(t>0)$とするとき，次の各問いに答えなさい。

(1) aの値を求めなさい。

(2) bの値を求めなさい。

(3) PS＝SRのとき，PZの長さを求めなさい。

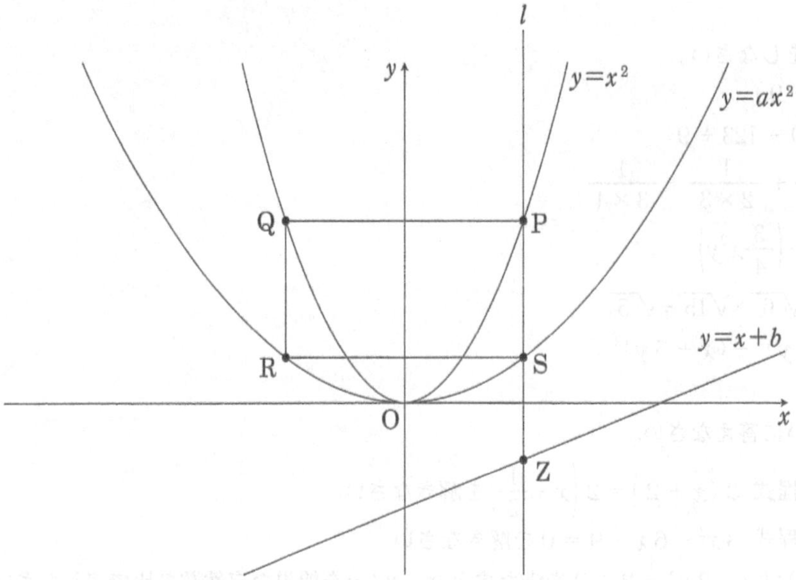

5 1辺が20cmの正方形の厚紙の四隅から合同な正方形を切り取り，下の図のような直方体の容器を作る。底面は正方形で，すべての辺の長さを整数にするとき，次の各問いに答えなさい。

(1) 底面の1辺が2cmのとき，容器の高さを求めなさい。

(2) 容器は何種類作れるか求めなさい。

(3) 水が500ml以上入る容器は，何種類作れるか求めなさい。

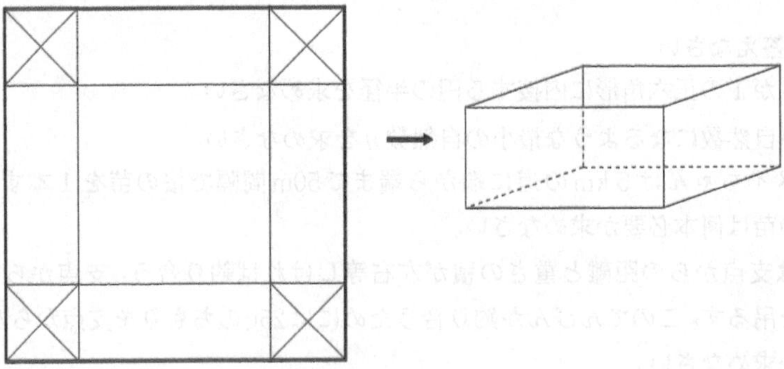

6 縦5，横12の長方形の紙がある。この紙を下の図のように折るとき，次の各問いに答えなさい。

(1) △ABEと△DCEは合同になることを証明しなさい。

(2) 点Eから線分ADへ垂線を下ろし，交わる点をHとする。このとき，線分EHの長さを求めなさい。

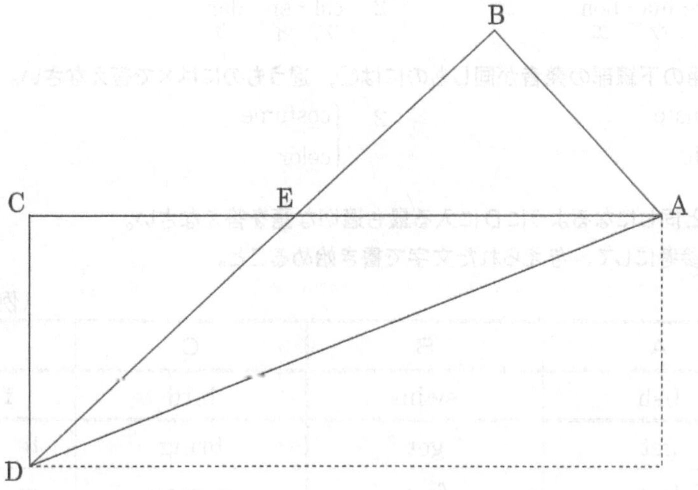

【英　語】（50分）〈満点：100点〉

【注意】　文字は筆記体でもブロック体でもかまいません。

1　A．次の語で最も強く発音する音節の記号を答えなさい。

1. in - for - ma - tion
   ア　イ　ウ　エ

2. cal - en - dar
   ア　イ　ウ

B．次の各組の下線部の発音が同じものには○，違うものには×で答えなさい。

1. teammate / speech

2. costume / color

2　A・Bの関係と同じになるようにDに入る最も適切な語を答えなさい。
ただし，例を参考にして，与えられた文字で書き始めること。

（例の答 → fly）

	A	B	C	D
例	fish	swim	bird	fly
1	get	got	bring	b…………
2	foot	feet	woman	w…………
3	pork	meat	carrot	v…………
4	silent	silence	happy	h…………

3　2つの文の意味がほぼ同じになるように（　　）に入る最も適切な語句を選び，記号で答えなさい。

1. You must not be late for school.
   (　　　) be late for school.
   ア．Don't　　イ．Won't　　ウ．Shouldn't　　エ．Mustn't

2. Would you tell me the way to the hospital?
   Would you tell me (　　　) to get to the hospital?
   ア．what　　イ．who　　ウ．how　　エ．which

3. I'm looking forward to seeing you tomorrow.
   I can't (　　　) to see you tomorrow.
   ア．make　　イ．wait　　ウ．go　　エ．have

4. Linda doesn't have anything in her hands.
   Linda has (　　　) in her hands.
   ア．something　　イ．everything　　ウ．nothing　　エ．thing

4　日本語に合うように，次の(　　)の語を適切な形に書き替えなさい。

1. 由紀は英語で手紙を書いたことがあります。
   Yuki has (write) a letter in English before.

2. たくさんの鳥が空高く飛んでいます。
   A lot of birds are (fly) high in the sky.

3. セレーナ・ウィリアムズは世界でもっとも有名なテニスプレーヤーの一人です。
Serena Williams is one of the most famous tennis (play) in the world.
4. タケシは靴を脱いで，家に入りました。
Takeshi (take) off his shoes and went into his house.

5 次の文が日本語と合うように（　　）に入る最も適切な語句を下から選び，記号で答えなさい。

1. 私には，料理が好きな弟が一人います。
I have a brother (　　　) likes cooking.
ア. who　　イ. which　　ウ. whom　　エ. what
2. 亮はドアのカギを閉めるのを忘れました。
Ryo forgot (　　　) the door.
ア. locking　　イ. locks　　ウ. to lock　　エ. have locked
3. お年寄りを手伝うなんて，ジョンは親切でした。
It was kind (　　　) John to help an elderly man.
ア. for　　イ. of　　ウ. out　　エ. on
4. この建物はあの建物よりも高いです。
This building is taller than that (　　　).
ア. it　　イ. that　　ウ. this　　エ. one

6 次の（　　）に入る最も適切な英単語を答えなさい。ただし，与えられた文字で書き始めること。なお，英単語の□には１文字ずつ入るものとします。

1. Learning (h□□□□□□) can make you better understand what happened in the past.
2. An (e□□□□□□□) is a kind of animal that has big ears and a long nose.

7 次の日本語に合うように正しく並べ替え，（　　）内で３番目に来る語句の記号を答えなさい。ただし，文頭に来るべき語句も小文字で示してあります。

1. 私は野球部のメンバーです。
I (ア. member / イ. am / ウ. the / エ. a / オ. of / カ. baseball team).
2. 朝食を食べることはとても大切なことです。
It (ア. have / イ. is / ウ. very / エ. important / オ. to / カ. breakfast).
3. あなたはバスケットボールとバレーのどちらが好きですか。
Which (ア. do / イ. you / ウ. basketball / エ. or / オ. volleyball / カ. like better,)?
4. 彼女は学校に通うのに十分な年齢でした。
(ア. to go / イ. was / ウ. enough / エ. she / オ. old / カ. to) school.

8 次のAとBの会話について，（　　）に入れるのに最も適切なものを下から選び，記号で答えなさい。

1. A：Mom, do you know where my new clothes are?

B：(　　　)

A：Oh, thank you. I'll take them.

ア．Are you ready to go?

イ．They are still in the car.

ウ．You should close the curtain.

エ．I don't like your clothes.

2. A：Hi, Jim. What are your plans for this summer vacation?

B：Well, (　　　)

A：That's great! That should be a lot of fun.

ア．I'm going on a trip to Hawaii with my family.

イ．I don't have any plans.

ウ．I think you're cool.

エ．I haven't decided it yet.

3. A：How was the math test yesterday, Emily?

B：(　　　) I can't show it to my parents.

A：Me, neither. I have to study hard for the next exam.

ア．That was really bad.

イ．That was your mistake.

ウ．That was yours, wasn't it?

エ．That was easy.

4. A：Tim, can I borrow your dictionary? I'd like to use it for my homework.

B：Sure. (　　　)

A：OK, I will.

ア．How much is it?

イ．But, please return it soon after you finish using it.

ウ．That's mine.

エ．Can I give you a dictionary?

9　次の英文を読んで，後の設問に答えなさい。

1 Why do some people like to do good things such as helping others or saving the environment? They don't do these things for money. This is altruism, doing things for other people and not for oneself. Two Chico State University (California) professors wondered, "What motivates altruism?" To answer the question, they organized a college class at the university.

2 For the class, each student chose one altruist in the community. They spent four to five hours a week shadowing, or following, their altruist. They also went to class and read books and wrote papers on altruism.

3 Shadowing was an important part of the class. One student, Adam, followed a husband and wife. They work with many non-profit organizations in the community. Adam and the couple went shopping with elementary school children to buy holiday gifts for poor families. Adam also

had dinner with the couple once a week and had many discussions with them about helping others. Two other students, Nicki and Ben, shadowed the director of a homeless shelter. The students served food to homeless people and they helped the director raise money for the shelter.

4 The students learned many things. Adam said, "In school, we think too much about our careers. This class helped us remember that there are other important things in life. I also learned that I can help others as a career." Another student said, "Altruists are not necessarily special people. They are just ordinary people who do special things." The students also learned about the motivations for altruism. One altruist told a student: "I work for the community because the community helped me in the past." Another said: "I get great satisfaction because I know that I am helping others. Recognition for my work is not important."

5 The altruists also learned things from the students. The students' questions made them think. They learned more about themselves and their motivations. This helped the altruists become even better at their work.

6 The class on altruism was not easy for the students. They spent many hours with their altruists. They also read 250 pages every week. They read the works of great thinkers and philosophers such as Martin Luther King, Jr. and Emmanuel Kant. They wrote many papers, kept a journal, and took exams. Was it a useful class? As Adam said: "The class was difficult, but it was worth it. I learned a lot. This experience will stay with me for the rest of my life."

(Adapted from *Well Read*)

注) environment 環境　motivate 動機を与える　organize とりまとめる　shadowing 行動を共にして仕事を習うこと　write papers レポートを書く　non-profit organization 非営利団体　director 所長　shelter 保護施設　serve food 食事を出す　career 職業　ordinary 普通の　satisfaction 満足感　recognition 人に認めてもらうこと　philosopher 哲学者

設　　問

1. altruistsの特徴として間違っているものを次から1つ選び，記号で答えなさい。

ア．彼らが学生たちから学ぶこともある。

イ．彼らは，自分の仕事に対して報酬を得ることは大切だとは考えていない。

ウ．彼らは特別な事をする普通の人々である。

エ．彼らは，自分がやっていることを他の人に認めてもらうことは重要だと思っている。

オ．彼らは他の人を助けることで満足感が得られる。

2. Adamが行ったshadowingについて述べたA群のあとに続くものをB群から選ぶとき，正しい組合せを選択肢ア～エから1つ選び，記号で答えなさい。

A群

1. The husband and wife that Adam shadowed ______.
2. Together with the husband and wife, Adam went shopping with school children ______.
3. Adam had many discussions with the husband and wife ______.
4. Adam has learned that helping others ______.

B群

A. to buy holiday gifts for poor families

B. served food to homeless people
C. worked with many local non-profit organizations
D. about helping others
E. worked with the director of a homeless shelter
F. can be a career option

選択肢

	1	2	3	4
ア.	A	B	C	D
イ.	B	C	D	E
ウ.	C	A	D	F
エ.	D	E	F	A

3. 次の左の表は本文のパラグラフの構成をまとめたものである。右の一覧はパラグラフ(2)〜(5)の内容を示している。パラグラフ(2)〜(5)とその内容の正しい組合せを選択肢ア〜エから1つ選び，記号で答えなさい。

Paragraph	Content
(1)	Introduction
(2)	
(3)	
(4)	
(5)	
(6)	Conclusion

パラグラフ(2)〜(5)の内容

(A) What the students learned about altruism
(B) Things students did for the class
(C) What altruists learned from the students
(D) Shadowing

選択肢

	(2)	(3)	(4)	(5)
ア.	(A)	(B)	(C)	(D)
イ.	(B)	(A)	(D)	(C)
ウ.	(B)	(D)	(A)	(C)
エ.	(C)	(D)	(B)	(A)

4. 次の各文で，本文の内容と異なるものを1つ選び，記号で答えなさい。

ア. Students in the class worked with altruists in the community.
イ. Students did not have to read books or write papers for the class.
ウ. The students learned why altruists do good things.
エ. One student learned that altruism could be a career.
オ. One altruist works to give back to the community for its help to him in the past.

5. Answer the next question in English.

Question : What do you call "doing things for other people and not for oneself"?
Answer : We call it ______________.

10 次の会話文を読んで，後の設問に答えなさい。

Keiko : The 2020 Tokyo Olympic Games are coming soon and I'm looking forward to them.
Ms Kato : Yeah. You all like sports, right?
Ryota : Yes. Now I belong to the soccer club here. I've been playing soccer since I was a young

child, so I'm crazy (①) it.

Keiko : I like sports, too. I was born in Nagano and lived there until I was 10 years old. So I like winter sports and I'm good at skiing and skating.

Daiki : Do you like sports, too, Ms. Kato? Are you also looking forward to the Tokyo Olympics?

Ms Kato : Of course.

Daiki : I'm good at playing musical instruments, (②) not so interested in playing sports.

Ryota : Let's go to see a professional soccer game together. I'm sure you will be excited by it and like soccer soon. I'll show you what fun sports are.

Ms Kato : That's a good idea. I also want you to realize sports are fun. By the way, do you know that there are three ways to enjoy sports?

Keiko : Three ways? We can enjoy playing or watching them, but I have no idea about the third one.

Ms Kato : It's supporting.

Daiki : Supporting?

Ms Kato : Right. When I was a college student, I studied abroad in London. And I took part in the 2012 London Olympic Games as a volunteer. Volunteering is really a good way to support sports.

Ryota : I see. What kind of volunteer activities did you do there?

Ms Kato : I was a volunteer interpreter. The Olympic Games need many kinds of volunteers, and it is said (③) there are about 3,000 kinds of volunteer activities if they are classified into small groups.

Ryota : Wow! When I was in elementary school, I became an Escort Kid who enters the field with soccer players just before the game begins. At that time one of my dreams was to enter the field with my favorite player, (②) it didn't come true, unfortunately.

Ryota : Are Escort Kids volunteers?

Ms Kato : Yes, they are. Besides Escort Kids, Tennis Ball Persons are also volunteers.

Ryota : Escort Kids are also called Fair Play Kids, because walking with children means that the players and referees promise a fair match.

Ms Kato : In recent years, official volunteers of the Olympic and Paralympic Games have been nicknamed by the Olympic Committee. Volunteers for the London Olympics were called Games Makers. Volunteers in the 2020 Tokyo Olympics were nicknamed Field Cast a few months ago.

Daiki : Oh, that's a cool name! Did volunteers have a nickname in the 1998 Nagano Winter Olympic Games, too?

Keiko : Yes, they were called Team '98. During the Nagano Olympics, many people gave wonderful support as well as official volunteers. For example, elementary, junior high and high school students played music for people there in front of Shinonoi station, which was near the venue for the opening ceremony.

Ryota : Oh, Daiki, you can take part in a music performance as volunteer work.

Daiki : Yeah, but I'm feeling like doing something else. I like studying English and I'd like to be a volunteer interpreter, like Ms Kato.

注) realize 分かる　interpreter 通訳　classify 分類する　venue 開催地

Ms Kato : You should stress that you are good at speaking English in the interview. You may not always be assigned to be the kind of volunteer that you hope, though.

Ryota : You said that there are many kinds of volunteer work in the Olympic Games. How many official volunteers took part in the 2012 London Olympic Games?

Ms Kato : About 70,000 volunteers supported it. I heard that about 240,000 people applied for it. The number of athletes who joined the competition was about 10,000.

Keiko : As for the Nagano Winter Olympics, the number of official volunteers was about 36,000.

Daiki : You know a lot about the Nagano Olympics.

Keiko : My parents often talk (①) it at home when winter comes. [ア]

Ryota : I love soccer, so I wonder if I will be able to do something for the FIFA World Cup?

Ms Kato : If you want to do some sports volunteering work in foreign countries, your English language skills are required.

Daiki : Is there anything required when we do sports volunteering work?

Ms Kato : [イ] To support sports, you should keep in mind that not only communication between volunteers and people is important, but also between volunteers themselves. And, you can join sports volunteering more easily if the sport is your favorite, or if you can do it in a familiar place.

Keiko : Daiki, you are interested in sports volunteering, aren't you?

Daiki : I've become interested in it while I'm talking with you today. I'd like to apply to be a volunteer in the 2020 Tokyo Olympics. [ウ]

Ms Kato : Great! I'm sure that they want about 10,000 more volunteers than (④) of the London Olympics.

Ryota : I'm sorry to say, but, I heard the news (③) they have closed the list already. The news said that about 200,000 people applied for it.

Daiki : Oh my gosh! [エ] Then I'll try to support by playing music somewhere as an unofficial volunteer like the students during the Nagano Olympics. Why don't you practice a musical instrument, Ms Kato? I'll show you what fun playing music is.

Ms Kato : I love listening to music, but I'm not good at playing it. This time, I'll just enjoy watching the 2020 Tokyo Olympics.

注) stress ～を強調する　assign 任命する　apply for に申し込む　require 要求する
Oh my gosh! まあ大変!

設　問

1. 会話文中の①～④にそれぞれ共通して入る語として，最も適切な組み合わせを次のページの語群から1つ選び，記号で答えなさい。

	①	②	③	④
ア.	to	and	which	those
イ.	to	and	which	these
ウ.	about	but	that	those
エ.	about	but	that	these

2.　以下の英文が入る位置として最も適切なものを本文中の ア ～ エ から1つ選び，記号で答えなさい。

Communication skills are the most important.

3.　文の内容に合う表を1つ選び，記号で答えなさい。

ア.

Venue	The Number of volunteers	Nickname
Nagano	About 3,000	Escort Kids
London	About 70,000	Games Makers
Tokyo	About 10,000	Field Cast

イ.

Venue	The Number of volunteers	Nickname
Nagano	About 36,000	Team '98
London	About 70,000	Games Makers
Tokyo	About 60,000	Field Cast

ウ.

Venue	The Number of volunteers	Nickname
Nagano	About 36,000	Team '98
London	About 70,000	Escort Kids
Tokyo	About 80,000	Field Cast

エ.

Venue	The Number of volunteers	Nickname
Nagano	About 36,000	Team'98
London	About 70,000	Games Makers
Tokyo	About 80,000	Field Cast

4.　次の各文で，本文の内容と合っているものを2つ選び，記号で答えなさい。

ア. Ryota likes playing soccer because, as a young child, he was dreaming of becoming an Escort Kid.

イ. Daiki could be an official volunteer thanks to his friends.

ウ. Fair Play Kids of soccer is also a kind of volunteers just like Escort Kids of tennis.

エ. If you want to be a volunteer in foreign countries, music skills are required as well as English language skills.

オ. Daiki is good at playing music and speaking English.

カ. Keiko knows a lot about the Nagano Olympic Games because she was an official volunteer there.

5.　次の質問に対する答えの空所に入る適切な語を本文中から抜き出して答えなさい。

Question : Ms Kato says there are three ways to enjoy sports. What are they?

Answer : They are playing sports, watching sports, and (　　　)(　　　).

※ 語注
時分　…　事を行う時刻をいう。暁の茶の湯の席入りは七つか七つ半。茶の湯の参会は風炉の火の加減や懐石（食事）などの都合もあって、普通には時間厳守。
芋の葉　…　さつま芋。さつま芋はヒルガオ科の蔓草で、花は昼顔のごとく朝顔に似る。

問一　傍線部ａ・ｂの歴史的仮名遣いを、ひらがな・現代仮名遣いに改めなさい。

問二　傍線部①「その朝七つよりこしらへ」とあるが、この場面での「七つ」とは現在の定時法では何時頃にあたるか。適当なものを、次のア～エの中から一つ選び記号で答えなさい。
ア　午前二時頃　イ　午前四時頃
ウ　午前八時頃　エ　午前十時頃

問三　傍線部②「八重葎しげれる宿」は、恵慶法師の「八重葎茂れる宿のさびしきに人こそ見えね秋は来にけり」の和歌をさす。この和歌の現代語訳として適当なものを、次のア～エの中から一つ選び記号で答えなさい。
ア　いつもは多くの人で賑わうことで知られるこの住まいに、人は誰も訪れてこないけれど、秋だけはやってきたのだな
イ　野花が美しく華やぐ庭園にひっそりとたたずむ住まいに、人は誰も訪れてこないけれど、秋だけはやってきたのだな
ウ　幾重にも雑草が生い茂り荒れ果てたこの寂しい住まいに、人は誰も訪れてこないけれど、秋だけはやってきたのだな
エ　人里離れた山奥ながら手入れの行き届いた独り住まいに、人は誰も訪れてこないけれど、秋だけはやってきたのだな

問四　傍線部③「亭主の作の程」の内容として適当なものを、次のア～エの中から一つ選び記号で答えなさい。
ア　遠く離れた唐の地で果てた阿倍仲麻呂が古里を思って詠んだ歌を再現するため、掛物以外の諸道具はすべて唐物を用いたこと
イ　優れた文化をもつ唐へ憧れを抱いていた阿倍仲麻呂が詠んだ歌を再現するため、掛物以外の諸道具はすべて唐物を用いたこと
ウ　日本と唐の景色が似ていることを知った阿倍仲麻呂が詠んだ歌を再現するため、掛物以外の諸道具はすべて唐物を用いたこと
エ　日本から唐の地へ赴く際に阿倍仲麻呂が月を愛でつつ詠んだ歌を再現するため、掛物以外の諸道具はすべて唐物を用いたこと

問五　本文に登場する和歌二首は、ともに「小倉百人一首」に撰ばれている。その撰者として適当な人物名を、次のア～エの中から一つ選び記号で答えなさい。
ア　兼好法師　イ　在原業平
ウ　藤原定家　エ　清少納言

問三　傍線部②「友人は、少年を見ると、おどろいた顔になった」とあるが、おどろいた顔になったのはなぜか。理由として適当なものを、次のア～エの中から一つ選び記号で答えなさい。

ア　少年の眼差しがひどく冷たかったから。
イ　少年の軀が思いのほか痩せていたから。
ウ　少年が蒲団の国について否定的な言葉を発したから。
エ　少年の軀が以前は衰弱していたにもかかわらず元気になったから。

問四　本文には次の一文が抜けている。入れるべき適当な箇所を、本文中の【a】～【d】の中から一つ選び記号で答えなさい。

［抜けている文］　しかし、それも遥か以前のことのような気がした。

問五　傍線部③「少年の耳には、理不尽な命令に聞こえた」とあるが、なぜ少年の耳には医師の言葉が「理不尽な命令」に聞こえたのか。理由として適当なものを、次のア～エの中から一つ選び記号で答えなさい。

ア　医師の言葉遣いがあまりにも冷淡で、患者への対応としては問題があると思ったから。
イ　医師のぎらぎらした脂が浮かび上がった顔が、立って歩く意欲を削ぐものだったから。
ウ　痩せた軀では、立って歩く練習をすることなどとても無理だと思ったから。
エ　歩行することで、むしろ病状が悪化することを理解していないと感じたから。

六　**次の古文を読んで、後の問いに答えなさい。**

野は菊・萩咲きて、秋のけしき程、しめやかにおもしろき事はなし。心ある人は歌こそ和国の風俗なれ。何によらず、花車の道こそ一興なれ。

奈良の都のひがし町に、[a]しをらしく住みなして、明暮茶の湯に身をなし、興福寺の、花の水をくませ、かくれもなき楽助なり。

ある時この里のこざかしき者ども、朝顔の茶の湯をのぞみしに、兼々日を約束して、万に心を付けて、[①]その朝七つよりこしらへ、この客を待つに、大かた時分こそあれ、昼前に来て、案内をいふ。

亭主腹立して、客を露路に入れてから、挑灯をともして、[b]むかひに出るに、客はまだ合点ゆかず、夜の足元するこそ、をかしけれ。あるじおもしろからねば、花入れに土つきたる、芋の葉を生けて見すれども、その通りなり。兎角心得ぬ人には、心得あるべし。亭主も客も、心ひとつの数奇人にあらずしては、たのしみもかくるなり。

むかし功者なる、茶の湯を出されしに、庭の掃除もなく、梢の秋のけしきを、そのままにしておかれしに、客もはや心を付けて、いかさまめづらしき、道具出べきとおもふに、あんのごとく、掛物に、[②]「八重葎しげれる宿」の、古歌をかけられける。

またある人に、漢の茶の湯を望みしに、諸道具皆唐物をかざられしに、掛物ばかり、阿倍仲麿が詠みし、「天の原ふりさけ見れば春日なる三笠の山に出し月かも」の、歌を掛けられたり。いづれも感ずるに、「この③歌は中丸、唐土から古里をおもうて、詠みし歌なり」と、しばらく[③]亭主の作の程を詠めけるとなり。「客もかかる人こそ、この道をすかるる甲斐あれ」と、ある人の語りし。

（井原西鶴『西鶴諸国ばなし』より）

たのではないことを、ようやく思い出した。

医師が近寄って、少年の軀を持ち上げた。脚がだらりと垂直に下がった。床の上に、その軀を置いた。少年の胴が、垂直に下がった脚の上に、そのまま載った。

「エンピツのようだ」

少年はおもった。机の上に、エンピツを垂直に立ててみることがある。机に向かうと、本を拡《ひろ》げるよりも、エンピツを立てたり、削ったりする時間の方が多い。少年は、運動の選手をしていた。腕力も強かった。【　c　】

「立った」

医師が言った。

「さあ、歩いてみなさい」

少年は、腹の中で反駁《はんぱく》の言葉をつぶやいた。

「立ったのではない、置かれたのだ。歩けるわけがない」

それでも、一歩、踏み出そうとした。たちまち重心を失って、ベッドの上に仰向けに倒れた。仰向けに蒲団の中に埋まって、ほぼ元の位置に戻った。

「まだ、無理かな」

医師は呟《つぶや》いて、部屋から出て行った。

「前は、高く跳べたのに。とても、高く跳べた」

友人が、慰める調子で言った。

水平に懸け渡された細い横木に向かって走ってゆく自分の姿勢を、少年は思い出した。走ってゆく速く勢よく走ってゆく。風が、軀の両脇で鳴る。強く地面を、片方の蹠《あしうら》で蹴る。ふわりと軀が持ち上がり、横木の上を越えてゆく。

「〈　D　〉」

少年が言った。

「自分でないみたいか？」

と、友人が、訊《たず》ねた。

「自分でないみたいだ」

【　d　】

（吉行淳之介『童謡』より）

問一　傍線部①「友人は饒舌《じょうぜつ》になった」とあるが、友人が饒舌になった描写を説明したものとして適当なものを、次のア～エの中から一つ選び記号で答えなさい。

ア　前後の友人による発言が、論理的で分析的な内容になったことから饒舌になったことがわかる。

イ　前後の友人による発言が、他者の発言を許さないほど強気になったところから饒舌になったことがわかる。

ウ　前後の友人による発言が、自らの世界観を惜しみなく披露しているところから饒舌になったことがわかる。

エ　前後の友人による発言が、他の場面に比べて長く発言していることから饒舌になったことがわかる。

問二　空欄A～Dに入る言葉として適当なものを、次のア～エの中からそれぞれ選び記号で答えなさい。

ア　嘘《うそ》のように、思えるな

イ　微熱はいいものだ

ウ　そんなものかな

エ　そんなもんだよ。こういう童謡があるよと、友人が言ったが、高い熱が下がった少年の体温は、ひどく低くなった。敷布に、軀のぬくもりがほとんど移って行かない。「蒲団《ふとん》の国」の王様どころか、白く乾いた地面の上に投げ捨てられた死体のように、少年は自分を感じた。そして、白い敷布のひろがりの上に横たわっている、骨骼だけになった自分の軀を見まわした。

少年は、自分一人の力では、起き上がれなくなった。腹這《はらば》いにされた姿勢から起き上がろうとすると、徒《いたず》らに手足がばたばた動くだけで、軀は敷布に密着したまま、すこしも持ち上がらなかった。その肉のない手足は昆虫の肢《あし》のようにみえた。

そのときの少年は、野や谷や丘を腹の下に敷いて、静かに横たわっている大男とは、かけ離れた存在だった。地平線がはるか彼方《かなた》に煙っている、広大な砂漠の中に投げ込まれて、平べったくなってしまった小さなものにすぎなかった。

そんなとき、あの友人が少年を見舞にきた。②友人は、少年を見ると、おどろいた顔になった。

「蒲団《ふとん》の国は、たのしくないぞ」

先手を打って、少年が言った。

「うん、そうだろう。ずいぶん痩せたな。見ちがえたよ」

しかし、少年の眼《め》にも、その友人は別人のように見えた。友人は、以前とはすこしも変わっていない筈《はず》だ。顔色は相変わらず青い。しかし、その青白い顔の皮膚が、すべすべとした強靭《きょうじん》なナメシ皮のように見える。若々しい生命力が、その皮膚を内側から押し上げて、たるみなく肉を包んでいる。

「これが、生きている人間なのだ」

少年はそう思い、ふと周囲を見まわす心持になった。心細くなった。相手の眼《め》に、自分が別人のように映るのは当然のことだ。しかし、病弱な友人がこのように眼《め》に映ってくることが、少年を脅かした。生きている人間の世界から、ずり落ちかけている自分を感じた。

医師が部屋に入ってきた。

「さあ、君、立って歩く練習をするんだ」

医師は、命令した。③少年の耳には、理不尽な命令に聞こえた。少年は、医師の顔をみた。その顔は、逞《たくま》しく、ぎらぎら脂が浮かび上がっていた。それは命令する者の顔だ、と少年はおもっていた。その逞《たくま》しさ、ぎらぎらする脂を、そのように受取っていた。【 a 】

しかし、いまあらためてその顔をみた少年は、

「生きている人間の顔なのだ」

とおもった。友人も医師も、同じ平面の上に立っている。そして、自分だけその平面からずり落ちかかっている。【 b 】

医師は少年を引張り起こし、ベッドの端に腰掛けさせた。エモン掛のように、肩の骨から病衣をぶら下げた少年の軀が、均衡を失いかけて、あやうく揺れた。

「さあ、立上がる」

医師が命令した。

少年は、大きくまるく突き出した膝の骨を眺めた。その部分だけが、強調されて眼《め》に映ってくる。残りの部分は、真直な骨である。立ち上がろうとしても、力を籠める部分が失われているようにおもえた。

「以前は、どういう具合にして、立上がっていたのか」

と考えてみたが、思い出せない。いちいち考えてから立上がってい

問五　空欄Cには、「自分の都合ばかりを考えて他を顧みない」という意味の言葉が入る。適当なものを、次のア～エの中から一つ選び記号で答えなさい。

ア　水を得た魚　　イ　虫がよい

ウ　鶴の一声　　エ　犬も食わない

五　次の文章を読んで、後の問いに答えなさい。

少年は、高熱を発した。その熱がいつまでも下がらず、とうとう入院することになった。見舞にきた友人が、うらやましそうに言った。

「君は、蒲団《ふとん》の国へ行くわけだな。あそこはいいぞ」

少年は、病気に馴《な》れていなかった。そういう少年を慰めるために、友人が、気軽な言い方をしたわけだ。したわけだが、そればかりではない。病気に馴《な》れているその友人の言葉には「蒲団《ふとん》の国」へ行く少年をうらやましがる実感も含められていた。

「高い熱は、そのうち下がってくる。君は、高い熱の尖《とが》った頭をうまい具合に撫《な》でて、まるい小さな頭にすることができるようになる。微熱というのは、いいものだ。そうなれば、君は蒲団《ふとん》の国の王様になれる」

①友人は饒舌《じょうぜつ》になった。

「そうなれば、君は静かに横たわっている大男になるわけだ。枕を二つ重ねた小さい丘に頭を載せて、眼《め》のまえにひろがっている野原や谿谷《けいこく》を眺めている。その野や谷に、君はつぎつぎと樹《き》を植えたり、町を建てたりすることができる。その中に、いろいろの人物を呼び寄せてくることができる」

「〈　A　〉」

少年はそう答えたが、熱のために喉《のど》が塞がって、呼吸が苦しかった。

「そんなものかな」と、あらためてそう思い、少年は友人の病気馴《な》れのした青白い顔をみた。

「〈　B　〉」

と、友人は言って、童謡の一節を口に出した。奇妙に間のびしたフシをつけて、口ずさむのだ。

『ぼくは静かな大男、
枕の丘から眺めてる。
すぐ眼《め》のまえは谷や野だ。
楽しい蒲団《ふとん》の国なのだ』

ところで、少年にとっては、事態はすこしも、「そんなもの」ではなかった。

高熱は、いつまでも続いた。高熱を出しつづけるためには、燃料が必要だ。その燃料に、少年の肉や血が使われた。胴体や腕や脚の肉は、たちまち失われてしまった。

しかし、少年の躯《からだ》はそれでも高熱を発しつづけた。そのため、鼻梁《びりょう》の肉や、頭蓋にかぶさっている薄い肉や、歯ぐきの肉も失われてしまった。頭蓋骨の継ぎ目が、指先でさわれるようになった。膝の骨が、細い松の枝にできた病瘤《びょうりゅう》のように、大きく飛び出した。尻の肉も全部削《そ》げ落ちて、肛門が長い管のように突き出してしまった。

少年の肉は燃え尽くしたが、生命は燃え残った。そして、高い熱は、みるみる下がりはじめた。

「〈　C　〉」

消費者の嗜好の鏡となる。【　B　】、当然のことながら、小説の場合も、もっとも多くの人に売れるもの、すなわち、もっとも〈流通価値〉をもつものが、もっとも〈文学価値〉をもつとは限らない。

それが芸術の崇高なところである。

良心的な編集者や出版社や書店の夢は〈文学価値〉をもった本が、飛ぶように売れることであろうが、そのような美しいとも【　C　】ともいえる状況は現実ではなかなか望めない。

それだけではない。

大衆消費社会の出現は、大衆現象の一環として、何かの拍子にある一冊の本を爆発的に流通させる。なぜなら、大衆消費社会とは、本が安くなっただけでなく、情報が安くなった——情報がほとんどただになった社会だからである。大衆消費社会の出現が、ラジオやテレビの普及とともに、電波を通じ、すべての家の中にただで情報が入りこむようになったのと時を一にしていたのは必然であった。大衆消費社会とは、マスメディアを通じて、富豪も文無しもやんごとなきも庶民も深い教養人も気の毒なほど無知な人も、みながほぼ同じ情報を共有せざるをえない社会であり、そこでは、みながほぼ同じ情報を共有せざるをえないがゆえに、みなが大衆の一員でしかありえない。

ということは、大衆消費社会においては、人はみながどういう本を買っているかを知っている。【　D　】、知っているから、自分もその本を買い、それを知ったほかの人も、さらにその本を買う。その連鎖反応に勢いがつき、大衆現象の一環として、ある時ある本が爆発的に流通するようになるのである。

（水村美苗『日本語が亡びるとき——英語の世紀の中で』より）

問一　空欄A・B・Dに入る共通の語を、次のア～オの中から一つ選び記号で答えなさい。

ア　あるいは　　イ　つまり　　ウ　そして

エ　なぜなら　　オ　しかし

問二　傍線部①「『文学の終わり』を憂える声はいよいよ緊迫した響きを帯びている」とあるが、その理由を説明したものとして適当なものを、次のア～エの中から一つ選び記号で答えなさい。

ア　近代以降、科学の急速な進歩に伴い、芸術と娯楽を提供する商品が多様化したことで廉価品しか選べない社会が到来し、文学の価値が失われつつあるから。

イ　近代以降、科学の急速な進歩に伴い、文化商品は多様化したが大衆がそれぞれ同一の情報を共有できない社会が到来し、文学の価値が失われつつあるから。

ウ　近代以降、科学が急速な進歩を遂げ、芸術と娯楽を提供する商品が多様化したことで大衆による大量消費社会が到来し、文学の価値が失われつつあるから。

エ　近代以降、科学が急速な進歩を遂げ、文化商品が多様化したことで教養人も無知な人も同一の情報を買う社会が到来し、文学の価値が失われつつあるから。

問三　傍線部②「〈文化商品〉」とあるが、その具体例を、本文中から二つ抜き出しなさい。

問四　傍線部③「その二つの価値のあいだにある恣意性」とはどういうことか。それを具体的に示している部分を本文中から四十字以内で抜き出し、はじめの十字を答えなさい。（句読点等を含む）

次に②〈文化商品〉の多様化。〈文化商品〉とは芸術と娯楽を兼ねる商品である。文学は、それが本という形をとって市場に流通しはじめてからは、唯一ふつうの人の手に届く〈文化商品〉として栄えてきた。長旅をして教会や寺院に辿りつかなければ絵や彫刻に触れることができなかった時代、生演奏でしか音楽を聴くことができなかった時代、都市に住んでいなければ舞台を観られなかった時代。そんな時代に、本、ことに小説は、ベネディクト・アンダーソンがいう「大量生産工業商品」としての〈文化商品〉として人々のあいだに広がっていったのである。しかも、いくらでも写せる、紙というもち運びやすいものに写せるという、〈書き言葉〉の本領を発揮しつつ広がっていったのである。小説が〈国民文学〉として最盛期を迎えた時代は、小説が〈文化商品〉の市場を独占し、その王座に君臨していた時代であった。

ところが、やがて新しい廉価な〈文化商品〉が次々と現れるようになった。新しい技術によって、レコードやラジオや映画といった、やはり「大量生産工業商品」である〈文化商品〉が二十世紀前半には出回る。テレビが二十世紀後半には出回る。やがて、ビデオ、CD、DVD、ビデオゲーム、iTunes、YouTube などなどが矢継ぎ早に続く。

ことに映画、そして今アメリカを中心にテレビ番組の主流の一角を占める連続ドラマ。それらは、視聴覚にも関わりながら、人が生きることの意味を問う点において、極めて文学的な総合芸術である。「人はいかに生きるべきか」という問いを問いかけるという、小説がもつ役割の一部は、それらの〈文化商品〉によって取って代わられてしまった。小説は〈文化商品〉の王座から転げ落ち、あまたある廉価な〈文化商品〉のうちの一つになってしまった。

そこへ追い討ちをかけるのに大衆消費社会の出現がある。

人類が書いた言葉は、それが本という形をとって流通する〈文化商品〉となってからは、常に、二つの異なった価値を内在する運命にあった。かたや、その本がどれほど〈読まれるべき言葉〉か、すなわち、その本にどれぐらいの〈文学価値〉があるか。かたや、その本がどれほど売れる商品か、すなわち、その本にどれぐらいの〈流通価値〉があるか。ヨーロッパで、本として最初に市場に出回った〈書き言葉〉が『聖書』であったという事実ほど、それを象徴的に表すことはないであろう。『聖書』は文字どおり「聖典」であると同時に「商品」だったのである。以来、本は、常に〈文学価値〉と〈流通価値〉という、二つの異なった価値を内在するものとなった。

大衆消費社会の実現は、③その二つの価値のあいだにある恣意性を、さらに大きく広げることになったのである。

すべての〈文化商品〉は、それが廉価なものであればあるほど、もっとも多くの人が好むものが、もっとも多く売れるようになるからである。

利休茶碗を買いたい人は、しかたなしに利休茶碗のまがいものを買ってがまんするかもしれない。だが、二十世紀最高のプリマドンナ、マリア・カラスの歌を聴きたい人が、財布の中身と相談し、泣く泣く、ポップスの女王、マドンナの歌を買ってがまんしたりすることはない。どちらの歌も大差なく安くに手に入り、それゆえに、マドンナの歌を買う人は、マドンナが聴きたいから買っているのである。廉価な〈文化商品〉は、それが市場でどれぐらい売れるかが、そのまま

ア　五輪マークは変更を迫られることなどあるはずがありません
イ　五輪マークは変更が迫られる時が必ずやってくるはずです
ウ　五輪マークは変更が迫られる可能性があるのです
エ　五輪マークは変更が迫られて当然なのです

問五　空欄E～Hには「不確かな存在」、「不確かな過程」のどちらかが入る。入る語の組み合わせとして正しいものを、次のア～エの中から一つ選び記号で答えなさい。

ア　E　不確かな存在　F　不確かな存在
　　G　不確かな過程　H　不確かな存在
イ　E　不確かな存在　F　不確かな存在
　　G　不確かな過程　H　不確かな過程
ウ　E　不確かな過程　F　不確かな存在
　　G　不確かな過程　H　不確かな存在
エ　E　不確かな過程　F　不確かな過程
　　G　不確かな存在　H　不確かな存在

四　次の文章を読んで、後の問いに答えなさい。

「文学の終わり」とは誰もが聞き飽きた表現である。しかもそれは、少なくとも半世紀前から、日本でのみならず、世界で言われてきた。いや、一世紀前からすでに言われてきた。

だが近年になって、①「文学の終わり」を憂える声はいよいよ緊迫した響きを帯びている。日本でのみならず、世界においてそうである。インターネットの普及によって〈書き言葉〉を読むという行為そのものはますます重要になってきているというのに、文学、ことに今まで広く読まれてきた小説が読まれなくなってきている。おまけに、今や、広く読まれる小説といえば、つまらないものばかりになってきていると、人はいう。

ここでもう一度日本を離れ、「文学の終わり」について考えてみたい。

今、世界中の多くの人が「文学の終わり」を憂えているが、それは、過去に黄金の時代を見出しては懐かしむという老いの繰り言の類いのものではない。人が「文学の終わり」を憂える背景にはまごうことのない時の移り変わりがあるのである。そこには歴史的な根拠がある。

その歴史的な根拠とは何か？

一つは、科学の急速な進歩。二つは、〈文化商品〉の多様化。【　A　】三つは、大衆消費社会の実現。主にこの三つの歴史的な理由によって、近代に入って〈文学〉とよばれてきたもののありがたさが、今、どうしようもなく、加速度をつけて失われていっているのである。

まずは、科学の急速な進歩。

「人間とは何か」という、私たち人間にとってこの上なく大切な問い——その問いに答えるのに、小説なんぞを読むよりも、最新の科学の発見を知ること、ことに、遺伝学や脳科学の最新の発見を知ることのほうがずっと意味をもってきている。「自分とは誰か」という問いも、まずは、DNAを調べたり、脳をスキャンしたりしたほうが客観的にわかる。アルコール依存症におちいりやすい体質をしていたり、他人の痛みに敏感だったりするのが、客観的にわかる。科学の重要性が増しているのは、どの国の大学でも文学部が容赦なく縮小されているのに、もっとも露骨に現れている。

求は、五輪マーク全体、すなわち「〈　H　〉」に相当し、これを構成する、仕事する、ピアノを弾く、皿を洗うといった「余計な欲求」、そして「ただ、コーヒーを飲みたいという欲求」はそれぞれ、五輪を構成する輪に相当します。

私は、マグカップへ手を伸ばすとき、「ただ、コーヒーを飲みたい」という欲求を最も強くもっています。また、他の複数の欲求も、もっています。私は、これらのどれにも注目することなく、どの欲求も許容し、全体を「調和」させ、「空間的に不確かな存在」として、「コーヒーを飲みたい」という「不確かな欲求」を形作るのです。

（森山徹『モノに心はあるのか　動物行動学から考える「世界の仕組み」』より）

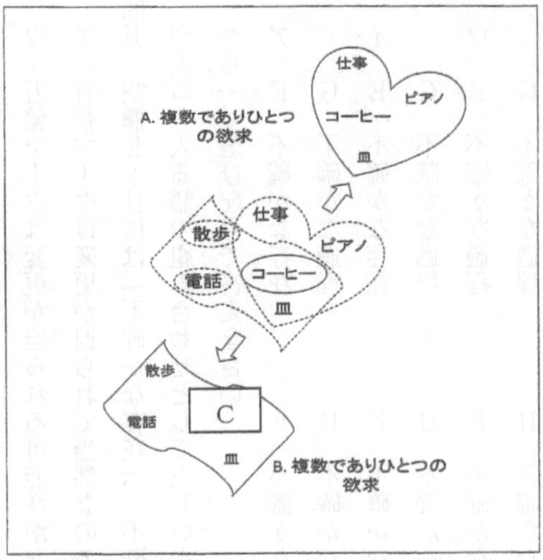

【図1】「ただ、コーヒーを飲みたい」という欲求（図中央の実線の楕円）が生じたとき、私は、仕事をすること、ピアノを弾くこと、皿を洗うことといった「余計なこと」を同時に欲していたかもしれません（図中央の点線のハート）。私がマグカップに手を伸ばすとき、「余計なこと」の欲求は抑えられ、「コーヒーを飲みたい」という「複数でありひとつ」の欲求が作られます（図のA）。仕事、ピアノに代わり、散歩したい、電話をかけたい、という欲求（点線の波四角）が生じれば、別の「複数でありひとつ」の欲求が作られます（B）。

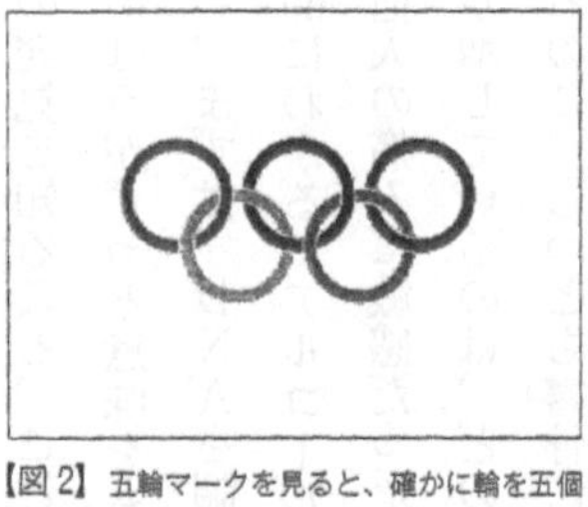

【図2】五輪マークを見ると、確かに輪を五個捉えることができます。そして同時に、全体としてひとつのマークと感じることができます。五輪マークは「複数でありひとつ」の好例なのです。

問一　空欄Aに入る見出しとして適当なものを、次のア～エの中から一つ選び記号で答えなさい。

ア　なぜ私はマグカップを手にしたのだろう

イ　複数でありひとつ

ウ　調和

エ　不確かな欲求

問二　空欄Bに入る文として適当なものを、次のア～エの中から一つ選び記号で答えなさい。

ア　なぜ私はマグカップを手にしたのだろう?

イ　なぜ私は生きているのだろう?

ウ　なぜこんな質問をする必要があるのだろう?

エ　なぜ私は変わり者だと言われるのだろう?

問三　傍線部①「ひとつに思われる欲求は、正確には、『複数でありひとつ』の欲求なのです」を解説する【図1】の空欄Cに入る語として適当なものを答えなさい。

問四　空欄Dに入る文として適当なものを、次のア～エの中から一つ選び記号で答えなさい。

うことを意味するのではありません。

「コーヒーを飲みたい」と思ったとき、私はコーヒーを飲みたかっただけでなく、例えば、仕事すること、ピアノを弾くこと、皿を洗うこと、といった、他の「余計なこと」も、無意識的に、そして同時にしたかったはずです。したがって、私がマグカップに手を伸ばしたときには、コーヒーを飲むこととは無関係な「複数の欲求」が、「ただ、コーヒーを飲みたい」という欲求と共に、「ひとつの欲求」を作っていたのです。

このように、①ひとつに思われる欲求は、正確には、「複数でありひとつ」の欲求なのです（【図1】）。「複数でありひとつ」とは、例えば、様々な色の粘土を集めてぐしゃっとひと塊りにする、というのではなく、それぞれの色粘土は独立に、しかし全体として統一された塊を作る、といった感じです。

この「複数でありひとつ」をより直感的に理解するために、オリンピックの五輪マークを考えましょう。このマークは、「複数でありひとつ」を、見事に視覚的に表現しています（【図2】）。

図ではモノクロになっていますが、五色の例の輪を頭に思い浮かべてください。五輪マークを見ると、確かに輪を五個捉えることができます。そして同時に、全体としてひとつのマークと感じることができます。一見すると、五個の輪が行儀よく並べられただけのマークと思えますが、その配置や配色は、決して無意味ではなく、試行錯誤と創意工夫の結果決められたに違いありません。

五個の輪（複数）と全体としてのマーク（ひとつ）の両立は、五個の輪をうまく工夫して「調和」させることで達成されたはずです。この「調和」は、デザイナーの感性によって最終的にもたらされるのであって、（デザインや美術の基本的な理論はあるにしても）計算ずくの理論のみで達成されるわけではないでしょう。また、現在まで、五輪マークは世界の人々に受け入れられてきましたが、それは、デザイナーの感性と各時代の人々の感性が偶然マッチしてきただけであって、後者は今後、変わってしまう可能性がないとはいえません。すなわち、〈　D　〉。

このように、理論だけでは実現不可能であり、また、世相に左右され得るという意味で、「調和」とは、実は「〈　E　〉」なのです。そして、その「〈　F　〉」の結果もたらされる「複数でありひとつ」のモノゴトは、「〈　G　〉」と言えるでしょう。

実際に五輪マークを見ると、その「不確か」という存在の仕方をよく実感できます。私たちが意識を個々の輪へ向けてしまうと、マーク全体は一時捉えられなくなりますが、いつの間にかマーク全体も捉えている自分に気づきます。また、マーク全体に意識を向けると、輪の細部、例えば輪同士の連結部分などを一時捉えられなくなりますが、いつの間にか個々の輪も目で追っています。意識の焦点を曖昧にし、なんとなくぼんやりと眺めることで、五個の輪の集まりを「空間的に不確かな存在」とし、それによって、「五個の輪からなる、ひとつのマーク」として把握することができているのです。それが、個々の輪が「調和」し、一つのマークとなる、ということです。デザイナーは、多くの人々がこの調和を可能にするよう、輪を絶妙に配置したのでしょう。

コーヒーの話題へ戻りましょう。「コーヒーを飲みたい」という欲

三 次の文章を読んで、後の問いに答えなさい。

〈 A 〉

毎朝七時四〇分、私は大学の研究室へ到着します。靴を脱いで中へ入り、リュックを椅子へ置くと、まずはコーヒーを淹れる準備を始めます。豆はスターバックスの「スマトラ」と決まっています。そのスパイシーで重い風味が舌と鼻腔を刺激すると、脳細胞の一つ一つが、ふつふつと覚醒しはじめます。

マグカップへなみなみと注がれたスマトラをすすり、「さて、今日もやるか」と一人呟く私の脳裏に、「なぜ私はマグカップを手にしたのだろう」という疑問が浮かぶことがあります。読者の皆さんの中にも、同じような経験をした人がいるのではないでしょうか。

「コーヒーを飲みたかったからに決まってるでしょう」。読者のみなさんの多くは、そう言うかもしれません。もちろん、その通りです。私は確かに、コーヒーを飲みたかったのです。ただ、ここで考えたいのは、コーヒーを飲みたかったのは確かなのに、どうして「なぜ私はマグカップを手にしたのだろう」と自問したのか、ということです。

「森山さんはものすごく忘れっぽくて、マグカップを手にした瞬間、コーヒーを飲みたかったことを忘れたんじゃないの？」。みなさんの中には、このように思われる方がいらっしゃるかもしれません。しかし、そういう訳ではないと、まずは信じて下さい。「森山さんは変わり者なんだよ」と言う方もいらっしゃるかもしれません。しかし、やはりそういう訳ではないと、まずは信じて下さい。

その上で、みなさんに、次のように自問する人を想像していただきたいのです。その自問とは、「〈 B 〉」です。この自問は、「なぜ私はマグカップを手にしたのだろう？」と、形式的には変わりません。しかし皆さんは、「なぜ私は生きているのだろう？」と自問する人に対し、「忘れっぽいあなたは、生きたいという欲求すら忘れたのではありませんか？」「あなたは変わり者なんですよ」と答えたりはしないでしょう。

「なぜ私は生きているのだろう？」「なぜ私はマグカップを手にしたのだろう？」。両者を深刻さの度合いで比べれば、確かに前者のほうが重いでしょう。答え方を吟味する時間も、前者の方が長いでしょう。しかし、どちらの疑問の背後にも人間がいること、すなわち、どちらも私たち人間から生み出されることを考慮すれば、これらの疑問を受ける側の構え方は、深刻さに関係なく、平等に用意されるべきでしょう。「相談があるのだけれど……」と言われた相手が大人であっても子供であっても、まずは真摯に耳を傾けるのが、人というものです。

では、このような問いを受けるとき、私たちはどのように構えればよいのでしょうか。それを知るには、自問というものが、そもそもどのように作られるのかを知るべきでしょう。以下では、「なぜ私はマグカップを手にしたのだろう？」という疑問がどのように作られるのかを、分析してみようと思います。

「たくさん」という「ひとつ」

お気に入りのコーヒーをすする私の脳裏に浮かぶ、「なぜ私はマグカップを手にしたのだろう？」という疑問。何度も言いますが、もちろん、私はコーヒーを飲みたかったのです。ただし「コーヒーを飲みたかった」とは、「私はそのときコーヒーを飲みたいだけだった」とい

【国語】〈五〇分〉〈満点：一〇〇点〉

一　次の①～③の傍線部の漢字は平仮名で読み仮名を、④・⑤のカタカナ部分は漢字を答えなさい。

① 夜になり公園には人気がなくなった。
② 優秀選手として表彰された。
③ 姉は裁縫が得意だ。
④ リンキオウヘンに対応する。
⑤ 遺伝子組み換え食品のキケン性が叫ばれる。

二　次のデータは、日本付近の「台風発生数」と日本への「台風接近数」をまとめたものである。後の各問いに答えなさい。

2011年~2018年までの台風の発生数

年	1月	2月	3月	4月	5月	6月	7月	8月	9月	10月	11月	12月	年間
2018	1	1	1			4	5	9	4	1	3		29
2017				1		1	8	5	4	3	3	2	27
2016							4	7	7	4	3	1	26
2015	1	1	2	1	2	2	3	4	5	4	1	1	27
2014	2	1		2		2	5	1	5	2	1	2	23
2013	1	1				4	3	6	7	7	2		31
2012			1		1	4	4	5	3	5	1	1	25
2011					2	3	4	3	7	1		1	21

2011年~2018年までの台風の接近数

年	1月	2月	3月	4月	5月	6月	7月	8月	9月	10月	11月	12月	年間
2018						2	4	7	2	2	1		18
2017							4	2	2	2			10
2016							1	5	4	1			11
2015					2		3	4	4		1		14
2014						2	3	2	3	2	1		13
2013						2	1	2	4	6			15
2012					1	3	3	6	3	4			20
2011					2	1	1	2	4				10

資料：気象庁ホームページより

問１　2011年～2018年の８年間において、台風の発生数が最も多いのは何月か。数字で答えなさい。

問２　２つのデータを説明したものとして正しいものには○、正しくないものには×で答えなさい。

ア　2011年～2018年の間、日本付近ではどの年も毎月必ず台風は発生している。

イ　2011年～2018年の間、日本では１月から４月までと12月に台風が接近したことはない。

ウ　2011年～2018年の間、日本での台風接近数が最も多いのは８月、次いで９月、その次が７月である。

エ　2011年～2018年の間、日本付近での台風発生数に対し、最も接近した割合が高いのは2012年である。

MEMO

大切なことはメモしておこうネ！

2020年度

解　答　と　解　説

《2020年度の配点は解答欄に掲載してあります。》

＜数学解答＞ 《学校からの正答の発表はありません。》

1　(1)　11　(2)　111　(3)　$\dfrac{3}{4}$　(4)　$\dfrac{4y}{x}$　(5)　$7\sqrt{2}$　(6)　$-16xy-16y^2$

2　(1)　$x=-5$　(2)　$x=3,\ -1$　(3)　7：5　(4)　$(x,\ y)=\left(\dfrac{34}{11},\ \dfrac{21}{11}\right)$

(5)　$(x+y+1)(x+y-1)$　(6)　$y=\pm\sqrt{4-x^2}$

3　(1)　$\dfrac{\sqrt{3}}{2}$　(2)　$n=505$　(3)　101本　(4)　40cm

4　(1)　$a=\dfrac{1}{4}$　(2)　$b=-4$　(3)　$\dfrac{76}{9}$

5　(1)　9cm　(2)　9種類　(3)　4種類

6　(1)　解説参照　(2)　$\dfrac{65}{24}$

○推定配点○

1～5　各4点×22　6　(1)　8点　(2)　4点　計100点

＜数学解説＞

基本　1　(正負の数，式の計算，平方根)

(1)　$2-(-9)=2+9=11$

(2)　$876\div9+123\div9=(876+123)\div9=999\div9=111$

(3)　$\dfrac{1}{1\times2}+\dfrac{1}{2\times3}+\dfrac{1}{3\times4}=\left(\dfrac{1}{1}-\dfrac{1}{2}\right)+\left(\dfrac{1}{2}-\dfrac{1}{3}\right)+\left(\dfrac{1}{3}-\dfrac{1}{4}\right)=1-\dfrac{1}{4}=\dfrac{3}{4}$

(4)　$3xy^2\div\left(\dfrac{3}{4}x^2y\right)=3xy^2\times\dfrac{4}{3x^2y}=\dfrac{4y}{x}$

(5)　$\sqrt{32}+\sqrt{6}\times\sqrt{15}\div\sqrt{5}=\sqrt{16\times2}+\dfrac{\sqrt{6}\times\sqrt{15}}{\sqrt{5}}=4\sqrt{2}+3\sqrt{2}=7\sqrt{2}$

(6)　$(x-3y)^2-(x+5y)^2=x^2-6xy+9y^2-(x^2+10xy+25y^2)=-16xy-16y^2$

2　(一次方程式，二次方程式，比例式，連立方程式，因数分解，等式の変形)

基本　(1)　$3(x+2)=2\left(x+\dfrac{1}{2}\right)$　$3x+6=2x+1$　$x=-5$

基本　(2)　$3x^2-6x-9=0$　$x^2-2x-3=0$　$(x-3)(x+1)=0$　$x=3,\ -1$

基本　(3)　$(y-x):(x-2y)=2:3$　$2(x-2y)=3(y-x)$　$2x-4y=3y-3x$　$5x=7y$　よって，$x:y=7:5$

(4)　$\dfrac{1}{10}x+\dfrac{2}{9}y=\dfrac{11}{15}$より，$9x+20y=66$…①　$x+y=5$…②　①－②×9より，$11y=21$　$y=\dfrac{21}{11}$　これを②に代入して，$x+\dfrac{21}{11}=5$　$x=\dfrac{34}{11}$

基本　(5)　$(x+y)^2-1=(x+y)^2-1^2=(x+y+1)(x+y-1)$

(6)　$x^2+y^2=4$　$y^2=4-x^2$　$y=\pm\sqrt{4-x^2}$

3 （平面図形，数の性質，植木算，反比例の利用）

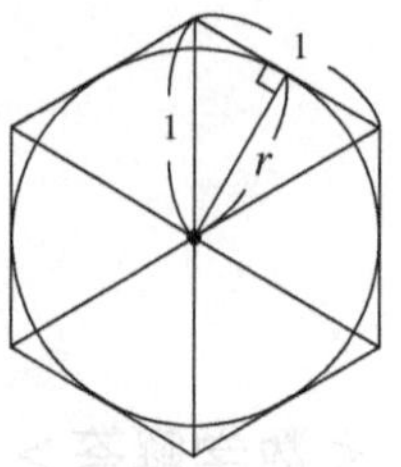

重要 (1)　右の図で，円の半径をrとすると，$1:r=2:\sqrt{3}$　$2r=\sqrt{3}$　$r=\dfrac{\sqrt{3}}{2}$

(2)　$\sqrt{2020n}=\sqrt{2^2\times5\times101\times n}$より，求める自然数$n$は$5\times101=505$

基本 (3)　5km＝5000m　苗と苗の間の数は，$5000\div50=100$だから，植える苗は$100+1=101$(本)

基本 (4)　支点から$x$cmのところとすると，$x\times25=20\times50$　$x=40$(cm)

4 （図形と関数・グラフの融合問題）

基本 (1)　点(6，9)は$y=ax^2$上の点だから，$9=a\times6^2$　$a=\dfrac{1}{4}$

(2)　直線$y=x+b$をy軸方向に7平行移動した直線は$y=x+b+7$　点(6，9)はこの直線上にあるから，$9=6+b+7$　$b=-4$

(3)　$\mathrm{P}(t,\ t^2)$，$\mathrm{S}\left(t,\ \dfrac{1}{4}t^2\right)$，$\mathrm{R}\left(-t,\ \dfrac{1}{4}t^2\right)$　PS＝SRより，$t^2-\dfrac{1}{4}t^2=t-(-t)$　$\dfrac{3}{4}t^2=2t$　$t(3t-8)=0$　$t>0$より，$t=\dfrac{8}{3}$　よって，$\mathrm{P}\left(\dfrac{8}{3},\ \dfrac{64}{9}\right)$　$y=x-4$に$x=\dfrac{8}{3}$を代入して，$y=\dfrac{8}{3}-4=-\dfrac{4}{3}$　よって，$\mathrm{Z}\left(\dfrac{8}{3},\ -\dfrac{4}{3}\right)$　したがって，$\mathrm{PZ}=\dfrac{64}{9}-\left(-\dfrac{4}{3}\right)=\dfrac{76}{9}$

5 （場合の数）

基本 (1)　切り取る正方形の1辺の長さは，$(20-2)\div2=9$　これは容器の高さに等しいから，9cm

(2)　すべての辺の長さが整数であるから，底面の1辺の長さは偶数cmである。よって，底面の1辺の長さは最大で，$20-1\times2=18$(cm)だから，2，4，…，18の9種類。

(3)　容器の体積は，$2\times2\times9=36$，$4\times4\times8=128$，$6\times6\times7=252$，$8\times8\times6=384$，$10\times10\times5=\underline{500}$，$12\times12\times4=\underline{576}$，$14\times14\times3=\underline{588}$，$16\times16\times2=\underline{512}$，$18\times18\times1=324$となるから，水が500ml以上入る容器は下線の4種類。

6 （平面図形ー証明，計量）

基本 (1)　△ABEと△DCEにおいて，長方形の辺と角だから，AB＝DC…①　∠ABE＝∠DCE＝90°…②　対頂角は等しいので，∠AEB＝∠DEC…③　三角形の内角の和は180°だから，∠BAE＝180°−90°−∠AEB＝90°−∠AEB…④　∠CDE＝180°−90°−∠DEC＝90°−∠DEC…⑤　③，④，⑤より，∠BAE＝∠CDE…⑥　①，②，⑥より，1組の辺とその両端の角がそれぞれ等しいので，△ABE≡△DCE

重要 (2)　$\mathrm{AD}=\sqrt{5^2+12^2}=13$　△ABE≡△DCEより，AE＝DE　AE＝DE＝xとおくと，$\mathrm{CE}=12-x$　△DCEに三平方の定理を用いて，$x^2=5^2+(12-x)^2$　$24x=169$　$x=\dfrac{169}{24}$　2組の角がそれぞれ等しいので，△ACD∽△AHE　DC：EH＝AD：AE　$\mathrm{EH}=5\times\dfrac{169}{24}\div13=\dfrac{65}{24}$

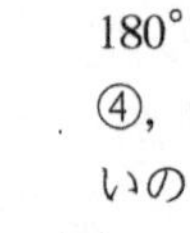

★ワンポイントアドバイス★

本年は図形の証明の記述問題や算数的内容の出題が見られた。どのような出題にもたえられるように基礎をしっかり固めておきたい。

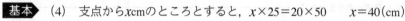

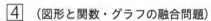

＜英語解答＞ 《学校からの正答の発表はありません。》

1　A-1　ウ　A-2　ア　B-1　○　B-2　×

2　1　(b)rought　2　(w)omen　3　(v)egetable　4　(h)appiness

3　1　ア　2　ウ　3　イ　4　ウ

4　1　written　2　flying　3　players　4　took

5　1　ア　2　ア　3　イ　4　エ　6　1　(h)istory　2　(e)lephant

7　1　ア　2　エ　3　カ　4　オ　8　1　イ　2　ア　3　ア　4　イ

9　1　エ　2　ウ　3　ウ　4　イ　5　altruism

10　1　ウ　2　イ　3　エ　4　ウとオ　5　supporting sports

○推定配点○

1～8　各2点×30　9　各3点×5　10　3　5点　他　各4点×5　計100点

＜英語解説＞

1　A(アクセント問題)

1 [ìnfərméiʃən]　2 [kǽləndər]

B(発音問題)

1 [tíːmmèit] [spíːtʃ]　2 [kɑ́stuːm] [kʌ́lər]

2　(語彙問題：過去形，複数形，名詞)

1　bring を過去形にする。

基本　2　woman を複数形にする。

3　A　豚肉　B　肉　C　ニンジン　D　野菜

4　happy を名詞にする。

3　(書き替え問題：助動詞，命令文，不定詞，動名詞，代名詞)

1 「あなたは学校に遅れてはなりません。」→「学校に遅れるな。」〈must not ～〉は「～してはならない」という禁止の意味を表すので，Don't から始まる命令文と書き替えることができる。

2 「病院への道を教えてもらえませんか。」→「病院へはどうやって行くか教えてもらえませんか。」〈how to ～〉で「～する方法(仕方)」という意味を表す。

3 「私は明日あなたに会うのを楽しみにしています。」→「私は明日あなたに会うのが待ち遠しいです。」〈look forward to ～ ing〉で「～を楽しみに待つ」という意味を表す。〈can't wait to ～〉で「～が待ち遠しい」という意味を表す。

4 「リンダは手の中に何も持っていません。」→ nothing は「何も～ない」という意味を表す。

4　(語形変化問題：現在完了，進行形，名詞，過去形)

1　現在完了の文なので，〈have ＋過去分詞〉の形になる。

基本　2　進行形の文なので〈be動詞＋～ ing〉の形にする。

3　〈one of ～〉の後に来る名詞は複数形になる。

4　過去の出来事なので過去形にする。

5　(語句補充問題：関係代名詞，動名詞，不定詞，比較)

1 「料理が好きな」という部分が「弟」を修飾するので，主格の関係代名詞を使う。

2　動詞が forget や remember の場合，後に続く語が不定詞の場合にはこれから行うことを表し，動名詞の場合にはすでに行ったことを表す。

3　不定詞の意味上の主語を表す時はふつう〈for ＋主語〉で表すが，形容詞が人物の性格や性質を表す時には，for ではなく of を用いる。

4 「同じ種類のもの」を代名詞で表す場合，it ではなく one を用いる。

6 （語句補充問題：名詞）

1 「歴史を学ぶと，過去に何が起こったかをよりよく理解できます。」

2 「象は，大きな耳と長い鼻を持つ種類の動物です。」

7 （並べ替え問題：前置詞，不定詞，比較）

1 (I) am a member of the baseball team(.)　〈a member of ～〉で「～の一員」という意味を表す。

2 (It) is very important to have breakfast(.)　〈it is ～ to …〉で「…することは～である」という意味になる。

3 (Which) do you like better, basketball or volleyball(?)　動詞が like の場合には，better や the best を使う。

4 She was old enough to go to (school.)　〈～ enough to …〉で「…するくらい～だ」という意味になる。

8 （会話文問題：語句補充）

1 A：ママ，私の新しい服がどこにあるか知りませんか。
B：まだ車の中にあります。
A：ああ，ありがとう。それを取って来ます。
ア「出かける用意はできましたか。」，ウ「あなたはカーテンを閉めるべきです。」，エ「私はあなたの服が好きではありません。」

2 A：やあ，ジム。今年の夏休みの予定はどうですか。
B：ええと，私は家族といっしょにハワイへ行きます。
A：それはすごい！　それはとても楽しいでしょう。
イ「計画はありません。」，ウ「君はカッコイイと思います。」，エ「まだ決めていません。」

3 A：エミリー，昨日の数学のテストはどうでしたか。
B：本当に悪かったです。私はそれを両親に見せられません。
A：私もです。私は次のテストのために熱心に勉強しなければなりません。
イ「それはあなたの間違いでした。」，ウ「それはあなたのでしたね。」，エ「それは容易でした。」

4 A：ティム，あなたの辞書を借りられますか。私は宿題にそれを使いたいです。
B：もちろん。でも，使い終わった後すぐにそれを返してください。
A：オッケイ，そうします。
ア「それはいくらですか。」，ウ「それは私のです。」，エ「あなたに辞書をあげましょうか。」

9 （長文読解問題・説明：内容吟味，語句補充）

（全訳） 1　なぜ人を助けたり，環境を救ったりするといった良いことをするのが好きな人がいるのでしょうか。彼らはお金のためにこれらのことをしません。これは利他主義であり，他人のために何かをして自分のためではありません。2人のチコ州立大学（カリフォルニア州）の教授は，「何が利他主義に動機を与えるのか。」と疑問に思いました。その質問に答えるために，彼らは大学で授業をとりまとめました。

2　クラスのために，生徒一人一人がコミュニティの中で1人の利他主義者を選びました。彼らは週に4～5時間，利他主義者と行動を共にして仕事をしたり，あとについていったりして過ごしました。彼らはまた，授業に行き，本を読み，利他主義に関するレポートを書きました。

3　行動を共にして仕事をするのは授業の重要な部分でした。1人の生徒，アダムはある夫婦と行動を共にして仕事をしました。彼らはコミュニティの多くの非営利団体と協力しています。アダムと夫婦は貧しい家族のため休日の贈り物を買うために小学生と一緒に買い物に行きました。アダムはまた，週に一度夫婦と夕食をとり，他の人を助けることについて彼らと多くの議論をしました。ニッキーとベンという他の2人の学生は，ホームレスの保護施設の所長と行動を共にして仕事をしました。学生たちはホームレスの人々に食べ物を出し，所長が保護施設のためにお金を集めるのを助けました。

4　生徒たちは多くのことを学びました。アダムは「学校では，私たちの職業について考えすぎています。このクラスは，人生に他にも大切なことがあることを思い出すのに役立ちました。また，職業として他の人を助けることができることも学びました。」と言いました。別の学生は，「利他主義者は必ずしも特別な人々ではありません。彼らは特別なことをする普通の人々です。また，利他主義の動機についても学びました。ある利他主義者は学生に「コミュニティが過去に私を助けてくれたので，私はコミュニティのために働いています。」と言いました。別の人は「私は他の人を助けていることを知っているので，大きな満足感を得られます。自分の仕事を人に認めてもらうことは重要ではありません。」と言いました。

5　利他主義者も生徒から学びました。生徒達の質問は彼らに考えさせました。彼らは自分自身と自分たちの動機についてもっと学びました。これは，利他主義者が彼らの仕事でさらに良くなるのを助けました。

6　利他主義の授業は学生にとって容易ではありませんでした。彼らは利他主義者と何時間も過ごしました。彼らはまた，毎週250ページを読みました。彼らはマーティン・ルーサー・キング・ジュニアやエマニュエル・カントなどの偉大な思想家や哲学者の作品を読みました。彼らは多くの論文を書き，日記をつけて，試験を受けました。それは役に立つクラスだったでしょうか。アダムが「授業は難しかったですが，それだけの価値がありました。私は多くのことを学びました。この経験は私の生涯にわたって残っていくことでしょう。」と言ったように。

1　第4段落の最後の文の内容に合わないので，エが答え。

2　A群　1「アダムが行動を共にして仕事をした夫婦は＿＿＿。」第3段落の第3文の内容に合うので，Cが答え。　2「夫婦と共に，アダムは＿＿＿子どもたちといっしょに買い物に行った。」第3段落の第4文の内容に合うので，Aが答え。　3「アダムは夫と妻と＿＿＿何度も議論した。」第3段落の第5文の内容に合うので，Dが答え。　4「アダムは，他の人々を助けるのは＿＿＿と学んだ。」第4段落の第2文の内容に合うので，Fが答え。

B群　A「貧しい家族のために休日の贈り物を買うために」　B「ホームレスの人々に食所を出した」　C「多くの地方の非営利団体とともに働いた」　D「他の人々を助けることについて」　E「ホームレス用の保護施設の所長とともに働いた」　F「職業の選択肢になり得る」

3　(2)　学生たちが授業のために行ったことを書いているので，Bが答え。　(3)　学生たちが利他主義者と実際に行ったことを書いているので，Dが答え。　(4)　学生たちが利他主義者と行動してわかったことを書いているので，Aが答え。　(5)　利他主義者が学生たちから学んだことを書いているので，Cが答え。

(A)　学生たちが利他主義について学んだこと　(B)　学生たちが授業のためにしたこと
(C)　利他主義者が学生たちから学んだこと　(D)　行動を共にして仕事を習うこと

重要　4　ア「学生たちはコミュニティの利他主義者とともに働いた。」第2段落の第2文の内容に合うので，正しい。　イ「学生たちは授業のために本を読んだりレポートを書いたりする必要がなかった。」第　2段落の最後の文の内容に合わないので，誤り。　ウ「学生たちは利他主義者がなぜよいことをするのかを学んだ。」 第4段落の内容に合うので，正しい。 エ 「ある学生は，利他主義は職業になることを学んだ。」 第4段落の第2文の内容に合うので，正しい。 オ 「ある利他主義者は過去にもらった恩返しをコミュニティにするために働く。」 第4段落の第5文の内容に合うので，正しい。

5 質問：「『自分自身のためではなく，他の人々のためによいことをする』ことを何と呼ぶか。」
答え：「私たちはそれを利他主義と呼ぶ。」

10 （会話文問題：語句補充，文補充，内容吟味）

ケイコ　：東京オリンピック2020が近づいていて，私はそれを待ち望んでいます。
カトウ先生：そうですね。あなたたちはみんなスポーツが好きですよね。
リョウタ　：はい。今ぼくはここのサッカー部に属しています。ぼくは小さな子どもの頃からずっとサッカーをしているので，それ①に夢中です。
ケイコ　：私もスポーツが好きです。私は長野に生まれて，10歳までそこに住んでいました。だから私はウインタースポーツが好きで，スキーとスケートが得意です。
ダイキ　：カトウ先生，あなたもスポーツが好きですか。あなたも東京オリンピックを楽しみにしていますか。
カトウ先生：もちろんです。
ダイキ　：ぼくは楽器を演奏するのは得意です②が，スポーツをするのには興味がありません。
リョウタ　：一緒にプロのサッカーの試合を見に行きましょう。それに興奮して，すぐにサッカーが好きになるのを受け合いますよ。スポーツがどれほど楽しいかを教えましょう。
カトウ先生：それはいい考えです。私もまたあなたにスポーツが楽しいことをわかってほしいです。ところで，スポーツを楽しむには3つの方法があるのを知っていますか。
ケイコ　：3つの方法ですか。スポーツをしたり見たりして楽しむことできますが，3つ目の方法についてはわかりません。
カトウ先生：それはサポートすることです。
ダイキ　：サポートする？
カトウ先生：そうです。私は大学生の時に，ロンドンに留学していました。そして私はロンドン・オリンピック2012にボランティアとして参加しました。ボランティアはスポーツをサポートするよい方法です。
リョウタ　：なるほど。先生はそこでどんな種類のボランティアをしたのですか。
カトウ先生：ボランティアの通訳でした。オリンピックは多くの種類のボランティアを必要として，小さなグループに分類したら約3,000種類のボランティアがある③と言われています。
リョウタ　：わお！ ぼくは小学生の時，試合が始まる前にサッカー選手といっしょにフィールドに入るエスコート・キッドになりました。その時のぼくの夢の一つは，好きな選手といっしょにフィールドに入ることでした②が，残念ながらそれは実現しませんでした。
リョウタ　：エスコート・キッドはボランティアですか。
カトウ先生：はい，そうです。エスコート・キッドの他に，テニスのボール・パーソンもまたボランティアです。
リョウタ　：子どもたちと歩くことは，選手とレフリーがフェアな戦いをするのを誓うことを意味するので，エスコート・キッドはフェアプレイ・キッドとも呼ばれます。
カトウ先生：近年，オリンピックやパラリンピックの公式のボランティアはオリンピック委員会によって名前を与えられました。ロンドン・オリンピックのボランティアはゲーム・メイカーズと呼ばれました。東京オリンピック2020のボランティアは数か月前にフィールド・キャストと名づけられました。

ダイキ　：おお，それはカッコイイ名前ですね！　長野冬季オリンピック1998でもボランティアはニックネームを持っていましたか。

ケイコ　：はい，チーム98と呼ばれました。長野オリンピックの間中，多くの人々は公式のボランティア同様にすばらしいサポートをしてくれました。例えば，小学生，中学生，高校生は篠ノ井駅の前でそこの人々のために音楽を演奏してくれて，その場所はオープニングセレモニーの開催地の近くでした。

リョウタ　：ああ，ダイキ，君はボランティアの仕事として音楽の演奏で参加できますよ。

ダイキ　：そうだね，でもぼくは何か他のことをしたいと思います。ぼくは英語を学ぶのが好きで，カトウ先生のように通訳のボランティアになりたいです。

カトウ先生：面接では，英語を話すのが得意だということを強調するべきです。でも，自分が望む種類のボランティアに任命されるとは限りません。

リョウタ　：オリンピックでは多くの種類のボランティアがあるとおっしゃいましたね。ロンドン・オリンピック2012では何人の公式のボランティアが参加したのですか。

カトウ先生：約70,000人のボランティアがサポートしてくれました。約240,000人の人々がそれに申し込んだと聞きました。競技に参加した選手の数は約10,000人でした。

ケイコ　：長野冬季オリンピックでは，公式のボランティアの数は約36,000人でした。

ダイキ　：あなたは長野オリンピックについてよく知っていますね。

ケイコ　：私の両親は，冬が来ると家でよくそれ①について話してくれました。

リョウタ　：ぼくはサッカーが好きなので，FIFA ワールドカップのために何かできるか知りたいです。

カトウ先生：もし外国でスポーツのボランティア活動をしたいなら，英語の力量が求められます。

ダイキ　：スポーツのボランティア活動をする時に何か求められることはありますか。

カトウ先生：イコミュニケーションをする技術が一番重要です。スポーツをサポートするためには，ボランティアと人々の間のコミュニケーションだけでなく，ボランティアたち自身の間のコミュニケーションも大切であることを覚えておくべきです。また，そのスポーツが自分の好きなものであったり，ボランティアを馴染みのある場所で行えるなら，スポーツのボランティアにより容易に参加できます。

ケイコ　：ダイキ，あなたはスポーツのボランティアに興味があるのですね。

ダイキ　：今日みんなと話すうちに興味を持つようになりました。東京オリンピック2020に申し込みたいと思います。

カトウ先生：いいですね！　ロンドン・オリンピックの④ボランティアたちよりもさらに10,000人多いボランティアが必要だと思います。

リョウタ　：残念ですが，すでにリストは閉められた③というニュースを聞きました。ニュースによると約200,000人の人々が申し込んだそうです。

ダイキ　：まあ大変！　ではぼくは長野オリンピックの生徒たちのように，非公式のボランティアとして，どこかで音楽を演奏してサポートしてみます。カトウ先生，楽器を練習しませんか。音楽を演奏するのがいかに楽しいかを教えますよ。

カトウ先生：音楽を聴くのは好きですが，それを演奏するのは得意ではありません。今回，私は東京オリンピック2020を見て楽しむだけにします。

1　①　〈be crazy about ～〉で「～に夢中だ」という意味になる。　②　前後の内容が対立しているので，逆接の接続詞が入る。 ③ 〈it is ~ that …〉で「…することは~である」という意味になる。 ④ 直前にある volunteers を受けて，代名詞で表している。

2 全訳参照。

3 長野オリンピックについて，ケイコは「公式のボランティアの数は約36,000人でした」と言っている。ロンドン・オリンピックについて，カトウ先生は「約70,000人のボランティアがサポートしてくれました」と言っている。東京オリンピックについて，カトウ先生は「ロンドン・オリンピックのボランティアたちよりもさらに10,000人多いボランティアが必要だと思います」と言っている。よって，人数からウかエだとわかる。また，ボランティアの呼び方について，カトウ先生は「ロンドン・オリンピックのボランティアはゲーム・メイカーズと呼ばれました」と言っているので，エが正しいとわかる。

4 ア 「リョウタは幼い子どもの時，エスコート・キッドになるのが夢だったので，サッカーをするのが好きだ。」 エスコート・キッドになるのが夢だったからとは言っていないので，誤り。 イ 「ダイキは友人たちのおかげで公式のボランティアになれた。」 文中に書かれていない内容なので，誤り。 ウ 「サッカーのフェアプレイ・キッズは，テニスのエスコート・キッドのようにボランティアの1種類だ。」 リョウタが「エスコート・キッドはボランティアですか」とたずね，カトウ先生は「はい，そうです。エスコート・キッドの他に，テニスのボール・パーソンもまたボランティアです」と答えているので，正しい。 エ 「外国でボランティアになりたいなら，英語の技能と同様に音楽の技能も求められる。」 文中に書かれていない内容なので，誤り。 オ 「ダイキは音楽を演奏することと英語を話すことが得意だ。」 ダイキの発言の内容に合うので，正しい。 カ 「ケイコは公式のボランティアだったので，長野オリンピックについてよく知っている。」 ケイコは，「私の両親は，冬が来ると家でよくそれについて話してくれました」と言っているので，誤り。

5 質問：カトウ先生はスポーツを楽しむのには3つの方法があると言う。それらは何か。
答え：スポーツをすること，スポーツを見ること，そしてスポーツをサポートすること。

★ワンポイントアドバイス★

7の4には〈~ enough to …〉が用いられているが，これは〈so ~ that S can …〉(とても~なのでSは…できる)で書き換えることができる。この文を書き換えると She was so old that she could go to school. となる。

＜国語解答＞ 《学校からの正答の発表はありません。》

一 ① ひとけ ② ゆうしゅう ③ さいほう ④ 臨機応変 ⑤ 危険

二 問一 9(月) 問二 ア × イ ○ ウ ○ エ ○

三 問一 エ 問二 イ 問三 コーヒー 問四 ウ 問五 エ

四 問一 ウ 問二 ウ 問三 (例) 本・レコード 問四 もっとも〈流通価値〉 問五 イ

五 問一 ウ 問二 A ウ B エ C イ D ア 問三 イ 問四 c 問五 ウ

六 問一 a しおらしく b むかい 問二 イ 問三 ウ 問四 ア 問五 ウ

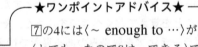

○推定配点○
一・二　各2点×10　　三・四　各4点×10　　五　問二　各2点×4　　他　各4点×4
六　問一　各2点×2　　他　各3点×4　　　計100点

＜国語解説＞

一 （漢字の読み書き）

①「人気(ひとけ)」は，人のいるけはい，という意味。「人」の音読みは「ジン」「ニン」。熟語は「人類」「人間」など。　②「優」を使った熟語はほかに「優勝」「優美」など。訓読みは「すぐ(れる)」「やさ(しい)」。　③「裁」を使った熟語はほかに「裁断」「裁判」など。訓読みは「さば(く)」「た(つ)」。「縫」を使った熟語はほかに「縫合」「天衣無縫」など。訓読みは「ぬ(う)」。　④「臨機応変」は，その時の様子や成り行きに合ったやり方をすばやくすること。「臨」を使った熟語はほかに「臨時」「臨場感」など。訓読みは「のぞ(む)」。　⑤「危」を使った熟語はほかに「危機一髪」「危急」など。訓読みは「あぶ(ない)」「あや(うい)」「あや(ぶむ)」。

二 （資料の読み取り）

問一　「台風の発生数」が多いのは7・8・9月で，2011年～2018年の8年間の発生数の合計は，7月は36，8月は40，9月は42なので，最も多いのは9月。

問二　ア「台風発生数」のデータを見ると，台風が発生していない月も存在するので，×。
イ「台風の接近数」のデータを見ると，どの年も1～4月と12月は台風が接近していないので，○。　ウ「台風の接近数」のデータを見ると，接近数が多いのは7月・8月・9月で，8年間の接近数の合計は，7月は20，8月は32，9月は26となっているので，○。　エ　台風発生数に対する接近数の割合は，2011年は0.47，2012年は0.8，2013年は0.48，2014年は0.56，2015年は0.51，2016年は0.42，2017年は0.37，2018年は0.62となるので，○。

三 （論説文―見出し，脱文・脱語補充，図の読み取り，文脈把握，要旨）

やや難　問一　冒頭で「コーヒー」の話題が示され，次に「『なぜ私はマグカップを手にしたのだろう』」というテーマが示されている。このテーマについて，「自問というものが，そもそもどのように作られているのかを知るべきでしょう」「『なぜ私はマグカップを手にしたのだろう？』という疑問がどのように作られているのかを，分析してみようと思います」と論を進め，最終段落で「私は，マグカップへ手を伸ばすとき……『空間的な不確かな欲求』として，『コーヒーを飲みたい』という『不確かな欲求』を形作るのです」と結論づけているので，「不確かな欲求」が適切。

問二　直前に「その自問とは」とあり，直後で「『なぜ私は生きているのだろう？』と自問する」と言い換えられているので，イが適切。

問三　【図1】の説明に，「『ただコーヒーを飲みたい』という欲求(図中央の実線の楕円)」とあり，その「欲求」と同時に欲していた「余計なもの」を含む「欲求」の形が，「A．複数でありひとつの欲求」「B．複数でありひとつの欲求」と分けて表現されているので，共通して中央に位置するものとして，Cには「コーヒー」が入る。

問四　直前に「今後，変わってしまう可能性がないとはいえません」とあり，「すなわち……」と言い換えているので，「変更が迫られる可能性がある」とするウが入る。

問五　Eの直前には「『調和』とは」，Gの直前には「モノゴトは」，Hの直前には「五輪マーク全体」とあるので，「不確かな存在」とするのが適切。Fは，「～の結果もたらされる」と続いているので「不確かな過程」が入る。

四　(論説文─脱語補充，接続語，文脈把握，内容吟味，慣用句，要旨)

問一　Aは，直前に「一つは，……。二つは，……」とあり，直後で「三つは」と続いている。Bは，直前に「そのまま消費者の嗜好の鏡となる」とあり，直後で「当然のことながら……」と，導き出される結果が示されている。Dは，直前に「人はみながどういう本を買っているかを知っている」とあり，直後で「知っているから……」と結果が示されている。A・B・Dは，直前の内容に直後の内容を付け加える語が共通して入ると考えられるので，「そして」が適切。

やや難　問二　理由については，後に「そこには歴史的な根拠がある」「その歴史的根拠とは何か」とあり，「科学の急速な進歩」「〈文化商品〉としての多様性」「大衆消費社会の実現」という三点を挙げ，「主にこの三つの歴史的な理由によって，……〈文学〉とよばれてきたもののありがたさが，今どうしようもなく，加速度をつけて失われているのである」としているので，ウが適切。

問三　直後に「〈文化商品〉とは芸術と娯楽を兼ねる商品である」と説明されており，具体例として，本・レコード・ラジオ・映画・テレビ・ビデオ・CD・DVDなどが列挙されている。

やや難　問四　ここでいう「二つの価値」とは，直前の「〈文学価値〉と〈流通価値〉という，二つの異なった価値」を指す。〈文学価値〉と〈流通価値〉の関係については，次の段落で「もっとも〈流通価値〉をもつものが，もっとも〈文学価値〉をもつとは限らない。(37字)」と具体的に説明されている。

問五　イの「虫がよい」は，他を顧みず，自分の都合ばかりを考える，という意味。アの「水を得た魚」は，自分にふさわしい活躍の場を得て，生き生きとしている様子。ウの「鶴の一声」は，権力者有識者が発する，周囲を圧倒するような一言のこと。エの「犬も食わない」は，非常に嫌われること，ばかばかしくて相手にしないことのたとえ。

五　(小説─表現，脱文・脱語補充，情景・心情，内容吟味，大意)

問一　直前に「君は布団の国の王様になれる」とあり，直後には「『そうなれば，君は静かに横たわっている大男になれるわけだ……その中に，いろいろの人を呼び寄せてくることができる』」とある。この様子にあてはまるものとしては，「自らの世界観を惜しみなく披露している」とするウが適切。

問二　A　直後に「『そんなものかな』と，あらためてそう思い」とあるので，ウが入る。　B　直後に「童謡の一説を口に出した」とあるので，エが入る。　C　直前に「高い熱は，みるみる下がり始めた」とあるので，イが入る。　D　後で「『自分でないみたいだ』」と言い換えているので，アが入る。

問三　直後で「『……ずいぶん痩せたな。見ちがえたよ』」と言っているので，イが適切。

問四　【c】の直前に「少年は，運動の選手をしていた。腕力も強かった」とある。現在とはかけ離れた様子が表現されており，「遥か以前のことのような気がした」とつながるのでcが適切。

やや難　問五　直前に「生きている人間の世界から，ずり落ちかけている自分を感じた」とある。痩せて弱った体で歩くのはとうてい無理だ，という心情が読み取れるので，ウが適切。

六　(古文・和歌－仮名遣い，不定時法，口語訳，歌意，大意，文学史)

〈口語訳〉　戸外には菊や萩が咲いて，秋の景色ほど物静かで趣のあるものはない。情趣を解する人にとっては，和歌こそがわが国の風習だろう。何であっても，風流の道こそ格別に興味深い。

奈良の都の東町に，品良く住み，明け暮れの茶の湯に身を捧げている(者がいた)。興福寺で花にやる水を汲ませるなど，世に知れた趣味人である。

ある時，この地の風流ぶっている者たちが，朝顔の茶の湯を所望したので，前々から日にちを決め，さまざまな配慮をし，その朝の四時から準備をしてこの客を待っていたが，おおよその時刻があるのにもかかわらず，(客は)昼前にやってきてあいさつをする。

亭主は腹立たしく思い，客を露地に入れてから，提灯をともして迎えに出るが，客はまだ意味が分からず，夜のような足元で歩くのも滑稽である。主は不愉快なので，花入れに土のついた芋の葉を生けて見せるが，分からないままである。いずれにせよ，(風流を)心得ない人には，気を付けなくてはいけない。亭主も客も，同じ心を持つ風流人でなければ，楽しみもこのようになってしまう。

昔の風流人は，茶の湯の席を催されとときに，庭の掃除もせず，梢の秋の景色をそのままにしておかれたが，客もすぐに気づいて，きっと，めったにない(茶の湯の)道具が出てくるのだろうと思っていると，思った通り，掛物に「八重葎しげれる宿」の古歌が掛けられたのであった。

またある人に中国の茶の湯を希望したところ，あらゆる道具をすべて中国のもので飾られていたが，掛物だけが，阿倍仲麻呂が詠んだ「天の原ふりさけ見れば春日なる三笠の山に出し月かも(大空を仰ぎ見ると，月が美しく照り輝いている。あの月は，故国の春日にある三笠山に出ていた月なのだなあ)」の歌が掛けられていたのであった。一同，感動していると，「この歌は，阿倍仲麻呂が唐の地から故郷を思って詠んだ歌である」と(言う。すると)，少しの間，亭主の作った席のすばらしさを詠んだのであった。「客人もこのような人であってこそ，風流の道に心を寄せる甲斐があるというものだ」と，ある人が語ったということだ。

問一　a　助詞以外の「を」は，現代仮名遣いでは「お」となるので，「しをらしく」は「しおらしく」となる。　b　語頭以外の「はひふへほ」は，現代仮名遣いでは「わいうえお」となるので，「ひ」は「い」に直して，「むかひ」は「むかい」となる。

やや難　問二　現在の定時法に対し，「不定時法」は，一日を，日の出・日の入りを境に昼夜の二つに分け，それぞれを六等分する。季節によって昼夜の長さが変わるので，時間の長さが一定しないので「不定時法」という。日の出を「明け六つ」，日の入りを「暮れ六つ」といい，朝夕の六時頃を表す。「朝の七つ」は，「明け六つ」の少し前を指すので，イが適切。

やや難　問三　「葎(むぐら)」は，つる性の雑草の総称で，荒れた邸や庭にはびこるもの，という意味があるので，「幾重にも雑草が生い茂り荒れ果てたこの寂しい住まいに」とするウが適切。

問四　直前に「『この歌は中丸，唐土から古里をおもうて，詠みし歌なり』とあるので，「阿倍仲麻呂が古里を思って詠んだ歌」とあるアが適切。

問五　藤原定家は，鎌倉時代の歌人で，『小倉百人一首』の撰者であるほか，『新古今和歌集』の撰者の一人でもある。家集『拾遺愚草』，日記『明月記』，歌論書『近代秀歌』などがある。

★ワンポイントアドバイス★

他学科との融合問題が出題される傾向にあるので，幅広い知識の応用を意識して取り組もう！　さまざまな種類の文章を読み，論旨や大意をすばやくとらえる練習をしておこう！

MEMO

大切なことはメモしておこうネ！

解答用紙集

○月×日　△曜日　天気(合格日和)

◆ご利用のみなさまへ

＊解答用紙の公表を行っていない学校につきましては、弊社の責任において、解答用紙を制作いたしました。

＊編集上の理由により一部縮小掲載した解答用紙がございます。

＊編集上の理由により一部実物と異なる形式の解答用紙がございます。

人間の最も偉大な力とは、その一番の弱点を克服したところから生まれてくるものである。　――カール・ヒルティ――

東京学参株式会社

千葉黎明高等学校（前期1日目）　2024年度

◇数学◇

※ 105％に拡大していただくと，解答欄は実物大になります。

1

(1)		(2)	
(3)		(4)	
(5)		(6)	

2

(1)	$b=$	(2)	$x=$
(3)	$(x,\ y)=(\quad,\quad)$	(4)	
(5)	$x=$	(6)	$x=$

3

(1)		(2)	
(3)	分	(4)	$n=$

4

(1)	(　　,　　)	(2)	
(3)			

5

(1)		(2)	
(3)			

6

ア	⓪ ① ② ③ ④ ⑤ ⑥ ⑦ ⑧ ⑨	オ	⓪ ① ② ③ ④ ⑤ ⑥ ⑦ ⑧ ⑨
イ	⓪ ① ② ③ ④ ⑤ ⑥ ⑦ ⑧ ⑨	カ	⓪ ① ② ③ ④ ⑤ ⑥ ⑦ ⑧ ⑨
ウ	⓪ ① ② ③ ④ ⑤ ⑥ ⑦ ⑧ ⑨	キ	⓪ ① ② ③ ④ ⑤ ⑥ ⑦ ⑧ ⑨
エ	⓪ ① ② ③ ④ ⑤ ⑥ ⑦ ⑧ ⑨	ク	⓪ ① ② ③ ④ ⑤ ⑥ ⑦ ⑧ ⑨

千葉黎明高等学校（前期1日目）　2024年度

◇英語◇

※ 110%に拡大していただくと，解答欄は実物大になります。

1	A－1. ㋐ ㋑ ㋒	A－2. ㋐ ㋑ ㋒	B. ㋐ ㋑ ㋒ ㋓	
2	1. w	2. a	3. f	4. p
3	1.	2.	3.	4.
4	1.	2.	3.	4.
5	1.	2.	3.	4.
6	1. V		2. J	
7	1.	2.	3.	4.
8	1.	2.	3.	4.
9	1－A.	1－B.	2.	3.
	4－C.	4－D.	4－E.	5.
	6.			
	7. (　　)(　　)(　　)(　　)(　　)(　　) (　　)(　　)(　　)(　　)(　　)(　　)?			

千葉黎明高等学校(前期1日目)　2024年度

◇国語◇

※ 175%に拡大していただくと、解答欄は実物大になります。

一　①　②　③　④　⑤

二　ア　イ　ウ　エ　オ

三　問一　問二 〜 から　問三　問四　問五

四　問一　問二　問三　問四　問五

五　問一　問二　問三　問四　問五

六　問一 ㋐ ㋑ ㋒ ㋓　問二 ㋐ ㋑ ㋒ ㋓　問三 ㋐ ㋑ ㋒ ㋓　問四 ㋐ ㋑ ㋒ ㋓　問五 ㋐ ㋑ ㋒ ㋓

千葉黎明高等学校（前期2日目）　2024年度

◇数学◇

※ 115％に拡大していただくと，解答欄は実物大になります。

1

(1)		(2)	
(3)		(4)	
(5)		(6)	

2

(1)	$x =$	(2)	$x =$
(3)	$y =$	(4)	$(x,\ y) = (\qquad ,\qquad)$
(5)		(6)	$z =$

3

(1)	年	(2)	
(3)		(4)	個

4

(1)		(2)	
(3)			

5

(1)		(2)	
(3)			

6

ア	⓪	①	②	③	④	⑤	⑥	⑦	⑧	⑨	Ⓐ	Ⓑ	Ⓒ	Ⓓ	Ⓔ	Ⓕ
イ	⓪	①	②	③	④	⑤	⑥	⑦	⑧	⑨	Ⓐ	Ⓑ	Ⓒ	Ⓓ	Ⓔ	Ⓕ
ウ	⓪	①	②	③	④	⑤	⑥	⑦	⑧	⑨	Ⓐ	Ⓑ	Ⓒ	Ⓓ	Ⓔ	Ⓕ
エ	⓪	①	②	③	④	⑤	⑥	⑦	⑧	⑨	Ⓐ	Ⓑ	Ⓒ	Ⓓ	Ⓔ	Ⓕ
オ	⓪	①	②	③	④	⑤	⑥	⑦	⑧	⑨	Ⓐ	Ⓑ	Ⓒ	Ⓓ	Ⓔ	Ⓕ
カ	⓪	①	②	③	④	⑤	⑥	⑦	⑧	⑨	Ⓐ	Ⓑ	Ⓒ	Ⓓ	Ⓔ	Ⓕ

◇英語◇

※ 110％に拡大していただくと，解答欄は実物大になります。

1	A－1. ㋐ ㋑ ㋒	A－2. ㋐ ㋑ ㋒ ㋓	B. ㋐ ㋑ ㋒ ㋓	
2	1. c	2. r	3. c	4. h
3	1.	2.	3.	4.
4	1.	2.	3.	4.
5	1.	2.	3.	4.
6	1. s		2. l	
7	1.	2.	3.	4.
8	1.	2.	3.	4.
9	1.	2.	3.	4.
	5.			
10	1.	2.	3.	
	4. (　　)(　　)(　　)			5.

◇国語◇

千葉黎明高等学校（前期２日目）　２０２４年度

※１７５%に拡大していただくと、解答欄は実物大になります。

一　①　②　③　④　⑤

二　ア　イ　ウ　エ　オ

三　問一　問二　問三

問四　問五

四　問一　問二　問三

問四　問五

五　問一　問二　問三

問四　問五

六　問一　(1)　㋐　㋑　㋒　㋓　(2)　㋐　㋑　㋒　㋓　問二　㋐　㋑　㋒　㋓

問三　㋐　㋑　㋒　㋓　問四　㋐　㋑　㋒　㋓　問五　㋐　㋑　㋒　㋓

千葉黎明高等学校（前期1日目）　2023年度

◇数学◇

※ 122%に拡大していただくと，解答欄は実物大になります。

1	(1)	
	(2)	
	(3)	
	(4)	
	(5)	
	(6)	
2	(1)	$x=$
	(2)	$x=$
	(3)	$x=$
	(4)	$(x, y)=($　　　,　　　$)$
	(5)	
	(6)	$a=$
3	(1)	個
	(2)	$n=$
	(3)	個
	(4)	時〜　　　時

4	(1)	$a=$
	(2)	$p=$
	(3)	$M=$
5	(1)	
	(2)	
	(3)	
6	(1)	度
	(2)	:
	(3)	cm

千葉黎明高等学校(前期1日目)　2023年度

◇英語◇

※ 110%に拡大していただくと，解答欄は実物大になります。

1	A−1.	A−2.	B.	
2	1. w	2. c	3. e	4. d
3	1.	2.	3.	4.
4	1.	2.	3.	4.
5	1.	2.	3.	4.
6	1. b		2. c	
7	1.	2.	3.	4.
8	1.	2.	3.	4.
9	1−①.	1−②.	1−③.	1−④.
	2.			
10	1.	2.	3.	
	4.	5.		

◇国語◇

千葉黎明高等学校（前期１日目）　２０２３年度

※１７５％に拡大していただくと、解答欄は実物大になります。

一　①　②　③　④　⑤

二　ア　イ　ウ　エ　オ

三　問一　問二　問三　問四　問五

四　問一　問二　問三　問四　問五

五　問一　問二　問三　X　Y　問四　問五

六　問一　(1)　(2)　問二　問三　問四　問五

※ 122％に拡大していただくと，解答欄は実物大になります。

1	(1)	
	(2)	
	(3)	
	(4)	
	(5)	
	(6)	
2	(1)	$x =$
	(2)	$x =$
	(3)	$x =$
	(4)	$(x, y) = ($　　　,　　　$)$
	(5)	
	(6)	$z =$
3	(1)	$n =$
	(2)	
	(3)	%
	(4)	km

4	(1)	
	(2)	(　　　,　　　)
	(3)	
5	(1)	
	(2)	
	(3)	
6	(1)	通り
	(2)	通り
	(3)	$n =$

千葉黎明高等学校(前期2日目)　2023年度　◇英語◇

※ 112%に拡大していただくと，解答欄は実物大になります。

1	A−1.	A−2.	B.	
2	1. l	2. c	3. g	4. s
3	1.	2.	3.	4.
4	1.	2.	3.	4.
5	1.	2.	3.	4.
6	1. M		2. p	
7	1.	2.	3.	4.
8	1.	2.	3.	4.
9	1−①.	1−②.	1−③.	2.
	3.	4−A.	4−B.	4−C.
	5. と			

◇国語◇

千葉黎明高等学校(前期2日目)　2023年度

※164%に拡大していただくと、解答欄は実物大になります。

一　①　②　③　④　⑤

二　ア　イ　ウ　エ　オ

三　問一　問二　問三　問四　問五

四　問一　問二　問三　問四　問五

五　問一　A　B　問二　問三　から　問四　問五

六　問一　問二　問三　問四　問五

千葉黎明高等学校（前期1日目）　2022年度

◇数学◇

※ 122％に拡大していただくと，解答欄は実物大になります。

1	(1)	
	(2)	
	(3)	
	(4)	
	(5)	
	(6)	
2	(1)	$x =$
	(2)	$x =$
	(3)	$x =$
	(4)	$(x, y) = ($　　　,　　　$)$
	(5)	
	(6)	$a =$
3	(1)	曜日
	(2)	$a =$
	(3)	
	(4)	時

4	(1)	$x =$
	(2)	$m =$
	(3)	
5	(1)	$V_1 =$
	(2)	$V_2 =$
	(3)	$V_3 =$
6	(1)	
	(2)	
	(3)	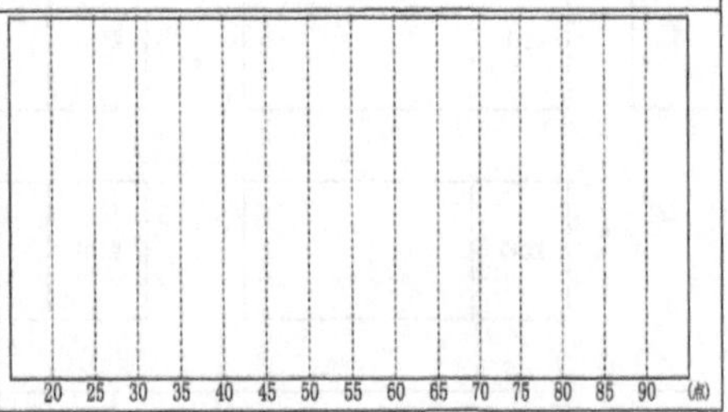

千葉黎明高等学校（前期1日目）　2022年度

◇英語◇

※ 112%に拡大していただくと，解答欄は実物大になります。

1	A−1.	A−2.	B	
2	1. f	2. t	3. e	4. w
3	1.	2.	3.	4.
4	1.	2.	3.	4.
5	1.	2.	3.	4.
6	1. b		2. s	
7	1.	2.	3.	4.
8	1.	2.	3.	4.
9	1. He visited			
	2−(X).	2−(Y).	3.	
	4.			
10	1.	2.	3.	4.
	5.	6.		

２０２２年度　千葉黎明高等学校（前期１日目）

※１６１％に拡大していただくと、解答欄は実物大になります。

◇国語◇

一
① ② ③ ④ ⑤

二
ア イ ウ エ

三
問一
問二　問三　問四
問五

四
問一　問二　問三　→　→　→
問四　問五　ア イ ウ エ

五
問一　問二　問三　問四
問五

六
問一　問二　問三
問四　問五

千葉黎明高等学校（前期2日目）　2022年度

◇数学◇

※ 122％に拡大していただくと，解答欄は実物大になります。

1	(1)	
	(2)	
	(3)	
	(4)	
	(5)	
	(6)	
2	(1)	$x =$
	(2)	$x =$
	(3)	$x =$
	(4)	$(x, y) = ($　　　,　　　$)$
	(5)	
	(6)	$a =$
3	(1)	
	(2)	$n =$
	(3)	ページ
	(4)	試合

4	(1)	(　　　,　　　)
	(2)	
	(3)	
5	(1)	本
	(2)	:
	(3)	
6	(1)	通り
	(2)	通り
	(3)	通り

千葉黎明高等学校（前期2日目）　2022年度　◇英語◇

※ 112％に拡大していただくと，解答欄は実物大になります。

1	A−1.	A−2.	B	
2	1. g	2. s	3. w	4. s
3	1.	2.	3.	4.
4	1.	2.	3.	4.
5	1.	2.	3.	4.
6	1. m		2. w	
7	1.	2.	3.	4.
8	1.	2.	3.	4.
9	1.	2. (　　　)(　　　)(　　　)		
	3.	4.	5.	
10	1−①.	1−②.	2.	
	3.			
	4−①.	4−②.	4−③.	

◇国語◇

千葉黎明高等学校（前期２日目）　２０２２年度

※１６４％に拡大していただくと，解答欄は実物大になります。

一

①　る　②　③　④　⑤

二

ア　イ　ウ　エ

三

問一　A　B

問二

問三　（１）　（２）

問四　〜

問五

四

問一　問二　問三

問四　問五

五

問一

問二　10　20

問三　問四　問五

六

問一　（１）　（２）

問二

問三　A　B

問四

問五

千葉黎明高等学校　　2021年度

◇数学◇

※ 127％に拡大していただくと，解答欄は実物大になります。

1	(1)	
	(2)	
	(3)	
	(4)	
	(5)	
	(6)	
2	(1)	$x =$
	(2)	$x =$
	(3)	$y =$
	(4)	$(x, y) = ($　　　，　　　$)$
	(5)	
	(6)	$y =$
3	(1)	
	(2)	$n =$
	(3)	本
	(4)	個

4	(1)	
	(2)	$x =$
	(3)	
5	(1)	
	(2)	①
		②
		③
6	(1)	
	(2)	
	(3)	

千葉黎明高等学校　2021年度

◇英語◇

※ 114%に拡大していただくと，解答欄は実物大になります。

1	A−1.	A−2.	B−1.	B−2.
2	1. b	2. b	3. t	4. v
3	1.	2.	3.	4.
4	1.	2.	3.	4.
5	1.	2.	3.	4.
6	1. c		2. s	
7	1.	2.	3.	4.
8	1.	2.	3.	4.
9	1.	2−①	2−②	
	2−③	3. と		
10	1.	2. ア	イ	
	3.	4. と		5.

◇国語◇

千葉黎明高等学校　２０２１年度

※１７２％に拡大していただくと、解答欄は実物大になります。

一
①　②　③　④　⑤　され

二
ア　イ　ウ　エ　オ

三
問一
問二
問三
問四【　】
問五

四
問一
問二
問三
問四
問五

五
問一
問二　B　C　D　E
問三
問四　～
問五

六
問一　a　b
問二　①　②
問三
問四
問五　ア　イ　ウ　エ

◇数学◇

※122%に拡大していただくと，解答欄は実物大になります。

1	(1)	
	(2)	
	(3)	
	(4)	
	(5)	
	(6)	
2	(1)	$x=$
	(2)	$x=$
	(3)	:
	(4)	$(x, y)=($　　,　　$)$
	(5)	
	(6)	$y=$
3	(1)	
	(2)	$n=$
	(3)	本
	(4)	cm

4	(1)	$a=$
	(2)	$b=$
	(3)	
5	(1)	cm
	(2)	種類
	(3)	種類
6	(1)	
	(2)	

千葉黎明高等学校　2020年度　◇英語◇

※112％に拡大していただくと，解答欄は実物大になります。

1	A－1.	A－2.	B－1.	B－2.
2	1. b	2. w	3. v	4. h
3	1.	2.	3.	4.
4	1.	2.	3.	4.
5	1.	2.	3.	4.
6	1. h		2. e	
7	1.	2.	3.	4.
8	1.	2.	3.	4.
9	1.	2.	3.	
	4.	5.		
10	1.	2.	3.	
	4. と	5.		

◇国語◇

千葉黎明高等学校　２０２０年度

※１７５％に拡大していただくと、解答欄は実物大になります。

一

①　②　③　④　⑤

二

問一　月

問二　ア　イ　ウ　エ

三

問一

問二

問三

問四

問五

四

問一

問二

問三

問四

問五

五

問一

問二　A　B　C　D

問三

問四

問五

六

問一　a　b

問二

問三

問四

問五

東京学参の

高校別入試過去問題シリーズ

＊出版校は一部変更することがあります。一覧にない学校はお問い合わせください。

東京ラインナップ

あ　愛国高校(A59)
　　青山学院高等部(A16)★
　　桜美林高校(A37)
　　お茶の水女子大附属高校(A04)
か　開成高校(A05)★
　　共立女子第二高校(A40)★
　　慶應義塾女子高校(A13)
　　啓明学園高校(A68)★
　　国学院高校(A30)
　　国学院大久我山高校(A31)
　　国際基督教大高校(A06)
　　小平錦城高校(A61)★
　　駒澤大高校(A32)
さ　芝浦工業大附属高校(A35)
　　修徳高校(A52)
　　城北高校(A21)
　　専修大附属高校(A28)
　　創価高校(A66)★
た　拓殖大第一高校(A53)
　　立川女子高校(A41)
　　玉川学園高等部(A56)
　　中央大高校(A19)
　　中央大杉並高校(A18)★
　　中央大附属高校(A17)
　　筑波大附属高校(A01)
　　筑波大附属駒場高校(A02)
　　帝京大高校(A60)
　　東海大菅生高校(A42)
　　東京学芸大附属高校(A03)
　　東京農業大第一高校(A39)
　　桐朋高校(A15)
　　都立青山高校(A73)★
　　都立国立高校(A76)★
　　都立国際高校(A80)★
　　都立国分寺高校(A78)★
　　都立新宿高校(A77)★
　　都立墨田川高校(A81)★
　　都立立川高校(A75)★
　　都立戸山高校(A72)★
　　都立西高校(A71)★
　　都立八王子東高校(A74)★
　　都立日比谷高校(A70)★
な　日本大櫻丘高校(A25)
　　日本大第一高校(A50)
　　日本大第三高校(A48)
　　日本大第二高校(A27)
　　日本大鶴ヶ丘高校(A26)
　　日本大豊山高校(A23)
は　八王子学園八王子高校(A64)
　　法政大高校(A29)
ま　明治学院高校(A38)
　　明治学院東村山高校(A49)
　　明治大付属中野高校(A33)
　　明治大付属八王子高校(A67)
　　明治大付属明治高校(A34)★
　　明法高校(A63)
わ　早稲田実業学校高等部(A09)
　　早稲田大高等学院(A07)

神奈川ラインナップ

あ　麻布大附属高校(B04)
　　アレセイア湘南高校(B24)
か　慶應義塾高校(A11)
　　神奈川県公立高校特色検査(B00)
さ　相洋高校(B18)
た　立花学園高校(B23)
　　桐蔭学園高校(B01)
　　東海大付属相模高校(B03)★
　　桐光学園高校(B11)
な　日本大高校(B06)
　　日本大藤沢高校(B07)
は　平塚学園高校(B22)
　　藤沢翔陵高校(B08)
　　法政大国際高校(B17)
　　法政大第二高校(B02)★
や　山手学院高校(B09)
　　横須賀学院高校(B20)
　　横浜商科大高校(B05)
　　横浜市立横浜サイエンスフロンティア高校(B70)
　　横浜翠陵高校(B14)
　　横浜清風高校(B10)
　　横浜創英高校(B21)
　　横浜隼人高校(B16)
　　横浜富士見丘学園高校(B25)

千葉ラインナップ

あ　愛国学園大附属四街道高校(C26)
　　我孫子二階堂高校(C17)
　　市川高校(C01)★
か　敬愛学園高校(C15)
さ　芝浦工業大柏高校(C09)
　　渋谷教育学園幕張高校(C16)★
　　翔凜高校(C34)
　　昭和学院秀英高校(C23)
　　専修大松戸高校(C02)
た　千葉英和高校(C18)
　　千葉敬愛高校(C05)
　　千葉経済大附属高校(C27)
　　千葉日本大第一高校(C06)★
　　千葉明徳高校(C20)
　　千葉黎明高校(C24)
　　東海大付属浦安高校(C03)
　　東京学館高校(C14)
　　東京学館浦安高校(C31)
な　日本体育大柏高校(C30)
　　日本大習志野高校(C07)
は　日出学園高校(C08)
や　八千代松陰高校(C12)
ら　流通経済大付属柏高校(C19)★

埼玉ラインナップ

あ　浦和学院高校(D21)
　　大妻嵐山高校(D04)★
か　開智高校(D08)
　　開智未来高校(D13)★
　　春日部共栄高校(D07)
　　川越東高校(D12)
　　慶應義塾志木高校(A12)
さ　埼玉栄高校(D09)
　　栄東高校(D14)
　　狭山ヶ丘高校(D24)
　　昌平高校(D23)
　　西武学園文理高校(D10)
　　西武台高校(D06)
た　東京農業大第三高校(D18)
は　武南高校(D05)
　　本庄東高校(D20)
や　山村国際高校(D19)
ら　立教新座高校(A14)
わ　早稲田大本庄高等学院(A10)

北関東・甲信越ラインナップ

あ　愛国学園大附属龍ヶ崎高校(E07)
　　宇都宮短大附属高校(E24)
か　鹿島学園高校(E08)
　　霞ヶ浦高校(E03)
　　共愛学園高校(E31)
　　甲陵高校(E43)
　　国立高等専門学校(A00)
さ　作新学院高校
　　　(トップ英進・英進部)(E21)
　　　(情報科学・総合進学部)(E22)
　　常総学院高校(E04)
た　中越高校(R03)
　　土浦日本大高校(E01)
　　東洋大附属牛久高校(E02)
な　新潟青陵高校(R02)
　　新潟明訓高校(R04)
　　日本文理高校(R01)
は　白鷗大足利高校(E25)
ま　前橋育英高校(E32)
や　山梨学院高校(E41)

中京圏ラインナップ

あ　愛知高校(F02)
　　愛知啓成高校(F09)
　　愛知工業大名電高校(F06)
　　愛知みずほ大瑞穂高校(F25)
　　暁高校(３年制)(F50)
　　鶯谷高校(F60)
　　栄徳高校(F29)
　　桜花学園高校(F14)
　　岡崎城西高校(F34)
か　岐阜聖徳学園高校(F62)
　　岐阜東高校(F61)
　　享栄高校(F18)
さ　桜丘高校(F36)
　　至学館高校(F19)
　　椙山女学園高校(F10)
　　鈴鹿高校(F53)
　　星城高校(F27)★
　　誠信高校(F33)
　　清林館高校(F16)★
た　大成高校(F28)
　　大同大大同高校(F30)
　　高田高校(F51)
　　滝高校(F03)★
　　中京高校(F63)
　　中京大附属中京高校(F11)★
　　中部大春日丘高校(F26)★
　　中部大第一高校(F32)
　　津田学園高校(F54)
　　東海高校(F04)★
　　東海学園高校(F20)
　　東邦高校(F12)
　　同朋高校(F22)
　　豊田大谷高校(F35)
な　名古屋高校(F13)
　　名古屋大谷高校(F23)
　　名古屋経済大市邨高校(F08)
　　名古屋経済大高蔵高校(F05)
　　名古屋女子大高校(F24)
　　名古屋たちばな高校(F21)
　　日本福祉大付属高校(F17)
　　人間環境大附属岡崎高校(F37)
は　光ヶ丘女子高校(F38)
　　誉高校(F31)
ま　三重高校(F52)
　　名城大附属高校(F15)

宮城ラインナップ

さ　尚絅学院高校(G02)
　　聖ウルスラ学院英智高校(G01)★
　　聖和学園高校(G05)
　　仙台育英学園高校(G04)
　　仙台城南高校(G06)
　　仙台白百合学園高校(G12)
た　東北学院高校(G03)★
　　東北学院榴ヶ岡高校(G08)
　　東北高校(G11)
　　東北生活文化大高校(G10)
　　常盤木学園高校(G07)
は　古川学園高校(G13)
ま　宮城学院高校(G09)★

北海道ラインナップ

さ　札幌光星高校(H06)
　　札幌静修高校(H09)
　　札幌第一高校(H01)
　　札幌北斗高校(H04)
　　札幌龍谷学園高校(H08)
は　北海高校(H03)
　　北海学園札幌高校(H07)
　　北海道科学大高校(H05)
ら　立命館慶祥高校(H02)

★はリスニング音声データのダウンロード付き。

都道府県別 公立高校入試過去問 シリーズ

- 全国47都道府県別に出版
- 最近数年間の検査問題収録
- リスニングテスト音声対応

公立高校入試対策問題集シリーズ

- 目標得点別・公立入試の数学(基礎編)
- 実戦問題演習・公立入試の数学(実力錬成編)
- 実戦問題演習・公立入試の英語(基礎編・実力錬成編)
- 形式別演習・公立入試の国語
- 実戦問題演習・公立入試の理科
- 実戦問題演習・公立入試の社会

高校入試特訓問題集シリーズ

- 英語長文難関攻略33選(改訂版)
- 英語長文テーマ別難関攻略30選
- 英文法難関攻略20選
- 英語難関徹底攻略33選
- 古文完全攻略63選(改訂版)
- 国語融合問題完全攻略30選
- 国語長文難関徹底攻略30選
- 国語知識問題完全攻略13選
- 数学の図形と関数・グラフの融合問題完全攻略272選
- 数学難関徹底攻略700選
- 数学の難問80選
- 数学　思考力―規則性とデータの分析と活用―

〈ダウンロードコンテンツについて〉

本問題集のダウンロードコンテンツ、弊社ホームページで配信しております。現在ご利用いただけるのは「2025年度受験用」に対応したもので、**2025年3月末日**までダウンロード可能です。弊社ホームページにアクセスの上、ご利用ください。
※配信期間が終了いたしますと、ご利用いただけませんのでご了承ください。

高校別入試過去問題シリーズ

千葉黎明高等学校　2025年度

ISBN978-4-8141-3000-9

[発行所] 東京学参株式会社
〒153-0043　東京都目黒区東山2-6-4

書籍の内容についてのお問い合わせは右のQRコードから　⇒

※書籍の内容についてのお電話でのお問い合わせ、本書の内容を超えたご質問には対応できませんのでご了承ください。

2024年7月11日　初版